oekom

Klimaneutral
Verlag
ClimatePartner.com/53585-1805-1001

Selbstverpflichtung zum nachhaltigen Publizieren
Nicht nur publizistisch, sondern auch als Unternehmen setzt sich der oekom verlag konsequent für Nachhaltigkeit ein. Bei Ausstattung und Produktion der Publikationen orientieren wir uns an höchsten ökologischen Kriterien.

Dieses Buch wurde auf 100 % Recyclingpapier, zertifiziert mit dem FSC®-Siegel und dem Blauen Engel (RAL-UZ 14), gedruckt. Auch für den Karton des Umschlags wurde ein Papier, das FSC®-ausgezeichnet ist, gewählt.
Alle durch diese Publikation verursachten CO_2-Emissionen werden durch Investitionen in ein Gold-Standard-Projekt kompensiert. Die Mehrkosten hierfür trägt der Verlag.

Mehr Informationen finden Sie unter:
http://www.oekom.de/ unsere-philosophie

Bibliografische Information der Deutschen Nationalbibliothek:
Die Deutsche Nationalbibliothek verzeichnet diese Publikation in der Deutschen Nationalbibliografie; detaillierte bibliografische Daten sind im Internet über http://dnb.d-nb.de abrufbar.

Gesellschaft für ökologische Kommunikation mbH
Waltherstraße 29, 80337 München

Layout und Satz: Reihs Satzstudio, Lohmar
Korrektorat: Maike Specht, Berlin
Umschlaggestaltung: Mirjam Höschl, oekom verlag
Umschlagabbildung: Lebrecht Music & Arts / Alamy Stock Foto/ Kupferstich von Daniel Hopfer
Druck: CPI Books GmbH, Leck

ISBN 978-3-96238-140-0

FSC
www.fsc.org
RECYCLED
Papier aus Recyclingmaterial
FSC® C083411

Dieter Kramer

Es gibt ein Genug

Lebensqualität, Enkelgerechtigkeit und die kulturellen Dimensionen zukunftsfähigen Lebens

Inhaltsverzeichnis

Für Susanne Enderwitz,
die viele Diskussionen mitgetragen hat

Die Trends sind ohnehin alle negativ,
wir können uns getrost
den wenigen verbleibenden Chancen widmen.

Igor Bestuschew-Lada (1984)

Ich danke meinem Studienkollegen Johannes Schmidt (Hamburg)
für die Durchsicht des Textes.

Nachhaltig nachhaltig!

Vorwort von Michael Müller,
Bundesvorsitzender der Naturfreunde

Die Umweltdebatte muss dringend auf neue Füße gestellt werden. Dieses Buch leistet einen Beitrag dazu. Die erste Phase – Aufklärung, Korrekturen und Sanierung – war durchaus erfolgreich, freilich doch zu wenig, um zu einer dauerhaften Umweltkompatibilität zu kommen. Dennoch kommt heute die öffentliche und politische Debatte nicht mehr an Bekenntnissen zum Umweltschutz vorbei. Trotzdem werden planetarische Grenzen überschritten, der ökologische Fußabdruck wird immer tiefer, und um 2040 wird eine globale Erwärmung um 1,5 Grad Celsius und gegen 2065 um 2 Grad Celsius erreicht werden. Soll die ökologische Selbstvernichtung großer Teile der Menschheit verhindert werden, geht es nicht nur um Teilkorrekturen, sondern um eine sozialökologische Gestaltung der Transformation von Wirtschaft und Gesellschaft.

Der US-Präsident Franklin Delano Roosevelt nannte die seltenen geschichtlichen Fenster, in denen durch das Erkennen von Wendepunkten, die handelnden Akteure und die konkreten Visionen eine geschichtliche Wende möglich wird, ein »Rendezvous mit dem Schicksal«. Darum geht es auch heute, obwohl die aktuelle politische Debatte davon weit entfernt ist, weil sie aus der Zwangsjacke scheinbarer Sachzwänge nicht herauskommt. Umso wichtiger sind Debatten, die uns zwingen, unter die Oberfläche zu schauen, längerfristige Trends zu verstehen und den Mut zu Utopien zu haben. Darum geht es in diesem Buch.

Leitidee Nachhaltigkeit ernst nehmen

Nachhaltigkeit ist mehr als Umweltschutz, sie besetzt das ganze gesellschaftliche, wissenschaftliche und politische Terrain und ist damit das genaue Gegenteil der kurzfristigen und verengten Gewinnmaximierung, die heute alles dominiert. Die Globalisierung der offenen Märkte hat der Kritik am Kapitalismus neue Aktualität gegeben. Die Idee der Nachhaltigkeit ist wahrscheinlich die wichtigste Antwort darauf. Jedenfalls steht fest: Die gegenwärtigen Erschütterungen lassen sich nicht mehr durch tagespolitisches Handwerk vertreiben. Der Markt ist unfähig, für die Zukunft vorzusorgen. Es geht um die erneute Befreiung des Menschen.

Von daher ist der Vorrang der demokratischen Politik für eine sozial-ökologische Transformation notwendig. Die weitere Zukunft der Menschen ist für das Ziel eines guten Lebens für alle auf die Tragfähigkeit des Erdsystems angewiesen. Nachhaltigkeit wird zu einem kategorischen Imperativ, den Primat der sozialen Demokratie und der dauerhaften Naturverträglichkeit durchzusetzen. Was wir brauchen, ist eine neue und erweiterte Form der Emanzipation des Menschen mit dem Ziel der Freiheit, Gerechtigkeit und Verantwortung für die Menschheit.

Die Verbindung von Innovationen, Wohlfahrtsstaat und ökologischer Verträglichkeit macht ein gelungenes und solidarisches Leben für alle möglich. Das ist das Fundament der Nachhaltigkeit, für die wir schnell einen Aufbruch brauchen, der die Menschen fördert, fordert und mitnimmt – und der auch der Europäischen Union eine Perspektive in der zusammenwachsenden, aber verletzlichen Welt gibt. Die Ziele sind ein nachhaltiges Deutschland und eine nachhaltige Europäische Union.

Im Brundtland-Bericht der Vereinten Nationen bedeutet Nachhaltigkeit eine Entwicklung, die die Bedürfnisse der gegenwärtigen Generationen in einer Weise befriedigt, dass künftige Generationen das in angemessener Weise auch tun können. Entscheidend dafür wird die soziale und ökologische Qualität. Eine nachhaltige Entwicklung baut die Brücke zwischen Arbeit und Umwelt, zwischen Sozialstaat, Demokratie und ökologischer Modernisierung, zwischen Umweltbewegung, Gewerkschaften und Sozialverbänden. Sie ermöglicht die Wende von der ersten zur zweiten Moderne, die wir dringend brauchen.

Die soziale und ökologische Gestaltung der Transformation

Das Verständnis einer sozialökologischen Transformation stammt aus den Arbeiten des Wiener Wirtschaftsanthropologen *Karl Polanyi*. Er arbeitete die analytischen Grundlagen heraus: »Wir vertreten die These, dass die Idee eines selbstregulierenden Marktes eine krasse Utopie bedeutet. Eine solche Institution könnte über längere Zeit nicht bestehen, ohne die menschliche und natürliche Substanz der Gesellschaft zu vernichten.« Die Radikalisierung der Marktkräfte missachtet den Wert der Natur, die neoliberale Ideologie geht von einem unendlichen Wachstum aus. Ohne Rückbindung an die Lebenswelten und Ökosysteme werden Arbeit, Natur und Geld zu nichts als Waren. Die Marktkräfte erniedrigen menschliche Tätigkeiten, erschöpfen die Natur und machen Wirtschaft und Währung krisenanfällig.

Seit den ökonomischen Instabilitäten der letzten Jahrzehnte rücken neben der Transformationsstrategie auch wieder die Arbeiten von *Joseph A. Schumpeter* stärker ins Zentrum. Dabei lassen sich durchaus Brücken zu Polanyi schlagen. Neben der Rolle der Unternehmer geht es Schumpeter insbesondere um »lange Wellen der Konjunktur«. Der makroökonomische Ansatz ist hilfreich, längerfristige Entwicklungen frühzeitig zu erkennen und die Infrastruktur auf die heraufziehenden Veränderungen auszurichten. Die strategische Bedeutung für die Transformation liegt von daher in einer Reformstrategie, die frühzeitig den wirtschaftlichen Entscheidungen einen entsprechenden Rahmen setzt, der soziale Gerechtigkeit und ökologische Verträglichkeit miteinander verbindet und mehr Demokratie verwirklicht. Die Frage ist nicht, ob der Staat dafür interveniert, sondern wo und wie – mit dem Ziel, mehr Allgemeinwohl, Gerechtigkeit, Demokratie und Bürgerbeteiligung gemeinsam zu verwirklichen.

Aufklärung, Vernunft, Verantwortung und Solidarität sind die eine Seite der sozialökologischen Transformationsstrategie. Die andere Seite ist die Anerkennung der Endlichkeit der Ressourcen und der Begrenztheit unseres Planeten. Auch für die soziale Verträglichkeit muss die *Umweltkompatibilität* zur zentralen Vorgabe für technische und wirtschaftliche

Entscheidungen werden. Das setzt voraus, die falsche Interpretation der Idee der *Linearität* zu überwinden, die aus der jüdisch-christlichen Tradition stammt und die europäische Moderne geprägt hat. In den letzten zwei Jahrhunderten wurde nämlich der Gedanke des Fortschritts auf die Entfaltung der technisch-ökonomischen Produktivkräfte verengt. Dabei geriet der emanzipatorische Gehalt der Fortschrittsidee ins Hintertreffen, der, historisch bedingt, auf wirtschaftliches Wachstum und technischen Fortschritt ausgerichtet wurde statt auf die Entfaltung und Freiheit des Menschen durch die Überwindung von Zwängen und Abhängigkeiten.

Auf die (unvollendete) Moderne wird alles ausgerichtet, allenfalls werden noch Vorläufer der Moderne anerkannt. Und wenn die Moderne allzu krisenhaft erscheint, dann wird sie mit einer Zweiten Moderne oder Modernisierung der Moderne gerettet. Was wir wollen, ist, dass unser Land zum Vorreiter der Zweiten Moderne wird – sozial und ökologisch.

Wir brauchen deshalb die Wende hin zu einer möglichst weitgehenden Kreislaufwirtschaft auf entropischer Basis, zur Stärkung der öffentlichen Güter, zu der Modernisierung des Ordnungsrechts und einer Internalisierung der externen Effekte, zu einem Zukunftsprogramm für Arbeit und Umwelt und der Modernisierung der Infrastruktur. Die Voraussetzung der Ökologisierung ist die Bewirtschaftung natürlicher Ressourcen, die in ihrer Endlichkeit und Begrenztheit begrenzt sind. Die Sicherung menschlichen Lebens setzt eine *dauerhafte Umweltkompatibilität* voraus.

Der sozialökologische New Deal wird möglich, wenn die Reproduktion der Naturressourcen in die Wirtschaftsprozesse eingeordnet wird. Die Sicherung des Ökokapitals erfordert, dass der Zuwachs der *Ressourcenproduktivität* dauerhaft über dem des wirtschaftlichen Wachstums liegt. Die sozialökologische Transformation muss rechtlich, normativ und institutionell in den Modus der wirtschaftlichen Entwicklung eingebaut werden. Das ist die Systemänderung, um die es heute geht:

(1) Die *Neuordnung der Reproduktionskreisläufe* nach ökologischen Zielsetzungen muss ein fester Teil des Wirtschaftsprozesses werden.

(2) Die Transformation muss mit einer *Veränderung der Produktions- und Konsumweise* verbunden werden.

(3) Der Kern der Nachhaltigkeitsidee ist die *Unterscheidung von Wachstum und Entwicklung*. Entwicklung ist nach menschlichen Maßstäben endlos, Wachstum ist das nicht.

(4) Dazu bedarf es einer *gezielten Selektion* in der wirtschaftlichen Entwicklung durch Gesellschaft, Recht, Kultur und Politik sowie einer Verbindung von Ressourcenbewirtschaftung und Kreditlenkung in Investitionen und Forschung.

(5) Das zusammen sind die Voraussetzungen für Nachhaltigkeit.

Der Mensch ist der Hauptakteur des globalen Wandels, er hat mit den heutigen technisch-ökonomischen Bedingungen die Natur ausgegrenzt. Deshalb ist eine Reintegration der Natur in die Gesellschaft notwendig. Das Anthropozän, die Erdepoche, in der wir heute leben, wird überwiegend als Niedergang der menschlichen Zivilisation interpretiert. Die Gefahren sind nicht zu bestreiten, sie sind real. Aber das Anthropozän eröffnet auch die Chance, dass gerade durch die neue Dimension der ökologischen Herausforderungen, die den Zusammenbruch der Menschheit denkbar machen, eine »Rückkehr des Menschen« möglich wird. Das Ziel ist deshalb die Stärkung des Menschen, damit er die Rolle einer sozialen und ökologischen Gestaltung einnimmt. Dafür brauchen wir eine neue Art und Weise, unsere kollektive Existenz zu denken. Von daher ist das Anthropozän ambivalent zu verstehen. Es kann mit dem drohenden Ende der Menschheit gleichgesetzt werden, jedoch auch die Chance für einen Neuanfang sein. Das Anthropozän kann die Trennung von *res naturae* und *res humanae*, von Natur- und Menschheitsgeschichte, überwinden. Dafür muss auch die Zusammenarbeit zwischen Naturwissenschaft und Sozial- und Geisteswissenschaft weiter intensiviert werden.

Die Rolle des Menschen

Die Menschen nehmen eine Sonderstellung ein, aus der heute die Übernahme politischer und ethischer Verantwortung für den Erhalt menschlichen Lebens auf der Erde erwachsen kann, also die Verantwortung des Menschen für die Menschheit. Dieser *neue Humanismus* muss sich gegen das falsche technokratische Paradigma und die ökonomischen Verwertungszwänge durchsetzen. Das Anthropozän wird zum Aufruf, die technischen Abhängigkeiten und ökonomischen Zwänge unserer Zeit zu überwinden, indem mehr Demokratie und Gerechtigkeit verwirklicht werden.

Ökologische Politik muss an die zentralen Ideen der europäischen Moderne von Freiheit, Solidarität und Gerechtigkeit anknüpfen, sie erneuern und erweitern. Der Schutz der Natur ist damit eine zutiefst *soziale Aufgabe*, die zum Wettlauf mit der Zeit wird. Schon heute treffen die Folgen des Klimawandels besonders die ärmsten Regionen der Welt. Selbst in der Europäischen Union gehen die Folgen zuerst zulasten ärmerer Schichten. Die Zunahme sozialer Ungleichheit spitzt auch die Umweltgefahren zu. Soziale Gerechtigkeit und ökologische Verträglichkeit müssen prinzipiell in einem Zusammenhang gesehen werden.

Mit der sozialökologischen Gestaltung der Transformation wird die politische Verantwortung übernommen, dauerhaft zu einem sozial gerechten und umweltverträglichen Leben zu kommen. Das erfordert eine Gesellschaft der Solidarität und Freiheit, einen Staat, der in die Zukunft investiert, ein weltoffenes Europa, das zur Zähmung der multinationalen Konzerne und Finanzinstitutionen beiträgt. Dieter Kramer setzt auf die Fähigkeiten der Menschen zu Aufklärung und Vernunft, auf ihren Willen zur Erkenntnis, auf ihre Sehnsucht nach Freiheit und auf ihre Bereitschaft, Verantwortung zu übernehmen. Und nicht zuletzt auf das Prinzip des Gemeinwohls, das aus der Sozialethik kommt und – umgesetzt in der Leitidee der Nachhaltigkeit – auf eine generationsübergreifende Gerechtigkeit abzielt.

Das ist ein schöner Traum, und er ist zutiefst europäisch, wenn der Fortschritt, der vom europäischen Kontinent ausgegangen ist und, wie *Max Weber* es beschreibt, zum Weltmodell wurde, von uns selbst korrigiert wird. Damit allein können die globalen Probleme natürlich nicht gelöst werden, aber wir können viel anstoßen und positiv bewegen. Ein besseres Leben wird möglich. Unser Land wird so zu einem wichtigen Vorreiter der zweiten Moderne. Dafür lohnt es sich zu kämpfen.

1

»Menschen können ...« statt »Wir müssen ...«

Wir müssen! Wir sollen! Wir dürfen nicht! Solche Aufforderungen gibt es viel zu viele, wenn es um Zukunft geht. Hier soll ein anderer Blick gewagt werden: Die Suche nach Lebensqualität, der Wunsch nach einer lebenswerten Zukunft für sich selbst und die Enkel und die Einsicht, dass es ein Genug gibt – das sind für viele Menschen zentrale Motive ihres Handelns, und gestützt auf sie, kann der Übergang zur Nachhaltigkeit eingeleitet werden. In der Politik werden andere Ziele ins Zentrum gestellt: Wachstum um jeden Preis, auch auf Kosten von Lebensqualität. Es sind immer der alte Adam und seine Eva (wie bei Juden, Christen und Muslimen die ersten Menschen genannt werden), die mit ihren überkommenen Fähigkeiten in Überfluss wie in Not überleben und erfolgreich allen Versuchen widerstehen, einen neuen Menschen zu schaffen.

1.1 Prinzipien des guten Lebens

Ein ganz unkonventionelles Buch wage ich zu präsentieren. Zurückgreifen möchte ich in die Tiefe des historischen Raumes, weitab von aller Moderne, und viele Geschichten erzählen, wie Menschen ihr gemeinschaftliches Leben mit Lebensqualität und Zukunftsorientierung organisieren. Manches wird dabei auf ungewohnte Weise neu interpretiert, Erfahrungen vor der sogenannten Moderne werden aufgewertet. Ich stütze mich dabei auf die Erfahrungen meiner Wissenschaft: der Kulturtheorie, Kulturgeschichte und Volkskunde (Europäischen Ethnologie). Keine Ahnung, ob es mir gelingt. Aber es soll erkennbar sein, dass es mir Spaß und Freude bereitet hat, so zu arbeiten.

Geschichten sollen in diesem Buch erzählt werden – über das, was möglich war und ist. Ganz unaufgeregt und ohne Weltuntergangsstimmung möchte ich mit Hinweisen auf die Geschichte darüber nachdenken, wie Menschen mit Lebensqualität und ohne Wachstumszwang leben können. Sie haben seit Jahrtausenden ihr gemeinschaftliches Leben im Streben nach Lebensqualität und mit der Erfahrung von Begrenzungen dauerhaft organisiert. Sie konnten dies in den verschiedensten Regionen, mit vielen Religionen, mit unterschiedlichen technischen Mitteln, in zahlreichen Formen des Naturstoffwechsels, in wechselnden sozialen Organisationsformen und mit allen möglichen Arten des Austauschs von Gütern und Leistungen.

Bei meinen ersten Überlegungen stand die Frage im Vordergrund: Wie gelingt es den Menschen, ihr Überleben zu sichern, wenn sie nur bescheidene Mittel zur Verfügung haben und im Mangel leben? Im Laufe der Überlegungen kam eine ganz andere Frage hinzu: Wie können sie mit Überfluss umgehen, ohne ihre Lebensgrundlage zu zerstören?

Wenn im Folgenden von dem alten Adam der Überlieferungen von Christen und Juden und denen der Muslime geredet wird, soll immer seine Eva mitgedacht werden, auch wenn sie nicht ausdrücklich genannt wird – sie ist vielleicht für das, worum es geht, noch wichtiger. Diese beiden haben es mit einem kaum veränderten Genpool fertiggebracht, einige Jahrhunderttausende zu überleben und dabei eine Menge verschiedener Nischen der Lebenswelt zu besetzen. Sie haben sich über lange Zeit durchgeschlagen und leben immer noch, ohne sich den verschiedensten Umerziehungsprogrammen zu unterwerfen (und wenn sie sich geändert haben, dann in erster Linie, um ihr Überleben zu sichern). Den Religionen ist es nicht gelungen, ihnen ihr Wesen auszutreiben – ja oft genug beziehen die religiösen Vorschriften gerade ihre Lebenskraft daraus, dass sie behaupten, immer gegen den alten Adam ankämpfen zu müssen. Die rationalistischen, aufklärerischen, lebensreformerischen, sozialistischen, kommunistischen, neoliberalen, kulturpädagogischen Erziehungsprogramme bleiben erfolglos, sogar Theodor W. Adorno und die Frankfurter Schule der Soziologie sind gescheitert, desgleichen chinesische und sonstige Zwangsmodernisierungen der jüngeren Zeit (Bundeszentrale 2016).

Ob künstliche Intelligenz es fertigbringt, den Menschen ihre Emotionalität und damit ihre Menschlichkeit auszutreiben, ist zu bezweifeln. Allen Versuchungen zum Trotz sind auch die Eigenschaften, die Max Weber ihnen verschrieben hat, nicht voll übernommen worden: Zur Arbeitsamkeit, zur Anhäufung von Kapital, zum allseitig bedürftigen Konsumenten sollen die Menschen seiner Meinung nach erzogen werden (oder sich selbst erziehen) (Simon 1996: S. 164). Auch dies hat glücklicherweise nur teilweise Erfolg.

Heilsversprechungen gibt es immer wieder. Die Mongolen wollten einst ein Friedensreich errichten, aber vorher nur noch ein paar Erdgegenden unterwerfen. Und die Christen, ebenso die Muslime locken mit Frieden und Heil, wenn sich ihnen alle anschließen (nur die Juden verzichten klugerweise auf Missionierung, erwarten für sich selbst aber ihren Messias). Aber man kann nicht darauf warten, dass die Welt erst gerettet wird, wenn alle ökologisch, katholisch, sozialistisch, muslimisch oder digitale Experten sind. Es gibt auch keine endgültige Antwort auf die Frage: Was ist der Mensch? Philosophen sind sich in dieser Hinsicht ausnahmsweise einig in »einer zweieinhalbtausendjährigen Tradition der Nichteinigung über Grundsatzpositionen« (Marquard 1991: S. 31).

Die Menschen haben vieles durchgemacht und überstanden. Und, das kann man vorwegnehmen: Am besten ging es, wenn man sie in ihrer eigenen Lebenswelt in Ruhe gelassen hat. Im Zusammenleben mit anderen können Menschen gemeinsam Fähigkeiten entwickeln, ihr Leben in kleinem und größerem Rahmen zu organisieren. Die Prinzipien, die den Menschen geholfen haben, ihr Überleben zu sichern, werden hier zusammengefasst unter den Stichworten *Lebensqualität, Enkelgerechtigkeit* und *Es gibt ein Genug*. Ohne dass man sich dessen bewusst ist, spielen sie eine Rolle im alltäglichen Leben. Dank der Selbstverständlichkeit, mit der sie bei den meisten mehr oder weniger deutlich wirken, kann man sich vorstellen, dass die Menschen zu einer Lebensweise der Zukunftsfähigkeit und Nachhaltigkeit fähig sind. Darin liegt eine Zukunftschance (manche sagen: nur eine kleine Hoffnung). Einige Begriffe müssen geklärt werden:

Lebensqualität bezieht sich darauf, wie Menschen leben wollen und welche Standards des guten und richtigen Lebens ihnen wichtig sind, auch auf das, was man gut und angenehm findet, vielleicht auch, worin sie den Sinn des Lebens sehen (ganz unpathetisch und unphilosophisch, auch ohne großen Bezug zu Religionen). Da ist immer der Vergleich mit anderen mit enthalten: Es geht nicht um unendliche Ziele, sondern um das Miteinander und um die Anerkennung durch die anderen im eigenen Milieu.

Enkelgerechtigkeit soll verstanden werden als Wunsch, für die erwartete eigene Zukunft sowie für die Kinder und Enkel eine lebenswerte Welt zu sichern: Es soll nicht unbedingt allen immer besser gehen (wo soll das hinführen?), aber mindestens jene von der eigenen Generation erhofften Sicherheiten und Qualitäten sollen es auch in Zukunft sein.

Bei *Genug* erinnert die Sprachgeschichte daran, dass es im Mittelhochdeutschen *genuthsam* lautete und *reichlich* bedeutete. Deshalb ist mit *genug* hier auch nicht Genügsamkeit im Sinne von Bescheidenheit gemeint, sondern es geht um das, was für Lebensqualität und gutes Auskommen erwünscht ist. *Suffizienz* wird dafür als wichtiges Stichwort der Enquete-Kommission »Wachstum, Wohlstand, Lebensqualität« des Deutschen Bundestages verwendet: »Der Suffizienzbegriff war einigen Mitgliedern der Enquete-Kommission von Beginn an verdächtig. Er wurde mit Verzicht gleichgesetzt. Doch hier hat es interessante Lernprozesse bei vielen Mitgliedern gegeben.« *Suffizienz* wird umschrieben als eine »Ökonomie des Maßhaltens, des guten Lebens und des ›Genug für alle‹« (Schlussbericht 2013: S. 798, s. auch S. 660, 662, 784, 793). Auch von *Selbstbegrenzung* ist in diesem Zusammenhang die Rede. Die entsprechenden Standards entstehen in den jeweiligen Milieus (s. Kapitel 4.2).

1.2 Apokalypse oder Reformfenster?

Trotz relativ guter Situation wird 2018 in Deutschland die Zukunft von den »Intellektuellen der Mitte« »düster, deterministisch und dystopisch« (als negative Utopie) gesehen: »Drei Prophezeiungen sind derzeit besonders populär: erstens die Politdystopie, die den Zerfall der Demokratie und die Wiederkehr des Faschismus beschwört; zweitens die Kommunikationsdystopie, die von der Anarchie des Diskurses handelt; drittens die Digitaldystopie, die eine totale Manipulation und das baldige Verschwinden des Menschen kommen sieht.« (Pörksen 2018) Zum Ende der 2010er-Jahre häufen sich die Apokalypsen, während gleichzeitig daran erinnert wird, dass es den Menschen in Mitteleuropa nach einer 70-jährigen Friedensphase noch nie so gut gegangen ist, was die statistischen Ziffern anbetrifft. Und wenn mit kleinen Geschichten des Gelingens an Chancen durch Innovationen erinnert wird, dann ändert das nichts an den riesigen Problemen, die im Herbst 2019 vom Weltklimarat und anderen Institutionen genannt werden.

Negatives apokalyptisches (dystopisches statt utopisches) Denken gibt es immer wieder, aber es hat sich im Verlauf der Zeit deutlich verändert. Zu erinnern ist an die Kriegsszenarien der Nachrüstungsdebatte (die entsprechenden Ängste können wiederkommen), an die pessimistischen Szenarien zur Globalisierung, an das Waldsterben und so weiter. Neue Bedrohungen sind aufgetaucht, andere sind in Vergessenheit geraten. Es soll nicht trösten, dass vieles nicht so eingetreten ist wie befürchtet. Manches ist sogar schlimmer gekommen.

Aber kaum denkt man daran, dass es immer auch Phasen der Hoffnung und Fenster für Reformen gibt. Ende der 1960er-Jahre wird dazu aufgerufen: Mehr Demokratie wagen! In den frühen 1970er-Jahren münden die Weckrufe zu den Grenzen des Wachstums in eine Fülle von neuen Ideen. Als der Kalte Krieg in den 1980er-Jahren endet, sind Rüstungskonversion und Abrüstung das Thema. In den 1990er-Jahren kann man hoffen, Prosperität als Chance für neue Lebensweisen nutzen zu können. An solche Phasen soll erinnert werden, und verbunden damit ist die Hoffnung: Es werden wieder solche Chancen des Aufbruchs kommen (vielleicht bereiten sie sich schon vor).

Oft wird gesagt: Der Mensch ist ein habgieriges Mängelwesen, er kriegt nie genug. Aber: Wenn der Mensch wirklich so wäre, wie die pessimistische Theorie behauptet, hätte er nicht so lange überleben können. Es geht auch anders. Wir alle oder mindestens die meisten von uns sind genauso bereit, Solidarität zu üben und sich Grenzen zu setzen. Kritische Kulturkritiker sagen gern, die Menschen von heute seien unvernünftig und hemmungslos. Sind wirklich alle so? Sind sie früher so anders?

Es heißt auch, Demokratie und gemeinschaftliches Handeln gehörten nicht zur Natur der Menschen. Aber gibt es nicht doch viele Anzeichen für die Fähigkeit, zusammen mit seinesgleichen freiwillig vieles zu organisieren? Immer, beim Nationalismus wie bei der Zerstörung der Lebenswelt, steht der Mensch mit seinem Destruktionstrieb unter Anklage. Aber er hat nicht nur diesen einen Trieb. Und außerdem: Es wird so getan, als seien alle so, aber das stimmt überhaupt nicht. Viele sind auch anders.

Manche meinen, der Klimawandel sei nicht mehr aufhaltbar. Wenn dem wirklich so ist, dann kommt es erst recht darauf an, vorbeugende Gegenmaßnahmen zu treffen (und selbst Menschen, die bezweifeln, dass Menschen aktiv an den Klimaveränderungen beteiligt sind, müssen sich Gedanken machen, wie mit deutlich erkennbaren Veränderungen umzugehen ist).

Noch eines: Für den ersten hessischen Ostermarsch der Atomwaffengegner von 1961 habe ich mit dem Hinweis auf die Belastungen durch oberirdische Atomversuche und die drohenden Szenarien von Kriegen mit Atomwaffen eine Schulkameradin zum Mitgehen gewonnen. Sie meinte damals: Wenn das alles so schlimm ist, dann muss man doch alle Kräfte zusammenfassen, um das zu ändern. Der Ostermarsch war so eine Kraftzusammenballung, aber es gab dann doch immer auch anderes Wichtiges. Übrigens lautete damals ein Motto: Atomkraft nur für friedliche Zwecke!

Meinhard Miegel, ein lange Zeit von der CDU geschätzter Vordenker, schreibt: »Die von den westlichen Gesellschaften verinnerlichte Wirtschafts- und Lebensweise ist dazu angetan, ihre Existenz auszulöschen – wohlgemerkt die Existenz eines spezifischen Gesellschaftsmodells, nicht die der Menschheit.« (Miegel 2010: S. 135) Er hat einen nicht sehr überzeugenden Trost: Nicht alle Menschen werden bei den zukünftigen Katastrophen umkommen, einige werden überleben. Ich hoffe immer noch auf andere Wege.

Die Geschichte so vieler untergegangener Reiche, die auf 1000 Jahre oder gar für die Ewigkeit gedacht waren, erinnert daran, dass es anders weitergehen kann als erwartet. Hier soll ein neuer Blick gewagt werden: auf den alten Adam und seine Eva, die es bisher geschafft haben zu überleben. Lebensqualität, Enkelgerechtigkeit und die Erfahrung, dass es ein Genug gibt, sind ihre Motive dafür. Sie sind bereit und in der Lage, eine Menge dafür zu tun. Es muss nur abgefordert werden und möglich sein.

1.3 Warnung vor Missverständnissen

Eine wichtige Vorbemerkung: Der Einfachheit halber ist manchmal von (den) Menschen die Rede. Aber immer ist daran zu erinnern, dass Männer und Frauen gern unterschiedliche Akzente setzen und dass zwischen Jung und Alt, zwischen Erwachsenen und alten Menschen außerordentliche Unterschiede bestehen, wenn es um Bedürfnisse und Lebensplanung geht. Und klar ist, dass Menschen in verschiedenen natürlichen und selbst geschaffenen Lebenswelten sich anders verhalten. Und nicht vergessen werden soll, dass es für konkrete Entwicklungen immer benennbare Interessengruppen gibt. Sie unterstellen in Wirtschaft und Politik Sachzwänge, denen dann alle mehr oder weniger unterworfen werden sollen. Aber es gibt immer auch andere Möglichkeiten, wenn man genügend intensiv danach sucht.

Der folgende Text ist kein Konversionsprogramm, in dem konkrete Vorschläge gemacht werden für die Umwandlung von bisherigen Formen des Naturstoffwechsels oder der technisch-naturwissenschaftlichen Strukturen in solche der Nachhaltigkeit. Er ist auch kein Transformationsprogramm, mit dem über die soziale und politische Machbarkeit und die dazu einleitenden Schritte nachgedacht wird. Es ist einfach und schlicht der Hinweis darauf, was Menschen können.

Vor zwei Missverständnissen soll schon jetzt gewarnt werden: Erstens soll unbedingt der Eindruck vermieden werden, hier werde Optimismus verbreitet, und es werde abgelenkt von drohenden Gefahren. Es kann auch schiefgehen! Gewaltige Veränderungen sind zu erwarten. Froh kann man sein, wenn größere Katastrophen vermieden werden. Konflikte und Krisen werden kaum ausbleiben. Darauf sollte man vorbereitet sein. Dass bis jetzt es den Menschen gelungen ist, einigermaßen zu überleben, soll ein bisschen Zuversicht verbreiten. Und zweitens: Geschichte spielt in den folgenden Argumentationen eine wichtige Rolle. Es gibt keine anderen Erfahrungen als die von früher, allenfalls noch die aus ganz anderen Lebenswelten. Die »Moderne« und die Gegenwart sind nicht Höhepunkt und Gipfel der Geschichte, sie sind eine Phase mit offenem Ausgang und beruhen notwendigerweise auf dem, was früher entwickelt wurde. Wenn hier Vergangenheit zitiert wird, dann sollen damit nicht die ermutigt werden, die alles beim Alten lassen möchten, auch nicht diejenigen, die eine stabile und homogene Lebenswelt oder sichere Identität in der Vergangenheit zu finden glauben. So etwas hat es nie gegeben, genauso wenig wie eine »deutsche« Kultur oder Nation. Menschen verschiedenster Regionen, unterschiedlichster kultureller Prägung, vieler Religionsgemeinschaften und Ethnien bilden zusammen die Bevölkerung von Deutschland und Mitteleuropa. Die Menschen stehen in diesem Territorium seit alters in Verbindung und Austausch (auch genetisch), Einflüsse gehen in alle Richtungen. In einer gelingenden alltäglichen Praxis muss die rückhaltlose Anerkennung des Rechts der Menschen auf ein Leben in der je eigenen Würde selbstverständlich sein, und zwar im Rahmen der Rechtsordnung jenseits von Bevormundung durch Ideologie, Politik oder Kommerz. Konservatives oder nationalistisches Denken findet keine Bestätigung durch Hinweise aus der Vergangenheit.

Ein letzter Hinweis: Dieser Text wurde von einem Europäischen Ethnologen und Kulturwissenschaftler geschrieben. Weil Kultur im ethnologischen Verständnis als System der Werte und Standards verstanden wird, mit dem Menschen ihr Leben organisieren und Gemeinschaften sich voneinander unterscheiden, greife ich immer wieder Beispiele aus anderen historischen und zeitgenössischen Lebenswelten auf. Indem ich ermutige, über den Tellerrand der eigenen Probleme und Befindlichkeiten hinauszublicken, will ich dazu anregen, Zukunft mit Fantasie, Kreativität und Mut zu gestalten.

1.4 Die Themen

Auch wenn ich keine systematische historische Darstellung vorhabe, geht es doch um aufeinanderfolgende unterschiedliche Phasen. Zunächst wird zum Thema das lange Überleben der Menschen in einem vorgeschichtlichen Goldenen Zeitalter, in dem in Wohlstandsgesellschaften die Menschen im bescheidenen Alltag und im Exzess des Festes mit Mangel und Überfluss leben, bis für die Ewigkeit gedachte, immer wieder verschwindende Reiche einem frühen Wohlstandsleben ein Ende bereiten. Erinnert wird dann daran, wie vor allem in Europa in späteren Phasen der Geschichte vor der Durchsetzung marktwirtschaftlicher Prinzipien über lange Zeiten die materielle Reproduktion vor allem im Bereich der Landwirtschaft stattfindet. In der Ständegesellschaft leben die arbeitenden Menschen mit begrenzten Ressourcen nachhaltig mit Gemeinnutzen und Korporationen auf der Gemeinde- und Stadtebene. Sie leisten Abgaben für Kirche, Grundherren und überregionale Herrschaft, und damit wird für die kulturelle, organisatorische (rechtliche) und militärische Sicherung dieser Lebensverhältnisse gesorgt. An die dafür ausgehandelten Vertragsverhältnisse sind alle Beteiligten gebunden, und nur mit Gewalt können die Vereinbarungen zuungunsten der Abhängigen geändert werden (wie zuzeiten der europäischen Bauernkriege). Lebensqualität entsteht in der Kombination von eher kargem Alltag und gelegentlichen Festen als Exzess.

In Zentraleuropa werden zerstörerische Kriege um die Vorherrschaft von Staaten geführt. In den frühbürgerlichen Verhältnissen der oberitalienischen Städte gibt es zwar auch Kriege und Machtkämpfe, sie beeinträchtigen aber den Wohlstand nicht dauerhaft. Der Reichtum, vor allem durch Handel gewonnen und durch die Pestepidemien in immer weniger Händen konzentriert, steht nicht wie später im marktwirtschaftlichen Kapitalismus unter dem Zwang ständigen Wachstums. Er kann so genutzt werden, dass Lebensqualität und Kunst sowie der Umgang der Menschen untereinander und sein Verhältnis zur Natur neu gestaltet werden, und zwar so, dass es bis in die Gegenwart weiterwirkt.

Die in der Ständegesellschaft entwickelten Formen des Umgangs mit Ressourcen ragen mit Genossenschaften und Gemeinnutzen in die Gegenwart hinein. Mit »Gemeinwohlverpflichtung« soll der seit Industrialisierung entfesselte Markt gezähmt werden. Später versuchen manche in prosperierenden Phasen die in der wachstumsorientierten Marktwirtschaft verfügbaren Reichtümer nicht nur für weiteres Wachstums zu nutzen, sondern auch für neue Lebensqualität. In Phasen des Überschusses entstehen so Reformfenster für eine sozialökologische Wende. Aber dann wird in der kapitalistischen Konsumgesellschaft selbstzweckhaftes materielles Wachstum vorherrschend, das auch auf Kosten der Lebensqualität aufrechterhalten wird. Dafür ist keineswegs der Kapitalismus allgemein verantwortlich, vielmehr sind es Strukturen, in die die Konsumenten selbst verstrickt sind, auch aktiv als Handelnde. Mögliche Wachstumsgewinne werden durch die Weckung neuer Bedürfnisse zunichtegemacht. Materielles Wachstum trägt immer weniger zur Lebensqualität bei und gefährdet im weltweiten Zusammenhang massiv die materielle und soziale Lebenswelt.

Schließlich wird gezeigt: Immer wieder gibt es in Philosophie und Kultur, Künsten und Religion Entwürfe für ein Leben ohne Wachstumszwang. In Nischen werden sie erprobt. Verbunden mit der Erfahrung, dass es auch anders geht, können sich mit kleinen, gleichsam molekularen Wandlungen Pfade für eine Postwachstumsgesellschaft öffnen, die sozial verträglich sind und die Lebenswelt erhalten. Wie widerspruchsreich und vielfältig dies ist, soll am Beispiel des Tourismus nachvollzogen werden.

Wandel tritt nicht von selbst ein. »Politische Entscheidungsträger werden sich erst zu einer Postwachstumspolitik ermutigt fühlen, wenn sie hinreichend glaubwürdige Signale für die Bereitschaft und Fähigkeit der Gesellschaft empfangen, diesen Wandel auch auszuhalten.« (Paech 2012: S. 141) Nur dann werden sie dem Druck harter Interessen von Wirtschaft und Finanzwelt zu widerstehen bereit sein.

In der aktuellen Krise der Wachstumsgesellschaft wächst die Einsicht: »Wir können so nicht weiterleben.« Das meint die CDU-Politikerin Annegret Kramp-Karrenbauer (2019). Aber in der Politik gilt nicht ein allgemeines »wir«. Da erwartet man, dass gesagt wird: Wir, die Entscheidenden, sagen (oder schlagen vor), konkret diese und jene Pfade zu gehen, die zu grundlegenden Veränderungen führen können. Politik kann vorgeben, wie Wachstum gezähmt, Reichtum weltweit in Lebensqualität verwandelt werden kann. Viele warten auf einen neuen Aufbruch. Angesichts der unvermeidbaren Globalisierung können einzelne Staaten nur zusammen mit den anderen in gemeinsamer Verantwortung Perspektiven entwickeln. Auch dazu gibt es Ansätze, selbst wenn im frühen 21. Jahrhundert schlimme Rückschläge eintreten.

1.5 Krisenelastizität

Manche Leute meinen, neue Pfade in Richtung auf einen sozialökologischen Umbau seien nur über und nach Katastrophen möglich. Darüber soll nicht spekuliert werden. Aber im Hintergrund steht bei den Überlegungen in diesem Buch doch auch etwas, woran man gar nicht so gern denkt: Seit 1945, das sind inzwischen mehr als 70 Jahre, herrscht Frieden in Deutschland, weitgehend auch in Europa. Ich kann mich noch an das Ende des Zweiten Weltkrieges und die dann folgende Zeit des Mangels erinnern. Die Generation derer, die Notzeiten erlebt haben, stirbt in Deutschland aus. Die Menschen der Wiederaufbaujahre und der bis in die Gegenwart kaum unterbrochenen Prosperität haben keine Erinnerung an solche Zeiten der Not. Nur Flüchtlinge und Asylsuchende, die nach Deutschland und Europa kommen, erinnern daran, dass es in unmittelbarer Nähe Krieg und Not gab und gibt.

Es könnte sein, dass die sogenannte Flüchtlingskrise von 2015 eine Generalprobe für denkbare, wenn auch nicht wünschbare Krisen ist: Binnenflüchtlingsströme bei Kriegen, bei Atomkraftwerkshavarien in unmittelbarer Nähe oder bei sonstigen Katastrophen – wie würde die an Reichtum und Prosperität gewohnte Bevölkerung sich in solchen Krisen verhalten? Wie schnell würden verborgene Ressourcen zur Überwindung von unmittelbarer Not aktiviert werden können? Welche sozialen und politischen Verwerfungen gäbe es? Käme es zur Jagd auf vermutete Schuldige? Würden große Teile der Bevölkerung autoritäre Regime favorisieren? Solche Fragen sollte man nicht ganz verdrängen.

2

Eine Wohlstandsgesellschaft zu Beginn der Menschheitsgeschichte: das Goldene Zeitalter

Archäologische Forschungen lassen vermuten: In vorgeschichtlicher Zeit gibt es in manchen Gegenden der Erde Gemeinschaften, die über Jahrtausende hinweg zusammenleben. Und sie scheinen nicht in Not und Elend zu vegetieren, sondern leben als Wildbeuter im Überfluss, teilweise zusammen mit Ackerbauern, ohne ihre natürlichen Lebensgrundlagen zu zerstören. Es gibt Zeugnisse dafür, dass sie über Tausende von Jahren hinweg ihre Feste an den gleichen Plätzen veranstalten. Die Archäologie bestätigt die in den Überlieferungen vieler Gemeinschaften weitergegebene Mythe vom Goldenen Zeitalter.

2.1 Frühe Nachhaltigkeit: Tausende von Jahren Party am gleichen Platz

Meine Frau wundert sich, als wir lesen, dass die Menschen schon vor 42.000 bis 33.000 Jahren mit Feuer umgehen können (oder die Neandertaler gar schon vor vielleicht 130.000 Jahren, und wer weiß, was man noch alles entdeckt!). »Was haben die denn die ganze Zeit gemacht?«, fragt sie und denkt an die vielen Veränderungen, die etwa seit der Renaissance eingetreten sind. Ich meine: Glücklicherweise waren sie nicht so aktiv wie die Menschen seit der Industrialisierung, sonst wäre die Erde schon völlig verwüstet. Es gehört zu den Lebenslügen einer auf Fortschritt und fortgesetztes Wachstum bauenden Politik, dass nicht bedacht wird, dass angesichts der globalen Begrenzungen selbst ein »grünes Wachstum« nicht beliebig fortgesetzt werden kann.

»Vieles deutet darauf hin, dass die menschliche Besiedlung nicht unbedingt Umwelteinflüssen, sondern soziokulturellen Mustern folgte. Wir gehen davon aus, dass die Jäger und Sammler sehr mobil waren und sich flexibel anpassen konnten.« Und: »Nachdem vor etwa 30.000 Jahren die Neandertaler ausgestorben waren, lebten vor etwa 10.000 Jahren schon fünf Millionen Menschen auf der Erde.« (Koch 2019) Wie diese Menschen ohne »Fortschritt« und ohne das »Hamsterrad der materiellen Selbstverwirklichung« (Paech 2012: Klappentext) ihr Leben gestalten, kann man nur vermuten.

Beeindruckt hat mich, was ich im ersten Band der neuen »Geschichte der Welt« von C.H. Beck/Harvard Up (Iriye 2017) gelesen habe: Für Zeiten von vor 10.000 und mehr Jahren kann man nachweisen, dass Menschen in Überflussgesellschaften leben. Jagen und Sammeln bescheren ihnen mit oft geringem Aufwand alles Nötige. Gemeinschaften mit unterschiedlichen Organisationsformen – Wildbeuter (Jäger und Sammler), sesshafte Ackerbauern und Fischer haben über lange Zeiten hinweg gemeinsam gelebt und ihre Feste auf gemeinsamen Opferplätzen gefeiert. Man kennt solche Gemeinschaften von Sammlern und Wildbeutern aus dem präkeramischen Neolithikum. Sie sind teilsesshaft, gehen aber, obwohl sie diese andere Lebensform kennen, nicht zu Ackerbau und Viehzucht über, denn sie leben in ihrer Welt im Überfluss (ebd.: S. 178, 182). Auch im »fruchtbaren Halbmond« von Mesopotamien (Kleinasien) können Wildbeuter sesshaft werden, ohne Ackerbau zu betreiben (ebd.: S. 57).

In solchen Wohlstandsgesellschaften gibt es keinen Zwang zum Fortschritt, auch wenn Spezialisierungen möglich sind. Nach dem Rückgang der Eiszeit führen »Besitz, Kontrolle und Verteilung der neuen Rohstoffe … in Bajkalien und anderswo in Sibirien … nicht zwangsläufig zu einer gesellschaftlichen Schichtung; vielmehr lebten die Jäger-, Fischer- und Sammlergemeinschaften weiterhin so wie seit Jahrtausenden« (ebd.: S. 163). Im Überfluss vorhandene Fische, Muscheln, Wild, zu sammelnde und anzubauende pflanzliche Nahrung ermöglichen ein Leben im Wohlstand. Gewaltige Muschelhaufen als Zeugnisse von langlebigen Siedlungen gibt es an der Ostsee, in Ostasien, in Amerika (ebd.: S. 127, 181). Ähnliche Gesellschaften finden sich auf dem amerikanischen Kontinent.

Im Japan der Jomon-Zeit gibt es seit 15.000 v. Chr. Wildbeuter, die etwa 10.000 Jahre lang in dauerhaften Siedlungen ohne produzierendes Wirtschaften leben (ebd.: S. 123, 175).

Ausgegrabene Opferstätten belegen, dass an manchen Plätzen über mehrere Jahrtausende hinweg (man stelle sich das für die heutige Zeit vor!) immer an der gleichen Stelle Opferfeste stattfinden. Und möglicherweise muss man *Opfer* dabei gar nicht so bedeutungsvoll nehmen. In Obermesopotamien gibt es einen solchen Kultplatz (Iriye 2017: S. 60, 62). Dort finden in der langen Phase des Übergangs von der wildbeuterischen zur bäuerlichen Lebensweise anscheinend gemeinsame Ritualfeste statt, üppige Gelage mit viel Fleisch von Opfertieren, Wettstreiten, Tänzen und wer weiß was sonst noch alles: ein »Party-Exzess«! Wozu sonst sollen auch Musikinstrumente nützlich sein, wie die etwa 40.000 Jahre alte Flöte aus Mammutelfenbein, gefunden im Geißenklösterle in Schwaben (Museum 2018: S. 343, 348)?

■ Auch in Mitteleuropa gibt es solche Plätze, so einen Brandopferplatz auf der Pillerhöhe bei Fließ, oberhalb von Landeck/Tirol (Stefan 2010). Es ist einer von mittlerweile 18 bekannten Brandopferplätzen im südlichen Mitteleuropa vor allem im alpinen Raum. Verkehrstopografisch ist diese Höhe an einem früher wichtigen Pass gelegen. Genutzt ist der Platz auf der Pillerhöhe seit der mittleren Bronzezeit (15. Jahrhundert v. Chr.), er ist also deutlich älter als die Plätze der Brandriten im ägäischen Raum, die erst mit dem 12. Jahrhundert v. Chr. einsetzen. Genutzt wird er bis ins 5./6. Jahrhundert unserer Zeitrechnung (n. Chr.), aber nur bis ins 4. Jahrhundert v. Chr. als Brandopferplatz, danach für Sachopfer wie Münzen, Schmuck und Gebrauchsgegenstände. Es gibt dort eine große *Festwiese* mit kleinen Feuerstätten, ferner zwei Verbrennungsplätze (»Altäre«) mit Aschehügeln. Dort sind die verbrannten Knochen gelagert. Meist sind es die Reste von Extremitäten, Schädeln, Füßen und Schwänzen der Opfertiere. Diese fleischarmen Körperteile verbrennt man für die Götter. »Das Verbrennen wird als Akt der Entmaterialisierung gedeutet … Das so von den Flammen von seiner Körperlichkeit befreite Opfer konnte nun zu den numinosen Mächten

> aufsteigen«, wenn an solche gedacht wird. Alles andere verzehren die Menschen auf der Festwiese beim Opferfest selbst. Solche exzessiven Kultfeste finden an manchen Orten anscheinend mehrmals im Jahr statt. An einem Ort, dem Hahnenbödele bei Schluderns im Vinschgau in Südtirol, werden zeitweise anscheinend jährlich etwa 34 Rinder und 45 Schafe und Ziegen geopfert, es gibt also Speisen für Hunderte von hungrigen Festteilnehmern. Die Feste haben vermutlich eine »wichtige Identität stiftende Funktion« (ebd.: S. 15) und sind vielleicht mit Wett- und Kampfspielen verbunden. Die dort lebenden Raeter werden 15 v. Chr. gewaltsam dem römischen Imperium einverleibt und dezimiert, viele werden als Soldaten rekrutiert, aber die Opferkulte (dann nur noch mit Sachgütern) werden wieder aufgenommen oder fortgesetzt bis zur vollständigen Christianisierung unter dem römischen Kaiser Theodosius. Der verbietet 391 n. Chr. alle heidnischen Kulte. Aber noch 397 n. Chr. werden die Boten des Christentums in Tirol nicht überall willkommen geheißen: Im Nonstal werden die späteren Heiligen Sisinius, Martyrius und Alexandros ermordet (ebd.: S. 21).

In Abständen, vermutlich in Vollmondnächten (sonst sieht man ja nichts) und außerhalb des Winters, finden solche exzessiven Feste statt. Dazwischen liegt der weniger luxuriöse Alltag. So wird auf diesen Brandopferplätzen das Leben im Luxus ohne Zerstörung der Lebenswelt eingeübt: Es gibt zwar Nahrung im Überfluss, aber richtig geprasst wird nur zu bestimmten Zeiten.

In manchen dieser Milieus gibt es, sagt man, keine Tiere, die man zu Nutztieren machen kann, um damit Sesshaftigkeit und Ackerbau für einen Übergang zur produzierenden sesshaften (neolithischen) Lebensweise zu entwickeln (Iriye 2017: S. 126). So wird aus der Perspektive einer den Fortschritt zum Maßstab machenden Weltsicht interpretiert – aber vielleicht wollen es die Menschen auch nicht anders, weil ihnen ihre gewohnten sozialregulativen Standards des guten und richtigen Lebens lieber sind. Diese Freiheit muss man ihnen zugestehen. Vielleicht gibt es Konflikte zwischen Alt und Jung, Frauen und Männern – aber dafür fehlen die Quellen. Spannungen im emotionalen Leben mit Liebe und

Hass oder Konkurrenz sind ohnehin immer möglich. In den Schriften des Alten Testaments der Juden und denen der Christen sind sie mannigfaltig belegt.

Aus welchen Gründen der im Gletschereis gefundene »Ötzi« um 3350 v. Chr. ermordet wurde, weiß man nicht; jedenfalls ist dies schon in einer relativ späten Zeit geschehen.

Interessant sind Olympische Spiele. Im griechischen Olympia besteht seit dem 11. Jahrhundert v. Chr. ein Kultbetrieb. Seit 776 v. Chr. werden Olympische Spiele, mythologisch mit Gott Zeus und Herakles (Herkules) verbunden, als Kampfspiele alle vier Jahre abgehalten. Olympia darf nicht mit Waffen betreten werden, und für die Zeit der Spiele wird Gottesfriede verkündet (Mallwitz: S. 84). Bis zu sieben Meter hohe Aschehügel an Altären sind Zeugen von vielen Opferfesten. Auf dem Gelände von Olympia ist immer ein großer Festplatz, auf dem keine Gebäude stehen. So kann man sich auch die vorgeschichtlichen Opferplätze in den Alpen vorstellen.

In Australien leben Menschen vielleicht 50.000 Jahre lang ebenfalls ohne produzierendes Wirtschaften bis zum Beginn des Kolonialismus – wobei man nicht genau weiß, ob sie nicht durch selbst angelegte Feuer mit ihrer Lebensweise zur Verwüstung des Kontinents beigetragen haben und sich dann auf die veränderten Bedingungen einstellten. Vielleicht haben diese Gemeinschaften damit wirklich ihre Lebenswelt ruiniert. Sie hätten damit einen Prozess eingeleitet, der den Menschen in der Gegenwart noch bevorsteht, nämlich sich auf die von den Menschen selbst verursachten Lebensweltzerstörungen einzustellen und aus den Krisen heraus eine zukunftsfähige Lebensform zu gestalten.

So erinnert die ganz frühe Geschichte der Menschheit daran, dass nachhaltiges Leben über längere, ja sehr lange Zeit möglich ist, sogar im Luxus und Überfluss. Wenig weiß man, wie die damaligen Menschen in ihrem Denken und ihren Symbolwelten mit diesem Reichtum umgehen. Vorstellbar ist, dass ihr Leben geprägt ist von ästhetisch-kulturellen Praktiken mit Wettkämpfen, Festen, Tänzen, Malereien, Erzählungen bei regelmäßig wiederkehrenden exzessiven »Opferfesten« – immerhin gibt es Musikinstrumente und Ritzzeichnungen in manchen der ältesten

Funde. Es könnten sogar als zwanghaft empfundene Rituale sein, wie man sie für das spätere Ägypten annimmt. Aber wer mag da urteilen?

Gewiss, bei diesen in der Vorgeschichte gefundenen Phasen vieltausendjähriger Wohlstandsgesellschaften ohne großes Wachstum müssen immer auch die »Kosten« berücksichtigt werden. Die Lebenserwartung ist wohl nicht besonders hoch, und Zivilisationskrankheiten anderer Art als die, mit denen die Menschen heute zu tun haben, wird es gegeben haben. Niedrige Fortpflanzungsraten, verbunden mit gelegentlichen Hungerkatastrophen oder Epidemien und Naturkatastrophen sowie mit gewaltförmigen Konflikten zwischen verschiedenen Gemeinschaften (Orywal 1996), können ohnehin nur erklären, dass die Weltbevölkerung nicht schon viel früher so gewachsen ist wie seit 2000 Jahren, sagt die historische Demografie (Lang 1993). Innerhalb ihrer Lebensfrist finden Menschen, die sich genauso wie heute mit der Endlichkeit des individuellen Daseins auseinandersetzen müssen, ihr Glück und ihre Chancen für ein erfülltes Leben.

Vielleicht sind die neolithischen Opferfeste nicht nur deswegen interessant, weil sie zeigen, wie Menschen mit ihren begrenzten Ressourcen nachhaltig umgehen. Sie zeigen eben auch, dass Gemeinschaften mit Wohlstand und Fülle des Reichtums dauerhaft umgehen. Mit dem Wechsel zwischen Exzess und Suffizienz weisen sie einen Weg, wie man mit Wohlstand umgehen kann: Reichtum wird in Lebensqualität umgewandelt, ohne zerstörerisch zu wirken. Für die Gegenwart ist dies noch nicht gelungen.

Nachdenklich kann man schon werden: Mehrere tausend Jahre Party immer am gleichen Platz? Wie haben die das hinbekommen, und wieso sind für heute trotz riesigen Reichtums solche Fristen nicht vorstellbar? Das größte wirtschaftliche Wachstum und die meisten anthropogenen Veränderungen der Erdoberfläche sind in der Zeit nach dem Zweiten Weltkrieg eingetreten. Ein nicht unterbrochenes Wachstum dauert an, ist aber nicht unendlich fortsetzbar. Das Bevölkerungswachstum wird als Bedrohung empfunden. Im Gegensatz zu früheren Gesellschaften verfügt man in der Gegenwart über einigermaßen zuverlässige und humane Mittel zur Geburtenkontrolle, aber religiöse und soziale Grenzen verhindern die effiziente Nutzung. Man weiß, dass bessere Bildung für Mädchen eines der wirkungsvollsten Mittel für die Geburtenkontrolle ist. In den 1970er-, 1980er-Jahren schien das Bevölkerungswachstum an Geschwindigkeit zu verlieren, inzwischen hat es jedoch wieder zugenommen.

2.2 Das Goldene Zeitalter

Archäologische Befunde, bezogen auf die Zeiten vor der Staatenbildung seit der Bronzezeit, werden als Zeugnisse für eine *klassenlose Urgesellschaft* interpretiert. Das ist ein eher langweiliges Interpretationsmodell:

- »Urgesellschaft – historisch älteste ökonomische Gesellschaftsformation, die sich in allen Ländern der Erde entwickelte, nachdem der Mensch durch die Arbeit aus dem Tierreich hervorgetreten war. Sie beruhte auf dem Gemeineigentum an Produktionsmitteln – kannte folglich keine Klassen und keine Ausbeutung –, auf der gemeinsamen Arbeit aller Gesellschaftsmitglieder und auf der gleichmäßigen Verteilung der Arbeitsprodukte.« (Philosophisches Wörterbuch, Sp. 1244; s. auch Kapitel 3.1)

Festgestellt wird, dass jungpaläolithische Gemeinschaften dieser Urgesellschaft mit meist weniger als 200 Personen die durch Jagd erbeutete Fleischnahrung nicht völlig verbraucht haben und die Jäger mehr Tiere vernichteten, als sie »rationell zu nutzen verstanden« (Kabo 1982: S. 89). Aber was sie damit machen, wird nicht erörtert: Da passen die genannten (Opfer-)Feste ganz gut hinzu.

Viel farbiger als die »klassenlose Urgesellschaft« wirkt das Goldene Zeitalter, wie es viele Überlieferungen kennen. Man kann es beziehen auf die frühen Wohlstandsgesellschaften. Der lateinische Dichter Ovid (43 v. Chr.–17 n. Chr.), bekannt durch seine »Liebeskunst«, geht näher darauf ein. Er schildert in den »Metamorphosen« die Erschaffung des Menschen ähnlich wie die biblische Schöpfungsgeschichte: Ein Gott, der Titan Japetus, erschafft aus dem Chaos die mit Selbstverständlichkeit als Kugel gedachte Erde mit zwei Eissphären im Norden und Süden, mit einer für Menschen zu heißen Äquatorialzone und mit gemäßigten Zonen dazwischen. Sein Sohn Prometheus bringt den Menschen das Feuer.

Ovid zeigt den Lesern (und Hörern, denn man muss sich vorstellen, dass solche Texte laut rezitiert wurden) in blumiger Sprache, was spätere Zeitalter von dem Goldenen Zeitalter unterscheidet. Er nennt die neueren Errungenschaften, die den Hörern seiner Zeit bekannt sind: den Ackerbau mit Zugtieren, Karst (Hacke) und Pflügen mit metallener Pflugschar, dann die öffentlich in metallenen Tafeln ausgestellten Gesetze und die rechtsprechenden Gerichte, die hölzernen Schiffe mit ihren Segeln, die befestigten Städte. In der Zeit davor hat der aufrecht gehende Mensch, »empor zu den Sternen gewendet das Antlitz«, die Erde bevölkert:

> Erst nun sproßte von Gold das Geschlecht, das sonder Bewachung
> Willig und ohne Gesetz ausübte das Recht und die Treue
> Strafe wie Furcht war fern; noch lasen sie drohende Wort
> Nicht an geheftetem Erz; noch stand kein flehender Haufe
> Bang vor des Richters Gesicht: Schutz hatten sie ohne den Richter.
> Noch nicht hatte, gefällt auf heimischen Bergen, die Fichte,
> Andere Welt zu seh'n, sich gesenkt in die flüssigen Wogen;
> Noch von keinem Gstad', als dem ihrigen, wußten die Menschen.
> Noch umgürteten nicht abschüssige Gräben die Städte.
> ... In behaglicher Muße vergingen
> Ohne des Krieges Bedarf die Tage den sicheren Völkern.
> Undienstbar und verschont von dem Karst und von schneidender
> Pflugschaar
> Nimmer verletzt gab alles von selbst die gesegnete Erde,
> Und mit Speisen begnügt, die zwanglos waren erwachsen,
> Lasen sie Arbatusfrucht, Erdbeeren an sonniger Halde
> Oder am rauhen Gerank Brombeeren und rothe Cornellen ...
>
> (Ovid 1862: S. 9 f.)

Von Jagd ist nicht die Rede, wohl aber vom Sammeln frei verfügbarer Früchte. In der Abfolge der Zeiten kommt dann das silberne Zeitalter, in dem die Menschen Wohnungen beziehen, die Erde mit dem Pflug bearbeiten und Rinder als Zugtiere nutzen. Und dem folgt das eherne Zeitalter:

Jählings brachen herein in die Zeit von schlechterer Ader
All die Gräu'l; es entflohen die Scham und die Treu' und die Wahrheit,
Und an die Statt einzogen Betrug und tückische Falschheit,
Hinterlist und Gewalt und verruchte Begier des Besitzes. (Ebd.: S. 11)

Das wird gesagt für eine Zeit lange vor der Durchsetzung der Marktwirtschaft. In ihr erst werden viel später für das wirtschaftliche Handeln wirklich so ziemlich alle Grenzen von Moral und Herkommen aufgegeben.

Der biblische Mythos der Juden und Christen kennt eine Art Goldenes Zeitalter für das Paradies, aus dem der alte Adam und seine Eva vertrieben werden. Geschildert wird im 1. Buch Moses Kapitel 4 (aufgeschrieben wohl im 6. Jahrhundert v. Chr.), wie dann der Ackerbauer Kain den Schäfer Abel erschlägt. Von Gott dem Herrn wird er danach weggeschickt und mit einem Kainszeichen geschützt, damit er nicht als vogelfreier Mörder erschlagen wird (4,14). Er geht in das Land »Nod, jenseits von Eden, gegen Morgen« (Osten) (4,16). Dort leben bereits Menschen, denn Kain heiratet. »Und Kain erkannte sein Weib, die ward schwanger und gebar den Henod. Und er baute eine Stadt.« Aus den weiteren Kindern werden diejenigen, »die in Hütten wohnten und Vieh zogen«, ferner »die Geiger und Pfeifer« aus Jubals Familie, und schließlich finden wir »Thubalkam, den Meister in allerlei Erz- und Eisenwerk« (4,20–21). Damit ist die biblische Geschichte schon im »ehernen Zeitalter« angekommen.

Der Mythos des Goldenen Zeitalters ist in unterschiedlichen Ausprägungen bei vielen Völkern verbreitet. Fünf Erscheinungsformen können unterschieden werden (Aetas Aurea 1950: Sp. 143–150):

1. Sagen von einem glücklichen Zustand in der Vorzeit (Zeit des Kronos; dazu gehört der Text von Ovid)
2. Schilderung einer glücklichen Endzeit in der fernen Zukunft (Apokalyptik, Orakel der Sibylle)
3. Sagen von den Inseln der Seligen, von Elysium und anderem
4. Schilderungen von glücklichen Völkern am Rand der Erde (Hyperboreer, Äthiopier, Brahmanen, Schlaraffenland)
5. Utopien

Die Verheißungen eines Goldenen Zeitalters werden immer wieder aufgegriffen. Die US-amerikanische Soziologin Arlie Russell Hochschild hört in der Gegenwart von den interviewten Anhängern der konservativen Tea Party aus den US-amerikanischen Südstaaten: Man fühlt sich in einer langen Schlange, die allmählich auf einen Hügel zuwandert, hinter dem der amerikanische Fortschritt als Goldene Zeit winkt. Wenn man ihn nicht erreicht, dann gibt es wenigstens die himmlische Belohnung: 41 Prozent der US-amerikanischen Bevölkerung erwarten die Wiederkunft Christi innerhalb der nächsten 50 Jahre (Hochschild 2017) und damit das »Jüngste Gericht« der biblischen Offenbarung des Johannes, bei dem Christus den von den Toten auferstandenen Menschen Himmel oder Hölle zuweist, je nach ihren Taten und ihrem Glauben (Brednich 1977, 5: Sp. 341–345).

2.3 Andere Wohlstandsgesellschaften

Der Historiker Dieter Groh hat beschrieben, wie zeitgenössische Wildbeuter (Jäger und Sammler) ähnlich wie die Menschen des Goldenen Zeitalters mit wenigen Stunden (vielleicht auch lustvoller) täglicher Arbeit am Tag das erlangen, was sie zum Lebensunterhalt brauchen. Die übrige Zeit können sie verwenden für Kunst, Spiele, Wettkämpfe, Rituale und Kulte, Gespräch und Nachdenken. Nachhaltigkeit ist unter diesen Bedingungen Teil des Lebens. Weil sie durch Arbeit nicht ausgelastet sind, müssen die Menschen ihre Zeit so ausgestalten, dass ein Zeitgerüst und ein Zeitsystem entstehen, mit denen diese Lebensweise gesichert wird. Existenzbedrohende »Risiken für Gruppe, Stamm oder Dorf in einer Lebensform, in der es keine übergreifende Daseinsfürsorge … gibt«, versucht man im Rahmen dieser Form der Nutzung der Ressourcen der Umwelt durch Unterproduktivität auszuschalten: Nicht alles, was möglich ist, wird genutzt. Statt Arbeits- und Wachstumszwang wird »Mußepräferenz« praktiziert, meint Dieter Groh: Arbeit ist nicht so wichtig wie Muße (Groh 1992: S. 62; vgl. Kapitel 4.2).

Die Ethnologin Marjorie Shostak hat im 20. Jahrhundert die Lebensgeschichte von Nisa niedergeschrieben: Das ist eine Frau des Jäger-und-

Sammler-Volkes der Kung San aus der Kalahariwüste im südlichen Afrika. Nach jedem herausragenden Ereignis wie einer Heirat, einem Fest, einem überraschenden Jagderfolg oder einer Geburt endet die Passage mit Worten wie: »Und wir lebten weiter« oder: »Wir aßen Honig und lebten«; »Wir lebten einfach weiter« (Shostag 1982: S. 55, 57, 221).

Ethnologen kennen solche Haltungen von vielen Gemeinschaften: Goldy und Paul Parin, Ruth und Fritz Morgenthaler berichten Ähnliches von den Dogon in Mali und ihrer Lebensweise. Die Hadzabe in Tansania haben keine Vorratshaltung und sagen: »Die Jagd ernährt uns. Wir denken nicht viel darüber nach. Wir fühlen uns großartig und wohl.« (Nix 2019) So in den Tag hineinzuleben setzt die große Zuversicht voraus, immer über genügend Ressourcen zu verfügen (wie in den gegenwärtigen Prosperitätsregionen). Es geht nur, weil ein Genug ohne Wachstumszwang mitgedacht wird.

■ Und wie soll man da die »fortschrittsfeindlichen« Lebensformen einordnen, von denen Georg Forster 1790 bei seiner Rheinreise mit Alexander von Humboldt berichtet? Nachdem sie bei Bingen rheinabwärts fahrend den Mäuseturm passiert haben, heißt es zum später romantisch interpretierten Rhein: »In diesem engeren, öderen Teil des Rheintals herrscht ein auffallender Mangel an Industrie. Der Boden ist den Einwohnern allerdings nicht günstig, da er sie auf den Anbau eines einzigen, noch dazu ungewissen Produktes, wie der Wein, einschränkt. Aber auch in ergiebigeren Gegenden bleibt der Weinbauer ein ärgerliches Beispiel von Indolenz und daraus entspringender Verderbtheit des moralischen Charakters. Der Weinbau beschäftigt ihn nur wenige Tage im Jahr auf eine anstrengende Art; bei dem Jäten, dem Beschneiden der Reben usf. gewöhnt er sich an den Müßiggang, und innerhalb seiner Wände treibt er selten ein Gewerbe, welches ihm ein sicheres Brot gewähren könnte. Sechs Jahre behilft er sich kümmerlich oder antizipiert den Kaufpreis der endlich zu hoffenden glücklichen Weinlese, die gewöhnlich doch alle sieben oder acht Jahre einmal zu geraten pflegt; und ist nun der Wein endlich trinkbar und in Menge vorhanden, so schwelgt er eine Zeitlang von dem Gewinne, der ihm nach Abzug der erhaltenen Vorschüsse übrigbleibt, und ist im folgenden Jahr ein Bettler wie vorher. Ich weiss, es gibt einen Gesichtspunkt, in welchem man diese Lebensart verhältnismäßig glücklich nennen kann. Wenngleich der Weinbauer nichts erübrigt, so lebt er doch sorglos, in Hoffnung auf das gute Jahr, welches ihm immer wieder aufhilft.« (Brief vom 24. März 1790, Forster 1983: S. 22)

Von Heinrich Böll gibt es eine Geschichte, in der ein Städter dem in der Sonne liegenden Fischer empfiehlt, sich einen Bootsmotor zu kaufen, damit er weiter hinausfahren und mehr Fische fangen und mehr Gewinn einfahren kann. Aber er muss sich von dem Fischer belehren lassen, dass er auch dann nichts Besseres mit seinem Reichtum anzufangen wüsste, als in der Sonne zu liegen. Das wird gern im Partygespräch erzählt, aber ernst nimmt es niemand.

Für die Wohlstandsgesellschaften der Gegenwart entwirft Jean-Christophe Rufin von der karitativen Organisation »Ärzte ohne Grenzen« ein eher pessimistisches Szenario: »Wohlhabend und alternd, strebt das nördliche Imperium dem gleichen Ziel nach wie die Individuen, aus denen es besteht: sich nicht vermehren, sich nicht reproduzieren, sondern dauern so lange wie möglich. Allzeit fortdauern in der süßen lauen Wärme des Reichtums und des Friedens.« (Rufin 1993: S. 231) Aber vielleicht ist das ja eine wirkliche Perspektive, wenn es gelingt, die Ressourcenkrisen, die ökologischen Krisen, die Folgen des Klimawandels und die Spannungen angesichts der ungleichen Verteilung von Wohlstand in der Welt in den Griff zu bekommen. Dabei kann Lebensgenuss mit Geselligkeit, Festen, Künsten, Sport, Entwicklung der Genussfähigkeit, Dialog angestrebt werden – wenn's denn sein muss, auch Kulten.

2.4 Das eherne Zeitalter

Mit dem Entstehen der Städte und ihren Untergängen im fruchtbaren Halbmond Mesopotamiens und in Kleinasien ist das eherne Zeitalter verbunden. Dazu gehört dann auch Jericho, von dessen Zerstörung um 6000 v. Chr. die Bibel berichtet, ebenso die bislang unbekannte Stadt in

Mesopotamien, die vor 4500 Jahren, also in gar nicht so spektakulärer Zeit 2500 v. Chr. entsteht und jüngst von deutschen Archäologen ausgegraben wird (Willman 2019).

Die Welt der frühen Zivilisationen, so weit weg sie auch ist, zeigt viele Möglichkeiten, überlebenssichernde wirtschaftliche Tätigkeit (Naturstoffwechsel) einzubetten in die Regeln eines »guten und richtigen Lebens« ohne Wachstums- und Expansionszwang: Der alte Adam war dazu in der Lage und hat so überlebt. Heutige Wohlstandsgesellschaften müssen andere Wege finden, in Zeiten des Luxus ihre Möglichkeiten für ein anständiges Leben mit Zukunft ohne zerstörerischen Wachstumszwang zu realisieren. In einer Zeit, in der die mehrhundertjährige Vorherrschaft der westlichen Welt mit ihrer Markt- und Wachstumsorientierung zu Ende geht, ist es nicht uninteressant, Weltgeschichte aus nicht eurozentrischer Perspektive zu betrachten.

Belegt ist das Entstehen und Verschwinden von so vielen Kulturen, die, ähnlich wie die unsrige westlich-atlantische, sich für die ganze Welt halten und von ewiger Dauer zu sein glauben, bevor sie untergehen: Mit großen Opfern für die Mehrheit der Bevölkerung erobern sie mit Gewalt andere Reiche und weiten ihre Macht aus, bis noch größere sie wiederum gewaltsam einverleiben. Das wiederholt sich. Skepsis ist angesagt. Wie viele solche Ewigkeiten sah die Geschichte schon vergehen! Was haben sie hinterlassen? Ausgrabungen für Ruinentourismus, von dem behauptet wird, er sei Bildungstourismus, auch wenn die dabei gewonnenen Erkenntnisse über Vergänglichkeit kaum auf das aktuelle Leben zurückstrahlen. Von ihnen sind einige große Mythen überkommen: Homer mit »Ilias« und »Odyssee« oder der Zug Alexanders des Großen nach Indien. Sie gehören mit ihren Bildwelten zur Allgemeinbildung.

Natürlich kennen wir Kunstwerke dieser »ewigen« Reiche: manche befremdlich, andere wiederum, wie die der klassischen Antike, noch heute das Schönheitsideal prägend. Es gibt philosophische Entwürfe für das Zusammenleben, die über die Antike hinaus noch immer inspirieren. Bei all dem handelt es sich um Zeugnisse, die für die Gegenwart mit vollem Recht zum Weltkulturerbe gezählt werden: Sie gehören zur Vielfalt der möglichen Ausprägungen menschlichen Lebens, und keine Gegenwart soll sich einbilden, sie sei so sehr davon entfernt und hätte so viel mehr geleistet.

Nur mit einigem Glück und guten Zufällen entstehen in solchen Reichen bedeutendere Leistungen, die als Welterbe weitergegeben werden können. Die griechische Antike hat vieles geschaffen, auf das spätere Zeiten gern zurückgreifen. Die Olympischen Spiele als Phasen friedlichen Wettkampfes etwa kann man dazurechnen. Und die Philosophie, soweit man sie kennt, kreist ohnehin immer um die gleichen Fragen und muss für die jeweiligen Zeiten immer neu interpretieren, was Menschsein bedeutet. Die Schönheitsideale der bildenden Kunst möchte man nicht missen. Es wird berichtet, dass im Zeustempel von Olympia ein überlebensgroßes Bild des Gottes Zeus steht, gefertigt aus Gold, Elfenbein und anderen kostbaren Materialien. Von ihm wird gesagt, »wer es gesehen, könne in seinem Leben nie mehr ganz unglücklich werden« (Mallwitz 1972: S. 23). Außen mit wertvollen Materialien geschmückt, innen eher hohl, wird es verschleppt und zerstört. – »Wer einmal den Peterskirchhof in Salzburg gesehen hat, verliert die Angst vor dem Tod«, sagen andere und sehen dort die Barockvorstellung von Gelassenheit und Lebensfreude (Herrsche 2011) in Stein umgesetzt.

In all diesen Zeiten hat der gemeine Mann, von dessen Arbeit (sei es vor Ort, sei es anderswo) alles abhängt, sein und seiner Familie Überleben sichern müssen. Er hat es in sich wenig verändernden Formen mit Jagd, Viehzucht und Ackerbau und den dazu passenden Vergemeinschaftungen erfolgreich gekonnt, sonst hätten er und die von ihm abhängigen Herrscher, Politiker, Philosophen oder Künstler nicht überlebt.

Kleine Zeittafel

Die Kapitel folgen keinem strengen Zeitschema. Dennoch ist eine kleine Zeittafel nützlich, bezogen auf die genannten Beispiele (nach Iriye 2017: S. 51, 57, 132, 194).

Altpaläolithikum	1.800.000 – 200.000 v. Chr.
Mittelpaläolithikum	200.000 – 40.000 v. Chr.
Jungpaläolithikum	40.000 – 12.000 v. Chr.
Natufien (Iriye 2017: S. 17)	12.000 – 9500 v. Chr.
Mesolithikum	9600 – 5600 v. Chr.
Vorkeramisches Neolithikum	9500 – 6200 v. Chr.
Altneolithikum	5600 – 5000 v. Chr.
Mittelneolithikum	5000 – 4400 v. Chr.
Jung- und Spätneolithikum	4400 – 2800 v. Chr.
Ötzi (der Mann vom Similaun-Gletscher)	3350 v. Chr.
Bronzezeit	2200 – 800 v. Chr.
Die Scheibe von Nebra	1800 v. Chr.
Ältere Eisenzeit	800 – 450 v. Chr.
Erste Olympiade	776 v. Chr. (bis 426 n. Chr.)

3

Der gemeine Mann und sein Überleben

Geschichte hat kein Ziel. In jeder Phase der Geschichte organisieren Menschen Leben und Überleben in je besonderen Formen, entwickelt aus Erfahrung und eingepasst in die Möglichkeiten von Epoche und natürlicher Umwelt. In jeder Phase ist es die arbeitende Bevölkerung, die mit ihrer Tätigkeit für die Lebensgrundlage aller sorgt. Der gemeine *Mann kann mit seiner Familie nicht anders überleben, als auch seine Familie zu erhalten (*Enkelgerechtigkeit *zu praktizieren) und dabei immer die Grenzen seiner Umwelt anzuerkennen. Wachstumslose (wachstumsarme) Phasen der* klassenlosen Urgesellschaft *münden in Klassengesellschaften mit Herrschaftsstrukturen, in denen Konkurrenz, Unersättlichkeit, Machtstreben und Wachstumszwang sich austoben. In all diesen Zeiten sorgen die* einfachen Leute *für die Alltagsbedürfnisse aller. Immer müssen die jeweils angemessenen Formen für Lebensqualität, Zukunftsfähigkeit und Suffizienz* (Genug) *gefunden werden.*

3.1 Gegen die Entwertung der Geschichte

Frühere Geschichtsphasen können nicht mit Blick auf *Fortschritt* und *Moderne* betrachtet werden, sie sind nicht einfach *vormoderne* Stufen auf einem Weg zur *Moderne* als einem scheinbaren Ziel der Geschichte. Sie zeugen von je eigenen Formen des menschlichen Lebens, mit denen Lebensqualität mit Glückschancen und mit Nachhaltigkeit (Zukunftsfähigkeit) unter den jeweiligen Bedingungen zu realisieren versucht wird. Harald Welzer spitzt ironisch zu: »Die Menschheitsgeschichte ist keine Entwicklung nach vorn, sondern nach hinten! Nicht nur, dass die vertrottelten frühgeschichtlichen Bauern Sex, Drugs and Rock 'n' Roll des Jäger-

und-Sammler-Daseins gegen dröges Furchenziehen und Hockenbleiben auf der Scholle ersetzt hatten. Nein: Von dort ging es stetig bergab. Hierarchien entstanden, also Chefs und später Vorstände, gar CEOs, man gründete Reiche, stellte Heere auf, schickte Kinder in Schulen und Menschen auf Kreuzfahrtschiffe, erfand SUVs und Smartphones [...]. Und das alles, nachdem man die höhere Lebensform, die kunstbegabten und intelligenten Neandertaler, von der Platte geputzt hatte.« (Welzer 2019b: S. 270)

Man kann es weniger dramatisch sehen. Aber es wirkt vor dem Hintergrund der Geschichte, aber auch angesichts der Zustände selbst in den heutigen Wohlfahrtsstaaten seltsam arrogant, wenn der Niederländer Rutger Bregman schreibt: »Früher war alles schlechter. Während etwa 99 Prozent der Menschheitsgeschichte waren 99 Prozent der Menschen arm, hungrig, schmutzig und krank. Sie lebten in Furcht, waren dumm und hässlich.« Jetzt dagegen »sind Milliarden Menschen plötzlich wohlhabend, gut genährt, sauber, sicher, gebildet, gesund – und einige sind sogar schön«. Man könnte denken, das sei ernst gemeint, denn die Behauptung erscheint mehrfach in seinem Text (Bregman 2018: S. 27, 72). Aber es ist eigentlich nur eine satirische Zuspitzung des oberflächlichen Fortschrittsdenkens.

Der britische Historiker James Scott (2019) vermutet, die Sesshaftigkeit sei nicht das Beste gewesen, was der Menschheit passieren konnte. Aus ihr entstehen, meint er, zwangsläufig Stadtstaaten und Reiche, in denen Eliten über eine unterdrückte Mehrheit herrschen. In einer Auseinandersetzung mit Scott bezweifelt Hermann Parzinger (Stiftung Preußischer Kulturbesitz) diese Zwangsläufigkeit: Archäologische Befunde, wie sie auch im vorhergehenden Kapitel zitiert wurden, zeugen von einer »überraschenden Vielfalt von möglichen Entwicklungen« (Parzinger 2019).

■ In den sozialistischen Staaten beschäftigten sich die Vorgeschichtsforscher mit »Ausbeutungs-und Abhängigkeitsverhältnissen in der Periode des Übergangs von der Urgemeinschaftsordnung zur Klassengesellschaft« (Museum 1985: S. 7). Sie kamen zu erstaunlichen Ergebnissen, die sich nicht einfügen in das Standardschema des Historischen Materialismus: Das geht davon aus, dass nach der Urgesellschaft sich ausbeuterische und unterdrückerische Klassenherrschaften und der Feudalismus entwickeln, aus dessen Abschaffung der Kapitalismus hervorgeht. Der wiederum erschließt die Springquellen des menschlichen Reichtums, und aus seiner Überwindung entsteht der Sozialismus. Interpretationen dieser Art sind nicht nur bei Theoretikern der Linken verbreitet, sie leben im aufklärerischen und linksliberalen Denken in der Gegenwart weiter, auch wenn die Hoffnung auf Sozialismus geschwunden ist. Aber: »Häufig entwickelten sich auch die Ausbeutungsverhältnisse im Keim, ohne daß zunächst die Interessen der Oberschicht und der Gesamtgesellschaft auseinanderklafften; so daß die Ausgebeuteten ihre Abgaben also auch subjektiv als notwendig für den Erhalt der Gesamtgesellschaft ansahen.« (Ebd.: S. 10) Und es gibt »Faktoren, die sich der vollen Durchsetzung von Ausbeutungsverhältnissen zeitweilig hemmend in den Weg stellen konnten, beispielsweise Verpflichtungen zur verwandtschaftlichen Hilfe, … Verdienstfeste bzw. überhaupt Verschleuderung oder gar Vernichtung des Mehrprodukts und des Reichtums (etwa bei Bestattungsritualen). Relativ gleichmäßig verteilter Besitz bei einer zahlenmäßig durchaus vorherrschenden Mittelschicht wie auch ein den Zufälligkeiten von Naturereignissen zu sehr ausgesetzter Reichtum konnten ebenfalls zeitweilig die Entwicklung hemmen.« (Ebd.: S. 10)

Eine solcherart gehemmte Entwicklung kann durchaus mit Lebensqualität und Dauerhaftigkeit einhergehen. In den genannten Formen kann Reichtum so genutzt werden, dass er weder zur Etablierung von Herrschaft und Unterdrückung führt noch bei seiner Nutzung neuen Reichtum erzeugt und damit zu weiterem zerstörerischen Ressourcenverbrauch beiträgt: Es ist die Chance für eine auf Dauer ökologisch unschädliche Nutzung von Reichtum.

Das europäische Mittelalter und die frühe Neuzeit vor der Reformation werden seit der Aufklärung oftmals negativ beurteilt. Das mittelalterliche und frühneuzeitliche Dorf ist keineswegs eine heile Welt, auch keine fernab aller Geschichte (Rösener 1985). Es gibt immer wieder auch

Hunger und Elend. Aber in vielen Phasen dieser Zeit kann der gemeine Mann souverän und sicher seinen Platz behaupten und in vertraglichen Bindungen über Nutzungen von Land, Wasser oder Wald und über Abgaben mit den Grundherren leben, von denen er sein Land erhalten hat (Blickle 1981, 2012). So dunkel war das Mittelalter anscheinend doch nicht, reagiert ein Nachbar, der bei uns IT-Geräte installiert, als ich ihm etwas von den alten Formen der Organisation des Lebens durch die Nutzer und ihre Gemeinnutzenorganisationen erzähle.

Vorurteilsvoll erklärt der Entwicklungssoziologe Dieter Senghaas, wie durch die Modernisierung »aus Gesellschaften von Analphabeten sowie in kümmerlicher Subsistenzökonomie lebenden Menschen ... Gesellschaften mit kompetenten, selbstbewußten Menschen« werden (Senghaas 1998: S. 199). Eine solche Argumentation entwertet die nicht modernen Gesellschaften und raubt den Lebensformen der Vergangenheit die eigene Würde. Der preußische Philosoph Georg Wilhelm Friedrich Hegel (1770–1831) hat beigetragen zu dieser Entwertung der Geschichte, denn er setzt ihr ein Ziel. Zwischen *vulgus* als Bevölkerung im »Aggregat des Privaten« und in »vorpolitischem Zustand« auf der einen, *populus* als Bevölkerung in der staatlichen Form auf der anderen Seite unterscheidet er und meint, es sei der »alleinige Zweck des Staates, daß ein Volk nicht als solches Aggregat zur Existenz, zur Gewalt und Handlung komme. Solcher Zustand [des *vulgus*] eines Volkes ist der Zustand der Unrechtlichkeit, Unsittlichkeit, der Unvernunft überhaupt.« (Hegel 1979: S. 8, § 544) Hegel berücksichtigt nicht, dass in vormarktwirtschaftlichen Zeiten und vor dem aufgeklärten Feudalismus *vulgus* (das »Volk«) immer in korporativen Gemeinschaften wie Gemeinden oder Gemeinnutzen eingeordnet war. Völkerkunde und Kulturwissenschaften bestätigen, dass keine Gemeinschaft von Menschen auf Dauer ohne innere Organisation auskommt (deshalb kann Kirchenvater Augustinus sagen, das Einzige, was den Staat von einer Räuberbande unterscheide, sei nicht die innere Ordnung, sondern die moralische, für ihn eine christliche Fundierung).

Alle *Vormoderne* wird in solchem Denken zur Vorläufigkeit. Liberale wie Linke erklären die Verhältnisse vor der Zeit der Aufklärung und Moderne zu Zuständen der Unterdrückung und Unfreiheit. Aber wenn man von den »Gewaltherrschaften der feudalen Souveränität« (Seibert 2017: S. 224) spricht, so verwendet man eine Konstruktion, die genauso wenig uneingeschränkte Geltung hat wie die Behauptung, mit der Befreiung von feudalen Lasten habe auch die Freiheit der Person eine Chance bekommen. Die Geschichte der Menschheit wird bei der Vorstellung eines Weges von mittelalterlicher Dunkelheit über die Befreiung in der Aufklärung zum Fortschritt der »Moderne« eingezwängt in das Prokrustesbett einer Zielgerichtetheit (Teleologie): In diesem antiken Mythos zwingt Prokrustes seine Gäste in ein Bett, und alles, was darüber hinausragt, wird abgehackt, was zu kurz ist, gewaltsam in die Länge gezogen. Nicht viel anders denken diejenigen, die so tun, als sei der deutsche Nationalstaat Konsequenz der Geschichte und nicht eine von verschiedenen Möglichkeiten der Organisation von Menschen unterschiedlichster Herkunft und Tradition, die auf einem Territorium zusammenleben: So will der rechtskonservative Historiker Karlheinz Weißmann vom »Anfang der Geschichte unseres Volkes erzählen« und nicht von den Menschen, die auf dem Territorium späterer deutscher Staaten leben. So wird seit dem deutschen Nationalismus so getan, als sei Geschichte auf den deutschen Einheitsstaat ausgerichtet (Weißmann 2015: S. 4–5). Anderswo sind genauso legitim mehrere Staaten aus solchem Zusammenleben entstanden.

Im linken und liberalen Schema werden die »als unterdrückerisch definierten ›traditionellen‹ Gesellschaften … dabei von den ›modernen‹ Gesellschaften unterschieden, die als Einzige eine individuelle Selbstverwirklichung in Aussicht stellen« (Seibert 2017: S. 178 f.). Das soll unter den Bedingungen des alles vereinnahmenden Raubtierkapitalismus möglich sein? Was ist dann mit den Intellektuellen, auch Künstlerinnen und Künstlern, der vorindustriellen Zeit? Werden ihre Leistungen nur als Vorbereitung, Vorstufen der endlich als Gipfel der Geschichte erreichten Moderne wertvoll? Was ist mit den Philosophen, Sängern, Heiligen, den vielen Kreativen, den Schelmen und den Aufrührern? Hatten die keine Chance zur Selbstverwirklichung? Auf die Moderne wird alles ausgerichtet, allenfalls werden noch Vorläufer der Moderne anerkannt. Und wenn die Moderne allzu krisenhaft erscheint, dann wird sie mit einer Zweiten Moderne oder Modernisierung der Moderne gerettet (s. Kapitel 11.2).

Wenn man genauer hinschaut, findet sich außerhalb der schlimmsten feudalbürokratischen Ausbeutung in vorindustriellen Zeiten eine Fülle von Lebensformen selbstbewusster Menschen mit Chancen eines guten und richtigen Lebens. Man braucht nur an die Gesellen und Zunftgenossen der freien Reichsstädte der frühen Neuzeit zu denken oder an die Bauern der Zeit vor den Bauernkriegen, die mit ihren Grundherren die Regeln der gemeinsamen Nutzung von Feld und Wald in Weistümern aushandeln, oder an die freien Bauern in Schweizer Alpentälern (s. Kapitel 4.4).

Das soll nicht missverstanden werden als eine Aufforderung zur Rückwendung zu erstrebenswerteren besseren Zeiten und Identitäten. Geschichte erinnert an viele Möglichkeiten der Organisation menschlichen Zusammenlebens. Dazu passt kein Schema von Zielgerichtetheit, Evolution, Fortschritt oder der Rückkehr zu besseren Zeiten. Moderne ist nur eine Phase einer langen, keineswegs zu Ende gegangenen Geschichte, und niemand weiß, wie es weitergeht.

Jürgen Kuczynski, ein Vertreter jenes Sozialismus, der nach der Überwindung von Feudalismus und bürgerlicher Gesellschaft als Fortschritt eintreten soll, erinnert daran, dass auch in der Ständegesellschaft junge Leute ihren Spaß haben, und fragt: »Trotz aller Schwierigkeiten in der materiellen Gestaltung des Lebens – können wir uns eine Bauernjugend vorstellen, die das Gefühl hat, durch ein irdisches Jammertal wandern zu müssen?« Das gilt erst recht, wenn das materielle Leben im Rahmen der jeweiligen Standards gar nicht so schwierig ist.

»Wie ist die Welt so schön, wenn man sie mit verliebten Augen anschaut!« Das sagt die junge Frau in einem realistischen Roman des polnischen Autors W. St. Reymont (1954), der in einem vormodernen polnischen Dorf spielt (s. Kapitel 3.3). Liebe und Liebeskummer sind nie fremd, sie sind es auch heute nicht. Trotz Wohlstand sind Streit, Gewalt, Krankheit, Elend nicht unbekannt. Der Tod wird nie besiegt werden und kommt oft genug tragisch unerwartet.

Manche meinen, es gebe keine Erfahrungen mit Gesellschaften mit wenig oder keinem Wachstum. »Der Mangel an historischer Erfahrung mit wachstumslosen Perioden führte zwangsläufig dazu, dass heute ein unmittelbarer Zusammenhang zwischen Marktwirtschaft, Wachstum und Fortschritt gesehen wird.« (Schlussbericht 2013: S. 191) »Andere Formen des Wohlstands wurden jedoch kaum konkretisiert.« »In der eurozentristischen Konzentration tun wir uns schwer, uns Alternativen vorzustellen, denn es gibt kaum noch Erfahrungen mit Perioden ohne Wachstum. Zudem sind solche Erfahrungen aus vergangenen Perioden oder anderen Weltregionen entweder nicht übertragbar oder alles andere als attraktiv.« (Ebd.: S. 792, 793)

Hier kann die Kulturwissenschaft nachhelfen. Mit europäischen und außereuropäischen Verhältnissen vermag sie daran zu erinnern, dass vor der Entfesselung des Marktes aus soziomoralischen Strukturen und der Verpflichtung auf Gemeinwohl oder religiöse Ethik alle Gesellschaften stabilitätssichernde und Risiken niedrig haltende Strukturen besitzen. Erst wenn wirtschaftliches Handeln nicht mehr eingebettet ist in Beziehungen, die sich auf Moral, Tradition und Gewohnheiten beziehen, und der Markt »entbettet« wird aus diesen Regelungen (Polanyi 1978), fallen diese Schranken. Die zitierten Beispiele aus Ethnologie und Vorgeschichte erinnern an Gemeinschaften, die über lange Zeiten in stationären Zuständen leben, mindestens aber in solchen, die resilient sind, das heißt weiterexistieren können, auch wenn sich die Rahmenbedingungen deutlich ändern. Eigentlich gibt es vor der Entbettung des wirtschaftlichen Handelns in allen europäischen und außereuropäischen Gesellschaften stabilitätssichernde Symbolwelten des Genug (s. Kapitel 6.3).

3.2 Die Würde des gemeinen Mannes

▪ »Mein Vater war ein Bauernsohn aus einem uralten Dorf… Das Dorf steht noch da, seelenreich und belebter als je, während ein paar Dutzend Zunamen unverändert geblieben und für die zahlreichen, weitläufigen Geschlechter fort und fort ausreichen müssen. Der kleine Gottesacker, welcher sich rings an die trotz ihres Alters immer weiß geputzte Kirche legt und niemals erweitert worden ist, besteht in seiner Erde buchstäblich aus den aufgelösten Gebeinen der vorübergegangenen Geschlechter … Aus der unergründlichen Tiefe der Zeiten an das

Tageslicht gestiegen, sonnen sich diese Menschen, so gut es gehen will, rühren sich und wehren sich ihrer Haut, um wohl oder wehe wieder in der Dunkelheit zu verschwinden, wenn ihre Zeit gekommen ist.« (Gottfried Keller: Der grüne Heinrich, 1. Bd., 1. Kapitel)

Das Schweizer Dorf, dem der Vater des »Grünen Heinrich« bei Gottfried Keller (1819–1890) entstammt, ist mit seinem durch ein paar Hundert Jahre ununterbrochen genutzten Gottesacker bei der Kirche für heutiges Denken auch ganz schön alt, hält aber keinen Vergleich aus mit den mehrtausendjährig genutzten vorgeschichtlichen Opferstätten.

Die Suche nach längeren Phasen und Zeiten der Weltgeschichte, in denen es der großen Mehrheit einer Gemeinschaft, von der kein Leid, kein Schaden für andere ausgeht, relativ gut geht, in der die Probleme des Alltags beherrschbar sind, Zukunftsfähigkeit durch nachhaltige Nutzung der Ressourcen möglich ist und gleichzeitig *gutes und richtiges Leben* realisierbar ist, hat wenig Erfolg. Es gibt zu viele Kriege. Zu viele Gruppen oder Einzelne bemühen sich, mit Gewalt ihre Privilegien zu sichern, die Welt zu retten oder rücksichtslos alle auf den richtigen Weg zu bringen. Dazu gehören die Zwangsmodernisierungen seit dem Kolonialismus, die des Sozialismus und die der Chinesen im 20. Jahrhundert, und es hat auch kein Ende im 21. Jahrhundert. Zu viele für die Ewigkeit gedachte Reiche sind zerstört, zerfallen, vergessen! In den Museen staunt man in großen Ausstellungen über sie: Was es alles gab!

Die Überdauernden, die Klasse von Überlebenden nennt der britische Schriftsteller John Berger (1992: S. 272) die Bauern, und indem sie ihr eigenes Überleben sichern, erhalten sie auch dasjenige der anderen. Diese einfachen Leute sollen weder romantisiert noch in Elendsmalerei betrachtet werden. Siegfried de Rachewiltz (Meran) warnt vor der Romantisierung: »Man sieht sich immer wieder dazu genötigt, in diesem Zusammenhang jeglicher Form von Romantisierung und Schönfärberei des kargen Lebens der Bergbauern eine Abfuhr zu erteilen. Wenn man die Vielfalt und den Erfindungsreichtum, den die bäuerliche Sachkultur erkennen läßt, ›zelebriert‹, so heißt das noch lange nicht, dass man die Armut und Not, die häufig die Auslöser dieser Erfindungen waren, verharmlosen oder gar verherrlichen will. Wer jemals die Möglichkeit hätte, einen erfahrenen Handwerker zu beobachten, der – ohne Hast – darauf wartet, dass der Stein sich so spaltet, wie er es ›vorausgesehen‹ hat, oder das langsame Entstehen einer Trockenmauer als ein durchdachtes Puzzle-Spiel miterlebt hat, in dem jeder Stein sich zum anderen fügt und wie in einem Gewebe ›ineinander greift‹, der weiß, dass hier nicht nur Geschicklichkeit, sondern eine gehörige Portion Selbstvertrauen, Schlagfertigkeit und ›Spieltrieb‹ mit im Spiel sind.« (Rachewiltz 2014: S. 14)

Romantisierung will auch der Österreicher Peter Rosegger (1843–1918) nicht fördern. Dem Klischee vom gesunden Landleben setzt er in seinen autobiografischen Schriften die Erfahrungen von Krankheit und Siechtum aus seiner Waldbauernheimat entgegen. Dem Bild von der beschaulichen Lebensweise stehen die reale Kargheit und Gefährdung des immer wieder neu zum Kampf werdenden Alltags gegenüber (Rosegger 1906).

3.3 Lebenswelten der einfachen Leute

»Kein Pflug bleibt stehen um eines Sterbenden willen, sagte der Buchhändler, auf den Schädel des Greises zeigend, der ausgestreckt, kaum sichtbar, unterm Gebüsch am Rand des Ackers lag, den der Bauer bestellte, und der Hirtenjunge, neben den Schafen auf den Stab gestützt, blickte hinauf in den leeren Himmel, aus dem Ikarus, von niemandem bemerkt, gefallen war. Das eingeflochtene Motiv des Sprichworts richtete sich auf die Unerschütterlichkeit der irdischen Arbeit, hielt aber auch an deren Schwere und Freudlosigkeit fest, was getan wurde, wurde getan unterm Joch, eine Erinnerung gab es nicht, fern, winzig, beiläufig, klatschte der Sohn des Dädalus, dem das Wachs von den Flügeln geschmolzen war, ins Meer, nur seine strampelnden Beine waren noch zu sehn, die Wellen würden sich gleich drüber schließen.« (P. Weiss 1974 I: S. 174)

In seinem Buch »Die Ästhetik des Widerstands« betrachten die Hauptpersonen das Bild »Sturz des Ikarus« von Pieter Bruegel d. Ä. (1525–1569) und denken über die Alltage der Vergangenheit nach. Fernab vom Getümmel der Welt und den Schlachten der Kriege gibt es früher immer einigermaßen geordnete Lebenswelten, selbst während des Dreißigjährigen Krieges in Europa. Und oft gibt es Gegenden, wo die Menschen in Ruhe gelassen werden und nur gezwungen sind, bestimmte Anteile (den »Zehnten«) ihrer Produkte abzugeben oder Menschen als Soldaten zu liefern. Nie aber durfte dadurch ihre Lebensgrundlage zerstört werden, sonst wären ja auch die Herrschenden gefährdet.

Es geht um die einfachen Leute, die von ihrer Hände Arbeit leben, mit Nutztieren ihre Felder bestellen und ihre Lebensweise und ihre eigene Kultur, ihren Alltag unter vorgegebenen Bedingungen bewältigen und aktiv gestalten. Die diffuse Formel vom Alltag wird in den 1970er-Jahren zum Stichwort, unter dem die »liebevoll-bornierte« Versenkung »in antiquarische Details« stattfindet (Wehler 1981). Darüber etwas zu lernen und zu wissen ist wichtig für Intellektuelle und Bildungsbürger, die oft fassungslos vor der Erfahrung stehen, dass Menschen unter so ganz anderen Bedingungen leben können.

In den kulturgeschichtlichen Museen werden zu den Alltagen der Vergangenheit die bäuerlichen Rauchstuben, Küchen, Bauernstuben und bürgerliche Prunkstuben vorgestellt. Die Stuben der wohlhabenderen Bauern wetteifern durch aufwendige Möbel mit bürgerlichen und aristokratischen Ausstattungen. Heute wirkt vieles beschaulich und befremdlich zugleich: Man kann sich dem Reiz dieser Stuben nicht entziehen, auch wenn man sich das Leben in ihnen ohne Radio, Fernsehen und Handy nicht vorstellen will. Aber man muss an die reichen Überlieferungen von Erzählungen, Scherzen, Schwänken, Sagen, Kartenspielen, anderen Spielen, Neckerein, Liedern erinnern, die das Leben begleiten. In solchen als Spinnstuben genutzten Räumen finden regelmäßig junge Leute beiderlei Geschlechts zusammen (unter Aufsicht der Älteren). So erinnern die Museen und die Kulturgeschichte an Qualität und Würde vergangener Lebensweisen. Und erkennbar wird: Der Alltag ist geprägt von einer »großen Normalität« (s. Kapitel 9.1).

Sehr unterschiedlich stellen Menschen von heute sich diese Zeiten vor. Manche sehen nur Enge, Elend und Not. Ein Beispiel für Elendsmalerei gibt es im eindrucksvollen Krimi *Tannöd* von Andrea Maria Schenkel.

Es geht um die 1950er-Jahre in einer abgelegenen Gegend und auf einem Einzelhof in Niederbayern. Von der Bäuerin, der alten Dannerin, wird in dem Buch berichtet:

> »Diese Zeit am Abend ist ihr kostbarstes Gut. Sie sitzt in der Küche, den Myrtenkranz in der Hand. Abgegriffen ist das Gebetbuch. Damals vor vielen Jahren, vor einem ganzen Leben, hat sie den *Brautführer* zur Hochzeit bekommen, wie es Brauch war. Ein Andachtsbuch für die christliche Frau. Wer weiß, hätte sie dieses Leben ohne den Trost und die Gnade Gottes und der Gottesmutter leben können? Dieses Leben voller Demütigungen, Erniedrigungen und Schläge. Nur der Trost, den sie im Glauben gefunden hatte, hielt sie aufrecht. Aufrecht die ganzen Jahre.« Ihr Mann, als Knecht auf den Hof gekommen, schenkt ihr Aufmerksamkeit als »Labsal für ihre Seele« und begehrt sie. Um dadurch den Hof zu erwerben, heiratet er sie, aber nach der Hochzeit wird er grob zu ihr, beleidigt und schlägt, betrügt sie mit der Magd. (Schenkel 2006: S. 60 f.)

Dass diese Frau im Krimi wenig später aus ganz alltäglichen Gründen ermordet wird, erfährt der Leser erst später. Man erkennt die Muster von Alltag und spezifischer möglicher Lebensqualität. Da sind bei diesem Elend und dieser Gläubigkeit die Leute von Louisiana (USA) in der Gegenwart nicht fern: Die Soziologin Arlie Russell Hochschild hat sie interviewt und sich erzählen lassen, wie ihre Lebenswelt durch Umweltkatastrophen zerstört und ihre Gesundheit durch Industriegifte zerfressen wird, sie aber dennoch ihren Trost im Glauben an den Fortschritt und an die Wiederkunft Christi finden (Hochschild 2017).

Wer hier und heute nach des Tages Arbeit seinen Fernsehabend genießt, mag daran denken, wie viele Chancen des emotionalen Reichtums und der vielseitigen Entwicklung der Persönlichkeit in anderen Lebenswelten versäumt werden und welche Formen von Emotionalität, Liebe, Zuwendung und Mitgefühl nicht entwickelt werden. Elend dieser Art gibt es immer und überall auch in den Prosperitätsregionen, und das ist auch Anlass, darüber nachzudenken, wie wenig vorhandener Reichtum in

Lebensqualität umgewandelt wird. Vielleicht waren die Menschen im Neolithikum mit ihren exzessiven »Opferfesten« da sogar erfolgreicher. In der Geschichte finden sich Zeiten besonders schlimmen Elends, es gibt Agrar- und Klimakrisen, über das Land herfallende Kriegshorden, Seuchen wie die Pest oder solche Zeiten, in denen die Ausbeutung durch Grundherren und Landeigentümer besonders brutal ist. Und es lassen sich Zeiten finden, in denen das nackte Überleben nicht gesichert ist. In der Literatur des Realismus findet man viele Darstellungen von Elend und materieller oder emotionaler Not. Aber soll man das als alleiniges Kennzeichen der Vergangenheit sehen? Wer an die Weimarer Republik denkt, der erinnert sich auch nicht zuerst an die Schilderungen über den Hunger in Waldenburg (Stenbok-Fermor 1980) oder das Elend in dem Stummfilm »Mutter Krausens Fahrt ins Glück« von Phil Jutzi, in dem ausweglose Not in den Selbstmord führt.

Schriftsteller gestalten mögliche Dimensionen des Alltagslebens, romantisierend oder vermeintlich sachlich schildernd – immer sind es Interpretationen, oft beruhend auf eigener Erfahrung wie in der Autofiktion, der Mischung von Roman und Biografie. Heute findet sie sich etwa in den viel gelesenen Büchern von Annie Ernoux (2017) und Elena Ferrante (2019). Sie regen die Lesenden dazu an, sich das Leben in zeitgenössischen Verhältnissen mit ihren starken sozialen Gegensätzen und ihrer Klassenstruktur selbst vorzustellen.

■ Eindrucksvoll sind die Schilderungen vorindustrieller Verhältnisse des polnischen Nobelpreisträgers W. St. Reymont (1867–1925) in dem Roman »Die Bauern«. Er gibt einen Einblick in die Lebensverhältnisse des polnischen Dorfes Lipce in der Nähe von Lodz im späten 19. Jahrhundert. Sie sind gespeist von eigener Erfahrung, denn der Autor lebt als Eisenbahnbeamter in dem Dorf, hat viel Zeit und kann sie für das Schreiben verwenden. In dem Roman wird die Lebenswelt detailliert geschildert, auch die dörfliche Hierarchie und die Entwicklung von individuellen und sozialen Konflikten. Es gibt im Dorf Hofbauern, Kätner, Arme und Bettler. Die Kirche, der Priester und die Organistenfamilie gehören dazu. Die Alltagswelt der Juden ist selbstverständlicher

Teil des Dorflebens: Ein Jude ist Schankwirt, Juden sind als Viehhändler und Wanderhändler unterwegs, und einmal wird erstaunt festgestellt: Ein Jud hält zum Volk (Reymont 1954: II S. 272). Nur in der Jesus-Geschichte des Wanderpredigers Rochus treten antisemitische Klischees auf (ebd.: II S. 299).

Das Dorf ist an allen Ecken eingeengt durch herrschaftlichen Grundbesitz (ebd.: I S. 459). Der (polnische) Gutsherr, immer als nicht anwesender Gegner genannt, lässt Bäume im Gemeindewald fällen, hat aber kein Recht dazu. Aber es gibt keine übergeordnete Macht, die ihm Einhalt gebietet. Die Bauern haben wenig Erfahrung mit Selbstorganisation und reagieren in der Schenke zunächst ungeordnet-tumultuös auf die Eingriffe. Dann muss der größte Bauer Boryna Anführer des Widerstands sein. Er wird in der zunächst siegreichen Auseinandersetzung mit den Verbündeten des Gutsherrn schwer verletzt, stirbt aber erst nach längerem Siechtum. Als die meisten Männer wegen des Kampfes um den Wald in der Zeit der Feldbestellung eingesperrt sind, organisiert der Wanderprediger Rochus für zwei Tage Hilfe aus den Nachbardörfern (ebd.: I S. 168).

In vielem erinnert die detaillierte Schilderung der bäuerlichen Wirtschaft im polnischen Dorf Lipce an das, was in der Studie der Ethnologen Edit Fél und Támas Hofer über das ungarische Dorf Átány geschrieben wird (Fél/Hofer 1972). Es fällt jedoch auf, dass die breit ausgemalten Netze der Beziehungen von Liebe, Hass und Ehrgeiz der Schilderung des Dorfes Lipce erst Farbe verleihen. Leidenschaften, Beziehungen und die Versuche der Abrundung des Besitzes, die Konflikte zwischen Arm und Reich werden als Teil des Lebens geschildert. Sie sorgen für ein immer bedrohtes, aber dennoch dauerhaftes und durch wechselseitige Anerkennung gekennzeichnetes Miteinander – wie das eben so ist. In der konfliktfähigen Gemeinschaft entsteht zwischen Bescheidenheit und gelegentlichen Festen, zwischen Solidarität und Hartherzigkeit eine überlebensfähige Struktur, kanalisiert und stabilisiert durch den immer präsenten, aber selten wirklich regelnden Priester oder die kirchlichen Rituale. Die (damals russische) weltliche Herrschaft sorgt eher für Probleme. Obrigkeitliche

Gewalt tritt nur auf, wenn sie ihre Interessen gegen die Leute des Dorfes durchsetzen will.

Literarische Quellen sind hilfreich, denn sie erinnern an die verschiedenen Sichtweisen für das Alltagsleben. Vergangenheit wird unterschiedlich wahrgenommen: der unterdrückte Bauer, der Bauernheld, der Wilderer als Held, der Widerständige wie Andreas Hofer (Wehler 1981). Man braucht sich nur an die Wertung der Provinz im 20. Jahrhundert zu erinnern: Totale Rückständigkeit mit unerträglicher sozialer Kontrolle, sagen die einen, Fluchtraum für Familien unter Nutzung der sich bietenden Subsistenzmöglichkeiten, die anderen. Was will man haben? Die Überdauernden, der gemeine Mann gestalten sich ihr Leben und suchen darin Lebensqualität im gegebenen Rahmen, denken an eine Zukunft für sich und ihre Kinder, und sie wissen, dass es ein Genug gibt. Was anderswo »Fortschritt« genannt wird, hat da wenig Platz. Wohl aber bedarf auch dieses Leben der Ordnung, um es dauerhaft werden zu lassen.

Das alles ist kein Vorbild für heute. Aber es soll daran erinnert werden, dass unter verschiedensten Bedingungen Menschen Lebensqualität suchen und finden können. Heute ist vieles ganz anders, aber um diese Ziele geht es immer noch.

4 Gemeinnutzen und Gemeinwohl als herrschende Prinzipien

Zum Überleben müssen Gemeinschaften soziale, politische und sozialkulturelle Strukturen entwickeln. Mit Gemeinnutzen *und mit* Korporationen *auf der Gemeinde- und Stadtebene gibt es – oft konfliktreich ausgehandelte – Ordnungen, in denen Herrschaft und Abhängige eine innere und äußere Ordnung über lange Zeit hinweg zu wahren versprechen. Lebensqualität und Zukunftsfähigkeit der einfachen Leute und ihrer Familien haben im Rahmen der jeweiligen Möglichkeiten eine Chance. In der vorindustriellen Ständegesellschaft haben die Menschen mit ihrem Platz in der Ständehierarchie und in der Familie jeweils eigene Rechte und Pflichten und damit ihre eigene Würde. So stabilisiert sich diese Gesellschaft. Zu den Leistungen der Ständegesellschaft gehört es, dass (in Europa mit christlicher Fundierung oder humanitärer Grundlegung) allen das Existenzrecht prinzipiell gewährleistet wird, auch Armen und Außenseitern. Damit wird die Sozialpolitik späterer Zeiten vorbereitet.*

4.1 Subsistenzarbeit, Gemeinschaftsarbeit, Erwerbsarbeit

Zur Überlebenssicherung gehört die Verfügbarkeit jener Ressourcen, die nach den Gewohnheiten der jeweiligen Gemeinschaft zur Existenzsicherung der Individuen und ihrer Familie (als Reproduktionsgemeinschaft, als kleinste überlebenssichernde Einheit) nötig sind (s. Kapitel 4.2). Es geht dabei vor allem um Nahrung, Kleidung, Wohnen, Mobilität und Sozialkontakt. Es sind im Lauf der Geschichte sich verändernde dynamische Größen. Schematisch gesehen, findet Überlebenssicherung in drei

Formen statt: erstens als Subsistenzarbeit, zweitens als Gemeinschaftsarbeit, drittens als Erwerbsarbeit.

Erstens: Subsistenzarbeit dient als nicht bezahlte Tätigkeit der Sicherung des Lebens. Sie ist Voraussetzung dafür, überhaupt Erwerbsarbeit ausüben zu können. Ein bedeutender Teil der Überlebenssicherung als Naturstoffwechsel, als Aneignung von Gütern, als Dienstleistungs- und Beziehungsarbeit findet im engen familiären und kleingruppenspezifischen Zusammenhang statt, und zwar ohne Austausch und Markt oder mit nur geringen Komponenten davon. Hausfrauenarbeit ist wie die des Hausmanns als subsistenzbezogene Dienstleistung überlebensnotwendig, und sie kann nur in besonderen Situationen durch (dann sehr teure) Erwerbsarbeit ersetzt werden.

Andrea Baier vom »feministisch inspirierten, kapitalismuskritischen« »Bielefelder Subsistenzansatz« betont, dass »Subsistenzproduktion jede gesellschaftliche Produktionsweise begleiten muss« und dass sie »Grundlage der gesellschaftlichen Produktion« ist. Sie ist »allgegenwärtig, modern und zentral, sie macht einen bedeutenden Teil der modernen Ökonomie aus« (Baier 2017: S. 16 f.; Kramer 2017: S. 123). Die typische Form der Subsistenzproduktion ist die Hausarbeit. Ethnologische und historische Studien erinnern daran, dass geschlechtliche Arbeitsteilung verschieden ausgeprägt ist und sich ändern kann. »Subsistenzproduktion ist die Arbeit, die unmittelbar der Versorgung mit den lebensnotwendigen Dingen (eben der Subsistenz) dient und mit der kein Geld verdient wird: Kochen, Putzen, Waschen, Kinder versorgen, Kranke pflegen und dergleichen mehr.« Es gehören dazu auch die Eigenerzeugung von Lebensmitteln in Kleingärten, Hühnerställen, Kleintier- oder Fischzuchtanlagen, das Sammeln von allgemein zugänglichen Ressourcen wie Pilzen, Beeren, Nüssen, Weinbergschnecken, ferner Praktiken der irregulären Ressourcenbeschaffung durch Holzdiebstahl, Wilderei oder unerlaubtes Fischen (Noack 2003). Aktuell ist Teil der Subsistenzarbeit auch das, was traditionellerweise vom männlichen Haushaltsmitglied erwartet wird: Nachbarschaftshilfe, Reparaturarbeiten, schwere Gartenarbeit. »Urbane Subsistenzproduktion heute umfasst, von den häuslichen (inclusive handwerklichen) Tätigkeiten abgesehen, vor allem soziale und nachbarschaftliche Selbstversorgung/

Eigentätigkeit.« (Baier 2015) Dabei werden auch jene Netze gesponnen, die emotional und materiell überlebenssichernd sind. Denn immer gehört zur Reproduktion der Überlebensbedingungen auch die Organisation der sozialen Zusammenhänge – von der Freundschaft über die informellen und formalisierten Beziehungen in Nachbarschaft, Quartier und Verein bis zur Interessenvertretung und damit auch der Politik. Meist ohne das universelle Zahlungsmittel Geld entsteht jenes soziale und soziomoralische Kapital, bilden sich jene »Netze« und jene sozialkulturelle Infrastruktur, die über die Hausarbeit hinaus (auch für die Pflege- und Erziehungsarbeit) notwendig sind, aber weder bezahlt noch professionalisiert sind.

Zweitens: Als Bestandteil der Überlebenssicherung wird die *Gemeinschaftsarbeit* gern vergessen. Sie funktioniert ebenfalls ohne Geld, aber prinzipiell wird Gegenleistung erwartet. Dieser Teil der Überlebenssicherung ist verbunden mit informellen und formellen Übereinkommen zur kontrollierten Nutzung von gemeinschaftlichen Ressourcen. Vor der Industrialisierung werden solche überlebensnotwendigen Übereinkünfte oft als Zwangskorporationen organisiert, so in den kommunalen Organisationen der Zünfte (der Absicherung des Familieneinkommens dienend), der Nachbarschaften (etwa der Brunnengemeinschaften), der Verpflichtung zur gegenseitigen Hilfe bei Feuer- oder Hochwassergefahr oder der lokalen Selbstverteidigung (»Spießbürger« oder »Pfahlbürger« mit entsprechenden Verpflichtungen). In der ständestaatlichen Dorfgemeinde sind es von Nutzergemeinschaften verwaltete (kontrollierte) Gemeinnutzen (Commons) wie Wald, Weiden oder Bewässerungsanlagen. Der informelle Sektor mit gelegentlicher Nachbarschaftshilfe und erwarteter Gegenseitigkeit (Kapitel 9.6) schließt hier an. Es gehören dazu auch materielle Infrastruktur sowie geteilte Werte und Standards, Umgangsregeln und Anstand oder Höflichkeit, soziale Kontrolle eingeschlossen. In den zeitgenössischen Verfassungen der Staaten sind die sozialen Grundrechte eine derartige Vereinbarung (s. Kapitel 4.9).

Drittens dient der Überlebenssicherung die *Erwerbsarbeit*, entweder lohnabhängig fremdbestimmt oder in Selbstständigkeit im primären, sekundären oder tertiären Sektor (Landwirtschaft, Rohstoffgewinnung und Bergbau, Dienstleistung). Seit der Industrialisierung steht sie im Vordergrund, weil mit ihr das universale Zahlungsmittel Geld erworben wird. Mit vielen Vermittlungsschritten ist dieses Geld aus der Erwerbsarbeit immer mit dem *Naturstoffwechsel* verbunden: Nur die aus ihm gewonnenen Produkte kann man essen und trinken. Die Schritte bis dahin sind für die Individuen kaum noch zu überblicken. Gern wird darüber gewitzelt, dass Stadtkinder verwundert sind, dass Kühe gar nicht lila sind wie die Milka-Kuh und dass Milch wirklich von der Kuh kommt. Geld schafft den Zugang zu den materiellen Ressourcen des Überlebens, nicht aber zu den sozialen und soziomoralischen: Vertrauen, wie es zur sozialen Vernetzung gehört, kann man nicht kaufen.

4.2 Bäuerliche Familienwirtschaft

▪ Aus dem Elsass ist die Sage vom Riesenspielzeug überliefert. Erzählt wird sie von dem ehemaligen Raubschloss Nideck. Raubschloss oder Raubritterburg ist (vermutlich seit der Aufklärung) die Bezeichnung für Adelssitze, die beim Übergang zur Geldwirtschaft in der frühen Neuzeit nicht mehr von den Erträgen der ihnen zinspflichtigen (abgabenpflichtigen) Bauern leben können und deswegen beginnen, Schutzgelder von Durchreisenden zu erpressen – so auch am Rhein oder in Südtirol, und deswegen werden sie von mächtigeren Herren nach und nach zerstört. Die Tochter des Riesen, der in diesem Schloss wohnt, bringt ihrem Vater ein Spielzeug aus dem Tal auf die Burg: »O Vatter, Spieldings gar ze nett, I ha noch nie ebs schöns so ghett.« Und sie holt aus ihrer Schürze einen Bauern mit Pferd und Pflug. Der Vater lacht: »Geh nimms nur widder mit! Die Bure sorje uns für Brot, sunsch sterbe mir den Hungertod.« »Baute nit der Bur sin Ackerfeld, se fehlts hi uns an Brot unn Geld.« In einer Version der Geschichte graut dem Riesen vor dem Bauern, und er sagt zu seiner Tochter: »Thu's weg, mein Kind; wir müssen fort aus diesem Land und sie werden hier wohnen.« (Simrock 1840: S. 77 f.; Neumann 2004)

Vom Ergebnis der Arbeit des einfachen Mannes leben alle anderen. Grundnahrungsmittel können früher nicht ohne Probleme über weite Strecken verteilt werden, Transporte sind schwer und teuer. Noch im späten 20. Jahrhundert verhungern in Krisengebieten Kenias Menschen, weil die vorhandenen Lebensmittel nicht dorthin transportiert werden können. Ackerbau und Viehzucht sind die Existenzgrundlage aller Gesellschaften seit der Jungsteinzeit. Abgesehen von der Fischerei, spielen Jagd und Sammeltätigkeit nur noch eine geringe Rolle. Alles andere, verarbeitendes Gewerbe, Handel, Kriegsführung, Herrschaft und ihre Repräsentationsbauten, sind angewiesen auf das, was der Landmann erzeugt. Priester und Lehrer müssen in vielen Fällen auf ihnen zugewiesenem Land für bedeutende Teile ihrer Existenzsicherung selber sorgen. Bergbau, wie Landwirtschaft gern zur »Urproduktion« gerechnet, hätte keine Chance, wenn es nicht welche gäbe, die Grundnahrungsmittel erzeugen – Silber kann man nicht essen, nur gegen Nahrungsmittel tauschen, die aber müssen irgendwo herkommen.

Über viele Jahrhunderte hinweg wird seit dem Mittelalter Landwirtschaft in Europa »unter zwei, im Grunde sich kaum verändernden Bedingungen betrieben, die eine war ökologischer, die andere rechtlicher Natur. Die landwirtschaftliche Kulturfläche war nicht erweiterbar. Ackerbau und Viehzucht standen in einer strengen Korrelation, weil beide wegen der benötigten Zugkraft der Tiere und des unverzichtbaren Düngers wechselseitig eng aufeinander bezogen waren. Der Wald als Rohstofflieferant schlechthin für Häuser und Schiffe, Möbel und Küchengeräte, Kochlöffel und Violinen konnte durch Rodungen nicht dezimiert werden.« (Blickle 2008: S. 143)

Diese Arbeit will organisiert sein. Die Formen wechseln. In Mitteleuropa ist die Feudalstruktur vorherrschend, bei der die auf ihren Höfen lebenden Bauern die Felder bewirtschaften und dabei ihre eigene Subsistenz sowie die Abgaben für übergeordnete Institutionen wie Herrschaft (mit der Aufgabe der Ordnungssicherung sowie des Schutzes vor Feinden) und Kirche (als Hilfe bei der Strukturierung des Lebens) erwirtschaften.

▪ Dieter Groh stellt die Peasant Economy (die bäuerliche Ökonomie) ins Zentrum seiner Interpretation von Subsistenzökonomien (1992: S. 54). Selbstorganisation und vorausschauender sorgfältiger Umgang mit möglichen Risiken gehören dazu. Vorsorge für Risiken muss auf geeignete Art getroffen werden. »Von der Vorgeschichte und Anthropologie bis hin zu den Forschungen über ›Peasant Society‹ und ›Peasant Economy‹ lassen sich *Risikominimierungsstrategien* als zentrale Kategorie und als harter Kern der Verhaltens- und Deutungsmuster von Subsistenzökonomien nachweisen« (ebd.: S. 12). In Anlehnung an Alexander Čajanov (Tschajanow 1923/2000) und seine »Theorie der Familienwirtschaft im Landbau« wird das mit drei Annahmen präzisiert:

1. »Die *ökonomische Einheit* bildet nicht das wirtschaftende Individuum, sondern die Haus- und Familienwirtschaft …, und zwar sowohl als Produktionsgemeinschaft als auch als Reproduktionsgemeinschaft.« (Groh 1992: S. 36)

2. »Der Aufwand an Mühe oder an Arbeit wird nicht in Bezug gesetzt zum individuellen Einkommen … sondern zum Gesamteinkommen der Haus- und Familienwirtschaft im Jahres- oder einem anderen Zyklus.« (Ebd.) Auch Tausch spielt dabei eine Rolle (also auch Tauscharbeit wie im Matschtal in Südtirol, s. Kapitel 4.4).

3. Mit der »Labor-Consumer-Balance (LCB)«, der »Balance zwischen Arbeit (Arbeitsprodukt) und Konsum« hat man ein Instrument, mit dem das Gesamteinkommen der Wirtschaftseinheit (konkret der Familienwirtschaft) kalkuliert, interpretiert und gemessen werden kann, und zwar bezogen auf den gesamten jahreszeitlichen Zyklus und das Handeln der Subjekte (Groh 1992: S. 37). Dabei ist es so, dass das »auf eine Zeitspanne bezogene Gesamteinkommen eine Obergrenze aufweist, die von der Arbeitsmühe relativ unabhängig ist, weil sie sich nach den *Bedürfnissen* der Gruppe richtet.« Übersetzt: Man arbeitet nur so lange, bis die Bedürfnisse der sozialen Einheit befriedigt sind, in der man lebt, also der mehr oder weniger großen Familie. Im Zweifelsfall

entscheidet das Familienoberhaupt, orientiert an den Gewohnheiten des Milieus (und damit sind die anderen Familienmitglieder seiner Weisung unterworfen, mit allen möglichen Konflikten).

In den zeitgenössischen Gesellschaften sind die Bedürfnisse nahezu beliebig steigerungsfähig, und es wird wegen des angestrebten wirtschaftlichen Wachstums systematisch versucht, sie zu steigern (s. Kapitel 8.1). Vor der Industrialisierung und außerhalb der Marktgesellschaften sind die Bedürfnisse nach oben wenig elastisch, sondern verhältnismäßig starr.

Entscheidend ist die eingrenzbare und bestimmbare Hausnotdurft: was eine Familie samt Knechten und Mägden sowie Vieh zum Erhalt des Lebens braucht (Blickle 2008, Schläppi 2018). »Qualitativ jedoch, und d. h. für die Lebensführung des Einzelnen, bestimmen sich die Bedürfnisse nach denen in einem Stamm, in einer Gesellschaft oder einer anderen Gruppe dominierenden Vorstellungen darüber, was man benötigt, um sein Auskommen zu haben.« (Groh 1992: S. 38) Auskommen ist dabei als dynamischer, durch kulturelle Prägungen bestimmter Wert zu verstehen. »Ohne die grundlegende verhaltenssteuernde Norm von Subsistenz›ökonomien‹, nämlich die Idee vom ›guten und richtigen Leben‹, und ohne die … aus dieser Norm ableitbare Mußepräferenz ist … die LCB nicht recht verständlich zu machen.« (Ebd.: S. 38) Bis zu diesem Standard arbeiten die Individuen einer Gruppe in »Selbstausbeutung«. In der Sprache der Betriebswirtschaft heißt das: »Grenznutzentheoretisch ausgedrückt wird die darüber hinaus aufzuwendende Mühe außerordentlich hoch bewertet, und zwar deshalb, weil die Bewertung der jenseits dieses Sättigungspunktes liegenden Bedürfnisse gegen null tendiert.« Daher gilt: »Gearbeitet wird bis zu dem Punkt, an dem die Bedürfnisse … mittels der aufgewendeten Mühe befriedigt werden können.« (Ebd.: S. 39) Mehr wird nicht geleistet, auch wenn es möglich wäre. In der Sprache der Ökonomen ist das Unterproduktivität oder Mußepräferenz. Das sind für Dieter Groh wichtige Begriffe von Subsistenzökonomien.

Das ist nicht ganz nachvollziehbar. Immer gibt es eine gewisse Elastizität, mit der die Mußepräferenz relativiert wird. Das muss auch Groh zugestehen (ebd.: S. 39). Voraussetzung aber ist, dass mit der vermehrten

Arbeit etwas Positives erreicht werden kann. Wenn die Bauern von Unterfinning (s. Kapitel 5.4) danach streben, ein Pferd zu besitzen, obwohl sie es kaum für ihren Ackerbau nutzen können, dann ist das ein auch innerhalb des Systems nachvollziehbarer Wunsch: Es geht ja nur um ein, höchstens zwei Pferde. Der ungarische Bauer Orban, den die Feldforscher zitieren, wünscht sich auch keinen unbegrenzt sich steigernden Ertrag (s. Kapitel 5.4). Wenn Karl Oldenberg über die Höhe des notwendigen Einkommens nachdenkt, dann gesteht er zu, dass man sich immer 10 bis 15 Prozent mehr an Einkommen wünscht, als man hat (Oldenberg 1929; s. Kapitel 8.4).

In der Phase vor der Industrialisierung (der »Protoindustrialisierung«) sind die Menschen in den in subsistenzwirtschaftlichen Strukturen lebenden Gemeinschaften nur schwer zur Leistungssteigerung zu bewegen. Die Kolonialisten sehen darin Faulheit (Bosse 1979). Wenn die Grundherren mehr Einnahmen von ihren Untertanen haben wollen, um ihre Repräsentations- und Luxusbedürfnisse zu befriedigen (etwa um Luxusgüter aus Venedig zu erwerben), müssen sie den Abgabendruck erhöhen, gegebenenfalls auch mit Gewalt, oder sie müssen Gemeinnutzen enteignen (so beginnt der Grundherr in dem Roman von Reymont in dem allen gehörenden Wald Bäume zu fällen), oder es muss durch Anreize wie neue Waren dafür gesorgt werden, dass die Bauern mehr produzieren. Erzwungene Steuern auf lebensnotwendige Güter wie Salz oder Genusswaren wie Tabak, Zucker und Alkohol und auf neue Produkte helfen dazu.

Viele Menschen außerhalb Europas arbeiten heute nur so lange, bis sie genügend Geld haben, um einen anderen anzustellen. Das wissen Europäer aus den Tropen zu berichten. Der Repräsentant einer Chemiefirma erfährt in Indien um 1973: Man erwartet »von jemand, der Geld dafür hat, dass er anderen die Möglichkeit gibt, sich durch Arbeit für ihn Geld zu verdienen. Anderes wäre unsozial, geradezu unanständig. Durch Arbeit behält der Arbeitende seine Würde anders als bei einem Almosen oder einer Geldspende von dem Reichen.« (Drigalski 2011: S. 165)

4.3 Gemeinnutzen als herrschendes Prinzip

■ Lebensverhältnisse dieser Art müssen geregelt und organisiert werden. Für die europäische Landgemeinde der frühen Neuzeit und ihre politische Rolle heißt es: »Die wesentlichen Aufgaben der Gemeinde gründeten im Organisations- und Regelungsbedarf, der zum einen aus dem Zusammenleben der Nachbarn und der gemeinsamen Nutzung der Flur durch die bäuerlichen Familienwirtschaften, zum anderen aus der autonomen oder von herrschaftlicher Seite übertragenen Wahrnehmung herrschaftlich-politischer Funktionen resultierte. ... Sie koordinierte die Arbeiten der Höfe in der Flur, ... die Benutzung und den Unterhalt von Weg und Steg, die Weiderechte ..., die Allmend- und Holznutzung sowie die Wasserversorgung ...; sie war zuständig für den Feuerschutz und die Baupolizei sowie die Durchsetzung entsprechender Verordnungen; sie kontrollierte das Wirtschaftsgebaren der Haushalte und bestrafte schädigendes Verhalten (z. B. Grenzverletzungen).« Die »Gemeindeaufgaben (Brunnen-, Bach- und Grabenfege, Unterhalt von Weg und Steg u. a.)« werden häufig im Gemeinwerk (Scharwerk) organisiert (Holenstein 1996: S. 15).

Im Bauernkrieg sind es selbstbewusste Bauern, die – immer gemeinsam mit ihren Frauen, allein und isoliert begegnet man ihnen selten – ihr »altes Recht« verteidigen. Ihr Aufstand ist nicht abstrakt, sondern konkret mit ihrer Wirtschaftsweise verbunden. Noch 1801, als manche Agrarreformen schon stattgefunden haben, gibt Freiherr vom Stein einen Einblick in die Belastungen des gemeinen Mannes. In seinem Bericht über den Zustand der westfälischen Gebiete klagt er über die mangelnde Bildung des Landmanns und darüber, dass ihm immer noch bei jedem Todesfall des Hausvaters oder der Hausmutter der größte Teil seines Anlage- und Betriebskapitals genommen wird und dass »sein Land mit Hude- und Zehntgerichtigkeiten belastet« ist: Hude bezieht sich darauf, dass nach der Ernte alle Dorfgenossen auf allen Feldern weiden lassen dürfen und damit die Vorbereitung der Äcker auf die nächste Saat behindert wird. Zehntgerichtigkeiten bedeuten, dass er für seinen Grundherrn nach dessen Bedarf unentgeltlich arbeiten muss. Solange es so ist, »muß seine Lage ärmlich, der Ertrag des Bodens gering und der Viehstand schwach und uneinträglich sein« (Botzenhart 1986: S. 49). So ist die »Eigenbehörigkeit«, die Zugehörigkeit zu einem Grundherrn, ein Hindernis für den Gewerbefleiß, denn sie »(ent)zieht ihm periodisch sein Mobilar und Betriebskapital, macht ihn abhängig in Bezug auf seine Arbeitsstätte, die Auswahl seiner Gattin, der Bestimmung des Schicksals seiner Kinder« (ebd.: S. 52).

Die »Bauernbefreiung«, angestoßen durch den Freiherrn vom Stein, muss nicht zur völligen freien Verfügbarkeit des Grundeigentums nach bürgerlichem Recht ohne Rücksicht auf Gemeinwohl kommen. Das Bürgerliche Gesetzbuch § 903 garantiert den Eigentümern beliebige Verwendung ihres Eigentums. Aber das Bonner Grundgesetz fordert in Artikel Artikel 14.2: »Eigentum soll zugleich dem Gemeinwohl dienen« (s. Kapitel 6.1).

An die Bedeutung der rechtshistorischen Unterscheidung zwischen Patrimonium und Dominium hat Hans Christoph Binswanger erinnert. Es geht zum einen um »das Eigentum an einem Stück Erde, das man im Sinne eines *patrimoniums* (Erbgut) von seinen Vätern ererbt hat und wieder an seine Kinder vererben will, also wohl nutzt, aber gleichzeitig pflegt, sodass es zu keinem Raubbau kommt« (Binswanger 2010: S. 34). Zu solchem Eigentum gehört auch das Gemeinschaftseigentum. Die andere Form ist das »*dominium*, das Herrschaftseigentum des römischen Rechts, das dem Eigentümer das Recht gibt, nach völligem Belieben … über sein Eigentum zu verfügen. Es ist dies die *ius utendi et abutendi re sua*, das heißt das Recht zum Gebrauch und *Ver*brauch der eigenen Sache.« (Ebd.: S. 50) Im Geltungsbereich des Dominium-Eigentums muss man sich »keine Zurückhaltung bei der Nutzung der Natur auferlegen« (ebd.: S. 72). Die »Folgeschäden« werden erst später und bei anderen sichtbar. Das Bürgerliche Recht schützt Gemeinressourcen nur in Ausnahmen. Es gibt Verpflichtungen, die mit einem Besitz verbunden sind (Servitute), zum Beispiel für Fließ- oder Grundwasser: Der Bach, der über ein Grundstück fließt, kann nicht beliebig genutzt werden. Die Dorfgemeinde oder die Stadtgemeinde verfügen früher in weiten Bereichen »über die Interpretationshoheit des Rechts«. Es ist ein gemeindeorientierter Kommunalismus, nur auf sie beschränkt und »ohne republikanische Weiterungen«: In anderen Bereichen wird durch kaiserliche oder landesfürstliche Gewalt entschieden, und es wird nicht beansprucht, diese Entscheidungen demokratischen Prozessen zu unterwerfen (Blickle 2006: S. 75; vgl. Blickle 1972). »Gemeinden versammeln sich, um etwas zu entscheiden – die Nutzung der Allmende, die Zuteilung von Holz, die Regulierung der Weiderechte …« Die Kommunen entscheiden in »Gemeindeversammlungen und durch diese bestellte eigene Organe für die Regulierung des lokalen Alltags, die *Räte* und *Gerichte.* Normiert ist der lokale Alltag durch Gewohnheiten, Satzungen, Statuten, kurz, durch kommunales Recht.« Die Versammlung »war gelegentlich ein Volksfest, zu dem alle kamen, auch wenn jedes Haus nur eine Stimme hatte« (Blickle 2008: S. 70/71). Solidarität und Recht entwickeln sich, »wenn die Vielzahl der Häuser zur Gemeinde wird und Bauern und Bürger ihr Miteinander gemeinverträglich und so frei wie möglich organisieren« (Blickle 2008: Klappentext).

Das Haus ist die Hofstatt als Einheit, deren Hausnotdurft nach Hausbrauch zur Subsistenz gehört. »Die Hausnotdurft des Bauern hat Vorrang vor den Anforderungen des Herrn an Abgaben und denen des Staates an Steuern.« (Blickle 2008: S. 26; Schläppi 2018) Das gilt wenigstens in guten Zeiten; der Druck kann auch stärker werden. »Wer ›gut hauste‹, lebte auch in guten, zumindest auskömmlichen Verhältnissen. Wer ›nicht hausen‹ konnte, galt als schlechter Nachbar.« (Ebd.: S. 27) Es gibt ein Rechtssystem und entwickelte Strategien der Konfliktvermeidung (ebd.: S. 138 f.). »Die Hausnotdurft sicherzustellen war prekär angesichts der vielen Missernten und Kriege, aber auch wegen der nicht beliebig erweiterbaren Kulturfläche bei einer oft an die Grenzen der Nahrungsdecke stoßenden Bevölkerung. … Das Ordnungsprinzip Haus förderte, ja erzwang ein am Haus ausgerichtetes generatives Verhalten.« (Ebd.: S. 27) Beliebig viele Kinder sind nicht möglich. Uneheliche Geburten sind ein Makel, Eheschließung wird kontrolliert, das Heiratsalter ist hoch, den Hof übernimmt nur ein Sohn, und ähnliche Einschränkungen, kontrolliert durch die Grundherren, sind üblich. Die nicht erbberechtigten Kinder heiraten nach außen, gehen ins Kloster (sofern sie ausreichend ausgestattet werden können), werden Priester oder Dienstboten. Auch das Verhältnis der Geschlechter bleibt nicht ohne soziale Kontrolle – davon darf man sich erst verabschieden, wenn Schwangerschaft verlässlich geregelt werden kann.

In den Bauernkriegen geht es in erster Linie darum, Eingriffe der Grundherrschaften in das überkommene alte Recht der Untertanen abzuwehren. Nach Bauernkriegen, Religionskriegen und Dreißigjährigem Krieg gibt es immer mehr Eingriffe und Bevormundungen durch Herrschaft. Vorher kann man davon sprechen, dass von den Grundherren »Herrschaft mit Bauern« ausgeübt wird. Danach kommt es im sich ausbildenden bürokratischen Feudalismus zur »Herrschaft über Bauern« (Flemming 2004: S. 3).

Immer wieder gibt es auch später Streitigkeiten um Gemeinnutzen, zu denen sich die Grundherren mehr Zugriff sichern wollen (Troßbach 1987: S. 204). Erst allmählich und in vielen Stufen werden die Elemente der gemeinschaftlichen Organisation der Lebensverhältnisse aufgehoben und durch staatlichen Zugriff ersetzt. Es ist ein Prozess, der bis weit ins 19. Jahrhundert dauert, und noch im 20. Jahrhundert werden aus den Zunftstrukturen stammende Privilegien einzelner Berufsgruppen wie zum Beispiel der Schornsteinfeger beseitigt – unter dem Beifall der liberalen und linken Intellektuellen. Als der Taxidienst Uber die Privilegien der zunftähnlich organisierten öffentlich konzessionierten Taxibetreiber im Rahmen der »Privatisierung des Privatlebens« aushebeln will, da erst gibt es Widerstand.

Grundherrschaft bedeutet geteiltes Eigentum (Blickle 2008: S. 143). Die Bauern erwirtschaften für ihre Familien Subsistenz. An die Grundherren (und die Kirche) werden Abgaben geleistet (Zehnten), als Gegenleistung gibt es Schutz und religiöse Betreuung, ohne die im Lebensvollzug Alltag und Fest, damit Suffizienz und Exzess als stabilitätssichernde Verhaltensweisen, nicht möglich sind. Das gilt ähnlich für die Gewerbe (Zünfte) und deren Korporationen (ebd.: S. 82 f.) in den Städten, auch in den italienischen Stadtstaaten. Handwerk und Gewerbe entwickeln sich mit geregelter Konkurrenz in offenen Märkten, freilich nie ohne verbraucherfreundliche Einschränkungen in den Marktordnungen. In Mitteleuropa ordnet

Kaiser Karl V. beim Reichstag in Augsburg (1547, in der Zeit des Konzils zu Trient, das 1545 beginnt) vergeblich für die abtrünnigen Reichsstädte die Abschaffung der Zunftregimenter von »Ochsen und Pöbeln« an. Sie sollen durch aristokratische Obrigkeiten ersetzt werden (Roeck 2018: S. 782).

Mit den Grundherrschaften (Obrigkeiten) werden in *Weistümern* wechselseitige Rechte und Pflichten ausgehandelt. Immer wieder stören Fehden und Kriege, selten jedoch führen sie zur völligen Zerstörung der Lebensgrundlagen. Nicht nur für die Dörfer, erst recht für die Städte gelten solche Formen. Dort organisieren Patriziat, Zünfte, Brunnengemeinschaften, Bruderschaften und so fort das gemeinschaftliche Leben (in den Freien Reichsstädten mit Privileg des Kaisers, sonst mit dem der Grundherren). Auch die lebensnotwendige Versorgung mit Trinkwasser wird in den Städten so organisiert (Rauchegger 2014).

Mit diesen Regelungen im Dorf und in der Stadt wird der Gesellschaftsvertrag der Demokratien vorgebildet. Ordnung in einer zivilisierten Welt entsteht nicht zuletzt dadurch, dass auch Ungehorsam erlernt wird: Gegen Beschränkungen der Rechte kann man sich wehren. Mit ihren Rechten ausgestattet, können Bauern aus dem hessischen Vogelsberg im 18. Jahrhundert bis zum Wiener Reichskammergericht gegen ihre Grundherren klagen, wenn diese in ihre Rechten eingreifen wollen (Troßbach 1987). Solche Bauern müssen sich dafür später von einem konservativen Autor wie Wilhelm Heinrich Riehl »Processkrämerei« vorwerfen lassen. Riehl will den Ständestaat revitalisieren, aber keine selbstbewussten Bauern haben (Riehl 1858 2: S. 112).

Weltweit findet man ähnliche, aber manchmal auch ganz andere Formen. Immer aber geht es um den geregelten Umgang mit nicht beliebig wachsenden Ressourcen, also keinen Wachstumszwang. Gemeinwohlorientierung muss nicht unter herrschaftlichem Zwang von außen realisiert werden. Sie kommt vielmehr aus dem Inneren der Lebensverhältnisse der gemeinschaftlich lebenden Menschen.

4.4 Selbstorganisation und Gemeinnutzen

■ »Wir arbeiten nur gemeinsam, wenn wir müssen. Aber wir müssen oft.« Das sagt ein Walliser Bauer zum Volkskundler Arnold Niederer, der die Gemeinschaftsarbeit in den Schweizer Alpen untersucht (Niederer 1974: S. 362).

Das weltweit verbreitete Prinzip der Selbstorganisation auf der Ebene der einfachen (gemeindlichen oder großfamiliären) Produktionseinheit ist schon Grundlage der antiken Polis-Demokratie. Sie ist vorgebildet in der ländlichen Selbstorganisation der dörflichen Gemeinschaften des antiken Griechenland (Schmitz 2004).

Schutz vor fremder Gewalt durch konkurrierende Grundherren, durch Raub und Kriminalität können die dörflichen und städtischen Gemeinschaften nur begrenzt selbst leisten. Ähnliches gilt für die Infrastruktur von Wegen, Brücken, Wasserregulierung: Für all das braucht es überlokale Organisation, vorgehalten durch Institutionen der Grundherrschaft, die dafür Abgaben fordert. Es gibt nicht materielle Bedürfnisse, für die kultische, religiöse Institutionen sorgen. Religion ist nicht einfach nur Opium für das Volk, sondern, wie Karl Marx klug formuliert hat, Opium des Volkes: notwendige Organisation des Lebens mit Festen und Ritualen. Der Ökonom Karl Polanyi erinnert daran, dass Symbolwelten zu dieser Organisation der gemeinschaftlichen Lebensverhältnisse gehören, Künste eingeschlossen: »Brauch und Gesetz, Magie und Religion wirkten zusammen, um den einzelnen zu Verhaltensformen zu veranlassen, die letztlich seine Funktion innerhalb des Wirtschaftssystems sicherten.« (Polanyi 1978: S. 87).

■ Ein schönes Beispiel für die Selbstorganisationsfähigkeit zeigt das Turtmanntal im Wallis in der Schweiz, in der Nähe des Weißhorns und des Turtmanngletschers (Meyer 1923). Verträge zum Verkauf von Gütern und Wasserrechten oder Alprechten reichen weit bis in das 15. Jahrhundert zurück. Urkundlich belegt ist, dass 1574 die »Genossenschaft« (Gemeinde) Ergisch in diesem Tal Alprechte kauft, und so entsteht allmählich eine große Gemeindealpe für die Schafherde von Ergisch (ebd.: S. 282). Es gibt Beziehungen zum Bischof von Chur als Grundherrn: Es muss als Abgabe ein »Buttergilt« (ein »Ankengilt«), Butter oder Butterfett, für die bischöfliche Tafel geliefert werden (ebd.: S. 284, 286). Aber sonst lasten keine »Gerechtsame« (Verpflichtungen) auf der Talschaft. Belegt ist ein Fall, wo man hat »Kriegslytt gan Zug schicken müssen« (ebd.: S. 294; vielleicht war das um 1610). »Das Tal mit seinen Alpen war noch im späten Mittelalter, etwa vor 1500, in eine Menge Privatweiden aufgeteilt.« Nach und nach, besonders seit dem 16. Jahrhundert, entwickeln sich Geteilschaften, die einzelne Besitze kaufen oder in ihren Verband aufnehmen. Der Alpenkasten mit den Urkunden ist mit einem Doppelschloss versehen; die frei aufbewahrten hölzernen Tesseln (hölzerne Marken, mit denen die Eigentümer und ihre Anteile erkannt werden) sind die »Urkunden« für die Rechte und Erträge (ebd.: S. 299). Der 13. August ist ein »Betteltag«, an dem für 45 bis 60 arme Kinder und Mütter der Gegend Spenden ausgeteilt werden. Der 8. September ist der »Frauentag«, an dem der »Nutz« (Butter und Käse) geteilt und verlost wird. Zwischen 12. und 18. September wird »entalpet« (so seit mehr als 400 Jahren), wird das Vieh ins Tal getrieben. Der Talvogt ist verantwortlich für die Unterhaltung der Wege (ebd.: S. 308 f.) (somit auch der »alten Wege«). Die kirchliche Versorgung ist gesichert. Es gibt 1663 eine Pfarrei, 1865 wird die Kapelle erneuert. Pfarrer Thenisch bekennt 1804: »Nicht Sieg ist es, so wahre Helden schafft: Großmut ist es, Treu und Glaub und Tugendkraft.« Von Anselm Brenzinger, einem von 1824 bis 1860 dort wirkenden Seelsorger, wird der Lebensspruch überliefert: »Zufriedenheit macht reich, darum bin ich reich, weil ich zufrieden bin.« (Ebd.: S. 288) »Die Schule, die vom eigenen Beutel genährt und mit eigenem Holze geheizt wurde, musste nur umso höher gewertet, umso eifriger ausgenutzt werden.« (Ebd.: S. 289) Die zur Bewässerung der Weiden unerlässlichen Bewässerungsleitungen (Suonen, s. Kapitel 6.6) spielen eine große Rolle und sind geschützt durch verbriefte Wasserrechte. Der »Wasserhammer« signalisiert ihren Betrieb. 1364 schon wurden in Leuk die Pflichten der »Wasservögte« verbrieft. Im Frühjahr werden die im Winter trockenen

»Wasserleiten« hergerichtet (ebd.: S. 292). Wald und Bannwald werden streng kontrolliert. Gehauenes Holz muss heimgefahren werden, sonst erlischt das Anrecht darauf.

Eindrucksvoll und selbstbewusst wird das eigene Recht betont: 1586 sind die Dorfgenossen »versamblet gewesen, zu übersehn und zu besichtigen ihre alte Bauernregel und haltende Artikel: welche zwar Gemeinder ohne Zwang, noch Trang, auch ohne Forcht herzu gezwungen, angefiert, noch betrogen, sondern wissend, freywillig herzubewegt und ihrer Rechte voll erfahren, für sich und ihre Nachkommenschaft haben sie mit einander geraten und beschlossen ein Ordnung der Artiklen und gewissen Regeln mit oder untereinander steif und fest zu halten firgenommen.« Diese »alten Bräuche, ›geschrieben oder ungeschrieben, aber zurecht bestehend in vordenklichem Herkommen‹ frisch zusammengetragen, in 33 Artikel gefasst« werden neu beschworen (ebd.: S. 317). Es sind die Statuten der alten Bauernzunft von 1586 in Latein, in der deutschen Fassung von 1682 (ebd.: S. 318). Ausdrücklich betont wird die Freiwilligkeit des Beschlusses der Satzung. Weistümer und Dorfsatzungen werden sonst mit der Grundherrschaft abgesprochen und von ihr bestätigt, hier in diesem Fall ist der Einfluss der Herrschaft gering. Vieles ist geregelt, auch die Gewinnung der Steinplatten, mit denen die Dächer gedeckt werden (ebd.: S. 319). Wenn nach dieser Satzung jemand bestraft wird, so wird ihm ein Kreuz auf sein Gut oder die Dungstätte gesteckt, solange er die Strafe nicht bezahlt hat (und wenn er sie bezahlt, wird wohl die Strafe wie in anderen Fällen bei der Rechnungslegung gemeinsam verzehrt). In Streitfällen sollen, bevor man vor Gericht zieht, vier »redliche Menner des Orts« zu schlichten versuchen (ebd.).

So vermittelt dieser Text eine Vorstellung davon, wie solche Selbstorganisation abläuft. Die Menschen im Turtmanntal organisieren sich in allen wichtigen Angelegenheiten selbst. Georg Wilhelm Friedrich Hegel hätte, bevor er sein Lob des Staates formulierte, sich so etwas einmal anschauen sollen (s. Kapitel 3.1).

In Gemeinschaften dieser Art, die Gemeinnutzen zu verwalten haben, sind im Laufe der Zeit stabile, konfliktfähige Regeln erarbeitet worden, mit denen Dauerhaftigkeit, Lebensqualität und Begrenzungen verbunden sind. Unverzichtbar ist für die dauerhafte Nutzung der Almweiden diese Organisation. Der Schweizer Volkskundler Richard Weiss (1941; s. auch Ringler 2009) hat detailliert die noch im 20. Jahrhundert geltenden Nutzungspraktiken der Alpen (Almen) in Graubünden beschrieben.

Zur Gemeinschaftlichkeit gehören Traditionen der Gemeinschaftsarbeit. Nur ein Beispiel: Aus dem Matscher Tal im Obervinschgau in Südtirol ist 1838 über die Erntearbeit überliefert: »Das Eintragen der Garben ist eine Art Volksfest, wo die allgemeine Freude auch den Schwächsten zu tüchtigen Trachten ermuntert. Jeder Hof macht den Tag der Einsammelung den umwohnenden Nachbarn bekannt; Alles, was sich regen und bewegen kann, besonders die jungen rüstigen Leute, strömen zur wechselseitigen Aushülfe zusammen; Kost und Wein steht bereit, so viel ein jeder zu sich nehmen mag. Die üppigste Entfaltung jugendlicher Lebenskraft, oft auch des keckesten Übermuthes würzet die ungewöhnliche Anstrengung, und in unglaublich schneller Zeit ist das Getreide auf der Tenne. So geht der Feuereifer von Hof zu Hof, bis die ganze Aernte unter Dach gebracht ist. Fast auf ähnliche Weise wird das beschwerliche Mähen der Bergwiesen beschleunigt.« (Weber 1838: S. 203) So wird auch das Erdeauftragen erledigt: Weil an den steilen Hängen mit ihren kleinen von oben nach unten verlaufenden Ackerstreifen die fruchtbare Erde immer nach dem unteren Rand strebt, wird sie nach einiger Zeit wieder nach oben geschafft – oft mit Unterstützung durch ein Seil mit einer Umlenkrolle. Bei den Wiesen fällt diese Arbeit nicht an, weil die Grasnarbe, solange sie intakt ist, den Boden festhält.

Mit dem Roman »Die Käserei in der Vehfreude« hat Jeremias Gotthelf ein literarisches Zeugnis für die durchaus nicht konfliktfreien Binnenverhältnisse der in hohem Maße selbstorganisierten schweizerischen dörflichen Gemeinschaft gegeben. Dass dies alles nicht zu romantisieren ist, versteht sich.

In der Krise der Wohlstandsgesellschaft wird die Nutzung solcher Ressourcen der Gemeinschaftlichkeit jenseits von Staat und Markt interessant. Deutlich wird, dass sie ohne formelle und informelle Regelungen sowie Formen der sozialen Kontrolle nicht dauerhaft verfügbar sind. Gleichzeitig wird erkennbar, dass sie der Anerkennung und des Schutzes übergeordneter Institutionen (heute des Staates) bedürfen. Der Preis dafür ist soziale Kontrolle – die muss man dann entsprechend abfedern (s. u. a. Kapitel 6.3). Abweichendes Handeln wird geduldet, solange nicht die Gemeinschaft gefährdet wird.

Nicht nur in den Dörfern, sondern auch in den Städten existieren unabhängig vom übergeordneten territorialen Recht bedeutende Bereiche der Selbstorganisation. Eine Studie von Gerhard Tanzer zum spätbarocken Wien erinnert daran, wie Bruderschaften, Gebetsgemeinschaften und andere Korporationen neben Zünften und Brunnengemeinschaften bei der Organisation des gemeinschaftlichen Lebens mitwirken (Tanzer 1992).

So gibt es viele Formen und Gewohnheiten, mit denen Leben ohne Wachstum, aber mit Zukunftsfähigkeit eingeübt wird. Dass dabei auch für Lebensqualität gesorgt wird, dafür ist die Kombination von Suffizienz (Genügsamkeit) im Alltag und Exzess im Fest verantwortlich (Kapitel 5.4). Sich dahin zurückzusehnen hilft in den Krisen der Gegenwart nicht. Aber erinnern an das, was Menschen können, darf man, und auch die Sozialpolitik tut dies (s. Kapitel 4.9).

4.5 Die angebliche Tragödie der Gemeindewiesen

▪ Bei manchen Ökonomen gilt lange Zeit als selbstverständlich, was der Biologe Garrett Hardin in einem viel zitierten Artikel von 1968 als *Tragedy of the Commons*, Tragödie der Gemeinnutzen (der Gemeindewiesen), beschreibt: Gemeinschaftlich genutztes Eigentum sei aufgrund des Egoismus der Beteiligten dem Verfall preisgegeben. Eine Viehweide wird so lange nicht überweidet, wie die Viehzahl nicht höher ist als die durch langjährige Erfahrungswerte bestimmbare Weidekapazität. Wird aber die Kapazitätsgrenze erreicht, dann kann, wenn alle einen unkontrollierten Zugang zu der Weide haben, der einzelne Hirte sich gleichwohl nicht von selbst dazu bereitfinden, nicht noch mehr Vieh auf die Weide zu treiben: Wenn er seinen Nutzen maximieren will, überlegt er, dass der Nutzen von mehr Vieh ihm allein zugutekommt, der Schaden aber von allen Weidegenossen geteilt wird. Wenn und weil aber – mit geringem, aber doch für viele ökonomische Prozesse ausschlaggebendem Zeitverzug – alle vernünftig denkenden Hirten *(rational herdsmen)* so handeln, wird die Weide nach kurzer Zeit ruiniert, meint Hardin (1968).

Elinor Ostrom (1933–2012), Politikwissenschaftlerin in Bloomington/ Indiana und Wirtschaftsnobelpreisträgerin von 2009 (die erste Frau mit diesem Preis) hat das widerlegt (Ostrom 1999). Wenn »man so genau hinschaut wie Ostrom, sieht man, dass sich die Menschen in Wirklichkeit besser aufführen als in der Theorie. Viele Allmenden sind erstaunlich gut verwaltet. Offenbar neigen die Menschen dazu, untereinander Regeln auszumachen und sie dann auch einzuhalten und durchzusetzen.« (Fischermann 2009)

Die Studien von Elinor Ostrom beziehen sich auf kalifornische Wasserbetriebe, auf »Fischgründe in der Bucht von Izmir, Almen im Wallis, Grasweiden in der Mongolei oder Wasserquellen in Nepal. Dies alles sind so genannte Allmendgüter: Knappe Ressourcen, die von einer Gemeinschaft von Menschen bewirtschaftet werden. Ostrom hat Tausende solcher Beispiele herangezogen.« (Ebd.) Sie hat dabei viele verbreitete Gemeinnutzen überhaupt nicht gekannt. Allein über die Almwirtschaften in Zentraleuropa hat John Frödin zwei dicke Bände herausgebracht (1940/41; s. auch Ringler 2009). Die von Ostrom hervorgehobenen Prinzipien der Gemeinnutzen sind weltweit verbreitet und verlieren erst an Bedeutung, als die wirtschaftliche Tätigkeit der Menschen aus allen sozialkulturellen Bindungen »entbettet« wird und nur noch Marktprinzipien gelten (Polanyi 1978).

Ostrom argumentiert: »Es gibt gewichtige Belege dafür, dass die Menschen eine ererbte Fähigkeit besitzen zu lernen, Reziprozität und soziale Regeln so zu nutzen, dass sie damit ein breites Spektrum sozialer Dilemmata überwinden können.« (Ostrom 1999: XIX) Man kann sich mit der Empirie begnügen und braucht keine Genetik zu bemühen – da sind die Beweise schwerer. Auf jeden Fall sind seit frühesten Zeiten die Menschen (wie auch viele Primaten) fähig zur Selbstorganisation und müssen nicht als habgierige Mängelwesen verstanden werden.

Die von Hardin vorgeschlagenen Alternativen zur Rettung der Gemeindewiesen sind keineswegs überzeugend. Eines der immer wieder genannten »aktuellen politischen Rezepte« ist der potente Zentralstaat nach dem Modell des 1651 erschienenen »Leviathan« von Thomas Hobbes, der mit einer »zentralen Behörde« die Gemeinnutzen kontrolliert (Ostrom 1999: S. 11). Vorausgesetzt wird dabei, »dass die relevanten Informationen exakt sind, die Überwachungskapazitäten ausreichen, die Sanktionen zuverlässig wirken und keine Verwaltungskosten entstehen« (ebd.: S. 13). Das alles aber ist, nicht zuletzt wegen der sich schnell einschleichenden Korruption, illusionär. Und wenn im 21. Jahrhundert die Vertreter der digitalen Systeme behaupten, Computer könnten alle relevanten Daten sammeln, dann entwerten sie unwissentlich ein zentrales Argument gegen den Sozialismus, das O. E. Hayek (1899–1992), einer der Begründers des Neoliberalismus, vorgebracht hat: Der Sozialismus sei deswegen nicht möglich, weil nie alle Daten über das voraussichtliche Verhalten der Konsumenten verfügbar seien – eine These, die er von seinem Lehrer Ludwig von Mises übernommen hat (Böhm 1993). In beiden Fällen wird übersehen, dass für die Menschen auch Emotionen wichtig sind.

Der andere empfohlene Ausweg in der Tradition der neoliberalen Verfechter der »entbetteten« Marktwirtschaft ist die Privatisierung. Aber ein »Wettbewerbsmarkt – das Paradigma privater Institutionen – ist selbst ein öffentliches Gut. … Ohne zugrunde liegende öffentliche Institutionen, die ihn aufrechterhalten, kann kein Markt lange existieren.« (Ostrom 1999: S. 19) Auch der Markt muss geregelt und kontrolliert werden. Zudem schließt Privatisierung privaten Raubbau nicht aus (ebd.: S. 16). Inzwischen wagt kaum noch jemand, sich auf Garrett Hardin zu beziehen, weil die Vorteile der Gemeinnutzen mehr und mehr anerkannt sind.

4.6 Der gemeine Mann in der Gesellschaft

■ »Fern der Welten der Entdecker und Intellektuellen taten der gemeine Mann und die gemeine Frau millionenfach ihr Tagwerk. Sie beteten oder zechten zu Feierzeiten, um mit Sonnenuntergang aufs Strohlager zu sinken, während die Nacht draußen den Sternen, Eulen und Dämonen blieb. Von ihren Träumen ist wenig überkommen, kaum etwas von ihren Alltagsgesprächen, nichts von ihren Bildern vom Kosmos und von der Natur, die ihnen voller Geheimnisse und von Zauber durchwirkt erschienen sein dürfte.« (Roeck 2018: S. 620) Man weiß freilich auch: »Alle Kultur hing an ihrer Arbeit.« (Ebd.: S. 231)

Aber so einfach ist es nicht. Die Dämonen, Geister, Elfen und Riesen, die Bernd Roeck als ihre Welt bezeichnet, gehören auch zur Vorstellungswelt der Intellektuellen, solange sie nicht, oft genug höchst arrogant und ohne die Grenzen ihrer eigenen Gedankenwelten zu berücksichtigen, mit Wissenschaft und Aufklärung sich darüber hinwegsetzen. Davon zeugt das Beispiel des lesekundigen Müllers Menocchio (Ginzburg 1990). Er wird 1599 von der Inquisition zum Tode verurteilt, weil er ein besseres Urteilsvermögen hat als seine Richter und zugesteht, dass auch die Anhänger anderer Religionen überzeugt sind von ihrem Glauben.

Die Predigten und Visionen der Kleriker, Mönche und Heiligen beiderlei Geschlechts bis weit in die Neuzeit bringen das Denken und die Wissensbestände der verschiedenen Milieus mit ein. Eine Sagensammlung wie des Tirolers Ignaz Vinzenz Zingerle (1859) bündelt gleichberechtigt mündliche Überlieferungen und Wissen der Nichteliten und literarisch (schriftlich fixierte) Überlieferungen der Eliten (»Gebildeten«) zu außergewöhnlichen Ereignissen und Überzeugungen. Vorsichtig fragt Jürgen Kuczynski: »Kann man nicht vielleicht über die Grundelemente der Weltanschauung und Weltaneignung auch sagen, … daß die primitiven Vorstellungen der Massen in kultiviert verfeinerter Form bei den Herrschenden erscheinen?« (Kuczynski 1980 I: S. 33)

Als Beispiel sei der Südtiroler Josef Eberhöfer genannt (1786–1864). 1812 wird er in Brixen zum Priester geweiht. Eine fromme Stiftung verschafft ihm die Stelle eines Frühmessers, der die erste Messe des Tages lesen muss. Für das Martelltal, seine Heimat, hat er eine Monografie zusammengestellt (Plant 1909: S. 52–54; Hoffmann, F. L. 1886). Er verbindet darin Aufklärung und traditionelle Überlieferung und stellt Berichte über Sagen und Bräuche neben rationales Denken, etwa am Beispiel des Holepfannfeuers: Im westalpinen Gebiet in Südtirol und Vorarlberg schleudern im Frühjahr junge Menschen brennende Holzscheiben ins Tal (Johler 2000). Dieser Brauch, meint Eberhöfer, sei möglicherweise in der Pestzeit entstanden, als die Leute von den entfernten Höfen signalisierten, dass noch welche am Leben sind. Auch für die Erzählung von der fleißigen und bescheidenen Dienstbotin, die man niemals nach ihrem Namen fragen darf, hat er eine Erklärung: Sie ist vielleicht eine aus einem Kloster entlaufene Nonne, und wenn eine zufällig vorbeikommende ehemalige Kollegin ihren Namen nennt, verschwindet sie sofort.

Zwischen den Milieus Erfahrungen auszutauschen ist selbstverständlich und erleichtert das Verstehen. Der britische Althistoriker George Thomson schreibt im Vorwort zu seinem Buch über Aischylos und Athen: »Besondere Erwähnung schulde ich meinen Freunden, den Bauernfischern von Blasket Island in West Kerry, die mir neben vielem anderen, was man aus Büchern nicht hätte schöpfen können, gezeigt haben, wie das Leben in einer vorkapitalistischen Gesellschaft aussieht.« (Thomson 1956: S. 11) Wenn behauptet wird, Europäer oder Nordamerikaner hätten die übrige Welt entdeckt, so wird dabei immer übersehen, dass sie dies nur mithilfe einheimischer Begleiter können, die ihnen nicht nur als Träger, Nahrungsbeschaffer und Helfer des Alltags dienen, ihnen oft genug auch das Leben retten, sondern denen sie auch die wichtigsten Kenntnisse über Geografie und Lebenswelt der von ihnen angeblich erst entdeckten Länder verdanken (Matthies 2018).

4.7 Armut, Reichtum und Umverteilung in der Ständegesellschaft

Wenn von »Gleichheit« in der vorindustriellen Ständegesellschaft gesprochen wird, dann scheint damit ein Widerspruch benannt zu sein. Denn das Besondere an der Ständegesellschaft ist ja gerade, dass in ihr die Stände ungleiches Recht haben.

Es gehört zu den Leistungen dieser vorindustriellen Gesellschaft, dass in ihr mit christlicher und menschlich-solidarischer Grundlegung einige Prinzipien der Gleichheit der Menschen und des Anspruchs, dass alle Chancen für Lebensqualität haben sollen, grundsätzlich bestätigt werden. Solidarität zu üben wird Teil der Lebensqualität und Zukunftsfähigkeit, sobald begriffen wird, dass beide gefährdet sind durch allzu große soziale Unterschiede. Deutliche Unterschiede zwischen Arm und Reich gibt es in der Ständegesellschaft, aber sie werden in guten Zeiten im Rahmen religiöser Bindungen abgemildert durch ausgleichende Praktiken. Bruderschaften, Gebetsgemeinschaften, Pilgerreisen, Wallfahrten und religiöse Feiern sind dafür verantwortlich. Dabei sind die Gläubigen im Prinzip gleichberechtigt.

■ Die Gemeinschaften haben im Umgang mit Armut vielfältige eigene Formen entwickelt, mit denen bescheidene Anteile des eigenen Reichtums an weniger Begüterte gegeben werden. Manchmal geschieht dies mithilfe der kirchlichen Institutionen. Gemeinsames Genießen bei öffentlichen und privaten Festen oder rechtlichen und rituellen Gemeinschaftshandlungen bedeutet geteilte Nutzung von Ressourcen (des Reichtums), bei denen alle, Arm und Reich, gleiche Chancen haben und keine Gemeindemitglieder ausgeschlossen sind. Oft werden sie sogar, wie bei Familienfesten, ausdrücklich hinzugebeten. »Bei jeder Gelegenheit, so bei Hochzeiten usw., gedachten unsere Altvorderen der Armen, von denen es drei Arten gab: 1. Die Ortsarmen, die besitzlos und arbeitsunfähig waren und von der Gemeinde erhalten werden mußten. 2. Kleinhäusler und unbemittelte, einschichtige Menschen, die sich für gewöhnlich selbst erhielten, die aber in Fällen von

Krankheiten usf. fremder Hilfe bedurften. 3. Fremdbettler, die von auswärts kamen.« (Beda Weber 1838: S. 367; »einschichtig« bezieht sich auf Menschen ohne Besitz oder Rechtsansprüche)

Der Wiener Volkskundler Helmut Fielhauer beschreibt, wie sich Ärmere unter Masken einen geduldeten Zugang zu Familienfesten verschaffen können (Fielhauer 1987: S. 230). Die Volkskundlerin Eugenie Goldstern berichtet aus Bessans im bündnerischen Münstertal über die dort im 19. Jahrhundert bei einem Begräbnis üblichen sozialen Bräuche: »Die Familie des Verstorbenen wählt unter den Kindern von Verwandten und Freunden vier bis sechs Knaben und Mädchen, die … den Leichnam zum Grabe geleiten. Man nennt diese Kinder ›les pauvres‹ (die Armen) und zahlt den Eltern 4 Francs für jedes Kind, um, wie sich die Bessaner ausdrücken, ›die Armen zu bekleiden‹. Dieses Geld wird tatsächlich als eine Art wohltätige Spende betrachtet, die man für das Seelenheil des Verstorbenen darbringt.« (Goldstern 1922: S. 54) Der »Betteltag« im Turtmanntal (s. Kapitel 4.4) ist eine andere, sicher nicht vereinzelte Gelegenheit für Spenden. Die genannten Gaben- und Schenkanlässe sind, abgesehen von den jahreszeitlichen, nicht regelmäßig, aber oft häufig genug, um in der Lebenswelt der Betroffenen eine Rolle zu spielen.

▪ Ein sehr schönes Beispiel aus dem Südtiroler Vinschgau sei erwähnt (Rampold 1980: S. 381): Thomas Platzer vom Platzhof bei Kastelbell im Vinschgau stiftet zu Sebastiani (dem Fest des heiligen Sebastian), gefeiert mit der Kirchweih zu der 1605 geweihten Sebastianikapelle, jährlich ein Rind und vier Star Traid (eine bestimmte Menge Getreide, Gerste vielleicht). Für die Armen wird daraus die »Platzersuppe« bereitet und zu dem Fest verzehrt (Rindfleisch und Getreide in einer Suppe erinnert an die »Rumford-Suppe«, die Baron Rumford im frühen 19. Jahrhundert in München für die Armenspeisung empfahl). Die Kapelle steht am Platzhof, einer Ursiedelstelle mit prähistorischem Ringwall und Wohngruben (später als Festfriedhof gedeutet). Ich will hier keine Kontinuität zu den erwähnten frühen »Opferfesten« im Südtiroler Vinschgau unterstellen (Kapitel 2.1). Aber ein Fest mit großzügigem

Fleischverzehr findet statt, und wie kann man die Spende den Armen besser und unbürokratischer zukommen lassen, wenn nicht mit einem solchen Fest? Damit wird zudem Gemeinschaft bestätigt, und es werden Netzwerke geknüpft. So etwas mag es an vielen Stellen gegeben haben. Und dass Feste bis in die Nacht hinein am besten bei Vollmond und im Sommer stattfinden, versteht sich (Sebastiani ist freilich im Winter, aber vielleicht geht es ja auch da in klaren Winternächten, auch wenn Heiligenfeste sich nicht nach den Mondphasen richten).

Es gibt anerkannte und regelmäßig wiederkehrende Gelegenheiten zum Betteln: Heischen, um Natural- oder Geldgaben bitten, ist vielfach üblich, so bei Umzügen zu religiösen Festen wie denen der Schüler zum Dreikönigstag oder der Burschen zu Kirchweih, von Kindern zu Allerheiligen, Weihnachten, Fasching oder Ostern. Dies bedeutet Umverteilung zugunsten von einzelnen Gruppen, oft verbunden mit symbolischen Leistungen für die Gemeinschaft als Gegenleistung (Singen, Beten, mit Segenszeichen versehen wie C+M+B am Dreikönigstag). Heute sind, völlig konsequent, die Heischegänge zum Tag der Drei Könige Anlass zum Sammeln für die katholische internationale Solidarität geworden.

Essen und Trinken sind in Südtirol Bestandteil vom Einkehren und Abkehren des Waalwassers (s. Kapitel 6.6). Die Verwaltung und Erhaltung von Gemeinnutzen (Commons), die niedere Gerichtsbarkeit mit der Kenntnisnahme von Weistümern, die Regelung von Gemeinde- oder Zunftangelegenheiten, all dies ist ebenso wie Grenzbegehungen meist mit festlichen Mahlzeiten verbunden, an denen oft die ganze Gemeinde teilhat. Die Almabfahrt im Herbst oder auch die Aufteilung der Erträge und die Bezahlung des Aufwands für Gemeinnutzen und Gemeindearbeiter wie Hirten oder Senner werden gern als genussfreudige Festlichkeiten für alle ausgestaltet. Auch Gesindewechseltermine und die jährliche Entlohnung von Gesinde sind oft Anlässe für exzessiven Genuss. Mit materiellen Gaben für symbolische (spirituelle) Gegenleistungen werden Bettler in die Gemeinschaft einbezogen.

Bronislaw Geremek gibt in seinem Buch über die Geschichte der Armut ein Schwankmotiv wieder, mit dem der Missbrauch des Bettelns mit Ironie duldend kommentiert wird: Als um die Wende des 11. zum 12. Jahrhundert die Reliquien des heiligen Martin von Auxerre nach Tours gebracht werden, ergreift ein großer Schrecken zwei lahme Bettler, und der eine sagt zum anderen: »Bisher lebten wir in ruhiger Muße. Niemand stört uns, alle haben Erbarmen mit uns. Wir brauchen nur das zu tun, was uns gefällt. Kurz, wir verbringen unsere Tage im Wohlstand. Würden wir durch ein Wunder wieder gesund, dann müssten wir uns mit körperlicher Arbeit befassen, an die wir nicht gewöhnt sind.« Die beiden beschließen deshalb, so rasch wie möglich zu fliehen, und in der Eile nehmen sie die Krücken, auf die sie sich beim Betteln zu stützen pflegen, auf die Schulter. Die Umstehenden nehmen dies überrascht zur Kenntnis und rufen: »Ein Wunder!« (Geremek 1988: S. 64 f.)

In manchen Fällen können Bettler sich an eine Art Reisekalender halten, weil zum Beispiel in den Klöstern immer zu bestimmten Tagen Almosen gegeben werden (Geremek 1988: S. 53). Sogar über den Tag hinaus reichende Vorräte können von den Armen angelegt werden, sobald Geld gesammelt wird. In dem zitierten Roman von Reymont (Kapitel 3.3) geht die alte Frau in der warmen Jahreszeit regelmäßig auf Betteltour in Pilgerorte. Sie bringt bei der Rückkehr zu ihrer Wintergastfamilie kleine Geschenke mit und spart für ein angemessenes Begräbnis.

4.8 Die Wurzeln von Sozialreform und Sozialpolitik

Betteln und Heischen sind Transfer- und Ausgleichsleistungen, und es sind rudimentäre Formen der Armenfürsorge. Manche Praktiken dieser Art verlangen Engagement und persönlichen Einsatz. Das gilt für die den Armen erlaubte Nutzung von Bestandteilen des Gemeineigentums, auf das die Reichen aus Stolz, aber vielleicht auch aus Rücksicht auf die Armen, keinen Anspruch erheben. Wenn in manchen Schweizer Gegenden ein niemandem persönlich gehörendes Gemeingut wie Wildheu oberhalb der Almweiden oder die Ernte der gemeindeeigenen Kirschbäume zu einem bestimmten Termin zur Nutzung freigegeben werden, dann sind Schnelligkeit der Besitzergreifung ausschlaggebend, und da werden Arme eher aktiv als die reicheren Bauern (Seiler 1900: S. 211). Auf die Bedeutung der religiösen Bruderschaften und Gebetsgemeinschaften im katholischen städtischen Umfeld etwa in Wien als sozialmoralisches Kapital auch für die bescheidenste Armenversorgung sei besonders hingewiesen (Tanzer 1992).

So sichern Gemeinschaften nicht nur die Existenz der Armen, sondern auch Stabilität und Akzeptanz ihrer sozialen Ordnung. Niemand soll ganz aus dem »sozialen Netz« fallen. Jeder, auch der Arme, hat in der Idealvorstellung einen akzeptierten Platz in der Gemeinschaft und wird in seiner eigenen Würde anerkannt. Bettler oder Sozialhilfeempfänger werden nicht mit Schimpfworten ausgegrenzt, es gibt keine überflüssigen Menschen. Die Kräfte des Marktes sind eingebettet in eine existenzsichernde Struktur der Werte. Sprichwort, Märchen und Symbolwelten der Selbstbegrenzungsfähigkeit unterstreichen entsprechende Formen. Die Predigten und Riten der Kirche sichern sie durch die Feste. So wird gemeinsamer Reichtum investiert in Lebensqualität und gutes Gewissen.

Die Christen betrachten Mildtätigkeit als Gelegenheit, Gott gegenüber wohlgefällige Taten zu begehen und so die Chance auf das Himmelreich zu verbessern. Für die Unterstützung der Armen durch viele Bräuche gibt es ganz praktische Motive. Je mehr Arme auf diese Weise informell versorgt werden, desto weniger fällt die Armut der Gemeinschaft zur Last. Später wird Armenfürsorge zum Beispiel in Österreich bürokratisch geregelt durch den »Heimatschein«: Auf ihm ist der Geburtsort eingetragen, und nur dort hat der Arme ein Recht auf Unterstützung. Wenn er anderswo als Bettler oder Kranker auffällig wird, dann kann er als »Schübling« dorthin abgeschoben werden und ist auf die Gnade der meist ebenfalls armen Dorfgemeinschaft angewiesen, die ihn irgendwie unterhalten muss.

Mit Ansätzen zum »Empowerment« (um einen zeitgenössischen Begriff zu gebrauchen) als Selbstbefähigung versuchen Repräsentanten der hegemonialen Schichten oft Innovationen zu fördern, mit denen Arme (und Verarmte) in die Lage versetzt werden sollen, für sich selbst zu sorgen. Nach dem Niedergang des Bergbaus im Ahrntal in Tirol hat in Prettau ein Pfarrer Spitzenklöppeln eingeführt, um Erwerbsmöglichkeiten zu schaffen (Grießmair 2013: S. 213). Klöppeln, Nagelschmieden, Spielzeugherstellung und andere Heimarbeiten werden ähnlich in anderen armen Gegenden heimisch. Innovationen dieser Art mindern die Belastungen durch die Armen (und sie beruhigen das schlechte Gewissen). Sie haben freilich nur dann eine Chance, wenn es auch Märkte für diese Produkte gibt. Es muss eine Kaufkraft geben, mit denen sie nachgefragt werden.

Nach der Reformation und im Merkantilismus der frühen Aufklärung werden Arme eher nicht mehr als willkommener Anlass für Frömmigkeitsbeweise verstanden, sondern als parasitäre Nutznießer. In der frühbürgerlichen Gesellschaft wird die Last der Bettler entdeckt, und man sieht gleichzeitig Möglichkeiten, eine von ihnen zu erzwingende Arbeitsleistung sinnvoll zu nutzen. Armenhäuser werden zu Arbeitshäusern. Aber höchstens in den Städten kann das Betteln einigermaßen wirkungsvoll eingeschränkt werden, in ländlichen Regionen und auf den Straßen bleiben Arme und Bettler Bestandteil des Alltagslebens. Wenn im Verlauf der Industrialisierung Gemeinnutzen und die kulturelle Einbettung des wirtschaftlichen Handelns verschwinden und alles nur noch über den Markt läuft, dann kann Polanyi in solchem Kontext von der »Katastrophe der sozialen Entwurzelung« im Zuge der Industrialisierung sprechen (Polanyi 1978: S. 67).

Statt sich auf großzügige wohlwollende Förderung zu verlassen, greifen später die Arbeiter als »marktbedingte Klasse« (Wehler 1987) zur Selbsthilfe und gründen Konsumgenossenschaften. Weil die politische Arbeiterbewegung auf die durchgreifende Regelung im Sozialismus wartet, werden sie freilich nie politisch-programmatisch ausgebaut (im Gegensatz zu den Volksbanken und den bäuerlichen Spar- und Darlehenskassen von Raiffeisen in der bürgerlichen Gesellschaft, s. Kapitel 6.9).

In der egalitären Gesellschaft wird seit der Aufklärung Armut neu definiert: Alle haben ein Recht, im Rahmen der Freiheit und Gleichheit an der Brüderlichkeit (und Schwesterlichkeit) sowie am Streben nach Glück (»pursuit of happiness«) teilzuhaben. Dem werden Sozialreformansätze gerecht, die Armut nicht als selbstverständlichen Teil einer ständisch gegliederten Gesellschaft hinnehmen, auch nicht als selbst verschuldet ansehen, sondern ihr durch Korrekturen am System der Verteilung von

Arbeit und Chancen begegnen will. Wenn das Recht auf Arbeit (wie 1848/49 versuchsweise in Wien) oder das Recht auf Gesundheit, Familie und soziale Sicherung zu sozialen Grundrechten werden, bleibt in der Demokratie die Würde auch der Armen gesichert (und damit ihre Anerkennung als stimmberechtigte Wahlbürger, aber auch ihre Fähigkeiten, als Konsumenten aufzutreten).

▪ Im Bonner Grundgesetz Deutschlands von 1949 können soziale Grundrechte abgeleitet werden aus Art. 1.1: »Die Würde des Menschen ist unantastbar. Sie zu achten und zu schützen ist Verpflichtung aller staatlichen Gewalt.« Und sie sind enthalten in Art. 2.1: »Jeder hat das Recht auf die freie Entfaltung seiner Persönlichkeit.« In der Hessischen Verfassung von 1946 wird in Art. 56 ausdrücklich auf die Bildungsaufgaben hingewiesen. »Das entscheidende Moment des Gedankens der Sozialstaatlichkeit im Zusammenhang des Rechtsgrundsatzes des Grundgesetzes besteht also darin, dass der Glaube an die immanente Gerechtigkeit der bestehenden Wirtschafts- und Gesellschaftsordnung aufgehoben ist und dass deshalb die Wirtschafts- und Gesellschaftsordnung der Gestaltung durch diejenigen Staatsorgane unterworfen wird, in denen sich die demokratische Selbstbestimmung des Volkes repräsentiert.« (Abendroth 1967: S. 113 f.) Das ist das Programm des Wohlfahrtsstaats. Es ist verbunden mit dem Prinzip des »Fordismus«: Der Autobauer Henry Ford hat in den USA in den 1920er-Jahren eingesehen, dass nur wer Einkommen hat, auch Autos kaufen kann, und er zahlt deshalb seiner Belegschaft hohe Löhne.

Durch Transferleistungen des Teilens werden in der Demokratie diejenigen, die über kein eigenes Einkommen verfügen (Kinder und Jugendliche, Arbeitslose, Rentner und anerkannte Arme), als für die wachstumsorientierte Marktwirtschaft wichtige Wirtschaftsbürger bestätigt: Sie bleiben konsumfähig, und auch ihre durch steuerfinanziertes Transfereinkommen gesicherte Kaufkraft wird in den Kreislauf der Umverteilung (von unten nach oben) einbezogen. Damit ändert sich nichts an der zunehmenden Ungleichheit. Es ist etwas anderes als die traditionellen Formen des Schutzes der Armut durch Teilen. Es hat eigentlich auch wenig zu tun mit sozialen Grundrechten, mit denen alle als vollwertige Bürger mit Rechten und Pflichten anerkannt werden.

Der bevormundende Staat, der die Armen diszipliniert und die im demokratischen Staat garantierten sozialen Rechte einschränkt, wird wieder gesellschaftliche Realität mit dem Prinzip »Fördern und Fordern« der Gegenwart. Freiwilliger Ausstieg aus der Arbeitsgesellschaft als Verzicht auf Teilhabe an der zerstörerischen Wachstumsgesellschaft einzutauschen gegen eine minimale materielle Grundsicherung ist nicht möglich. Eichendorff und sein »Taugenichts« haben ebenso wenig Chancen wie der »neue Werther« von Ulrich Plenzdorff in Zeiten des Sozialismus (s. Kapitel 7.6).

5

Nutzung des Reichtums: Suffizienz und Exzess, kulturelle Blüte in der Renaissance

Die Vorstellungen, was ein anständiges Leben ist, wie man leben will und was genug ist, werden in der Gemeinschaft definiert. Vor Gott und vor dem Sprichwort sind dabei alle gleich. Die Verbindung von Genügsamkeit (Suffizienz) und sozial kontrolliertem Exzess in der Alltags- und Festkultur scheint dazu beizutragen, dass Lebensqualität und Enkelgerechtigkeit auch möglich sind mit begrenzten Ressourcen (eigentlich sind sie nie unbegrenzt). In Zeiten ohne Wachstumszwang und mit Frieden (oder in Zeiten mit wenig Wachstum und in denen gelegentliche Kriege nicht zur Zerstörung der Substanz führen) können Wohlstandsgewinne in Lebensqualität verwandelt werden, ohne die Zukunftsfähigkeit zu gefährden. Unter solchen Bedingungen werden in der europäischen (vor allem der italienischen) Renaissance jene Bilder eines gesitteten Zusammenlebens und der Würde des Menschen entwickelt, ohne die auch die zeitgenössischen Verfassungen der demokratischen und sozialen Rechtsstaaten nicht auskommen. Dass im alten Europa die Standards der Demokratie auch von den einfachen Leuten vorbereitet werden, daran erinnert Peter Blickle (2008).

5.1 Gutes Leben und mentale Infrastruktur

▪ Hetz mich nicht, ich hab doch schon alles.
Aufschrift auf einem alten Kleinfahrzeug mit Mopedzulassung in der Potsdamer Straße in Berlin

Kultur ist, wie der ganze Mensch lebt und arbeitet und wie wir leben wollen. So lautete einst eine gern gebrauchte Formel. In jeder organisierten Gemeinschaft, ob Staat oder Stand in der Ständegesellschaft, werden Vorstellungen zum *guten und richtigen Leben* entwickelt, an denen sich die Mitglieder der Gemeinschaft mehr oder weniger deutlich orientieren. Für die vorindustriellen Verhältnisse hat Dieter Groh Hinweise gegeben, wie so etwas geschieht (s. Kapitel 4.2): »Qualitativ jedoch, und d. h. für die Lebensführung des Einzelnen, bestimmen sich die Bedürfnisse nach den in einem Stamm, in einer Gesellschaft oder einer anderen Gruppe dominierenden Vorstellungen darüber, was man benötigt, um sein Auskommen zu haben.« (Groh 1992: S. 38)

Es ist wichtig, dabei zu unterscheiden zwischen Wohlstand und Wohlbefinden: Beide sind nicht aneinandergekoppelt. Das zu wissen gehört zum Alltagsverstand. Ähnlich zu unterscheiden ist zwischen Armut und Elend: Wer in selbst gewählter Armut lebt, fühlt sich nicht elend; wer krank und/oder ohne Freunde ist, den kann auch der größte Reichtum nicht vor Elend bewahren. »Wie reich war ich, als ich noch arm war«, hat einst Peter Rosegger bekannt.

Amartya Sen erinnert daran, dass es nicht genügt, dass etwas vorhanden ist, sondern man muss es nutzen können. Ein Fahrrad ist nutzlos, wenn es nicht auch entsprechende Wege dafür gibt. Deshalb lässt sich Lebensqualität nicht mit der Güterausstattung oder einem utilitaristisch interpretierten Nutzen erfassen, auch nicht mit ökonomischen Größen wie dem Einkommen oder dem Besitz messen (Sen 2000).

▪ Der Münchener Althistoriker Christian Meier beschreibt, wie im antiken Athen sich neue kulturelle Werte als Antwort auf völlig neue Herausforderungen ausbilden. Die »mentale Infrastruktur« für die

Zukunft des Gemeinwesens wird unter anderem mithilfe der Künste entwickelt: »Das Leben eines Gemeinwesens bedarf ja nicht nur der Wasserversorgung, der Zufuhr von Nahrung, der Wege, Plätze, Häfen; es braucht nicht nur einen Markt und die Zuverlässigkeit von Gewichten und Münzen. … Sondern es beruht auch auf bestimmten mentalen Voraussetzungen; Sitten und Gebräuchen, Übereinstimmung in gewissen Anschauungen, in Regeln, in einer Sprache, die es erlaubt, sich über anstehende Fragen, auch über Gegensätze zu verständigen.« (Meier 1993: S. 383)

In diesem Sinne kann Hilmar Hoffmann sagen: »Zukunft ist ein kulturelles Programm.« (Hoffmann 1997, s. Kapitel 8.7 und 11.3) Ohne Konventionen und Regeln über gut, richtig und schön ist Leben miteinander nicht möglich. Kulturelle Konstruktionen sind unvermeidlich; alle sind an ihrer Formulierung und Veränderung beteiligt. So wie hervorzuheben ist, dass sie handlungsleitend sind, so ist darauf hinzuweisen, dass sie unentbehrlich sind, weil ohne sie für die Menschen als Kulturwesen kein Handeln möglich ist. Aus allen durch Bild- und Schriftquellen überlieferten Phasen der Geschichte sind Rituale zur Entwicklung einer solchen mentalen Infrastruktur des Lebens bekannt. Die aus Philosophie und Literatur, Künsten und Religion überlieferten Standards für ein gutes und richtiges Leben mit Glückschancen müssen schon sehr früh entstanden sein, sonst wäre die Gattung gescheitert.

Kunstwerke (ästhetische Produkte) sind Sinngebilde, die sich mit den Werten und Idealen verändern. Die Feste, die jahrtausendelang am gleichen Platz gefeiert werden, sind nicht denkbar ohne Rituale, Wettkämpfe, Tanzen, Singen, Musik, Schauspielerei, Körperbemalung (s. Kapitel 2.1). Sie sind verbunden mit funktionalen Aspekten wie Partnerfindung, sozialer Kontrolle, Bestätigung oder Kritik von Hierarchien und Ähnlichem. Sie sind jedoch nicht darauf reduziert, sondern werden immer auch als Genuss empfunden. Ebenso verhält es sich mit Singen und rhythmischer Bewegung beim gemeinsamen Arbeiten (Bücher 1899).

5.2 Reichtumsvernichtung ohne Folgen

Es gibt zerstörerische Formen des Umgangs mit Reichtum. Manche Menschen wollen Eindruck machen mit ihrem Besitz: Gastgeber konkurrieren mit Luxus, in der Vergangenheit wie in der Gegenwart. Verantwortungsloser Prestigekonsum abgehobener Luxusmilieus ist nicht selten. Im sprichwörtlich dekadenten spätrömischen Reich vor seinem Untergang gibt es besonders ausgeprägten Luxuskonsum.

▪ Von der mitteleuropäischen Feudalaristokratie lassen sich für die Zeiten vor ihrem Niedergang eindrucksvolle Einzelheiten berichten. Der »Stolz, weitherum als der großzügigste Gastgeber zu gelten«, kann Anlass für einen privaten Exzess sein. Groteske Beispiele von Largesse (Großzügigkeit bei der Bewirtung von Gästen) sind bekannt. So wird aus der Zeit um 1200 berichtet: »Der wegen seiner Gastfreundschaft bewunderte Graf Balduin von Guines bewirtete den Erzbischof von Reims und sein Gefolge so reich mit Speisen und Wein, daß sie nach Wasser verlangten, um nicht berauscht zu werden. Nun ließ er wasserhellen Wein einschenken, doch der Erzbischof gab mit der nochmaligen Bitte um Wasser zu erkennen, daß er die Täuschung durchschaute. Da zerschlug der Graf vor Dienern und Gästen alle scheinbar mit Wasser gefüllten Karaffen, und die Gäste bewunderten das stilvolle Eingeständnis sehr.« (Peyer 1987: S. 32)

Die Demonstrationen von Reichtum erinnern an die »Opferfeste«, in denen neolithische Wohlstandsgesellschaften ihre Reichtümer in lustvollem Exzess verzehren (Kapitel 2.1). Sie leben weiter im »Potlatch«, dem demonstrativen Konsum von Reichtum bei großen Festen in Stammesgesellschaften. Solcher »Potlatch« in Stammesgesellschaften mag Einzelne schädigen, aber die Gemeinschaft wird geschützt, denn so wird verhindert, dass manche zu mächtig werden. Im antiken Griechenland und in Rom sind die Reichen verpflichtet, ihren Reichtum durch große öffentliche Feste demonstrativ zur Schau zu stellen – und ihn damit teilweise zu vernichten. In der Feudalgesellschaft macht es denen zu schaffen, die diese Güter zu erarbeiten haben. Das braucht nicht besonders betont zu werden. Auch kann man sich vorstellen, dass sie manche Akteure in den Ruin treiben. So tragen sie zur Krise der Feudalgesellschaft bei. Aber die Mittel, mit denen die Reichen Herrschaft über andere ausüben können, werden verringert.

Erinnert sei daran, das Überflussgesellschaften ihren Reichtum auch so nutzen können, dass er weder zur Etablierung von Herrschaft und Unterdrückung führt noch bei seiner Nutzung neuen Reichtum erzeugt und so zu weiterem zerstörerischen Ressourcenverbrauch beiträgt: Es ist eine Chance für eine auf Dauer ökologisch unschädliche Nutzung von Reichtum. Da wird in frühen Gesellschaften das praktiziert, was den Gesellschaften in den zeitgenössischen Prosperitätsregionen noch bevorsteht (s. Kapitel 2.2, 3.1).

Nur selten führt der exzessive Genuss von Reichtum unmittelbar zur Selbstzerstörung von Gesellschaften. Aber der Zusammenhalt von Gemeinschaften wird gefährdet, wenn wegen der Unterschiede von Reich und Arm die Milieus untereinander wenig Kontakt haben. Insofern ist diese Form des Genusses höchstens für die Reichen ein Beitrag zur Lebensqualität. Indirekt ist er nur dann ein Beitrag zur Zukunftsfähigkeit, wenn und weil der damit vorhandene Reichtum konsumtiv ohne Schädigung der Lebenswelt aufgefangen und nicht in zerstörerische Kriege oder die Lebenswelt schädigenden Luxus investiert wird. Für Lebensqualität muss Reichtum anders genutzt werden. Nur wenn die dabei entwickelten Formen ausstrahlen auf die gesamte Gemeinschaft wie in der Renaissance, sind sie ein Beitrag zur Lebensqualität.

Der Vergleich mit Drogenkonsum ist hier am Platz: Auch bei ihm handelt es sich um eine Form des Luxus: Ressourcen und Lebenskraft werden investiert, ohne dass es produktive Folgen hat. Nur in günstigen Fällen können negative Folgen vermieden werden. In wohl allen Gesellschaften werden bewusstseinserweiternde Drogen verschiedenster Art konsumiert. Wenn dadurch die Künste inspiriert werden, kann das Ausstrahlungen für die gesamte Gesellschaft haben. Aber in überlebensfähigen Gesellschaften ist Drogenkonsum nie grenzenlos, sondern mit ausgeprägter sozialer Kontrolle verbunden (Völger 1981). Dieser Exzess wird auch im Kolonialismus kontrolliert, wenn es um Angehörige der kolonisierenden Mächte geht: Auffällige drogenabhängige westliche Reisende werden bis in die 1930er-Jahre über die Konsulate insgeheim rasch zurück in ihre Heimatländer expediert. Heute müssen Konsulate sie mühsam vor drohenden Verurteilungen schützen. Ansonsten gehört es zu den schlimmsten Tragödien in der Wachstumsgesellschaft, dass in den meisten zeitgenössischen atlantisch-westlich geprägten Staaten eine soziale Kontrolle des Drogenkonsums nicht mehr möglich ist (s. Kapitel 9.1). Weder Erziehungsstandards noch die soziomoralischen Ressourcen (Münkler 2003) der Gemeinschaften reichen dazu aus. Zudem fördern Leistungsdruck und Erwartungshaltungen wie im Sport die Bereitschaft, leistungssteigernde und bewusstseinserweiternde Substanzen zu nutzen. Gleichzeitig hat der Staat als Ordnungsmacht die Kompetenz verloren (oder sich nehmen lassen), wirkungsvoll gegen Drogenhandel vorzugehen. Nicht ohne Grund vergleicht Meinhard Miegel: Am Wachstum hängt die Marktgesellschaft wie der Süchtige an der Nadel (2010: S. 11; s. Kapitel 11.3).

5.3 Suffizienzstrategien des Alltags

Es gibt zahlreiche Formen der unproduktiven Nutzung von Reichtum, die wie die Luxusexzesse der Reichen keine oder nur wenig Schädigung der Lebenswelt mit sich bringen. Dazu gehören die zeitlich begrenzten Exzesse, an denen alle Angehörigen einer Gemeinschaft teilnehmen.

Gesellschaften, die Ackerbau betreiben, sind selten Überflussgesellschaften. Die nie unendlichen Ressourcen müssen eingeteilt werden, und es muss herausgefunden werden, wie Lebensqualität und begrenzte Ressourcen dauerhaft vereinbar sind. Dazu tragen Symbolwelten des Genug bei. Dem ungehemmten Streben nach Reichtum und Genuss stehen in allen Kulturen in Sprache, Kunst und Literatur (populäre Formen eingeschlossen) Bilder und Vorstellungen des Genug gegenüber, immer auch der Mahnung eingedenk: Das letzte Hemd hat keine Taschen. Alle Menschen praktizieren notwendigerweise Selbstbegrenzung – im Widerspruch zur von Markt und Werbung anempfohlenen Entgrenzung der Bedürfnisse. Den Symbolen der Selbstbegrenzung treten konkretisierende Praktiken zur Seite. Menschen sind prinzipiell in der Lage, Selbstbegrenzung zu üben, und dies steht nicht im Widerspruch zur Marktwirtschaft. Ökologie kann als Langzeitökonomie begriffen werden, und auch eine Marktgesellschaft kommt nicht ohne rudimentäre Regelungen des Markts aus.

Selbstbegrenzung bestätigt, dass die Menschen keine habgierigen Mängelwesen sind. Beliebig viele Beispiele für Bilder und Symbole der freiwilligen Selbstbegrenzung liefert die europäische ebenso wie die internationale Ideengeschichte, von Diogenes über Franz von Assisi bis zu Mahatma Gandhi. »Es gibt genug auf dieser Erde, um alle menschlichen Bedürfnisse zu erfüllen, aber nicht genug für die Gier eines einzigen Menschen.« Dieser Spruch wird Gandhi zugeschrieben. Immer beziehen sich solche Lebensweisheiten auf Reich und Arm, auf Menschen aller Stände. Und alle finden sich auch auf dem Rad des Glücks wieder, bei dessen Drehung die von oben auch ganz nach unten kommen: Vor dem Schicksal sind alle gleich, signalisiert dieses im Mittelalter weitverbreitete Bild.

▪ Sprichwörter unterschiedlicher sozialer Herkunft, in allen Kulturen kursierende Kleinmünze für die kulturspezifisch geregelte Kommunikation, halten Selbstbegrenzung in Erinnerung. »Wer nie genug hat, ist immer arm.« Gesagt wird auch: »Besser genug als zu viel« oder »Genug haben ist steter Festtag.« (Wander 1970) Sprichwörter können aus mündlicher oder literarischer, aus religiöser (christlicher, jüdischer) Überlieferung, aus anderen Glaubensvorstellungen, aus Rechtstraditionen kommen: Immer haben sie im Gebrauch enge Beziehungen zum Alltag der jeweiligen Lebenswelt. Sie können in allen und auf alle Milieus angewandt werden; auch Aristokraten sind im Sprachgebrauch der Alltagsmoral unterworfen. »Zerrissen ist aristokratisch, geflickt ist bäurisch«, lautet eine Lebensweisheit. »Das sieht ja hier aus wie bei Hof«, heißt es einst bei meiner Großmutter, wenn Unordnung kritisiert werden soll – vermutlich gab es Personen, die als Dienstboten im Haushalt der kleinen Herrschaft in der Nachbarschaft gearbeitet hatten. Das Sprichwort weiß um die soziale Dimension der Begrenzungsfähigkeit: »Das Wörtlein ›genug‹ steht nicht im Wörterbuch eines Reichen.«

Das kann in sozialen Spott umschlagen: »Was man genug hat, dess ist man satt, sagte der Bauer, da war er drei Tage verheiratet.« Ebenso weiß das Sprichwort um die Relativität von Reichtum: »Genug haben ist mehr als viel haben.« In der populären Weltsicht gibt es freilich auch die andere Erfahrungen: »Fett schwimmt immer oben« oder: »Der Teufel scheißt immer auf den größten Haufen.«

Eindrucksvolle Suffizienzstrategien haben früher die Bewohner mancher Alpentäler in der Schweiz entwickelt. »Nous sommes riches en peu de besoins«, ist die stolze Devise freier Subsistenzbauern in den Schweizer Alpen: Sie halten sich für reich, weil sie geringe Bedürfnisse haben, und sie können sich vorstellen, über längere Zeiträume so zu leben, ohne auf Genuss und Lebensqualität zu verzichten. Sie wissen, dass sie mit ihren Vorräten mehr als ein Jahr ohne Zufuhr von außen in ihrem Tal überleben können (Ruetimeyer 1916: S. 286).

Die fehlende Fähigkeit zur Selbstbegrenzung verbindet sich in den Symbolen der Kulturen mit der Hybris, etwa im Mythos vom Herrn (oder der Herrin) der Tiere, durch die dem Jäger die Zahl der zu erlegenden Tiere begrenzt wird, oder im antiken Mythos vom König Midas, der schließlich verhungert, weil ihm alles zu Gold wird, was er anrührt. Ein großes Thema des Faust ist bei Goethe die Unfähigkeit zur Selbstbegrenzung und der Fluch der Unersättlichkeit (s. Kapitel 5.3).

In vielen Fällen können Strategien des Genug verstanden werden als Versuche, Risiken möglichst niedrig zu halten. Selbst aus dem Alltagsleben zeitgenössischer Industriegesellschaften sind sie nicht hinwegzudenken. Im frühen 21. Jahrhundert wird über »Genug« nachgedacht. »Weise, angenehm und gut leben« wird als Devise von Maynard Keynes zitiert. Er fragt nach dem Glück, beklagt die »natürliche Trägheit« und die »Unersättlichkeit« der Menschen (Skidelsky 2013: S. 13). Das ist die übliche Kulturkritik, statistisch abgestützt, aber als nur moralischer Appell an »alle« wirkungslos.

In der Bundestags-Enquete-Kommission »Wachstum, Wohlstand, Lebensqualität – Wege zu nachhaltigem Wirtschaften und gesellschaftlichem Fortschritt in der Sozialen Marktwirtschaft« (WWL) (Schlussbericht 2013) wird über Suffizienz diskutiert (s. Kapitel 1.1). Damit sind Fragen der Suffizienz in der Politik angelangt. Sie beziehen sich auch auf die Bildung von Individuen, die bereit und fähig sind, ein zukunftsfähiges gemeinschaftliches Leben zu führen. Willy Brandt hat schon 1969 in seiner Regierungserklärung unter dem Stichwort »Wir wollen mehr Demokratie wagen« das aufklärerische Ziel der emanzipierten Persönlichkeit erweitert um den Bezug zum Miteinander: »Das Ziel ist die Erziehung eines kritischen, urteilsfähigen Bürgers, der imstande ist, durch einen permanenten Lernprozeß die Bedingungen seiner sozialen Existenz zu erkennen und sich ihnen entsprechend zu verhalten.« (Brandt 1969: S. 1125)

Über die Passage mit der »sozialen Existenz« gibt es mit meinen Hildesheimer Studenten vor einigen Jahren eine Diskussion: Den Versprechungen der ungehemmten freien Entfaltung der Persönlichkeit, in verschiedensten Formen seit der Aufklärung Wunschvorstellung nicht nur der Anarchisten, steht die Erfahrung gegenüber, dass trotz des Wunsches nach persönlicher Entfaltung kein Mensch eine Insel ist. Keiner ist als »Monade«, wie der Philosoph Leibniz (1648–1716) das isolierte Individuum nennt, existenzfähig ohne Beziehungen zu anderen.

Es lassen sich aus den einschlägigen Strukturen der Vergangenheit und aus anderen Denkweisen keine Rezepte ableiten, aber von ihnen zu erzählen vermag Anregungen zu geben und hilft, die Zuversicht zu gewinnen: Menschen *können* auch anders. Darauf kommt es an.

5.4 Der Wechsel von Suffizienz und Exzess als Mittel der Stabilisierung

Der Tübinger Volkskundler Hermann Bausinger meint in einem Brief an mich, dass eine Bändigung des Strebens nach Genuss zugunsten der Zukunft des Gemeinwesens nicht einfach sei: Wie mit den sprengenden Kräften des Wünschens und Begehrens bei der Suche nach nachhaltiger und zukunftsfähiger Lebensweise umzugehen ist, das dürfte eines der schwierigsten Probleme beim Umgang mit den Grenzen der Wachstumsgesellschaft sein. Dem »stahlharten Gehäuse« des Konsumismus (Jackson

2011: S. 92) zu entrinnen scheint kaum möglich. Aber für die Kulturwissenschaft ist das eine Herausforderung. Wie ist anderen Gemeinschaften das gelungen? Können in einer prosperierenden Lebensstilgesellschaft mit anscheinend unbegrenzten Möglichkeiten die Wünsche für das Genuss- und Alltagsleben durch Symbolwelten des Genug und der Suffizienz so eingeschränkt und gebändigt werden, dass dem Wachstumszwang Grenzen gesetzt werden?

Ein Alltag, der an einer »Ästhetik der Subsistenz« und der Selbstbegrenzung orientiert ist, besitzt trotz aller gegenteiligen Vermutungen Qualität: Sie entsteht in den Höhepunkten des Lebens, in den Formen des exzessiven Genusses auch in der Knappheit (die nicht mit Mangel zu verwechseln ist). Scheinbar arme Gesellschaften haben ihre eigenen Formen von Reichtum. Und umgekehrt ist in den reichsten Gesellschaften jenes Elend nicht verschwunden, das über Krankheit und fehlschlagende soziale (menschliche) Beziehungen (Liebe) entsteht.

▪ Auch die armen Bauern des oberbayerischen Dorfes Unterfinning haben zu Beginn des 18. Jahrhunderts ihre Formen des Genusses. Die Ernteerträge betragen bei ihnen nur das Drei- bis Vierfache des ausgebrachten Saatgutes (heute ist es beim Winterroggen etwa das 25-Fache) (R. Beck 1986: S. 18, 21). Aus der Buchhaltung des Klosters, dem sie Abgaben zu liefern haben, ergibt sich, dass um 1721 rechnerisch ihre Jahreserzeugung von Fleisch für etwa 70 Gramm pro Tag und Kopf ausreicht (ebd.: S. 146, 149). Aber diese geringen Fleischmengen verteilen die Bewohner nicht gleichmäßig über das ganze Jahr, sondern verprassen sie anlässlich der Feste des Kirchenjahres oder des Lebenslaufs (man fühlt sich an die Feste des Goldenen Zeitalters erinnert). Es gibt als Fleischtage im Jahr sechs bis acht Feste mit vielen Gästen, dann aber sind es Fleischportionen von vielleicht zwei Kilo pro Person etwa bei Hochzeiten (ebd.: S. 169, 174). Auf solche Feste kann man sich freuen, sie gliedern die Zeit und sorgen für Genussmöglichkeiten, gleichzeitig wird mit ihnen die Gemeinschaft bestätigt und befestigt. Die Kirche legitimiert diese Feste. Auch wenn die Religion für Herrschaft und Disziplinierung steht, ist es deshalb möglich, den

Zehnten an sie als eine Art bewusst aufgebrachten Luxus zu betrachten, denn die Kirche und ihre Institutionen helfen mit Lebenslaufritualen, Gewitterläuten, Bittprozessionen und anderem bei der Organisation des Alltags (s. Kapitel 4.4).

Die Feste sind der eine Luxus, den die Unterfinninger sich leisten. Ein anderer sind für einige von ihnen Pferde. Auf ihren schweren Böden können sie die kaum nutzen. Pferde überarbeiten sich gelegentlich, können dabei blind werden und verlieren so deutlich an Wert. Ochsen dagegen überarbeiten sich nicht, sie bleiben wie ein sturer Ochse eher stehen, und für den Schlachter ist auch ein verletzter Ochse noch wertvoll. Aber als Mittel der Repräsentation sind Pferde begehrt. Man kann auf ihnen reiten und als junger Bauer damit Eindruck schinden – ein für junge Menschen (vielleicht nicht nur für sie) und zeitgenössische Fortbewegungsarten nicht fremdes Motiv. Aber seine Wirtschaft eines Pferdes wegen zugrunde zu richten wird jeder Bauer zögern. Maßhalten ergibt sich so gleichsam von selbst. Die sozialkulturellen Standards der Gemeinschaft setzen einem unbegrenzten Wachstum Grenzen.

Als in den 1960er-Jahren die ethnologischen Feldforscher bei einem Umtrunk dem ungarischen Bauern Ferenc Orbán in Átány eine Ernte von 100 Hektoliter Wein in den Keller wünschen, antwortet dieser: »Das wäre zu viel … so viel wünschen Sie mir lieber nicht. Zwanzig Eimer genügen.« Zu viel fügt sich nicht in das Wirtschaftssystem, damit lässt sich nichts anfangen. Die Forscher kommentieren: »Ferenc Orbán wünscht sich im Grunde seines Herzens keinen unmäßigen, sich fortgesetzt vermehrenden Ertrag seiner Wirtschaft.« Konkret hat er dafür keine Aufbewahrungsmöglichkeit, aber noch wichtiger ist, dass dies nicht in das soziale und kulturelle System passt (Fél/Hofer 1972: S. 1).

Es gibt nicht nur sich wiederholende Anlässe für Höhepunkte und Verausgabungen in Festen des gemeinschaftlichen Genusses von – relativem – gesellschaftlichem Reichtum. Eine andere Form des Exzesses erscheint in der melancholischen Novelle »Die Disteln des Baragan« des rumänischen Schriftstellers Panaït Istrati (1988). Bei den Figuren seiner Geschichte liegen die Höhepunkte des Lebens in der Jugendzeit vor der

Verheiratung. In dieser Zeit sind die jungen Leute so frei wie im Herbst die vom Boden losgelösten Disteln der Ebene des Baragan in der Walachei, die sich vom Wind in alle Richtungen treiben lassen können. In ähnlicher Form zehren in der Gegenwart viele Menschen, die sich »Reif für die Insel« fühlen, von der touristischen Urlaubsreise (Kapitel 10.3).

Formen des exzessiven Genusses im Konsum und im Umgang mit (Lebens-)Zeit und (Lebens-)Kraft werden in allen Gesellschaften als Bestandteil der Lebensqualität empfunden. Wenn eine Gesellschaft solch selbstzweckhaftem Genuss als Artikulation und Bestätigung des Lebens keinen Raum lässt, dann produziert sie bei ihren Mitgliedern Frustrationen und Aggressionen – und dies umso mehr, je mehr die Menschen das Gefühl haben, dass solche Reichtümer unter ihresgleichen existieren und Exzesse möglich sind. Im Verhältnis von BRD und DDR spielt das vor 1990 eine Rolle. Kulturell strukturierter exzessiver Konsum in Fest und Feier ist eher ein Garant der Nachhaltigkeit als aufgezwungene Askese, aus der viele immer wieder ausbrechen. Garrett Hardin, dem das irreführende Bild von der *Tragödie der Gemeindewiesen* zu verdanken ist (s. Kapitel 4.5), meint, »gourmet meals« und erweitertes Genussleben würden sich verbieten, wenn man auf Nachhaltigkeit aus ist. Aber dem wird durch diese Kombination von Exzess und Suffizienz in der Lebenswelt eindringlich widersprochen.

5.5 Askese und Klosterleben in Europa

In den Lebenswelten des gemeinen Mannes werden mit dem Wechsel von Suffizienz und Exzess Formen des qualitäts- und genussvollen Lebens mit begrenzten Ressourcen entwickelt. Eine andere Form von Leben mit Begrenzungen, freilich angewiesen auf Zufuhr von Menschen und Subsistenzmitteln von außen, wird in Klöstern entwickelt. Sie sind (wie in früheren Zeiten vermutlich Kriege, solange sie nicht die Substanz zerstören) Bestandteil einer Kontrolle des Bevölkerungswachstums: Familienmitglieder, die nicht erben sollen, werden in Klöster abgeschoben – mindestens in reichen Familien, denn sie müssen Vermögen mit einbringen. In Europa wird mit dem asketischen Leben potenzielle Arbeitskraft dem wirtschaftlichen Kreislauf entzogen, können die nüchternen Ökonomen sagen.

Im frühen Christentum, aber auch in älteren Traditionen kennt man die Askese als Lebensform: Wenn innerhalb größerer Gemeinschaften (Staaten) Individuen sich in besonderer Weise der Religion, dem Dienst ihres Gottes, ihrem Seelenheil oder der Vervollkommnung ihres inneren Lebens widmen, finden sie zur Askese. Sie ist oft eine Form der intensiven Persönlichkeitsentwicklung. Mit Selbstverständlichkeit gehen zum Teil noch heute in buddhistisch geprägten Ländern junge Menschen, vor allem Männer, gern für einige Zeit ins Kloster.

Asketen suchen Antworten auf ihre Fragen nach dem Sinn des Lebens. Ein asketisches Leben bedeutet meist ein Leben in Keuschheit, Armut und Abgeschiedenheit, in einer kargen Gemeinschaft mit Ordensbrüdern und -schwestern, mit Gelübden und Kasteiungen wie Fasten, Schweigen oder lebenslanger Pilgerschaft. Axel Michaels (2004) stellt mit dem Schwerpunkt auf Hinduismus und Buddhismus die wichtigsten asketischen Praktiken in unterschiedlichen Kulturen vor, und er fragt, ob von der Weltüberwindung der Asketen heute noch zu lernen sei.

Praktiken der Askese müssen keineswegs lebensfeindlich werden. In einer der Geschichten von Boccaccio gibt es eine besonders nette Version: In Zeiten der frühen Ausbreitung des Christentums will ein bekehrtes Mädchen aus der Stadt Gott dienen und findet Zuflucht bei einem Asketen, der nach einiger Zeit der Überwindung sie bittet, seinen ihr bis dahin unbekannten Teufel bei ihr in die Hölle schicken zu dürfen. Als dieser nach einigen Tagen gezähmt ist, verlangt die Hölle nach dem Zuspruch des Teufels. Zurück in der Stadt, wird sie wegen dieser Form der Askese verspottet, und die Ehe wird ihr empfohlen (Boccaccio 1952: Dritter Tag, zehnte Geschichte, S. 291–296).

Binnenkolonisation betreiben Klöster in Mitteleuropa. »Die Mönche unseres Ordens müssen von ihrer Hände Arbeit, Ackerbau und Viehzucht leben. Daher dürfen sie zum eigenen Gebrauch besitzen: Gewässer, Wälder, Weinberge, Wiesen, Äcker (abseits von Siedlungen der Weltleute) sowie Tiere. … Zur Bewirtschaftung können wir nahe oder ferne beim Kloster Höfe haben, die von Konversen [zum christlichen Glauben

Bekehrten] beaufsichtigt und verwaltet werden.« (Ribbe 1980: S. 203) Nach diesen Vorschriften leben die Zisterzienser und bauen ihre Klöster in bis dahin noch unwirtliche Gegenden, so zum Beispiel das Kloster Eberbach im Rheingau. Es ist bekannt geworden dadurch, dass einige Szenen aus dem Film »Der Name der Rose« nach dem Roman von Umberto Eco dort gedreht wurden.

5.6 Renaissance: Neue Bilder vom Menschen aus dem Schoß des Wohlstands

Wohlstand kann in vorkapitalistischer Zeit entstehen durch Aneignung der Ergebnisse fremder Arbeit, durch Handel und durch Unterwerfung anderer Gemeinschaften. Er wird in vorindustriellen Gesellschaften für Kriege und Eroberungen genutzt, wenn es aufgrund ungleicher Machtverteilung dafür Chancen gibt. Aber in fortgesetztes ökonomisches Wachstum wird nicht investiert. Das geschieht deswegen nicht, weil es in den »eingebetteten Märkten« aufgrund vielfältiger Reglementierungen durch Tradition, Gemeinnutzen, Gesetz und so weiter nicht möglich ist, Kapital mit dem Umweg über Waren oder Dienstleistungen zu vergrößern.

In Zeiten relativen Friedens (oder Zeiten, in denen die gelegentlichen Kriege nicht zur Zerstörung der Substanz führen) können Wohlstandsgewinne in Lebensqualität verwandelt werden, ohne Zukunftsfähigkeit zu gefährden. »Mußepräferenz« ist das Stichwort, das Dieter Groh dafür verwendet (Groh 1992, s. Kapitel 4.2). In der europäischen (vor allem italienischen) Renaissance gibt es dabei etliche besonders interessante Ergebnisse.

Programmatisch werden in dieser Zeit Natur und Kultur miteinander verbunden, ebenso Stadt und Land (eingeschlossen die Wiederentdeckung der »Sommerfrische«). Reichtum und Landleben treffen sich in der Villa Rustica auf der venezianischen Terra firma (dem Hinterland, auf dem die reichen Venezianer von dem Architekten Palladio ihre Villen bauen lassen, als sie einsehen, dass man auch in der Landwirtschaft Vermögen anlegen kann). Die Aufwertung des ländlichen Daseins« ist nur in Italien möglich, »weil nur hier der Bauer (sowohl der Kolone als der

Eigentümer) Menschenwürde und persönliche Freiheit und Freizügigkeit hatte, so hart bisweilen auch sein Los sein mochte«, meint Jacob Burckhardt (Burckhardt 1925: S. 335 f.). Ansatzweise ist dies mindestens bis zum Bauernkrieg auch in Mitteleuropa möglich (Blickle 1981).

In der italienischen Renaissance kann Reichtum (gewonnen vor allem durch Handelsgewinne) ohne Wachstumszwang verwendet werden, um die Lebensqualität, die Körperschulung, die Persönlichkeitsbildung, die Konsumtion, das Genussleben oder die innere Entwicklung des gemeinschaftlichen Lebens zu fördern, ohne dass dadurch die Zukunft gefährdet wird. Die zitierten Exzesse des Prestigekonsums abgehobener Luxusmilieus der mitteleuropäischen Feudalaristokratie (Kapitel 5.2) zerstören im Gegensatz dazu schon eher die Lebensgrundlagen; sie finden ihre Entsprechungen allerdings in den exzessiven Festen und Orgien der Renaissancepäpste.

Venedig und andere Renaissancestädte sind eindrucksvolle Beispiele für die ökologisch weniger schädliche Nutzung von Reichtum für Luxus. Es gibt keinen Zwang zum Wachstum der materiellen Güterproduktion wie in der kapitalistischen Konsumkultur. Zwar wird in den Bau der Städte (ganz ausgeprägt bei Venedig) großzügig investiert. Die Wälder des Balkan (wenigstens das, was die Römer von ihnen übrig gelassen haben) und der Alpen liefern das Holz für die Pfahlgründungen der Paläste und wirken damit bei der Zerstörung von Landschaften mit. Sie werden finanziert durch die Gewinne aus dem Gewürzhandel und dem Handel mit anderen Luxusgütern. Die Fürsten und Grundherren erpressen im Vorfeld der europäischen Bauernkriege von den zinspflichtigen Bauern Gelder, die dann in Bauten, Künste, Kleidung und sonstigen Luxus investiert werden. Reichtum wird dabei umgewandelt in ästhetisch-kulturelle Ausdrucksformen, die über Zeiten hinweg prägend wirken.

In der Renaissance gehören zu den Lebensqualitätsgewinnen Formen des offenen Diskurses, neue Menschenbilder in der Kunst, neue Einschätzungen der Lebensphasen. Die dabei entwickelten Möglichkeiten der Persönlichkeitsentwicklung jenseits allen ökonomischen Wachstumszwangs zeigen, dass Menschen nicht, wie die Theorien der Marktwirtschaftler gern behaupten, einfach nur habgierige Mängelwesen sind. Sie können sich Grenzen setzen. Innovation und Entwicklung sind auch ohne Wachstumszwang möglich.

Tugend und Bildung stehen im Prinzip allen Menschen offen (Batkin 1981: S. 135, 449, 451). In den lebendigsten Zeiten der Renaissance – der Zeit von Petrarca (1304–1374) bis zur Ermordung des französischen Königs Henri IV im Jahr 1600 – sind die Kontakte zwischen den Ständen und Milieus recht intensiv. Es gibt relative soziale Offenheit dank einer breiten Beteiligung an der Machtausübung, und soziale Mobilität ist möglich (Batkin 1981: S. 70; Burckhardt 1924: S. 335). Ein Müller kann Abt werden, trotz Ständegesellschaft. Die Hierarchien sind wenig verfestigt, weil individuelle Fähigkeiten, Tugend und humanistische Bildung, nicht Geburt und Abstammung eine wichtige Rolle spielen.

Es entsteht eine vorbildliche Dialogkultur, in der die Traditionen der Scholastik aufgegriffen und genutzt werden. Das Modell des aufgeklärten Diskurses von Gleich zu Gleich wirkt auf die ganze Gesellschaft. Der Disput ist die Gymnastik der Gelehrten, hat jemand gesagt (Batkin 1981: S. 115). Aber er ist mehr und ist für die Gegenwart bedeutend: Die diskursive Öffentlichkeit ist Grundlage für die überdauernde Gemeinschaftlichkeit in der sozialen Demokratie. Jemand, der als Vertreter einer europäischen Firma in der Welt herumgekommen ist, hat solche Formen des Umganges in der Gegenwart besonders ausgeprägt bei den Niederländern gefunden: Dort wird in »fast asiatischer Weise … immer versucht, zu einer Einigung, zu einem Kompromiss, zu kommen«, der dann, da alle beteiligt waren, auch von allen getragen wird. »Die Erfahrung war, dass das Vertreten von extremen Einzelinteressen in einer offenen Diskussion nicht zu halten ist. Wo Positionen offenbar nicht berechtigt sind, steht der Verfechter, wenn er darauf beharrt, als Dummkopf da.« (Drigalski 2011: S. 205) Das hat sich so in der Renaissance herausgebildet.

▪ Nicht nur eindrucksvolle Darstellungen des Menschen entstehen in dieser Zeit, sondern auch großartige Ideen über das, was den Menschen ausmacht. Die Vorstellung von der Würde des Menschen, die im ersten Artikel des Bonner Grundgesetzes erscheint, wird hier vorbereitet. Pico della Mirandola (1463–1494), eigentlich ein Tunichtgut, der flüchten muss, weil er seine Geliebte entführt hat, verfasst ein Traktat (eine Art Bekenntnisschrift) über die »Würde des Menschen«, das mit den Worten eines arabischen Schriftstellers beginnt: Der Sarazene Abdalas sagt, »nichts scheine ihm bewunderungswürdiger zu sein als der Mensch«. Und Pico lässt den Schöpfer zu seinem Geschöpf Adam sagen: »Du bist durch keinerlei unüberwindliche Schranken gehemmt, sondern du sollst selbst nach deinem eigenen freien Willen, in dessen Hand ich dein Geschick gelegt habe, sogar jene Natur dir selbst vorherbestimmen. ... Es steht dir frei, in die Unterwelt des Viehs zu entarten. Es steht dir ebenso frei, in die höhere Welt des Göttlichen dich durch den Entschluß deines eigenen Geistes zu erheben.« (Pico 1940: S. 50) Die »Samen aller Möglichkeiten und die Lebenskeime jeder Art« werden dem Menschen mitgegeben (ebd.: S. 51). »Pico versuchte die ganze widersprüchliche Geschichte des menschlichen Geistes als Offenbarung eines einheitlichen Inhalts darzustellen, indem er Christentum und Kabbala, Aristoteles und Platon, Thomas von Aquin und Averroes, Duns Scotus und Avicenna und so weiter miteinander aussöhnte« – alle als Kettenglieder einer einheitlichen theologisch-philosophischen Tradition (Batkin 1981: S. 457, 461). Das Raffael'sche Fresko »Die Schule von Athen« im Vatikan ist die bildnerische Gestaltung einer solchen Idee: In ihm sind Platon und Aristoteles umgeben von Propheten und Philosophen des ganzen Altertums.

Ein anderes Thema ist die Kultivierung der Liebe. Die Venus von Botticelli wird zur Ikone (Batkin 1981: S. 337). Religiös-mystisches Pathos verwendet der Renaissanceautor Marsilio Ficino (1433–1499) für seine Liebeslehre. Die Liebe ist Erzieherin des Menschen. Platonische Liebe ist eine höhere Form, aber »Geistigkeit allein genügt nicht« (ebd.: S. 385). Ohne die fünf Sinne wäre das paradiesische Glück unvollkommen, meint er und bekennt sich damit zur Leiblichkeit. Ficino fragt: Wieso soll Liebe sündhaft sein, wenn Gott uns mit dem Bedürfnis danach ausstattet? (Ebd.: S. 382) Das alles wird gesagt zur Zeit des Förderers von Hexenverfolgung und Inquisition Papst Innozenz' VIII (reg. 1484–1492).

5.7 Diskurs und Dialog

In der Renaissance werden Diskurs und Dialog, schon in der religiösen Scholastik des ausgehenden Mittelalters gepflegt, auf äußerst anregende Art entwickelt. Der »Cortegiano« des Baldassare Castiglione (1478–1529) ist ein Beispiel. Die Konturen der neueuropäischen Toleranz werden darin ausgebildet (Batkin 1981: S. 392). Die »sprezzatura« (Lässigkeit, Maße) des Hofmanns wird in diesem Text ähnlich zum Leitbild wie die von Pico della Mirandola formulierte Vorstellung von der Würde des Menschen.

Die erwünschten Eigenschaften eines »anständigen« Menschen hat Castiglione in diesem Buch über den »Hofmann« beschrieben. Eigentlich geht es um Qualitäten eines Mannes, der sich in den Dienst eines Fürsten begeben will (hier ist es der Herzog von Urbino). Aber Jacob Burckhardt »vermutete zu Recht, daß sich der Hofmann weniger für die Höfe, als vielmehr um seiner selbst willen ausbildete, und erkannte in dem von Castiglione entworfenen Typus des gesellschaftlichen Idealmenschen den Ausdruck eines Anspruchs, der den Hof mehr für ihn bestimmte, als daß er für den Hof bestimmt sei. Die eigene Vollendung ist sein wirkliches Ziel, weniger der Fürstendienst. Alles wohl erwogen, könnte man einen solchen Menschen an keinem Hof brauchen, weil er selber Talent und Auftreten eines vollkommenen Fürsten hat und weil seine ruhige und unaffektierte Virtuosität in allen äußeren und geistigen Dingen ein zu selbständiges Wesen voraussetzt.« (Castiglione, Vorwort 1996: S. 7)

Der Herzog von Urbino, mit 20 Jahren schwer an Gicht erkrankt, nimmt nicht teil an den von seiner Frau inspirierten abendlichen Gesprächen, die als Spiel inszeniert und mit Spielen verbunden sind. Immer geht es auch um Streitkultur, denn die Gespräche sind verbunden mit der Aufforderung, Gegenpositionen zu beziehen. Dabei sollen »zwanglose Lässigkeit« (ebd.: S. 36) und Anmut ohne Ziererei herrschen. Themen sind unter anderem die Sprache, die Damen (die Herzogin ist immer dabei), das Wissen, die Malerei, die weibliche Schönheit, die Kleidung (wo das »italienische Mittelmaß« empfohlen wird).

Zur Liebe (deren Bedeutung in den meisten kulturgeschichtlichen Analysen maßlos unterschätzt wird – wie viel Zeit und Energie wird doch dafür verwendet!) heißt es: »Ich bin auch überzeugt, daß jeder verliebte Ehrenmann nicht deswegen so viele Mühen und schlaflose Nächte erträgt, sich so vielen Gefahren unterzieht, so viel Tränen vergießt und so viele Mittel und Wege, seiner Dame zu gefallen, sucht, um ihren Körper zu besitzen, sondern um ihr Herz zu erobern.« Gelänge ihm das nicht, fühlte er sich nur »als Herr eines toten Körpers«. Und: »Ebenso müßt ihr wissen, daß Geschenke die Liebeswonnen vermindern, weil man in Zweifel ist, ob man wirklich geliebt werde, oder ob sich die Dame nur aus Eigennutz stellt, als ob sie liebte.« (Ebd.: S. 78)

Als die Damen bei einer Aussage einem Redner widersprechen und tätlich auf ihn loszugehen drohen, heißt es: »Seht nur, weil sie sich im Unrecht fühlen, haben sie zur Gewalt Zuflucht genommen, um das Gespräch durch das Beweismittel der Faust, wie man zu sagen pflegt, zu beenden.« Dass dies nicht zugelassen wird, versteht sich.

Bei der Diskussion über die Unterschiede von Männern und Frauen wird zugestanden, dass »die Unterschiede nicht in der eigentlichen Wesenheit bestehen, sondern erst hinzutreten«, und der Redner meint, »daß alles, was die Männer zu erfahren imstande sind, auch von den Frauen begriffen werden kann, und daß, wohin der Verstand jener dringt, auch der Verstand dieser dringen kann« (ebd.: S. 96). Beinahe hätte ich geschrieben: Das ist eine sehr moderne Position, aber dann hätte ich ja bestätigt, dass die Renaissance eine Vorstufe der sogenannten Moderne ist: Es ist eine erfahrungsgesättigte Aussage, beruhend auf vorurteilsfreier Beobachtung, wie sie zu vielen Zeiten möglich ist.

Es gibt eine derbe Kontroverse im Zusammenhang mit den Tugenden der Frauen: In einer Erzählung kündigt ein aus maurischer (türkisch-nordafrikanischer) Gefangenschaft befreiter Mann nach langer Zeit seiner Frau die Rückkehr an, worauf diese »die Augen zum Himmel hob, noch einmal den Namen ihres Gatten rief und tot zu Boden sank«. Das soll als Beweis für die edlen Gefühle der Frau gelten, aber einer argumentiert: »Woher wißt ihr denn, daß sie nicht aus Wut über die Heimkehr ihres Mannes gestorben ist?« Diese Deutung aber wird nicht gelten gelassen (ebd.: S. 101 f.). So werden im Diskurs Ehre und Würde der Frauen gerettet.

5.8 Das Alter

Jedes Lebensalter bringt eine eigene Denkungsart mit sich, heißt es im »Cortegiano«. Es sind die »Jünglinge herzhaft, freigebig und aufrichtig; aber streitsüchtig, wankelmütig, sodaß sie zugleich lieben und hassen, vergnügungssüchtig und jedem feind sind, der ihnen zum Rechten rät. Die beste und maßvollste Zeit des menschlichen Lebens ist das Mannesalter, weil es das Schlechte der Jugend abgelegt und das des Greisenalters noch nicht angenommen hat.« (Ebd.: S. 67)

- Zum besonderen Thema wird beim »Cortegiano« das Alter. Die »Blüten der Zufriedenheit« fallen im Alter wie die Blätter von den Bäumen, und »nicht allein der Körper, auch der Geist wird schwach, von den vergangenen Freuden bleibt nur ein kümmerlicher Schein an die schönen Zeiten der Jugend, wo der Himmel immer blau gewesen ist und die Welt nur Liebliches geboten hat, und nur im Gedächtnis blüht noch der linde Frühling wie in einem heitern und anmutigen Garten« (ebd.: S. 62) oder wie in der besonnten Wiese am Ufer des Flusses, wo die Zeit angehalten wird, wenn der geworfene Ball des spielenden Kindes seinen höchsten Punkt erreicht hat. »Wir segeln auf der Barke der Sterblichkeit auf das stürmische Meer, das alles vernichtet und verschlingt, hinaus, ohne je wieder ans Land zurückzukommen.« (Ebd.: S. 62)

Woher kommt es, wird gefragt, dass »Greise insgesamt die Vergangenheit loben und die Gegenwart tadeln, wobei sie am jüngern Geschlecht Handlungen, Gebräuche, überhaupt alles verwerfen, was jetzt anders ist als in ihrer Jugend, und behaupten, daß sich Sitten, Lebensart, jede Tugend, kurz alle Verhältnisse vom schlechten ins schlechtere wenden. Es ist nun wirklich eine vernunftwidrige und erstaunliche Sache, daß das reife Alter den menschlichen Verstand, den es sonst durch die erlangte Erfahrung schärft, in dieser Beziehung so verdirbt, daß er nicht erwägt wie wir, wenn die Welt in der Tat von Tag zu Tag schlechter würde und die Väter immer besser wären als die Söhne, schon längst an einem Punkt des

Tiefstandes angekommen sein müßten, wo es keine Verschlimmerung mehr gäbe.« (Ebd.: S. 61)

Eine wunderbare Darstellung gelungenen Alters stammt von dem Renaissanceautor Luigi Cornaro, der 1467 geboren und im Alter von angeblich mehr als 100 Jahren in Padua gestorben ist. Er hat mit 83 Jahren ein »Traktat vom mäßigen Leben« verfasst. Darin wehrt er sich gegen die Behauptungen seiner jüngeren Zeitgenossen, die ein Alter von mehr als 65 Jahren als einen lebendigen Tod denunzieren wollen. Er beschreibt die Freuden seines Alters: »Mein Leben ist also ein lebendiges und kein totes, und ich möchte mein Alter nicht tauschen gegen die Jugend eines solchen, der den Leidenschaften verfallen ist.« (Burckhardt 1925: S. 313 f.)

Ein solches überzeugendes Bild vom Alter ist eine kulturelle Leistung einer Gesellschaft. Dazu bedarf es dann auch einer entsprechenden »altersgerechten« Infrastruktur. Heute bemühen sich zeitgenössische Wohlstandsgesellschaften darum. Die Wertschätzung des Alters gehört zu dem, was im »alten Europa« entstanden ist und fortlebt (Hoffmann 1994). Es bleiben freilich die Probleme des Alters. Jacob Burckhardt (1818–1897) selbst fühlt eine Herzkrankheit kommen und schreibt am 5. Juni 1889 in einem ergreifenden Brief: »Auch andere Plagen des Alters haben sich eingestellt; Eins nach dem Andern ist ganz still gekommen und hat gesagt, He guten Abend. Ich wär dann auch da. Glücklicherweise kann ich noch meine 5 Stunden Kunstgeschichte per Woche leidlich absolvieren und überhaupt noch ohne Beschwerde sprechen sobald ich nicht dazu marschiren muß.« (Burckhardt o. J.: S. 451)

5.9 Ausstrahlungen der Renaissance

Wenn im jüngeren Europa vom Glück eines Goldenen Zeitalters geträumt wird, dann geschieht dies gern in Bildern der Renaissance. Es ist kein Zufall, dass in der Prosperitätsphase vom letzten Drittel des 19. Jahrhunderts bis 1914 in Teilen Europas eine regelrechte Renaissancemanie herrscht. William Morris (1834–1896), der britische utopische Sozialist, Lebensreformer und Künstler, hat in seinem utopischen Roman »Kunde von Nirgendwo« von 1890 Vorbilder aus dieser Zeit verwendet (Morris

1914). Die Versöhnung von monotheistischen Offenbarungsreligionen und Antike, von ästhetischem und politischem Ideal, von Bildung und sozialer Offenheit, von Geist und Besitz – für all das finden sich Bilder in der Renaissance, ebenso für die Würde der verschiedenen Lebensphasen. Die Besitzenden streben im idealisierten Bild für diese Zeit nach nichts mehr als nach Bildung und Tugend: Wer sie besitzt, wird unabhängig vom Stand akzeptiert.

In der italienischen Renaissance finden spätere Autoren wie Goethe (in der von ihm übersetzten Autobiografie des Renaissancekünstlers Benvenuto Cellini, 1500–1571) oder Jacob Burckhardt (1818–1891), der 1860 in Basel sein Buch »Die Cultur der Renaissance in Italien« veröffentlicht hat (Burckhardt 1925), jüngst auch Bernd Roeck (2017), eine Idee des abendländischen Traumes vom guten und richtigen Leben. Die Versöhnung von aktivem und kontemplativem Leben *(vita activa, vita contemplativa)* hat da ihren Platz. Es gibt in dieser Zeit immer wieder blutige Konkurrenz der rivalisierenden Städte, Territorien und Familien, aber alles ist mit der durch Regeln eingehegten und gebundenen Marktwirtschaft verbunden, und es gibt keinen kapitalistischen Wachstumszwang (über diese Interpretation mag man streiten, aber man sollte auf die Unterschiede der Epochen achten). Nie wird auch die ganze Substanz der italienischen Prosperitätsregionen so zerstört, wie dies in Mitteleuropa während des Dreißigjährigen Krieges geschah. Pestepidemien sorgen für Konzentration von Reichtum in wenigen Händen, nicht für dessen Vernichtung.

»Ohne die Werke von Michelangelo sähe die Welt anders aus. Die Gewalt seiner Form- und Bilderfindungen hat die Sphäre des Geschmacks und der Bildung längst hinter sich gelassen. Gestalten wie der David, Bilder wie die Erschöpfung [sic] des Adam, die rhythmisierte Masse der Petersdomkuppel in Rom, der zornschwellende Moses – alle sind Grundtypen unserer Imagination geworden.« (Seibt 2001) Da ist locker von *unserer* Imagination, also derjenigen aller die Rede – stimmt das? Wenn wir bedenken, wie die Bilderfindungen der Renaissance über Barock und populäre Grafik in alle Welt verbreitet wurden und wie großzügig die Werbung mit ihnen heute umgeht, dann ist das vielleicht sogar richtig.

Mehr als bei anderen Epochen strahlen die Leistungen der Renaissance auf spätere Zeiten und Gesellschaften aus. Vergleichen lässt sich das vielleicht am ehesten mit der Intensität, mit der in der Antike nach dem Alexanderzug seit dem vierten vorchristlichen Jahrhundert hellenistische Kunst und Philosophie bis nach Indien verbreitet werden. Man kann darauf hinweisen, dass, beeinflusst von der Renaissance, noch im europäischen Barock »Gelassenheit und Lebensfreude« wichtiger waren als Wachstum und Expansion (Herrsche 2011). Aber als in der europäischen Staatenwelt Kriege um Vormachtstellungen geführt wurden, da ging es um eine intensivere Erschließung der personellen und materiellen nationalen Ressourcen. Da sorgten Merkantilismus und Physiokratismus im Vorfeld der Industrialisierung zusammen mit dem neu gewichteten Markt für die Entfesselung von jenem Wachstum, das heute so viele Probleme verursacht.

Es lassen sich mit einiger Mühe in der Weltgeschichte andere Beispiele für besondere Leistungen von Prosperitätsgesellschaften finden. Immer wieder gibt es Phasen, in denen die Eliten einer Gesellschaft kulturelle Innovationen schaffen, die beispielgebend und anregend für andere werden. Die neue Geschichte der Welt von Iriye/Osterhammel (2012 ff.) liefert Hinweise dafür. Es ist in der Gegenwart lohnend, sich an solche Phasen zu erinnern und zu fragen, wo eigentlich das Erarbeiten von Reichtum seinen Sinn findet, wenn nicht in der Erweiterung der Lebensqualität. Zu Beginn des Irakkrieges 2003 kritisierte der US-amerikanische General Rumsfeld das »Alte Europa« wegen seiner zögerlichen Unterstützung dieses provozierten Krieges. In bewusster Reaktion auf diese Kritik hat der Historiker Peter Blickle an die Leistungen dieses Europa erinnert (Blickle 2008).

Die Selbstorganisation in der Dorfgemeinde und die Verfassung der Stadt mit ihren Korporationen haben Demokratie und Republik vorbereitet. Der Kompromiss zwischen den Ständen, die Grundherrschaft eingeschlossen, hat die späteren Verfassungen erst möglich gemacht. Die Beziehungen zwischen den Milieus und die Organisation der Beziehungen zwischen Arm und Reich sind religiös geprägt vom ständig präsenten Ethos des leidenden und sich opfernden Christus.

Der gemeine Mann hat in Mitteleuropa auf seine Art eine Lebensweise entwickelt, die Lebensqualität und Zukunftsfähigkeit ermöglicht. Er hat mit der Koppelung von Genügsamkeit und Exzess in der Alltags- und Festkultur gezeigt, wie Lebensqualität mit begrenzten Ressourcen entstehen kann. Sakralität und Spiritualität spielen dabei immer eine Rolle. Die ständige Präsenz der Kirchenvertreter in den Pfarreien ist einflussreich. Später wird in vielen Regionen das protestantische Pfarrhaus als Kulturfaktor wichtig (Spohn 2019). In beiden Fälle ist das etwas anderes als eine beaufsichtigende Polizei des aufgeklärten Absolutismus, allenfalls die terroristische Kirchenzucht beim radikalen Reformer Calvin in der Schweiz (Roeck 2018: S. 117) kommt dem nahe.

In der italienischen Renaissance werden jene Bilder von der Würde des Menschen und von dem geregelten Diskurs vorbereitet, ohne die auch die zeitgenössischen Verfassungen der demokratischen und sozialen Rechtsstaatlichkeit nicht auskommen. All das beeinflusst spätere Sozial- und Reformpolitik. Die frühneuzeitliche Gesellschaft ist eine »ständisch konsensgebundene Monarchie« und Fürstenherrschaft (ebd.: S. 39 f.), gebunden an den Konsens der Stände durch Herrschaftsvertrag (ebd.: S. 57) – dieser Konsens ist das »Urgestein« des späteren Gesellschaftsvertrages. Er legitimiert sich »nicht aus dem Stand und dem Geblüt, sondern aus der notwendigen Organisation des Alltags der nebeneinanderstehenden Häuser« (ebd.: S. 62).

All dies wird hier ausführlich dargestellt, weil erkennbar wird, wie mit gesellschaftlichem Reichtum umgegangen werden kann: Es ist möglich, ihn so zu nutzen, dass Lebensqualität entsteht, ohne dass die Lebensgrundlagen zerstört werden.

6

Was nicht verloren gehen darf

Antike Philosophie, Religionen wie Judentum, Christentum und Islam, Renaissance, Humanismus, deutsche Klassik, die sozialen und demokratischen Bewegungen des 19. Jahrhunderts – sie alle sind beteiligt an den Wertewelten und Verfassungen der zeitgenössischen westlichen Welt. Die Gemeinwohlverpflichtung ist in Europa die Konsequenz aus sozialkulturellen und religiösen Prinzipien und Praktiken der vorindustriellen Gesellschaft. Freiheit und freie Entfaltung des Individuums werden seit Humanismus und Aufklärung nie ohne den Bezug auf Gemeinwohl und Sicherung der sozialen Gemeinschaft gedacht. Erst der radikale Marktliberalismus entwertet sie.

6.1 Freiherr vom Stein und das Gemeinwohl

»Fortschritt« spielt im Denken der vorindustriellen ständestaatlichen Welten keine Rolle. Zwar gibt es mit der Einführung der Dreifelderwirtschaft Produktivitätssteigerungen in der Landwirtschaft und Chancen für Bevölkerungswachstum, auch gibt es Wanderungsbewegungen in die zu unterwerfenden Regionen Osteuropas, aber Investitionen von Kapital in Maschinen zur Erweiterung des Ertrags und des Vermögens spielen nur eine geringe Rolle. Es gibt einfach zu wenig Möglichkeiten, Kapital zu investieren.

Erst im Bürgertum entwickelt sich der Gedanke eines geschichtlichen Fortschrittes, der verbunden ist mit einer Produktionsweise, in der die Entwicklung der Produktivkräfte (Maschinen und Energiequellen) und die arbeitsteilige Produktion eine Sprengung der Grenzen bisheriger Produktionsverhältnisse sinnvoll erscheinen lassen. Das führt zur Entwertung und Zerstörung der vorangehenden Strukturen. »Der geschichtliche Fortschritt steht in der Macht des Menschen, in seiner Fähigkeit zu rationaler Weltbeherrschung und rationaler Gestaltung der gesellschaftlichen Beziehungen.« (Philosophisches Wörterbuch 1974: S. 413) So lautet das optimistische Programm, in dem alles beherrschbar scheint. Sozialismus und Liberalismus sind da nicht weit voneinander entfernt. Fortschrittspessimismus wie bei Friedrich Nietzsche (1844–1900) und Oswald Spengler (1880–1936) mit der Vision vom »Untergang des Abendlandes« wird nur vorübergehend einflussreich. Der spielt heute unterschwellig noch eine Rolle, aber an der Oberfläche wird Fortschritt radikal mit Wirtschaftswachstum verbunden, und trotz aller negativen Erfahrungen und enttäuschten Hoffnungen wird in manchen politischen Programmen technische Innovation gar als Voraussetzung für eine ökologische Wende verstanden.

In der Aufklärung geht es, wenn an Fortschritt gedacht wird, noch nicht um Wachstum und bessere Maschinen, sondern in erster Linie um gesellschaftliche Moral sowie die Persönlichkeitswerte, die damit verbunden sind. Das friedliche internationale Zusammenleben gehört zu den angestrebten Zielen. Technik und wirtschaftliches Wachstum treten erst später ins Zentrum.

Früher ausgebildete Formen der gemeinschaftlichen Organisation, in denen Lebensqualität und Nachhaltigkeit in Gemeinnutzen, Zünften, Korporationen und Bruderschaften möglich sind, werden durch den Übergang in die Industrie- und Marktgesellschaft entwertet. Aber sie gehen nie völlig verloren. Institutionen wie Gemeinnutzen und Allmende (Commons) leben weiter.

In vielen Bereichen ist es keinesfalls so, dass die sogenannte Moderne die früheren Strukturen überwindet. Sie baut vielmehr notwendig auf ihnen auf und wäre ohne sie nicht überlebensfähig. Zu den aus der Vergangenheit in die Gegenwart hineinwirkenden Standards gehören informelle Dimensionen wie gegenseitige Hilfe (unterlassene Hilfeleistung kann bestraft werden!), Höflichkeit und Pünktlichkeit, aber auch das Vertrauen in eine prinzipiell existierende öffentliche Sicherheit. Man geht von der Existenz entsprechender Infrastruktur und Organe aus. In Regionen außerhalb Europas ist das längst nicht so (Süditalien galt lange Zeit als ähnlich unsicher).

Es gibt informelle Regeln, die zum Beispiel bei Pilzsammlern zum Schutz der allgemein verfügbaren Bestände entwickelt und verbreitet werden (Noack 2003). Manchmal werden solche Regeln formalisiert und in Verbote umgewandelt. Es gibt halbformelle Regelungen, wie bei den in Vereinen organisierten Mineraliensammlern. Zum Schutz von seltenen Vorkommen und zur Praxis des Umgangs mit Hilfsmitteln beim Sammeln gibt es bei ihnen Regeln (Sprengen von Felsen zum Beispiel ist verpönt, nicht nur verboten). Die einzige Sanktionsmöglichkeit ist die des Ausschlusses aus dem Verein und damit von der regelmäßigen Kommunikation mit Gleichgesinnten.

Die Alltagsethik des anständigen und höflichen Umgangs, das Ethos vieler Berufe (zum Beispiel der Ärzte oder Journalisten), die Gewohnheiten des guten Kaufmanns und die »bürgerlichen guten Sitten« müssen zwar immer wieder eingefordert werden, sind aber unverzichtbare Standards auch für die sogenannte Moderne. Auch in der DDR ist einst die »Tradition der Qualitätsarbeit« ein wichtiger Standard (Dietrich 2018: S. 503f.).

Ein aktuelles Beispiel: Im betriebsinternen Kommunikationssystem warnt um 2018 ein Bosch-Mitarbeiter davor, dass mit den von seiner Firma entwickelten Steuerungsprogrammen bei Dieselfahrzeugen im Dauerbetrieb mehr Stickoxide entstehen als beim Testzyklus, und nennt das »bewussten Etikettenschwindel«. »Sie verkaufen nicht das umweltverträglichste Produkt, sondern dasjenige, das die gesetzlichen Kriterien gerade so erfüllt.« Gegen ihn wird intrigiert, und er wird entlassen. »Er war ein Störenfried für den Betriebsrat und das Management, weil er eine konsequente Ingenieursethik vertritt.« (Tatje 2019) Diese Ethik gibt es, und sie bleibt genau wie etwa die im Journalismus oder in der Wissenschaft unentbehrlich gerade auch angesichts üblich gewordener Faktenmanipulation.

Freiheit und freie Entfaltung des Individuums sind seit Humanismus und Aufklärung verbunden mit dem Ethos der Mitmenschlichkeit. Nur die Radikalisierung der Aufklärung eines Marquis de Sade, bei dem Mitmenschen in Gedanken rücksichtslos instrumentalisiert werden, hat sich davon verabschiedet.

Gemeinwohl als Orientierung zwecks Sicherung der sozialen Gemeinschaft spielt eine zentrale Rolle. Der Familienverband als Fortpflanzungsgemeinschaft ist vor der Industrialisierung darauf angewiesen, dass alle gemeinsam bei der Sicherung der Existenz mitwirken. Wenn Familienverbände sich mit anderen ein Territorium teilen, wird diese gemeinsame Verantwortung auf die größere Einheit übertragen, und alle sind gehalten, das Zusammenleben und Arbeiten mit den Ressourcen dieses Territoriums gemeinsam zu organisieren. Diese Orientierung am Gemeinwohl ist Voraussetzung für das Überleben.

■ In der 21. (letzten) Auflage des Brockhaus (2006, Band 10, S. 408 f.) wird Gemeinwohl als »Schlüsselbegriff« behandelt. Für Thomas von Aquin ist das Gemeinwohl die Rechtsschranke der Herrschertätigkeit (im Islam ist es ähnlich). Mit dem Begriff werden zeitweise negative Wertungen verbunden, weil die Nationalsozialisten unter Gemeinwohl die Bündelung aller Kräfte für den Revanche- und Eroberungskrieg verstehen. In den Verfassungen der Zeit nach 1945 kann dennoch nicht darauf verzichtet werden. In den letzten Jahrzehnten des 20. Jahrhunderts lässt sich wieder unbefangener über »Gemeinwohl« reden.
Es hat gesellschaftspolitische Konsequenzen, wenn man die »Gemeinwohlverpflichtung« des Eigentums ernst nimmt, wie sie festgeschrieben ist im Bonner Grundgesetz Artikel 14.2: »Eigentum verpflichtet. Sein Gebrauch soll zugleich dem Wohle der Allgemeinheit dienen.« Die Demonstrationen für bezahlbares Wohnen und für das soziale Grundrecht auf Wohnung im Frühjahr 2019 erinnern daran, dass »Enteignung« auch im Bürgerlichen Gesetzbuch als Möglichkeit vorgesehen ist (s. Kapitel 4.3). Sie ist nicht nur für Autobahnen, sondern auch wegen des Menschenrechts auf Wohnen denkbar. Wenn Enteignung angesichts der Kosten nicht zielführend scheint, dann kann man über das Instrument Beschlagnahme nachdenken: Als nach dem Zweiten Weltkrieg in Deutschland für wohnungslose Flüchtlinge und Vertriebene aus dem Osten ebenso wie für Großstädter, deren Woh-

nungen durch Bomben zerstört sind, Unterkünfte gebraucht werden, ist diese Beschlagnahme möglich. Und für das alliierte Militärpersonal, das Deutschland von Hitler und dem Nationalsozialismus befreit hat, werden Unterkünfte ebenfalls so gesichert. In beiden Fällen wird das Eigentum nicht enteignet, aber temporär einer dem Gemeinwohl verpflichteten Nutzung zugeführt.

Gemeinwohl bezieht sich auf die Sicherung der Existenz all der Menschen, die in der jeweiligen gesellschaftlich-politischen Einheit (Gebietskörperschaft) von der Familie, der Gemeinde bis zum Staat leben. Angesichts der wechselseitigen Abhängigkeiten in der Globalisierung lässt sich (unbeschadet aller Schuldzuschreibungen) das Streben nach Gemeinwohl auf die ganze Erde beziehen (s. Kapitel 11.1). Die christliche Verantwortung für den »Nächsten« wird ähnlich interpretiert.

Als Freiherr vom Stein zu Beginn des 19. Jahrhunderts die unter seinem Namen bekannt gewordenen Reformen anstößt, ist für ihn selbstverständlich Gemeinwohl einbezogen. Das Stein'sche Familienethos ist: *Leben dem Gemeinnutzen widmen*. Das hat Konsequenzen. Es gibt in seiner Familie zu seiner Zeit ein Mitglied, das sich von diesen Verpflichtungen lossagt. Ihm wird verboten, den Namen der Familie weiterhin zu führen (Fenske 2012).

Beim zeitgemäßen »Umbilden des Alten« (ebd.: S. 93) sollen die Bürger Selbstverantwortung wahrnehmen, aber dabei »gemeinnützige und nicht nur eigennützige Ziele« verfolgen, wie Stein in der »Nassauer Denkschrift« von 1807 formuliert (ebd.: S. 40 f.). Als er für die Abschaffung der Zunftprivilegien eintritt, schwebt ihm nicht die von aller Bindung befreite Marktgesellschaft vor, sondern eine dem Gemeinwohl verpflichtete. Dies gilt auch, wenn – wie in der Verfassung der USA – nur die »Besitzenden« (Eigentümer) an den öffentlichen Angelegenheiten beteiligt werden sollen. Von ihnen erwartet Stein, dass sie mit ihren Kenntnissen am ehesten Interesse am Gemeinwohl aller Eigentümer und damit selbstverständlich auch aller anderen haben würden. Das Ziel ist ein »Staat, der die Menschenrechte schützte, in dem die persönliche Freiheit aber bestand und in dem jeder seine Kräfte frei entfalten und über sein Eigentum verfügen konnte« (ebd.: S. 108) – so er denn welches hat. Von denen, die dabei profitieren, ist kein Widerspruch zu erwarten. Erst die Arbeiterbewegung erinnert daran, dass ohne eine konkrete Verpflichtung auf das Gemeinwohl, etwa bezogen auf Wohneigentum oder Nahrungsmittelproduktion, dieser Anspruch wenig Sinn hat.

Stein berücksichtigt nicht, wie sehr dieses Eigeninteresse sich von der Verpflichtung auf das Gemeinwohl verabschieden kann. Ein Zeitgenosse ist Alexander von Humboldt, aufgewachsen in Berlin-Tegel unter ähnlich beschaulichen Familienverhältnissen wie Stein. Er ist geprägt von (vor allem protestantischer) Religiosität und dem Leben in überschaubaren, auf die Gemeinschaft angewiesenen Lebensverhältnissen. Schon auf seiner ersten Reise nach Südamerika lernt er ganz andere Verhältnisse kennen: Auf dem Sklavenmarkt herrscht der »gemeine Eigennutz«, wie ihn Stein sich gar nicht vorstellen will, zu dessen Entfesselung aber seine Reformen beitragen. Alexander von Humboldt war häufig bei den Steins in Nassau zu Gast. Hätte er den Freiherrn vom Stein doch auf diese Gefahr aufmerksam gemacht!

6.2 Selbstverständliche Gemeinwohltätigkeiten

Es gibt Zwangskörperschaften mit verpflichtenden, vom Staat geschützten Regeln (bei Notaren oder vereidigten Gutachtern, auch konzessionierte Taxifahrer haben Beförderungspflicht). Überall geht es um den Umgang mit nicht beliebig vermehrbaren Ressourcen oder Arbeitsmöglichkeiten.

Vieles muss in der Gegenwart in den Städten und Gemeinden zur Sicherung des Gemeinwohls, der Infrastruktur und der Gemeinschaftsaufgaben organisiert werden. Die *freiwillige Pflichtaufgabe* der kommunalen Kulturpolitik ist davon abgeleitet (Hoffmann 1981). Manches leisten die gemeinschaftlich lebenden Menschen in der Zivilgesellschaft in Eigenregie.

Abfallentsorgung gehört zu den Pflichten der Gemeinden und ist mit viel Aufwand verbunden. Die Stadt Meran in Südtirol ermöglicht einen aufwendigen öffentlich finanzierten »Christbaum-Sammeldienst«. Bei uns im Dorf (wie in vielen anderen Dörfern) holt die Jugendfeuerwehr die herausgestellten Bäume ab, und dann werden sie an einem öffentlich bekannt gemachten Tag auf dem Grill- und Bolzplatz verbrannt: Das ist eine Einübung von Gemeinwohlaktivitäten mit Ereignischarakter. Feuerwehren sind ein besonderes Kapitel: Es gibt früher den für alle Bürger verpflichtenden Beistand bei Hochwasser, aber auch bei Bränden. Jeder Bürger hat dafür Feuereimer, meist aus Leinwand, vorzuhalten. Manchmal sieht man solche noch in lokalen Museen. Später bilden sich mit der Verbesserung der Feuerlöschtechniken lokale freiwillige Feuerwehren. Sie werden mehr und mehr von den Gemeinden unterstützt. Dann wird freilich den freiwilligen Feuerwehren die kommunale Unterstützung teilweise entzogen, und es werden, auch im Zusammenhang mit Bedrohungen im Kalten Krieg, professionalisierte kommunale oder bezirkliche Feuerwehren und Katastropheneinsatzeinheiten gebildet. Weil aber die freiwillige Feuerwehr für die Gemeinschaft wichtig ist (sie aktiviert »soziomoralische Ressourcen«, s. Kapitel 6.3), werden gern Nachfolgevereine gegründet. So gibt es in unserem Dorf einen »Verein zur Förderung des Feuerwehrwesens«, der auch eine Jugendfeuerwehr betreut.

Die selbstorganisierten Gemeinwohlaktivitäten, mit denen Bürgerinnen und Bürger für allgemeine Aufgaben aktiv werden, gehören zur großen Normalität und zur großen Bereitschaft im heutigen Alltagsleben (s. Kapitel 9.1) In jeder Woche informiert das Gemeindeblatt unseres Landkreises, wie in diesem oder jenem Dorf sich Bürger zusammenfinden, um öffentliche Arbeiten gemeinsam zu erledigen. Während der Arbeit und nach ihrem Ende wird meist vom lokalen Gastwirt oder der Gemeinde für Speis und Trank gesorgt.

Bürgerschaftliches Engagement bezieht sich manchmal auf notwendige öffentliche Aufgaben, in anderen Fällen trägt es zur Lebensqualität aller bei. Durch öffentliche Anerkennung und Belohnung wird motiviert. Interessen-, Gemeinschafts- und Geselligkeitsorientierung sind beim bürgerschaftlichen Engagement Motive der Handelnden für ihr Mitwirken in der Zivilgesellschaft (Schlussbericht 2008: S. 262). Diese Kombination erinnert daran, wie wichtig Lebensqualität ist: Ohne Freude an der Sache würden viele sich nicht beteiligen. Die Menschen organisieren aus eigenem Antrieb mit anderen ihr Kultur-, Alltags- oder Festtagsleben mit Sportvereinen, Musikvereinen, Laienkunstgruppen oder anderen Aktivitäten für das Gemeinwohl. Sie sind mit ihrer Alltagspraxis und mit ihren festlichen Begegnungen wichtig für Lebensqualität und Zukunftssicherung.

6.3 Soziomoralische Ressourcen halten die Gesellschaft zusammen

▪ »In der Zeit war ja auch der Kaiser hier – 1913 war das, bei der 750-Jahrfeier. Da war Tilemann als Konventual hier. Oh, wir haben so viele Kränze gebunden, so viele Kränze. Da war ein Architekt von Hannover, der war lange da, Wegener hieß er, der sagte, wie man das machen mußte. Und die Maler kamen auch von Hannover. Ein netter Herr, der Herr Wegener, und kam später noch oft. Im Kriege, wenn es so wenig zu essen gab, dann kriegte er mitunter Buttermilchsuppe des Abends noch aufgewärmt. Hat der Abt im Kriege auch ein paarmal gekriegt. Da hat er gesagt, wenn wenigstens da frische Kartoffeln rein wären, diese harten Kartoffeln von des Mittags sind schrecklich. Den Kaiser haben wir zu sehen bekommen. Aber begrüßt hat er uns nicht. Der Landrat, der stand davorn, von Stolzenau der Landrat, und dem hat er gar keine Hand gegeben. Abt Hartwig war ja da, der nahm ihn in Empfang. Gepredigt hat dann der Abt ja von dem Schweigen, und daß die Steine reden. Dann hatten sie extra ein feines Klo kommen lassen. Und so ganz feine Tassen. Er sollte Tee trinken. Hat er alles abgelehnt, der Kaiser, er hat nichts angenommen. Sie hatten extra eine Kammer ausgeräumt, und da haben sie das Klo aufgestellt. Aber er hat gar nichts angenommen.« (Geschichten 1980: S. 76)

Das erzählt in den 1980ern die Zeitzeugin und ehemalige Küchenhilfe Oma Nürge aus dem Kloster Loccum, dem Evangelischen Stift in Niedersachsen. So sind in normalen Zeiten die Milieus streng voneinander getrennt. Der Kaiser schüttelt noch nicht einmal dem Landrat die Hand. Geht es aber um Hunger in Notzeiten, so lockern sich die sozialen Grenzen: Es wird für den Städter und sogar für den Abt überlebensfördernd, wenn Gewohnheiten aus der Vergangenheit nicht ganz verloren gehen.

Nicht uninteressant sind solche Erfahrungen, wenn es um Sozialpolitik geht. Der Politikwissenschaftler Herfried Münkler (geb. 1951) von der HU Berlin schlägt in einem Beitrag zur Enquete-Kommission »Zukunft des Bürgerschaftlichen Engagements« des Deutschen Bundestags vor, die »Komplementarität zwischen Sozialstaat und Bürgergesellschaft nicht so sehr im Bereich der *Steuerung von Wohlfahrtsarrangements*, sondern vor allem in der *Reproduktion soziomoralischer Ressourcen* zu suchen« (Münkler 2003: S. 17). Sie beziehen sich auf die in Gemeinschaften geteilten Werte und Standards. In der Konsequenz bedeutet das eine Relativierung der Verteilungsgerechtigkeit: Ohne soziomoralische Ressourcen, so lässt sich seine These interpretieren, werden auf Dauer auch die staatlich organisierten Formen kollektiver Risikoabsicherung und die Grundversorgung mit kollektiven Gütern an Akzeptanz und somit an Wert verlieren und schließlich zerfallen. Mit anderen Worten: Verteilungsgerechtigkeit ist wichtig; aber wenn nicht erkennbar ist, dass alle sich als Angehörige einer dem Gemeinwohl verpflichteten Gemeinschaft fühlen, sichert auch die Verteilungsgerechtigkeit nicht die Zustimmung und das Vertrauen in das gesellschaftliche Ganze. Die Menschen müssen erkennen, dass diese Verpflichtung auch bei den Institutionen in Wirtschaft und Gesellschaft sowie bei einer Mehrheit der Bevölkerung gilt, eingeschlossen die politischen und gesellschaftlichen Eliten.

Von dem Schweizer Volkskundler Arnold Niederer gibt es Studien zu Gemeinnutzen und ihrer sozialhistorischen Bedeutung. Er spricht von einer »seelisch-geistige(n) Basis eines jeden sinnvollen sozialen Programmes« (Niederer 1965, 1991). Er bestätigt so mit eher ungewohnten Worten, was Münkler über die Pflege »soziomoralischer Ressourcen« in der Gegenwart des 21. Jahrhunderts sagt.

Wenn sich aus den hegemonialen Eliten manche erkennbar aus der gemeinsamen Verantwortung davonstehlen, Privilegien für sich beanspruchen und keinen Wert mehr auf die mit allen geteilte Moral legen, wird das ganze System gefährdet. Der gegenwärtig zu beobachtende moralische Verfall der Eliten in Deutschland (und anderswo), verbunden mit außerordentlichen Unterschieden zwischen Reich und Arm, zerstört den Zusammenhalt. Dann schwindet die Bereitschaft, sich für Enkelgerechtigkeit und Zukunftsfähigkeit einzusetzen, Lebensqualität wird gefährdet, und an einem *Genug* hat kaum jemand ein Interesse, wenn daneben alle prassen.

Die Überlegungen von Herfried Münkler passen nicht in das Schema üblicher Umverteilungs- und Einkommenspolitik. Aber sie aufzugreifen ist interessant, wenn die Spaltung der Gesellschaft in Arm und Reich zunimmt und der Zusammenhalt der staatlichen Gemeinschaft schwindet.

Die Werte der Solidargemeinschaft sind integraler Teil des kulturellen Selbstverständnisses einer Gemeinschaft. Es ist nicht entscheidend, ob ein Armer eine Eintrittskarte fürs Theater bezahlen kann (in dem er, wie Besucherforschung bestätigt, sich oft genug auch nicht wohlfühlt, weil er nicht mit seinesgleichen reden kann), sondern es geht darum, ob er sich einbezogen fühlt in den sozialkulturellen Zusammenhang. Wenn arme Eltern Zuschüsse für die Bildungs- und Sportmöglichkeiten erhalten, hilft das den Kindern nicht immer. Wichtiger ist es, anregungsreiche und Partizipation erleichternde kulturelle Milieus für die Kinder, aber auch für die Eltern zu entwickeln.

»Der soziale Zusammenhalt der Gesellschaft kann auch dadurch verloren gehen, dass die auseinanderdriftenden Milieus sich gegenseitig nicht mehr wahrnehmen.« (Schlussbericht 2007: S. 437 f.) Der immer wieder betonte Beitrag der Kultur zur Integration der Gesellschaft bezieht sich auch darauf. »Für den heutigen Umgang mit den sozialkulturellen Folgen der neuen Armut sind im Kontext von bürgerschaftlichem Engagement Reaktionsformen mit möglichst vielen Akteuren von Kirchen, Unternehmen, Gewerkschaften und freien Vereinigungen besonders wichtig, wenn es um die kulturellen Folgen von Armut, insbesondere auch bei Kindern und Jugendlichen geht. Die Auseinandersetzung mit rassistischen, fremdenfeindlichen und gewaltbereiten Subkulturen bedarf ebenso dieser Bündelung der Kräfte unterschiedlichster Akteure.« (Ebd.)

Die Überlegungen von Elinor Ostrom zur Bedeutung von Gemeinnutzen sind mit Interesse auch von Sozialpolitikern wahrgenommen worden. Der Sozialethiker André Habisch (Universität Ingolstadt-Eichstätt) zitiert ein sehr eindrucksvolles Beispiel: In den Niederlanden haben sich in den 1980er- und 1990er-Jahren bei der Arbeitsmarktreform beim *Polder-*

Modell die Sozialpartner und die Regierung zu koordinierten Reformen verpflichtet. »Dazu mussten im Zeitablauf von den Partnern unabhängig voneinander erhebliche Vorleistungen erbracht werden« (Qualifizierungsmaßnahmen, zusätzliche Stellen, Reform der Arbeitsverwaltung, Lohnverzicht usf.), »wobei jede Seite nur das eigene Handeln unter Kontrolle hatte, die Vertragstreue der Partner aber nicht erzwingen konnte« (Habisch 2002: S. 736). Das Netzwerk aller Beteiligten trifft sich für solche Absprachen und deren Kontrolle »in Anwesenheit der Königin und der Gattinnen«: »Ein Vertragsbruch hätte in dieser Runde zu einer äußerst peinlichen Situation für den Vertreter der jeweiligen Seite geführt, was eine informelle, aber deshalb nicht weniger wirkungsvolle Sanktionsmöglichkeit bildete.« (Ebd.: S. 736) Man könnte das Tugendterror nennen, aber mit einer solchen Vernetzung lassen sich kontrollierbare Folgen erarbeiten. Manche Erfahrungen legen nahe, dass hierbei regionale (nationale) Traditionen und Unterschiede eine Rolle spielen (s. Kapitel 5.6).

Wenn es um soziale Kontrolle geht, wie sie bei der Organisation von Allmende-Ressourcen jenseits von Markt und Staat erfolgt, kann man von kontrollierbarer Selbstbindung reden. »Die Bewohner eines Dorfes etwa kennen sich. Bleibt jemand die vereinbarte Leistung schuldig oder nutzt ein Gemeinschaftsgut stärker, als ihm zusteht, so kann er – informell, aber nicht weniger wirksam – dafür bestraft werden. ... Die Bewohner verfügen über soziales Kapital, das ihnen die Fähigkeit gibt, sich wirksam selbst zu binden und dadurch ihre (kollektiven) Handlungsmöglichkeiten zu erweitern.« (Habisch ebd.) Das stimmt jedoch nur, wenn die soziale Kontrolle stark genug ist. Der Preis dafür ist diese soziale Kontrolle – gegen die wehren sich seit den 1968er-Jahren besonders Linke und Alternative heftig. Aber sie ist unverzichtbar, man muss sie abfedern (s. Kapitel 4.3, 6.2). Abweichendes Handeln wird geduldet, solange nicht die Gemeinschaft gefährdet wird. Die Behauptung von der unvermeidlichen »Tragödie der Gemeindewiesen« von Garret Hardin wird damit erneut zurückgewiesen.

Bei den organisierten, herrschaftsgestützten Gemeinnutzen, die ein Win-win-Geschäft für die Nutzer und für die beteiligten Herrschaftsinstitutionen sind, sind allerdings auch Sanktionsmöglichkeiten vorgesehen. Gemeinnutzen und Selbstorganisation sind verbunden mit Lebensformen, die Überleben und Lebensqualität in schwierigen Verhältnissen in den Mittelpunkt stellen. Sie sind nicht mit Wachstumszwang verbunden. An solche Möglichkeiten zu erinnern ist interessant in den aktuellen Krisen der Marktgesellschaften. Alle wissen, dass Wachstum nicht unendlich sein kann, aber gleichzeitig wird Wachstum als Ausweg aus allen Krisen empfohlen.

6.4 Lebensqualität als Staatsziel

»Fortschritt kann man nicht aufhalten, man muss ihn aushalten« (oder so ähnlich), wird oft gesagt. Dieser Spruch raubt den Menschen die Möglichkeit, etwas auch anders zu machen. Aber gern wird immer wieder daran erinnert: *Tertium datur*, ein Drittes ist möglich, denn es gibt Kontingenz, also mehr als nur ja oder nein.

In anderen Regionen der Welt, wo die Erinnerung an Zeiten ohne Wachstumszwang noch näherliegt (und wo vielleicht die Grenzen des Wachstums deutlicher sind), werden andere Wege als in den wachstumsorientierten Prosperitätsgesellschaften gesucht. Programmatisch wird in dem Himalaja-Königreich Bhutan vom »Bruttosozialglück« gesprochen. Bereits im 18. Jahrhundert wurde in Bhutan das Glück der Bevölkerung als Ziel der Politik definiert. Aus dem Rechtskodex des Landes von 1729, der als Kurzform einer Verfassung des mittelalterlichen Bhutans angesehen wird, heißt es in der Übersetzung: »If the government cannot create happiness for its people, then there is no purpose for government to exist.« »Wenn die Regierung kein Glück für sein Volk schaffen kann, dann gibt es keinen Grund für die Existenz der Regierung.« (Wikipedia 30. 04. 2018) Das erinnert an die viel spätere Verfassung der USA und die Formel vom »pursuit of happiness«, dem legitimen Glücksstreben.

Konkret werden als Ziele festgelegt:

- Die Förderung einer *sozial gerechten* Gesellschafts- und Wirtschaftsentwicklung. Durch eine gerechte Wirtschaftsentwicklung kann das Land unabhängiger vom Ausland werden und sich gesellschaftlich weiterentwickeln.

- Bewahrung und Förderung kultureller Werte. Sowohl die Religion als auch die Kultur besitzen bei den Bhutanern einen hohen Stellenwert.
- Schutz der Umwelt. Diese Säule impliziert eine nachhaltige Entwicklung, die für den Planeten Erde eine immer höhere Bedeutung gewinnt. Folglich sollen heutige Generationen die Umwelt so behandeln, dass auch noch zukünftige Generationen die eigenen Bedürfnisse auf der Erde befriedigen können.
- Gute Regierungs- und Verwaltungsstrukturen. Die Politik bestimmt Bedingungen und setzt Regeln fest, die das Leben der Einwohner Bhutans beeinflussen. (Wikipedia 30. 04. 2019)

Anderswo gibt es ähnliche Zielvorstellungen. »Buen Vivir« ist das Leitkonzept der Verfassung von Ecuador von 2008. Im Grundgesetz von Bolivien ist von »Vivir Bien« die Rede, also vom »gut leben«. Es geht dabei nicht um individuell gutes Leben, sondern um das soziale Leben und um ein neues, nachhaltiges Verhältnis zur Natur. Programmatisch richtet sich das gegen den »plündernden Extraktivismus«, durch den Bodenschätze, Naturressourcen und Artenvielfalt rücksichtslos und ohne an die Zukunft zu denken, ausgebeutet werden. Insofern ist das etwas anderes als ein »grüner Kapitalismus«: Der sucht nur nach neuen technischen Möglichkeiten zur Fortsetzung des kapitalistischen Wachstumsweges. Es werden auch Grenzen gesetzt. Das sind Versuche, in den Krisen der Wachstumsgesellschaften und unter den heutigen Bedingungen Lebensqualität und Zukunftsfähigkeit ins Zentrum der Politik zu stellen.

6.5 Der Markwald Garbenteich in Hessen

Ideen und Bilder von dem, was Menschsein bedeutet, ebenso Staatsdenken und Formen der Selbstverwaltung aus Antike und Mittelalter werden von der Renaissance aufgegriffen, fortentwickelt und wirken bis in die Gegenwart. Sie lassen sich in vielen aktuellen politischen und kulturellen Formen wiedererkennen. Manche Formen aus der Vergangenheit leben auch in ihrer materiellen Organisationsform weiter. Stiftungen gehören dazu; es gibt eine Bürgerstiftung in Nördlingen, die schon seit fast 1000 Jahren kontinuierlich besteht und arbeitet. Die Reform des Stiftungswesens hat Bürgerstiftungen als Gemeinschaftsinitiative von mehreren Bürgern und Zustiftungen erleichtert (Strachwitz 2010).

Stiftungen sind wichtiger Bestandteil der Zivilgesellschaft. Man wird sie wie Genossenschaften und andere Organisationen jenseits von Staat und Markt ebenso wie die Religionsgemeinschaften als Teil einer pluralistisch organisierten Gesellschaft verstehen müssen. Sie sind freilich auch in der Lage, eine Gegenmacht zu den demokratisch legitimierten Institutionen zu bilden: Kapitalstarke Stiftungen vermögen demokratische Kontrolle auszuhebeln. »Operative Stiftungen« wie die Bertelsmann-Stiftung, die eigene gesellschaftspolitische (an der liberalen Marktwirtschaft orientierte) Ziele und Programme verfolgen, haben mit Vorschlägen und Beratungen in der Verwaltung, der Kulturpolitik und der Bildungspolitik manchmal die öffentlichen Institutionen vor sich hergetrieben und gleichsam zu Reformen gezwungen. Mit dem »Tilburger Modell« wird in den 1990er-Jahren für die neoliberal inspirierte kommunale Verwaltungsreform geworben: Experten der Bertelsmann-Stiftung und aus dem niederländischen Tilburg beraten europaweit die Kommunen bei der Rationalisierung ihrer Verwaltungen. In Regionen außerhalb Mitteleuropas sind Stiftungen gelegentlich Konkurrenten staatlicher Tätigkeit. Auch nicht dem Gemeinwohl oder der Demokratie verpflichtete Stiftungen sind trotz staatlicher Stiftungsaufsicht möglich.

Formen von Gemeinnutzen leben ebenfalls weiter. 3,5 Prozent der hessischen Landeswaldfläche werden von 371 Gemeinschaften als *Interessentenwald* verwaltet (Schwarz 2004). Dazu gehören Haubergsgenossenschaften im Siegerland, in denen in regelmäßigen Abständen parzellenweise Nutzholz so geschlagen wird, dass aus den Wurzelstöcken immer wieder neue Triebe nachwachsen. Ein solcher Wald kann nur als Ganzes verwaltet und bewirtschaftet werden, weil die Eigentümer nicht über einzelne Flächen verfügen, sondern nur Anteile an dem gesamten Wald besitzen. Es ist die »älteste Eigentumsform bäuerlichen Waldbesitzes«. Wie bei den Gemeinnutzen der Vergangenheit (s. Kapitel 4.3) bestimmen die Eigentümer selbst über die Nutzung. In eigener Verantwortung haben die Gemeinschaften sich Nutzungsregelungen und Gemeinschaftspflichten auferlegt. Eigentümer sind früher in der Regel nur die in der Mark ansässigen Bürger mit selbstständigem Hausstand. Bei Verkäufen müssen Mitmärker bevorzugt berücksichtigt werden (Schwarz 2004 T. II). Die Märkerschaft regelt ihr Angelegenheiten selbstständig auf der Versammlung Märkergeding.

Ein gar nicht so altes Beispiel für diese Eigentumsform ist der Garbenteicher Markwald, zugehörig dem Ortsteil Garbenteich der heutigen Stadt Pohlheim im mittelhessischen Landkreis Gießen. Im Jahre 2018 besteht er seit 200 Jahren (Stumpf 1978). Dieser Markwald ist nicht aus einem früheren Gemeinnutzenwald hervorgegangen. Solche Gemeinnutzen wurden in dieser Region oft aufgelöst, privatisiert oder von den Grundherren (in diesem Falle den kleinen Adelsherrschaften in der Wetterau) angeeignet. Was bewegt 1818, in einer Zeit, in der die Stein'schen Reformen die freie Verfügbarkeit über Grund und Boden einleiten, diese Bürger im Gegensatz zu damaligen Trends, einen Markwald neu anzulegen, in dem die Anteilseigner keine freie Verfügung über ihr Grundeigentum haben?

Er wurde auf landwirtschaftlich nicht genutztem Ödland neu angelegt – mit Zustimmung des Landesherrn, des hessischen Großherzogs. Er ist, könnte man sagen, Produkt eines relativen Wohlstands: »Garbenteicher Einwohner mußten manche Flurstücke unbebaut liegen lassen. Die schlechten Böden und die weite Entfernung vom Dorf waren maßgebend dafür, daß man die Ländereien weniger oder gar nicht als Ackerland nutzte. So entstanden die Triescher oder Wüstungen in der Gemarkung, die als Dauerweide dienten.« (Stumpf 1978: S. 1) Die Grundstücke (etwa 35 Morgen) waren »zehntfrei«, und deswegen konnte der Landesherr (Grundherr) keine Einwände erheben. Am 12. 3. 1822 berichtet der Schultheiß dem Landrat, »daß schon seit vier Jahren die Ortseinwohner … beschlossen hätten, daß die fragliche Feldgewann als Markwaldung angelegt werden solle«, weil die hiesige Gemarkung »sehr groß in Bezug auf Ackerland« sei (ebd.: S. 2 f., 34). Bei der neu beschließenden Ortsbürgerversammlung vom 9. September 1822 sind etwa ein Drittel der Unterschreibenden Analphabeten. Heute besteht der Markwald aus 269 Anteilen mit 266.198 Quadratmetern; die Anteile sind alle recht klein.

Vorbild für die aktuellen Regelungen ist der nicht weit entfernte Markwald Grüningen-Dorfgüll (Schwarz II: S. 28). Die »pfleglich nachhaltige Forstwirtschaft« wird vom Grundherrn (in diesem Fall dem Land Hessen) durch die Mitwirkung eines Forstwarts geregelt. Damit wird sichergestellt, dass der Wald erhalten bleibt. Aber man wehrt sich erfolgreich dagegen, die Markwaldgenossenschaft unter Staatsaufsicht zu stellen (Stumpf 1978: S. 47). Berechtigungen, Zugang und so fort regeln die Märker selbst. Die Forstbetriebsgemeinschaft Schotten (früher war es die von Lich) hilft bei der Forsteinrichtung, den Beförsterungskosten und dem Holzverkauf. Bei Sturmschäden haben die Markwaldeigentümer vor einigen Jahren viele Arbeits- und Gerätestunden geleistet, um die Schäden aufzuarbeiten.

Als Erbe eines kleinen Anteils kann ich im Januar 2019 an der Jahresversammlung teilnehmen. Der Vorsitzende bezweifelt, ob angesichts der Altersstruktur der Markwaldgenossen so viel Eigenaufwand wie damals in Zukunft wieder möglich wäre (mir fällt bei der Versammlung auf, dass die Altersstruktur günstiger zu sein scheint als bei vielen Vereinen – es gibt auch jüngere Anwesende). Ertrag gibt es derzeit keinen. Über das »Erscheinungsgeld« bei der Versammlung gibt es keine Diskussion: Jeder Anwesende erhält eine Marke, die beim Verzehr für fünf Euro angerechnet wird.

In der Satzung von 1901 heißt es in § 2: »Von dem Tage der Entwerfung dieser Statuten an können nur solche Personen in die Gesellschaft eintreten, welche wirklich hiesige Ortsbürger sind und welche sich Eigentum, nachdem sie Ortsbürger geworden sind, erworben haben.« (Stumpf 1978: S. 49) Und in der Satzung von 1923 heißt es in § 7: »In Zukunft kann ein Anteil weder durch Verkauf noch durch Schenkung, Vererbung oder ein sonstiges Rechtsgeschäft an eine außerhalb der Gemarkung wohnende Person übertragen werden. Bei in Zukunft nach außerhalb der Gemarkung verziehenden Anteilseigentümern ruht der Bezug der jährlichen Nutzung. Nachforderungen bei späterem Zurückkehren sind unzulässig.« (Stumpf 1978: S. 52) So wird ausdrücklich festgehalten, was früher zu den Selbstverständlichkeiten der Gemeinnutzen gehört. Die freie Verfügung über das Eigentum haben erst die liberalen Reformen des frühen 19. Jahrhunderts möglich gemacht. Sie haben damit den Weg bereitet zum Dominium als Voraussetzung der kapitalistischen Marktwirtschaft. In dieser Satzung wird noch das Patrimonium als pfleglich zu behandelndes Gut im Rahmen des gemeinsamen Besitzes einer Gemeinschaft festgeschrieben (Binswanger 2010, s. Kapitel 4.3). Dem entspricht es, wenn der Ökonom Karl Bücher 1925 über Waldgemeinnutzen schreibt: »In dem Grundsatze, dass Marknutzungen nicht zur Bereicherung bestimmter Personen dienen sollten, liegt ein oft übersehenes Moment, das zu pfleglicher Benutzung und Schonung der Waldungen führen musste.« (Bücher 1925)

Vielfältig wird früher der Wald nicht nur für das Holz genutzt, sondern auch als »Waldweide mit Großvieh und Ziegen, Schweinemast, Gras- und Streunutzung sowie Zeidlerei (Bienenzucht)«. Eichen und Buchen sind für die Schweinemast wichtig. »Wenn jemand keine Schweine besaß, konnte er dieses Recht nur an einen Mitmärker weitergeben.« Laub dient als Viehfutter und Streu, Futterlaubzweige werden als Winterfutter gebündelt und getrocknet. Brennholz ist ein besonders wichtiger Nutzen des Waldes, solange es Kohlen, Gas, Öl oder Elektrizität nicht gibt. Das Holz wird geschlagen und aufgesetzt, dann per Los (nicht meistbietend!) an die Märker verteilt.

Heute stehen Naturschutz und ökologische Motive im Vordergrund, wenn anderswo ein »Hutewald« revitalisiert wird: In meist ortsnahen, von Licht durchfluteten Wäldern gibt es einst solche Hutewälder als Waldweiden mit einzeln stehenden großkronigen Eichen, Buchen oder Ahornbäumen, deren Früchte Futter für Schweine sind. Zudem können Weidetiere dort gehalten werden. In Heidenrod-Zorn in Hessen (Landkreis Rüdesheim) sind Reste eines solchen Hutewalds noch erhalten; in der Gemarkung Dickschied/Geroldstein in Heidenrod wird an der Wisper einer wiederhergestellt.

Es gibt ähnliche neue Gemeinnutzenprojekte. Nach einer Flurbereinigung planen die Gemeinden Obernhof und Weinähr (Rheinland-Pfalz) an der Lahn einen »Bürgerweinberg«, wie er ähnlich in Brey an der Mosel als Weinbruderschaft »Breyer Hämmchen« schon existiert (www.obernhof.net; buergerweinberg@obernhof.net, 6. März 2019). »Das Ziel dieses Projektes«, das gefördert wird vom Dienstleistungszentrum Ländlicher Raum Westerwald Osteifel, ist es, »traditionelle Rebsorten und historischen Rebschnitt zu vereinen«, ferner geht es um die »Erhaltung des Weinbaus an der Lahn« sowie um die Förderung des Naturschutzes und des Tourismus.

Solche Formen von Gemeinnutzen sind möglich. Ökonomisch mögen sie unbedeutend sein, aber sie können ausgeweitet werden. Zudem ist ihr symbolischer Wert groß. Sie bekunden die Fähigkeit der Selbstorganisation in der Gegenwart. Sie zeigen: Es geht auch anders! Menschen können Nachhaltigkeit.

6.6 Jahrhundertealte Bewässerungssysteme (Waale) in Südtirol

In anderen Fällen leben frühere gemeinwirtschaftliche Formen nicht nur zufällig, sondern wohlüberlegt und aus Notwendigkeit weiter. Die alpine Landschaft ist heute für Touristen so attraktiv, weil die Hochweiden oberhalb der Baumgrenze (»Almen« heißen sie im deutschen und österreichischen Gebiet, »Alpen« in der Schweiz) genutzt werden (Ringler 2009). Nur dank dieser Nutzung bleiben sie frei von Büschen und Baumwuchs und wird die Artenvielfalt erhalten; nur weil das Gras regelmäßig abgeweidet wird, gibt es auch keine »Blaiken«, Flächen, in denen der Schnee im Winter mit hoch gewachsenen Gräsern die Bodenbedeckung aufreißt. Ohne Nutzung würden die Hochweiden verbuschen, zu niedrigem Wald oder, wie in den südfranzösischen Alpen zu beobachten, zu Geröllflächen ohne Pflanzenbewuchs, die kein Regenwasser mehr zurückhalten und so Hochwässer fördern.

In Südtirol gibt es die Bewässerungsanlagen der Waale. Als meine Frau Susanne in Meran eine winzige Zweitwohnung kauft, kenne ich die Bewässerungssysteme aus dem Aostatal und dem Wallis schon flüchtig, aber richtig hat sie mich erst in das Erlebnis der Südtiroler Waale eingeführt.

Als Gott Sonne und Wind verteilte, fragt er die Walliser Bauern, wie sie es denn mit Regen und Wasser haben wollen. Da meinen sie: Das machen wir lieber selbst. So lautet die populäre Erzählung. Sie bauten dann in ihren regenarmen Gebieten Gräben, mit denen das aus den Gletscherregionen der umgebenden Hochgebirge herabfließende Wasser das ganze

Jahr über geregelt verteilt werden kann. Wo es, wie in den Ebenen und Mittelgebirgen Deutschlands, keine solchen Bewässerungsanlagen gibt, müssen die Landwirte ihre Heuernte nach Regen und Sonne ausrichten. Hier brauchen sie das nicht, weil sie gemeinsam mit den anderen Landwirten die Bewässerung regulieren können. Wenn mit dem Klimawandel Extremwetterereignisse wie Dürreperioden zunehmen, dann werden Bewässerungssysteme in Ebenen Konjunktur haben. Wenn die Gletscher wegschmelzen, werden allerdings auch die alpinen Bewässerungssysteme nicht mehr funktionieren.

■ Vermutlich schon in vorrömischer Zeit gibt es solche Bewässerungskanäle. Die ersten gesicherten Archivquellen zu Südtiroler *Waalen* (aus romanisch *aquale*, Rinne für Wasser) kommen aus dem 12. Jahrhundert, aber vermutlich bestehen sie schon weit früher. Im Südtiroler Vinschgau gibt es 1939 600 Kilometer Waale, mit denen 10.000 Hektar bewässert werden. Heute sind sie meist umgewandelt in Druckrohrleitungen zur Beregnung, teilweise kombiniert mit Mikroirrigation (wassersparender Tröpfelbewässerung etwa in den Apfelplantagen). Die Waale müssen des nötigen geringen Gefälles wegen die Höhen des Geländes berücksichtigen und werden entsprechend geführt; deswegen heißt ein Waal bei Prad im Vinschgau »Lirilariwaal«. Seit dem 13. Jahrhundert hat der Landesfürst (heute der Staat) das Verfügungsrecht über die fließenden Gewässer und erteilt die Bewilligung zum Bau von Waalen (Rampold 1980: S. 68 f.). Er profitiert aber indirekt wegen der vermehrten Abgaben der Landwirte davon und meist direkt, weil auch seine Felder bewässert werden. Daher ist dieses System gleichzeitig machtgestützt und machtgeschützt. Betrieben werden die Waale durch Personenverbände von Hofeigentümern. Die Wasserrechte sind im Grundbuch verzeichnet. Die Waalgenossenschaft, dann die Gemeinde, später die Interessengemeinschaft, heute die Genossenschaft regeln alles Nötige (ebd.: S. 69 f.). Bei ihren Rechenschaftslegungen (den kontrollierenden und beschließenden Versammlungen) werden die »Weistümer«, die mit allen Beteiligten vereinbarten Bestimmungen, zurate gezogen. Sie regeln alles, was mit den Waalen zusammenhängt,

Bußen eingeschlossen. Die adeligen Mitinteressenten sind ebenso wie die Klöster auf gleicher Augenhöhe einbezogen. Der Waalmeister ist für die Instandhaltung der Wasserrinnen verantwortlich. Er ruft zur Versammlung (Gmoan) ein, verrechnet die Arbeitsleistungen und führt Buch. Mancherorts ist die dafür benutzte Dokumententruhe nur mit zwei Schlüsseln zu öffnen, weil es zwei gleichberechtigte Vorsitzende gibt. In Schluderns im »Vintschgau Museum« – hier wird die alte Schreibweise benutzt – ist eine solche Truhe zu sehen.

Für die Wasserzuteilung werden die »Roadtage« ausgelost. Auf seinem Grundeigentum muss jeder Grundbesitzer für die Verteilung des ihm zugeteilten Wassers selbst sorgen: »der Wasserer muss sein Feld gut kennen und er muss das Wasser bis in den letzten Zipfel hinausbringen. … Beim ›Wassern‹ schlägt er ein Wasserblech in den Wasserwaal. Meist wird das Wasserblech mit der ›Wasserhuder‹ (Sackleinwand oder Lumpen) abgedichtet. Dadurch kommt das Wasser zum Überrieseln. … Je nach Frucht muss die Wassermenge genau dosiert werden.« Im Frühjahr geht »Kornwasser vor Wiesenwasser. Rinnt das Wasser zu lange an einer Stelle, kann ein ›Fuchs brechen‹, das heißt, eine kleine Mure bricht los und die Vegetationsschicht wird weggerissen. »Wird schlampig gewässert, kommt nach einiger Zeit ein ›Brennfleck‹, ein brauner Fleck, hervor.« (Museum Schluderns, Sebastian Marseiler 1997)

Die Waale sind für Südtirol ein bedeutendes kulturelles Erbe. Sie sind in manchen Fällen noch in der alten Form genutzt, in vielen Fällen übergegangen in arbeitssparende Beregnungsanlagen, in anderen als Kulturdenkmal und wegen der Umwelt in ihrer Funktion erhalten. Fast immer sind sie begleitet von meist schmalen Wegen, mit denen der Waalmeister die Hauptwasserrinne kontrollieren kann. In sehr vielen Fällen sind diese Wege heute für einfache Familien- und Rentnerwanderwege hergerichtet. Sie sind so ein wertvolles Kapital für den Tourismus, freilich weder nachwachsend noch beliebig vermehrbar (ähnlich wie alpine Wanderwege, s. Kapitel 10.1).

Unterhalten werden die Waale von der Nutzergemeinschaft. Sebastian Marseiler, der als Kind selbst beim »Wässern« mitwirkt, schreibt:

»›Gmoanarbet‹ heißt die Gemeinschaftsarbeit, und ältere Bauern witzeln, bestimmte Waalabschnitte hätte man lieber mit den Speckschwarten gebaut, die beim vielen Marenden [Zwischenmahlzeiten, ›Brotzeiten‹] abfielen. … Es versteht sich von selbst, dass diese gemeinsamen Arbeiten sehr kommunikationsfördernd waren und den Zusammenhalt einer Gemeinschaft stärkten. … ›Gmoanarbet‹ kann im weitesten Sinne eine wesentlich intensivere Traditionspflege bedeuten, als öffentlich geförderte Vereine und Gruppen, denen der sozioökonomische Hintergrund verloren gegangen ist, weil die Lebensbedingungen sich eben grundlegend geändert haben. Was gab es da beim Mittagessen oder Marenden nicht alles zu witzeln und zu erzählen!« (Marseiler 1997: S. 152 f.) Aber es geht nicht nur um Traditionspflege. Der anekdotenhafte Hinweis erinnert auch an die mit der Verwaltung von Gemeinnutzen notwendig entstehende Gemeinschaftlichkeit, die als »soziales Kapital« wirkt und in der »soziomoralische Ressourcen« entstehen.

Elinor Ostrom hat für die zeitgenössische ökonomische und politische Theorie die Commons, die verwalteten Gemeinnutzen, wiederentdeckt (s. Kapitel 4.5). Sie hat gezeigt, wie auch heute gemeinschaftliches Eigentum von Nutzerorganisationen erfolgreich verwaltet werden kann. Weil die regelmäßigen Rechenschaftslegungen meist mit Mahlzeiten und Umtrunk verbunden sind, bedeuten sie normenstabilisierende Begegnungen und sind integraler Teil von Genuss und Lebensqualität.

Die Südtiroler Waale stehen nicht unter dem Zwang des Wachstums, denn sie können nicht beliebig vermehrt werden. Bei der Suche nach einer Zukunft, in der Lebensqualität und Sicherung der eigenen Zukunft wie derjenigen der Nachkommen in einer nachhaltigen Entwicklung verbunden sind, vermögen die Waale mit ihrer Geschichte die Fantasie anzuregen. Sie erinnern an Grenzen des Wachstums, an soziomoralische Ressourcen, Lebensqualität, Nachhaltigkeit und die Organisation von Gemeinschaftlichkeit.

Es gibt Parallelen in anderen europäischen, erst recht in außereuropäischen Regionen. »Suone« oder »Bisse« heißen im schweizerischen Wallis die Wasserleitungen, die den Waalen entsprechen (Gruber 2003). Manche sind 500 und mehr Jahre alt; die längste, die 32 Kilometer lange *Bisse de*

Saxon wurde zwischen 1865 und 1876 realisiert. Sie kommt auf 32 Kilometern mit lediglich 153 Meter Gefälle aus, die *Bisse de Clavau* auf sieben Kilometern mit etwa 60 Metern. »Es waren Gemeinden, die Suonen bauten – und womöglich der Nachbargemeinde das Wasser abgruben. Das hat mitunter zu regelrechten Kleinkriegen geführt ... Also benötigte es Wächter und Hüter und Wächterhäuschen und Wasserhammer.« (Gruber 2003: S. 4 f.) Diese kleine *Waalglocke*, wie sie in Südtirol heißt, wird von einem Wasserrad angetrieben, dessen Nabe mithilfe eines Bolzens einen lose gelagerten Hammer antreibt, der dann auf ein Stück Blech fällt (Rampold 1980: S. 71). Wenn sie nicht mehr läutet, ist etwas in Unordnung, und der Waalmeister muss ausrücken, die Störung zu beheben. »Und also ist nebst der eigentlichen Suon eine Suonen-Kultur in den Köpfen, in der Sprache, in den Amtsstuben herangewachsen. Weil geregelt sein musste, wer von wann bis wann wässern darf, wieviel und wann zum zweiten Mal und welche Felder überhaupt bewässert werden dürfen. Und wer im Frühjahr mitarbeiten muss, wenn es darum geht, die Leitungen wieder herzurichten, und wer für Unterhalt und Reparatur herangezogen wird usw. usf.« (Gruber 2003: S. 4 f.)

Um 1980 setzt ein Rückgang ein. »Im 1993 vorgelegten Kantonalen Inventar der Suonen werden insgesamt 190 Walliser Wasserleitungen mit einer Länge von 760 km aufgelistet (nachdem diese innerhalb von 100 Jahren stark zurückgegangen sind); 165 dieser 190 Suonen waren (1993) noch in Betrieb, und entlang 94 dieser Leiten führten Wanderwege ... und da und dort gehören Ausflüge entlang wieder hergestellter Suonen zum festen Angebot.« (Ebd.) In Botyre (Gemeinde Ayent, oberhalb von Sitten) gibt es ein Suonen-Museum (freundlicher Hinweis von Johannes Schmidt aus Hamburg). Es gibt wechselseitige Befruchtungen zwischen Tourismus und Landwirtschaft, »etwa dass der Wandernde bei seiner Tour realisiert, was es an Arbeit kostet, diesem Land Lebensmittel abzuringen. Wer dies mit eigenen Augen wahrnimmt, wird fähig, den Wert von landwirtschaftlichen Produkten (unserer Nahrung!) wieder angemessener und damit höher einzustufen. In diesem Sinne würde Wandern entlang von Suonen zum politischen Akt.« (Gruber 2003)

6.7 Die Wiederentdeckung der Gemeinnutzen (Allmende)

Waale und Suonen erinnern ebenso wie Genossenschaften an das, was in der Enquete-Kommission »Wachstum, Wohlstand, Lebensqualität« des Deutschen Bundestags »Solidarische Ökonomie« genannt wird. »Wir brauchen eine Stärkung der solidarischen Ökonomie. Hemmnisse müssen durch Politik und Verwaltung beseitigt werden. Die solidarische Ökonomie vereint den Gedanken der kooperativen Wertschöpfung und die Orientierung am ›Gemeinwohl‹ statt am Profit, womit sie ökologische, soziale und finanzielle Tragfähigkeit miteinander in Einklang bringt.« (Schlussbericht 2013: S. 788)

In der Vergangenheit sind solche Formen des kollektiven Handelns in der Regel von den Institutionen der Herrschaft anerkannt und durch Wertorientierungen (kulturelle Standards) und soziokulturelle Rituale abgesichert, genussvolle Feste eingeschlossen. Die beim zeitgenössischen bürgerschaftlichen Engagement hervorgehobenen drei Komponenten Gemeinwohl-, Geselligkeits- und Interessenorientierung (Schlussbericht 2008: S. 262) sind ähnlich zu werten. Wenn »soziale Kontrolle« dabei aufgewertet wird, so ist das ein »Dilemma zweiter Ordnung«. Damit muss zurechtkommen, wem an Nachhaltigkeit gelegen ist. Es gibt bei Waalen und Suonen rigide Formen der Bestrafung – als Idylle braucht man sich das nicht vorzustellen. Aber die Beteiligten wissen um die Notwendigkeit dieser Disziplin. Und sie sichern ihre Genussmöglichkeiten mit Festen, bei denen jeder sieht, wie andere sich verhalten.

Altes Gemeinnutzenrecht bedeutet, wie am Beispiel des Markwaldes von Garbenteich gezeigt, dass nicht beliebig verkauft und gebündelt werden kann. Die historischen Gemeinnutzen regeln die Übertragung von Nutzungsanteilen meist so, dass die Struktur und damit der verantwortungsbewusste nachhaltige Umgang mit den Ressourcen erhalten bleibt. Garett Hardin hat das in dem Bild von der *Tragödie der Gemeindewiesen* nicht berücksichtigt (s. Kapitel 4.5). Damit wird noch einmal deutlich, wie wichtig das in § 9 der Satzung des Markwaldes von Garbenteich festgehaltene Prinzip des Veräußerungsverbots ist: »Die Anteilsinhaber verzichten ausdrücklich auf ein ihnen zustehendes Recht der Veräußerung des gemeinschaftlichen Eigentums sowie der Teilung in reelles Einzeleigentum und stimmen der Eintragung des Verzichts in das Grundbuch zu.« (Stumpf 1978: S. 53) Das zu bestimmen ist also 1953 möglich, warum nicht auch noch heute.

Wenn Wald und Weide frei gehandelt werden können, gibt es schnell Konflikt. Gern empfehlen Anlageberater in der Gegenwart, in Grund und Boden als wertbeständige Anlage zu investieren. Man nennt es *Land-Grabbing* (Land zusammenraffen), wenn in den außereuropäischen Regionen des Südens Weide- und Ackerland von Halbnomaden und kleinen Bauern aufgekauft wird. Damit wird das Patrimonium, das als Gemeinnutzen verwaltete Weideland, zu privatwirtschaftlich nutzbarem Dominium (s. Kapitel 4.3).

Die ohnehin durch willkürliche Grenzziehungen gefährdete Existenzgrundlage von Viehhirten wird so zerstört. Sie betreiben »Landwirtschaft und zusätzlich Weidewirtschaft auf der Allmende, also auf dem Boden der Gemeinschaft« (Pearce 2012a, 2012b). Dabei bewegen sie sich »nicht in einem rechtsfreien Raum. Besitz- und Durchzugsrechte wurden sorgfältig ausgehandelt und auf ihre Einhaltung geachtet.« (Ebd.; für die alpine Almnutzung gilt Ähnliches.) »Einige Schätzungen gehen davon aus, dass Viehhirten 45 Prozent der Landfläche des Planeten benutzen.« (Ebd.) »Weit entfernt davon, das Land zu schädigen, bewahren Hirten und ihr Vieh seit Jahrtausenden die Biodiversität, gebieten der Wüste Einhalt, speichern Kohlenstoff und verhindern Bodenerosionen.« Das geht allerdings nur, wenn nicht Land-Grabbing, neue Grenzen, Kriege, andere Landnutzungen wie Nationalparks oder die Gewinnung von Bodenschätzen ihre Weidegebiete einschränken – dann findet schnell Übernutzung statt. Die Oromo in Äthiopien zum Beispiel verloren 60 Prozent ihrer Weideflächen durch den Awash-Nationalpark, durch die Metehara-Zuckerrohrplantage und andere große Farmen. Anderswo finden ähnliche Prozesse statt, und die Gegenwehr der Viehhirten wird zum Anlass für manche Konflikte in Afrika und anderen Weltgegenden. Solche Konflikte werden dann von »aufgeklärten« Westlern gern als archaische »Stammeskriege« kritisiert, sind in Wirklichkeit aber ökonomisch bedingte Konflikte, oft genug entstanden durch den Einfluss marktwirtschaftlicher Entwicklungen.

Beim Land-Grabbing wollen Aufkäufer des Landes es perspektivisch für nachwachsende Rohstoffe zur Energiegewinnung (für Treibstoff oder Wärmekraftwerke) oder angesichts erwarteter Nahrungsmittelkrisen zum spekulativen Anbau von Nahrungsmitteln benutzen und dann die Subsistenzhirten und Bauern wie einst die Bewohner der Kolonien zu abhängigen Arbeitskräften machen oder sie dem Hunger und der Not ausliefern. Dass die Aktiveren von ihnen dann die Migration nach Europa versuchen, braucht nicht zu verwundern.

Auf der Berliner Grünen Woche 2019 erfährt man viel über Präzisionslandwirtschaft: Fernerkundung, Drohneneinsatz, neue Verfahren der Gentechnik, synthetische Biologie als Zukunftstechnik und Ähnliches. Bioökonomie wird als Regionalentwicklungshilfe und Wachstumsmotor empfohlen (Grefe 2016: S. 107).

Sie muss sich freilich auch etlichen kritischen Fragen stellen, bezogen auf das Schicksal der Kleinbauern. Vielerorts sind Menschen, die sich bis jetzt subsistenznah verhalten haben, durch Land-Grabbing zur Migration in die Städte oder nach Europa gezwungen. Fluchtursachenbekämpfung muss hier die Rahmenbedingungen ändern. Gestritten wird darüber, ob kleine Landwirte auf kleinen Parzellen mehr Nahrungsmittel erzeugen können als systematische Großlandwirtschaft mit viel Kunstdünger, Herbiziden und großen Maschinen. Subsistenzlandwirtschaft kann möglicherweise nur wenig Marktprodukte liefern, weil viel für die eigene Subsistenz der Kleinbauernfamilie verbraucht wird. Aber auf jeden Fall arbeitet sie umweltschonender, erhält die Artenvielfalt und ist sozial verträglicher. Solche Überlegungen wird man berücksichtigen, wenn es bei Gemeinwohlbilanzen um Einkaufs- und Beschaffungspolitik geht (s. Kapitel 9.2).

Für Bäche, Flüsse und Meere sind Fischfang und sonstige Nutzungen immer geregelt, beim Meeresfischfang auch durch international ausgehandelte Fangquoten. Sie sind einzelnen Staaten zugeteilt, die konzessionierten Fischern Fangquoten weitergeben. Wenn im Nordatlantik den Fischern handelbare Fangquoten zugeteilt werden und die Fischer diese, anders als bei traditionellen Gemeinnutzen, beliebig verkaufen oder verpachten können, kann es leicht dazu kommen, dass die Fangquoten auf wenige Fischereibetriebe konzentriert und entsprechende Großbetriebe begünstigt werden (Ostrom/Helfrich 2011).

Es gibt Beispiele für gelungene Sicherung von Fischbeständen. »Einst war der Kabeljau in der Barentssee fast verschwunden. Heute zeigen Norwegen und Russland gemeinsam, wie sich bedrohte Bestände pflegen und zugleich nutzen lassen.« (Asendorf 2019) Sie haben sich nicht nur auf eine gemeinsame Fangquote für den Nordostatlantik geeinigt, sondern auch auf eine 2018 realisierte flächendeckende Einhaltung der Kontrolle. Durch den bemerkbaren Klimawandel drohen freilich neue Gefahren für diese Fischbestände: Sie müssen ihren Lebensraum verändern.

Es gibt noch andere formalisierte zeitgenössische Gemeinnutzen, die nicht unerwähnt bleiben sollen. Dazu gehört die Buchpreisbindung im deutschen Sprachbereich und in Frankreich – ein widerspruchs- und konfliktreicher Gemeinnutzen, bei dem Urheber, Verleger und Medien ihre Interessen aushandeln. Sie müssen das Recht auf Freiheit des Zugangs zur Information als Voraussetzung für Meinungsfreiheit und demokratische kulturelle Öffentlichkeit berücksichtigen. Aber Regelungsbedarf besteht in allen Gemeinnutzen, das zeigen auch Gemeindewiesen, Waale und Suonen von früher. Und eine Selbstorganisation bedarf der Stützung und Sicherung durch ein demokratisches Staatswesen mit Gewalt- und Gesetzgebungsmonopol.

Andere Gemeinnutzenrechte sind nicht so einfach formalisierbar. Es gibt solche Rechte etwa bezogen auf Wald, für den zum Beispiel das Betretungsrecht wie in Skandinavien traditionell abgesichert ist. Soll der Wald eintrittsfrei bleiben? Darf man Pilze sammeln, den Wald außerhalb der Wege betreten? Wiesen darf man nur bis zum 1. April frei betreten, weil dann das Gras zu wachsen beginnt. Sollen die Ufer von Meer, Flüssen und Seen für jedermann frei bleiben? Wie wird Luftverschmutzung geregelt? Wie ist es mit dem Lärm? Haben Motorradfahrer das Recht auf akustische Umweltverschmutzung durch Motorlärm, während laute Musik glücklicherweise verboten ist? Wie ist es mit Licht? Dürfen in der Dunkelheit überall beliebig Lichtquellen aktiviert werden, auch wenn sie den Vogelzug stören? Überall gibt es Regelungsbedarf, wenn es um frei Zugängliches geht.

Inzwischen werden Gemeinnutzen, Commons, Allmenden, zu denen die Waale, Suonen und Almen gehören, in der Gegenwart zum Vorbild für neue Institutionen jenseits von Markt und Staat. Elinor Ostrom (s. Kapitel 4.5) belegt, dass auch in der Gegenwart in vielen Fällen eine institutionalisierte lokale Kooperation der Betroffenen sowohl staatlicher Kontrolle als auch Privatisierungen überlegen ist. Und immer mehr wird erkannt, dass die Menschen vor der umfassenden (und noch nicht überall vollendeten) Durchsetzung des Marktprinzips ihr Leben in gemeinsamer Verantwortung nach Gemeinwohlprinzipien selbst organisieren können.

In vielen Fällen ist in krisenhaften Situation die Selbstorganisation überlebenssichernd: Erster Weltkrieg, Kriegsnotwirtschaft, Zweiter Weltkrieg, die Notzeit danach – in all diesen Zeiten ist das der Fall. Hans Magnus Enzensberger hat sich die materiellen Grundlagen seiner Fähigkeit, als freier Schriftsteller zu arbeiten, in der Jugend auf dem Schwarzmarkt erarbeitet. In den letzten Jahrzehnten haben der Zerfall der Sowjetunion, die regionalen Kriege und Krisen auf dem Balkan, die Krise in Griechenland und anderswo Kräfte der Selbstorganisation wieder geweckt: Menschen zeigen, was sie des Überlebens wegen allein und mit anderen auch ohne den Staat organisieren können (s. Kapitel 9.5).

Aktuelle Kriege sind weit weg, aber Ressourcen der Selbstorganisation werden in ihnen notwendigerweise immer wieder aktiviert. Ein Beispiel (nur als Hinweis): »In Libyens Hauptstadt Tripolis hat nicht der Staat das Sagen, sondern eine Koalition von Milizen. Sie haben die Stadt unter sich aufgeteilt, ihnen gehorcht die Regierung und sie sind auch Partner der internationalen Diplomatie.« (Keilberth 2019) Ein Schalk, wer dabei an die Rolle der Automobilkonzerne in Deutschland in den Jahren nach 2000 denkt!

Von der Nordseeinsel Helgoland gibt es im Archiv des Museums Helgoland aus der Zeit nach 1939 Fotos, auf denen das sonst grüne gesamte Oberland dieser Insel aufgeteilt ist in Streifen von Gartenland. Im Zweiten Weltkrieg entstehen in San Francisco auf öffentlichen Flächen »Victory Gardens« (Gärten der Irdischen Freuden, Gropius Bau Berlin 2019). Urban Gardening ist in Kuba im Zusammenhang mit dem US-amerikanischen Boykott und der dadurch auftretenden Mangelwirtschaft entstanden. Angeregt dadurch, entstehen später Aktivitäten in großer Zahl, und es wirkt wie ein Symbol, dass in der Bankenstadt Frankfurt am Main in den 2000er-Jahren auf dem Dach des Museums für Moderne Kunst von Künstlern mit Bienenzucht in der Stadt experimentiert wird. 2019 beschließen die Regierungsparteien in Deutschland nach den verlorenen Wahlen »Urban Gardening« finanziell zu fördern. Wenn Klimawandel schon nicht verhindert werden kann, so kann man doch prüfen, wie mit seinen Folgen umgegangen werden kann.

▪ Datschen und Kleingärten in der Tradition der Schrebergärten sind in der DDR einst aus der Not heraus zu bedeutenden Produzenten für Obst und Gemüse geworden. 1976 leitet Erich Honecker eine Wende in der Kleingartenpolitik der DDR ein, und die Gartenordnung vom 27. Januar 1977 betont: »Die kleingärtnerische Bodennutzung dient der Erholung und Freizeitgestaltung.« Kleingärten werden gefördert (Dietrich 2018: S. 1652). Sie sind billig, und es gibt lange Wartelisten. Auch die Betriebe stellen welche zur Verfügung. Kleingarten- und Datschenbesitzer (die Übergänge zwischen beiden sind fließend, ebd.: S. 1655) verbringen verlängerte Wochenenden draußen. Die Anlagen sind auch Erholungsgebiete für Spaziergänger, und sie decken schließlich einen Großteil des Bedarfs an Obst und Gemüse. Ihre Produkte werden zu hohen Preisen angekauft, manchmal im Laden unter dem Ankaufspreis verkauft, von Kleingärtnern aufgekauft und wieder zum hohen Preis zurückverkauft.

Die Gärten sind ein wichtiges sozialkulturelles Element: »Der Kleingartenbesitzer verschenkt oder tauscht eher seine überschüssigen Erträge, als dass er sie für Bares hergibt … Die Pflege persönlicher Beziehungen durch kleine Mitbringsel aus dem Garten zahlt sich auf Dauer mehr aus als der direkte Gelderwerb.« Ähnlich gemeinschaftsfördernd wirken die vielen Feste. So wird der zuständige Verein unter der Schirmherrschaft des ZK der SED »zum größten Freizeit- und Vergnügungsverein« der DDR (ebd.: S. 1654, 1656). Vielleicht ist dies ein Beitrag eines Wohlfahrtsstaates (statistisch war die DDR in ihren besten Zeiten trotz aller Schattenseiten ja ein solcher) zur Lebenskultur:

die Vereinigung von ressourcensparender produktiver Tätigkeit (Erzeugung von Obst und Gemüse vor Ort) mit Erholung, Entspannung und Sozialkontakt

6.8 Die digitale Allmende

Die zeitgenössische digitale Welt hat Berührungen zu der alten Welt der »Gemeinnutzen«. In der digitalen Sphäre haben sich Formen herausgebildet, die den Gemeinnutzen von früher ähneln. Sie sind aber nicht »herrschaftsgestützt«. Die Open-Source-Bewegung als »Wissensproduktion durch kollektive Kooperationen entsteht als Antwort auf die Patentpolitik von Computerfirmen wie IBM oder Microsoft. Diese wollen »Lizenzen für ihre Produkte nur käuflich zugänglich machen«, tun dies bis heute und halten damit den Markt und die Weiterentwicklung unter Kontrolle (Tageszeitung Beilage Genossenschaft 2, 2012: S. V).

In der »digitalen Welt«, wie sie für mich wie für die ältere Generation der Nichtnetzeingeborenen in vielem immer noch ein Geheimnis ist, entwickelt sich aus den kreativen Subkulturen der Akteure (Stöcker 2011: S. 43) nicht nur ein Proto-Internet, sondern auch ein System von informellen Regeln (ebd.: S. 48, 87), das bis 2019 die Auseinandersetzungen um das Urheberrecht beeinflusst. Dank der Kreativität der Netzprotagonisten werden kommerzielle, die Möglichkeiten des Netzes einschränkende Verwendungen wie BTX in Deutschland zum Fehlschlag (ebd.: S. 86). Es wird, nicht zuletzt durch den Einfluss des damaligen US-Vizepräsidenten Al Gore, verhindert, dass weitestgehende Kommerzialisierung die Chancen und Freiheiten des Internets zerstört (ebd.: S. 118 f.).

Inzwischen beschwert man sich über unkontrollierbare Strukturen des Internets. Mehr als 100 Jahre früher ist es in Deutschland die Schundliteratur, die sich mit den neuen Drucktechniken und Märkten entwickelt hat und für Ängste bei den Eliten und Erziehern sorgt (Maase 2012). Aber wer sich heute über die Offenheit der Anwendungen des Internets beklagt, der muss bedenken, dass sonst die Dienste des Netzes alle bezahlt werden müssten und dass die demokratischen Bewegungen in vielen Teilen der Welt ohne dieses freie Netz keine Chance gehabt hätten. Freilich ist darüber nachzudenken, wie kriminelle Nutzungen verhindert werden können und wie man vermeiden kann, dass in der anonymisierten Nutzung des Netzes alle gewohnten Formen des zivilisierten Umganges und des Anstandes missachtet werden und damit Hemmschwellen abgebaut werden, die Gewalt gegen Personen in der politischen Auseinandersetzung bisher immer noch erschweren. Das sind Probleme, die nur teilweise mit den Mitteln des Rechtsstaates gelöst werden können: Beleidigungen und Volksverhetzung können bestraft werden, vieles anderes kann nur moralisch in der »Netzgemeinde« sanktioniert werden.

Trotz der Wissensallmende sollen die Menschen nicht verlernen, Bücher und Papiertexte zu lesen (oder handschriftlich Texte zu schreiben). Nicht nur, weil elektronische Information sehr teuer werden kann, wenn die »digitale Allmende« zunehmend kommerzialisiert wird, sondern auch, weil vieles dafür spricht, dass mit gedruckten Texten auf Papier Informationen anders und intensiver verarbeitet werden können als am Bildschirm. Öffentliche Büchereien bleiben daher trotz Wikipedia wichtig.

»E-Mail war die Erfüllung eines Traums, von dem wir gar nicht gewusst hatten, dass wir ihn hegten.« (Stöcker 2011: S. 168 f.) Das sagt ein Protagonist dieser Bewegung, und in diesem Satz wird vieles von der ganzen Widersprüchlichkeit der Technik sichtbar: Sie schafft neue teure und ressourcenaufwendige Bedürfnisse, bedeutet aber auch einen Schub neuer Möglichkeiten und Freiheiten. Die zunächst ohne kommerzielle Interessen arbeitenden »Hobbyweltenschöpfer« im Internet entwickeln zum Beispiel »Counter Strike«-Spiele, die nicht mehr auf »Ego-Shooter« setzen, sondern nur funktionieren, wenn Teammitglieder koordiniert zusammenspielen (ebd.: S. 156). In der Szene der »ehrenamtlichen Kriminellen« der »Cracker«- und »Release«-Gruppen, die Spiele und Programme irregulär verfügbar machen, ist Anerkennung wichtiger als Geld (ebd.: S. 200). »Die Release-Szene ist eine auf den ersten Blick paradoxe, rätselhafte, von keiner Gesellschaftstheorie vorhergesagte Auswirkung der Kombination aus Hacker-Ethik, Technikbegeisterung, Gemeinschaftsgeist und Geltungsdrang – ein prototypisches Kind der Tabula rasa.« (Ebd.: S. 202 f.; s. auch J. Hofmann 2006) Derzeit (2019) scheint die »digitale Allmende« bedroht zu werden, weil Marktkräfte sich immer mehr Bereiche unterwerfen wollen: Einst geschah Ähnliches bei der Abschaffung der alten Gemeinnutzen.

6.9 Genossenschaften sind eine Möglichkeit

»Wo die Verkäufer auch Käufer sind, macht Betrug am Kunden keinen Sinn. Das genossenschaftliche Wirtschaften hat dem kapitalistischen Wettbewerb nicht nur diese Vertrauensbasis voraus: Vom gemeinsamen Ziel angetrieben, sind Genossenschaften oft Innovationsmotoren. Und nicht selten koppeln sie ihr wirtschaftliches Handeln an ein politisches Ziel. Was sich anhört wie ein paradiesischer Zustand, wird weltweit seit mehr als hundert Jahren täglich und erfolgreich umgesetzt.« (Gellenbeck 2012)

Ein bedeutendes Mitglied der Familie der Gemeinnutzen sind die Genossenschaften. Friedrich Wilhelm Raiffeisen (1818–1888) gründet 1847 als christlich motivierter Beamter in einer verarmten Landregion des damals preußischen Westerwaldes einen »Brotverein« zur Bekämpfung der Hungersnot und einen »Hilfsverein zur Unterstützung unbemittelter Landwirte«, mit denen die Bauern unabhängig von Krediten werden sollen. Seine 1866 erschienene Schrift zu den »Darlehnskassen-Vereinen« ist die Initialzündung für inzwischen mehr als 330.000 Genossenschaftsbanken in aller Welt. Hermann Schulze-Delitzsch, Richter von Beruf, gründet 1849 in Sachsen eine Einkaufsgenossenschaft für Schuhmacherbetriebe, aus der sich Vorschuss- und Kreditvereine für Handwerker entwickeln.

Die Existenz von Genossenschaften ist keine Selbstverständlichkeit. Daran erinnern unterschiedliche Entwicklungspfade in Kanada und Argentinien im 19. Jahrhundert: Ein »auffälliger Unterschied zwischen den beiden großen Weizen produzierenden Ländern war das Ethos der Hilfsbereitschaft, das in den Prärien Kanadas deutlich wurde. Die skandinavischen, britischen und mitteleuropäischen Einwanderer, die den Weg in die Prärie gefunden hatten, hatten bereits in Europa Erfahrungen mit

Konsumgenossenschaften gemacht. Familienfarmen mit wenig Kapital förderten die Bereitschaft der Bauern, ihre Ressourcen zu bündeln. In den 1920er-Jahren waren genossenschaftliche Strukturen, die für die Mitglieder den Verkauf und die Lagerung des Getreides organisierten und zudem als Versicherungsverein auf Gegenseitigkeit funktionierten, in den Weizenanbaugebieten Westkanadas fest etabliert. Im Gegensatz dazu führten die befristeten Pachtverhältnisse in den Pampas nicht zu einem dauerhaften Zusammenwirken.« (Topik 2012: S. 710; s. auch Niederer 1974) Nicht erwähnt wird hier, dass diese Einwanderer auch mehr oder weniger deutliche Erinnerungen an traditionelle europäische Gemeinnutzen aus der Zeit vor der Gründung von Genossenschaften in Europa haben.

Es zeigt sich an diesem Beispiel, dass unterschiedliche Pfade große Auswirkungen haben: Wenn die politischen Rahmenbedingungen Genossenschaften und Selbstorganisation begünstigen, gibt es andere Ergebnisse als bei der Bevorzugung der freien ungezügelten Verfügung über Grund und Boden. Welche Pfade in den politischen Entscheidungen bevorzugt werden, ist wichtiger als die Existenz des einen oder anderen interessanten Experiments.

Heute sind die Mikrokredite der Yunus-Banken eine international beachtete Innovation (Yunus 2010). In den armen Ländern des Südens sichern Mikrofinanzierung und Kleinkredite, wie sie von der Grameen Bank in Bangladesch vergeben werden, und andere Finanzdienstleistungen für Arme das Entstehen kleiner Subsistenzunternehmen (Bittner 1996: S. 31, 43).

Nicht zuletzt wegen der harten Bedingungen der großen Banken für die Kreditvergabe sind die Mikrokredite zum Vorbild auch für neue Strukturen in Mitteleuropa geworden (Rhoden 2012: S. 33). Aber sie sind nicht unumstritten, denn mehr und mehr übernehmen auch sie für kleine Kredite die Praktiken der großen Banken oder werden auf andere Art in deren Bann gezogen. Die traditionelle Genossenschaft ist orientiert am Gemeinwohl und wird getragen von der Verantwortung aller Genossen, während eine Yunus-Bank zwar zum nicht marktwirtschaftlichen »dritten Sektor« jenseits von Staat und Markt gehört, aber gleichwohl nur betriebswirtschaftlich geleitetes Unternehmen ist (auch wenn es da Beiräte und Selbstverpflichtungen gibt). Genossenschaften dagegen verbinden sich von Anfang an mit Gemeinwohlideen und mit sozialen und sozialreformerischen Aktivitäten. Die Genossenschaft von Naturns in Südtirol zum Beispiel legt 1893 fest: »Der Verein bezweckt, die Verhältnisse seiner Mitglieder in sittlicher und materieller Beziehung zu verbessern.« (Raiffeisen: S. 143) Im Jahr 1898 wird ein Darlehen auf Bürgschaft für ein halbes Jahr »bewilligt mit der Bedingung, künftighin die Wirtschaft nicht wie bisher, sondern ordentlich, sparsam und so, wie es einem Mitglied des Vereines zusteht, zu bewerkstelligen, spezial aber der Trunkenheit bis mitten in die Nacht hinein, wie es bis heute der Fall war, adje zu sagen, andernfalls das Kapital sofort beigetrieben wird.« (ebd.: S. 149)

Ein Beispiel für den engen Kontakt zwischen Genossenschaften, Sozialreform und Naturschutz ist der »Heidepastor« Wilhelm Bode (1860–1927). Er gründet 1888 mit einigen Bauern in Egestorf in der damals preußischen Provinz Hannover nach dem Vorbild von Raiffeisen (Hohnsbein 2017: S. 117) einen Spar- und Darlehnskassenverein. In der Folge hilft er bei der Gründung eines Viehversicherungsvereins (einer »Kuhkasse«), dem Bau einer Wasserversorgung mittels eines Windmotors, der Gründung einer Volksbibliothek und engagiert sich als »Heidepastor« bei der Erhaltung der Heideflächen um den Wilseder Berg (ebd.: S. 118).

Die seit Mitte des 19. Jahrhunderts sich entwickelnden Genossenschaften stehen zeitweise den Sozialdemokraten nahe, aber in der marxistischen Theorie gibt es Vorbehalte gegen sie: Viele Sozialisten denken, die endlich zu erringende Macht im Staat soll alle sozialen Fragen lösen, dann werden die Genossenschaften überflüssig. Adolph von Elm (1857–1916) hat als Sozialdemokrat versucht, Gewerkschaften und Genossenschaften zusammenzubringen und 1912 die Versicherungsanstalt »Volksfürsorge« vor allem für Arbeiter gegründet. Sein Büchlein »Genossenschaftsbewegung und Sozialdemokratie« (1910) habe ich 1965 in Sarajewo in einem Antiquariat gekauft; es wurde ausgemustert aus einer serbischen Bibliothek. Der alte einliegende Zettel des serbischen Bibliothekars (es kann auch eine Bibliothekarin gewesen sein) übersetzt den Titel mit *Zadrugni pokret.* Das erinnert an die aus der Balkan-Agrargeschichte vertraute

Zadruga, die mit dem türkischen Steuersystem verbundene Großfamilie, die sich um ein einziges besteuertes Herdfeuer gruppiert und eine Art von Genossenschaft ist.

Die aus der Arbeiterbewegung hervorgegangenen Konsumgenossenschaften haben satzungsgemäß vorgeschriebene und staatlich kontrollierte Regelungen. Sie akzeptieren nur Barzahlung und verkaufen nicht auf Kredit, verhindern damit die Überschuldung der Arbeiterhaushalte. Und sie zahlen Rückvergütung, praktizieren so Kundenbindung (Sywottek 1984: S. 87). An Bedarfsdeckungswirtschaft orientiert, betreiben sie kein Marketing für expansiv wachsende Märkte (ebd.: S. 86). Aber mangelnde politische Unterstützung und ruinöser Wettbewerb mit nicht genossenschaftlichen Anbietern führen Ende des 20. Jahrhunderts zum Ende dieser Genossenschaften.

Oft werden Genossenschaften kritisiert, weil sie nicht wirtschaftlich arbeiten: Sie sind in der Tat gehalten, sich an die in der Satzung festgelegten gemeinnützigen Verpflichtungen zu halten. Im Prinzip kann dies bei richtigem Management auch ohne Beeinträchtigung der betriebswirtschaftlichen Gepflogenheiten geschehen. Wenn ein kleines oder mittelgroßes privatwirtschaftliches Unternehmen bankrottiert, wird das nicht sehr beachtet. Nur wenn eine Genossenschaft pleitegeht, wird gleich das ganze Prinzip infrage gestellt. Würde man Genossenschaften ähnliche öffentliche Förderung und Fürsorge angedeihen lassen wie mittelständischen Firmen, ließen sich vermutlich viele Probleme leichter lösen. Solche »Pfade« zu beschreiten befördert die »molekularen Wandlungen«, die eine sozialökologische Transformation vorbereiten können (s. Kapitel 11.3).

Hagen Henrÿ von der Universität Helsinki erinnert daran, dass sich »Genossenschaften wegen ihrer Rechtsstruktur vergleichsweise gut für die Umsetzung des Konzepts der nachhaltigen Entwicklung eignen«. Die »aktuelle Genossenschaftsgesetzgebung« läuft dem jedoch zuwider, »da sie die Alleinstellungsmerkmale der Genossenschaften aushöhlt«. Erkennbar ist 2012 »der seit circa vier Jahrzehnten anhaltende Trend, die Genossenschaften durch die Gesetzgebung den Kapitalgesellschaften in ihrer Struktur anzugleichen« – die »Verkapitalgesellschaftung« (Henrÿ 2012: S. 69).

»Die zum Teil ohne notwendige Anpassung auf die Genossenschaften anzuwendenden Regeln des Arbeitsrechts, des Wettbewerbsrechts, des Steuerrechtes sowie der Buchführungs- und Rechnungslegungsvorschriften« bedeutet dabei eine Menge von Wandlungen. »Passen sich zudem die Genossenschaften selbst dieser Vereinheitlichung der Unternehmensformen nach dem Muster der Kapitalgesellschaften an, indem sie die sich ausweitende Satzungsautonomie ausschöpfen, dann wird die Berufung auf nicht mehr gelebte, identitätsstiftende Genossenschaftswerte und -prinzipien in der rechtspolitischen Debatte fragwürdig.« (Ebd.: S. 69 f.) Mit anderen Worten: Die Genossenschaften und ihre Prinzipien geraten unter die Räder der neoliberalen Marktwirtschaft, für die – wie bei der Umwandlung der DDR-Wirtschaft – Privatisierung der beste Weg zu sein scheint (s. Kapitel 11.3).

7

Versuche des souveränen Umgangs mit Reichtum in der Wohlstandsgesellschaft

■ »Weder Knappheit der Zeit noch Raumnot zwingen heute zu einer möglichst rationellen Nutzung von Zeit und Raum. Zeit und Raum zu haben, ohne Hunger leiden zu müssen, sind Inbegriff von Luxus, zugleich sind sie erste Voraussetzung dafür, daß die Individuen ihren eigenen Alltag sinnvoll selber organisieren können.« (Siebel 1990: S. 133)

In den Wohlstandsregionen der Welt sammelt sich im ausgehenden 20. und beginnenden 21. Jahrhundert gewaltiger Reichtum an, gewonnen aus nicht erneuerbaren Ressourcen und Energieträgern, aus großer Produktivität und aus dem Zugriff auf die übrige Welt. Wie wird mit diesem Reichtum umgegangen? Es gibt Suchbewegungen, in denen es um die Nutzung neuer Chancen zugunsten von Lebensqualität unter Berücksichtigung von Zukunftsfähigkeit und Suffizienz geht. Es öffnen sich Fenster für Reformen, mit denen der Übergang in eine Postwachstumsgesellschaft möglich scheint. In solchen Suchbewegungen möchten Menschen die gefühlten und realen Möglichkeiten des Wohlstands für ihre Lebensqualität nutzen, wollen aber die Zerstörung der Lebenswelt vermeiden. Das geht nur, wenn die wahren Kosten für den Luxus überall eingepreist werden. Und sowohl im Inneren der meisten Staaten wie auf globaler Ebene gibt es außerordentliche Unterschiede.

7.1 Armut und Reichtum werden kulturell definiert

Ein im Sinai und im Negev verbreitetes Lied zählt die zehn wichtigsten Dinge auf, die ein Beduine von Gott erbittet: Als Gastgeber möchte er ein Zelt, das seine Gäste beherbergt, und eine Frau, die sich auf ihre Pflichten als Gastgeberin versteht. Er bittet um schwarze Ziegen, die er zu Ehren des Gastes schlachten kann, und um Kamele, die diesem eine Schale frischer Milch liefern. Als Krieger bittet er um eine Stute und ein Gewehr sowie um tapfere Söhne, die sich einmal im Kampf bewähren können. Die vier weiteren begehrten Güter sind schnellfüßige Füllen zur Entschädigung begangenen Unrechts, Gottes Schutz für den guten Ruf der Töchter, eine Pilgerfahrt nach Mekka und schließlich die Errettung vor der Hölle (Enderwitz 1999: S. 25).

Gern spricht man vom historischen oder gesellschaftlichen Niveau der Bedürfnisse. Für Kulturwissenschaftler ist es ein kulturelles Produkt. Die in einer Gesellschaft, in einem Milieu vorherrschenden, historisch entstandenen und änderungsfähigen Werte, Symbole, Standards und Normen werden von den Angehörigen der eigenen Gruppe geteilt, unterscheiden diese aber gleichzeitig von anderen.

Für die vorindustriellen Verhältnisse hat Dieter Groh Hinweise gegeben, wie ein solches Bedürfnisniveau entsteht: »Qualitativ jedoch, und d. h. für die Lebensführung des Einzelnen, bestimmen sich die Bedürfnisse nach denen in einem Stamm, in einer Gesellschaft oder einer anderen Gruppe dominierenden Vorstellungen darüber, was man benötigt, um sein Auskommen zu haben.« (Groh 1992: S. 38, s. Kapitel 4.2) Dieses Auskommen ist dynamisch und durch kulturelle Prägungen bestimmt. Es bezieht sich auf »die grundlegende verhaltenssteuernde Norm von Subsistenz›ökonomien‹, nämlich die Idee vom ›guten und richtigen Leben‹.« (Ebd.) Kultur ist auch, wie wir leben wollen.

Diese Standards entscheiden auch darüber, ob man sich arm oder reich fühlt. Reichtum, sagt uns das Lexikon, ist die »wirtschaftliche Situation einer Person oder Gruppe ..., in der die Summe verfügbarer Güter und Werte den zur Befriedigung ihrer Bedürfnisse als notwendig erachteten Bedarf wesentlich übersteigt« (Brockhaus 1986). Verfügbarkeit von Zeit und Raum sowie materielle Ressourcen sind Bestandteile des Reichtums, meist erreichbar mit dem universellen Zahlungsmittel Geld. *Luxus* ist die Steigerung des Reichtums: »Luxus bezeichnet die über das jeweils als notwendig erachtete sinnvolle Maß hinausgehenden Verhaltensweisen und Aufwendungen … beim Gebrauch von Gütern.« (Ebd.)

Wenn in beiden Definitionen die Formel »als notwendig erachtet« erscheint, dann deutet dies auf die kulturspezifische relativierende Dimension. (Das gilt auch dann, wenn Reichtum nicht den Überfluss, sondern die Fähigkeit der souveränen Verfügung über Ressourcen bezeichnet: Auch das wird kulturell definiert.)

Lebensqualität ist nicht an Reichtum in Form von materiellem Wohlstand oder Wachstum gebunden. Empirische Studien – sicher nicht verallgemeinerungsfähig, aber zum Nachdenken anregend – haben schon in den 1960er-Jahren ergeben: »In jeder einzelnen Erhebung bezeichneten sich die Befragten in der höchsten Einkommensgruppe oder allgemein definiert in der Gruppe mit dem höchsten sozio-ökonomischen Status im Durchschnitt als glücklicher als die Befragten der untersten Gruppe.« Überraschend aber ist das zweite Ergebnis: »Zugleich besteht keine vergleichbare Korrelation zwischen Einkommen und Glück zwischen einzelnen Ländern zu einem bestimmten Zeitpunkt. Die Amerikaner scheinen nicht glücklicher als die Kubaner, Deutschen oder Nigerianer zu sein. Noch zeigt sich eine ähnliche Korrelation zwischen Durchschnittseinkommen und Zufriedenheit über einen längeren Zeitraum hinweg.« (Hirsch 1980: S. 163 f.)

Die Enquete-Kommission »Wachstum, Wohlstand, Lebensqualität« stellt fest: Erfahrung ist »in Gesellschaften mit einem hohen Pro-Kopf-Einkommen, dass sich Zufriedenheit und materieller Wohlstand ab einem gewissen Schwellenwert entkoppeln. Wohlstand in einem ganzheitlichen Sinne bedeutet für Menschen eben weit mehr als immer mehr materieller Wohlstand.« (Schlussbericht 2013: S. 20) Die aktuelle Glücksforschung bestätigt dies. Ausschlaggebend ist die Chance, den kulturspezifischen Normen des *guten und richtigen Lebens* folgen zu können. Diese Standards werden laufend mit den Mitmenschen abgeglichen und entwickelt: Sie können sich in einem Prestigewettbewerb nach oben entwickeln, aber auch einpendeln auf einem Niveau, das als angemessen empfunden wird. Als Gregor Dobler in den 1960er-Jahren bei den Bewohnern der Isle d'Ouessant (Bretagne) forscht, kann er feststellen, dass sie in ihrem Konsumverhalten nicht den Zuzüglern anderer Milieus (etwa Pfarrern oder Amtsleuten) nacheifern, sondern sich in erster Linie an ihren eigenen Mitbürgern orientieren (Dobler 2004).

Entscheidend für die Individuen ist die begründete Vermutung, dass sie im Rahmen der Möglichkeiten ihrer Gemeinschaft einen angemessenen Anteil an deren Reichtum haben. Dazu gehört der Eindruck, dass in dieser Gesellschaft souverän und gerecht mit den Möglichkeiten umgegangen wird. Gerechtigkeit bedeutet dabei vor allem: Niemand soll ohne nachvollziehbare Begründungen Privilegien genießen, von denen andere ausgeschlossen sind. Wut entsteht, wenn man sieht, dass sich andere ohne Rechtfertigung etwas herausnehmen, was man selbst nicht hat, kann oder will: Wer einen Parkplatz besetzt, auf dem er andere (vielleicht Radfahrer) behindert, der handelt nicht gerecht. Wer einen Behindertenparkplatz benutzt, ohne eine Behindertenausweis zu haben, handelt ungerecht. Wenn jemand etwas in Anspruch nimmt, wofür er zahlt oder berechtigt ist und was ich unter entsprechenden Bedingungen auch selbst haben könnte, dann ist das in Ordnung.

Technik und Fortschritt verheißen Wohlstand und Reichtum. Aber das Beste, was Wohlstand bieten kann, außer Gesundheit und Lebenszeit, ist Souveränität über die eigenen Lebensverhältnisse in Gemeinschaft mit den Nahestehenden. »Her mit dem *ganzen* Leben«, hieß es einst (Argumente 1984). »Wir wollen Brot *und* Rosen« riefen in den 1980er-Jahren die Frauen am Internationalen Frauentag. »Wir wollen alles, aber subito«, war das Echo aus den autonomen, von anarchistischen Ideen inspirierten Bewegungen. All das bezog sich nicht in erster Linie oder nur auf materielle Güter, sondern auch auf die Souveränität in den eigenen Lebens- und Arbeitsverhältnissen. Die Vision von Reichtum im »Leben in seiner Fülle«, in den unterschiedlichsten religiösen und künstlerischen Bildern immer wieder beschworen, ist nicht nur gefährdet durch Armut und Not, sie wird genauso gefährdet durch Überfülle (Sölle 1983). Es gibt Situationen, in denen neu gewertet werden muss: »Vernunft wird Unsinn, Wohltat Plage«, kann Faust bei Goethe im Gespräch mit seinem Schüler klagen, und das Institut für marxistische Studien und Forschungen (IMSF) verwendet dies 1987 als Motto einer Tagung (Mattheuer 1987).

7.2 Singularitäten und Erlebnisgesellschaft

Die Enquete-Kommission »Wachstum, Wohlstand, Lebensqualität – Wege zu nachhaltigem Wirtschaften und gesellschaftlichem Fortschritt in der Sozialen Marktwirtschaft« hat im Auftrag des Deutschen Bundestags von Dezember 2010 bis Mai 2013 darüber nachgedacht, »ob die Orientierung auf das Wachstum des Bruttoinlandsproduktes (BIP) ausreicht, um Wohlstand, Lebensqualität und gesellschaftlichen Fortschritt angemessen abzubilden« (Schlussbericht 2013: S. 803). Aber die bloßen Zahlen des Bruttoinlandsprodukts (BIP) sagen wenig zu den genannten Stichworten aus. Wenn die Wechselwirkungen von Konsum und Nachhaltigkeit thematisiert werden, dann wird deutlich, »dass die Ökobilanz des sozialökologischen Milieus negativ ausfällt – obwohl Umweltschutz für die Angehörigen dieses Milieus ein alltagsdurchdringendes Thema ist und sie als kritische Konsumentinnen und Konsumenten gelten. Denn oftmals wohnen sie in energiebedürftigen Einfamilienhäusern und machen viele Fernreisen. Im Gegensatz dazu gelten die wenig umweltsensiblen Traditionellen und die Prekären als ›unfreiwillige Klimaschützerinnen und -schützer‹ (Schlussbericht 2013, Fn. 2319: S. 661), »F und F versaut die Ökobilanz, Fleisch und Fliegen«, hat ein Kritiker der Kommission gesagt. Die amerikanische Umweltwissenschaftlerin Jennifer Jacquet hat von »grünem Geltungskonsum« gesprochen, andere nennen den »Einkauf im Bio-Supermarkt« einen »Gewissenshedonismus« (Bethke 2017).

Dass dieses Milieu, auf das andere so viele Hoffnungen setzen, so negativ abschneidet, muss nachdenklich machen. Kulturtheoretische Überlegungen und kulturhistorische Erfahrungen, die in dem Bericht eher zu kurz kommen, können da weiterführen. Die spätestens seit den 1980er-Jahren neuen Definitionen und Interpretationsmuster in den Kultur- und Sozialwissenschaften helfen zu verstehen, wie diese Ökobilanz dieses Milieus zustande kommt. Diese sozialökologischen Milieus, deren

Ökobilanz so negativ ausfällt, sind die der »Erlebnisgesellschaft« (Schulze 1982, 2000) und der »Gesellschaft der Singularitäten« (Reckwitz 2017, 2010). Das dominierende »Selbstverwirklichungsmilieu« (Schulze 2005: S. 493) mit seiner eher negativen Ökobilanz wird so etwas wie das Leitmilieu der genuss- und erlebnisorientierten Teile der Gesellschaft (sogar in Ost und West). Gerhard Schulze spricht von der »Entkollektivierung von Wirklichkeitsmodellen«, wenn Weltinterpretationen immer weniger gemeinsam von allen Schichten einer Gemeinschaft geteilt werden. »Zwischen den fünfziger und sechziger Jahren ereignet sich ein wirklicher Kulturbruch.« Das Individuum meint, seit diesen Jahren sich nicht mehr an die gegebene Welt anpassen zu müssen. Für es entsteht stattdessen eine »Welt, die in atemberaubend kurzer Zeit zu einem Ambiente größtmöglicher beliebiger Wünsche hochgerüstet wurde« (Schulze 2000: S. 3). »Was will ich, und wo bekomme ich es«, fragt das Individuum.

Nun ließe sich leicht behaupten, dass etwa für die Privilegierten schon vor dem Ersten Weltkrieg ähnlich weitreichende Chancen bestehen und dass auch jetzt längst nicht alle diese Möglichkeiten haben (2010 noch weniger als vor 50 Jahren, denkt man an die wachsenden Unterschiede von Reich und Arm). Es gibt keine Spielräume für Verzicht, wenn man wenig Einkommen hat. Aber tonangebend sind die prosperierenden Milieus der Erlebnisgesellschaft. Für sie gilt: »Wenn es ›wenig‹ Möglichkeiten gibt, muss man sich damit arrangieren, gibt es dagegen ›sehr viele‹ Möglichkeiten, muss man umgekehrt das Vorhandene für sich arrangieren. Von diesem Um-Denken der Beziehung von Ich und Welt nimmt die Erlebnisgesellschaft ihren Ausgang.« (Schulze 2000: S. 3) Die Menschen mussten zwar immer auswählen, aber intensiver als je müssen sie jetzt darüber nachdenken, was aus der Fülle einem denn aus welchen Gründen wichtig ist: Man handelt »erlebnisrational« (S. 4). »Auf diese Weise entsteht eine unendliche Formenvielfalt, bei der der Erlebnismarkt als Generator ständig neuer Konkretisierungen einiger weniger allgemeiner Formschemata wirkt. Fast schon traumwandlerisch aufeinander eingespielt, erarbeiten Erlebnisanbieter und Erlebnisnachfrager unablässig neue Gestalten des Wünschenswerten ...« Eingetreten ist »eine Art rasender Stillstand« nach dem Motto: »Ich tue, was mir gefällt.« (Ebd.: S. 4) Diese Erlebnisgesellschaft lebt von dem gesellschaftlichen Reichtum und der Fülle der Möglichkeiten, über die freilich längst nicht alle verfügen. Mit der Theorie der Erlebnisgesellschaft werden bestehende Unterschiede einfach bestätigt.

Andreas Reckwitz, der kaum auf Schulze und die Erlebnisgesellschaft eingeht, bietet ähnliche Erklärungsmuster an. Er schreibt: »Die Moderne produziert keine eindeutige, homogene Subjektstruktur, sie liefert vielmehr ein Feld der Auseinandersetzung um kulturelle *Differenzen* bezüglich dessen, was das Subjekt ist und wie es sich formen kann« (Reckwitz 2018: S. 15). In dem Buch von 2017 spricht er von der »konflikthaften Drei-Drittel-Gesellschaft«. Die »Einzigartigkeit« ist in dieser Gesellschaft der Singularitäten »paradoxe gesellschaftliche Erwartung« (ebd.: S. 9). »In der Spätmoderne findet ein gesellschaftlicher Strukturwandel statt, der darin besteht, dass die soziale Logik des Allgemeinen ihre Vorherrschaft verliert an die soziale Logik des Besonderen«, und darauf baut die »Theorie der Spätmoderne« als »Gesellschaft der Singularitäten« (ebd.: S. 11) auf. Reckwitz muss sich mit seiner Theorie nie festlegen: »Standardisierung *und* Singularisierung, Rationalisierung *und* Kulturalisierung, Versachlichung *und* Affektintensivierung haben die Moderne in gewisser Weise von Anfang an geprägt.« (Ebd.: S. 19). Für diese Gegenwart heißt es: »Was immer mehr erwartet wird, ist nicht das *Allgemeine*, sondern das *Besondere«* (Reckwitz 2017: S. 7), das Singuläre im »kulturellen Kapitalismus« (ebd.: S. 8).

In der »Erlebnisgesellschaft« (Schulze) und der »Gesellschaft der Singularitäten« (Reckwitz 2018) sind so durch die Entgrenzung der Bedürfnisse heiß umkämpfte Märkte für individuellen Konsum in Freizeit und Alltag entstanden. Entwickelt hat sich ein differenziertes und vielfältiges historisch-gesellschaftliches Niveau der Bedürfnisse, das stark von Marketingstrategien zur Bedürfnislenkung und -weckung beeinflusst ist. Von vielen Individuen wird das als Reichtum empfunden. Sozialökologische Fragen spielen da eine geringe Rolle. Das trägt dazu bei, die negative Ökobilanz dieses Milieus zu erklären.

7.3 Suchbewegungen in der Prosperität

Es gibt freilich auch andere Tendenzen und Möglichkeiten, wenn es darum geht, mit gutem Gewissen den verfügbaren Reichtum zu genießen. Am Ende der 1980er-Jahre stellen die Vorreiter von neuen Lebensweisen hohe Ansprüche an Arbeit *und* Freizeit. Die in einer Analyse von Karl H. Hörning und anderen beschriebenen »Zeitpioniere« sind Menschen mit attraktiven neuen Lebensstilen, von denen eine »Prosperitätsdividende« eingelöst wird: »Es gelingt ihnen, ihre persönliche Arbeitszeit im Betrieb zu reduzieren und zu flexibilisieren. Damit verbinden sie den Anspruch, ›mehr Zeit für sich selbst zu haben‹, wodurch sich ihre gesamte Lebensgestaltung verändert.« (Hörning 1990: Klappentext) »Den Zeitpionieren ist die Erwerbsarbeit keineswegs ein notwendiges Übel. Ganz im Gegenteil: die Arbeit bewältigen sie arbeitsinhaltlich motiviert, leistungsbereit und engagiert. Doch haben sie ihre eigenen Vorstellungen davon, wie ihre Arbeit organisiert sein sollte, um nicht vom Betrieb und dessen Ansprüchen vereinnahmt zu werden.« (Ebd.: S. 8) »Die Zeitpioniere büßen durch ihre Arbeitszeitveränderung Einkommen ein, reduzieren etliche doch bis zur Hälfte der Vollerwerbszeit.« (Ebd.: S. 10)

Es gibt in der Wohlstandsgesellschaft Tendenzen, die Arbeit nur als schnell zu wechselnden *Job* zu betrachten. Aber diejenigen, denen die Arbeit nicht nur wegen der Entlohnung, sondern auch wegen der Selbstverwirklichung wichtig ist, reagieren anders auf die Veränderungen der Arbeitswelt. Die neuen Arbeitsbedingungen der digitalen Dienstleistungsgesellschaft können sich nicht nur sinnstiftend auf das persönliche Leben, sondern auch auf Sinn und Qualität der Arbeit selbst auswirken. Das demonstriert das Cluetrain-Manifest von 2000: Mit ihm fordern Mitarbeiter der digitalen Systeme von Unternehmen eine angemessene Berücksichtigung ihrer Arbeit: »Wir beenden nun den dunklen faustischen Handel, in dem wir einen großen Teil unserer Individualität bei unserer Arbeit gegen die Illusion einer sicheren Welt eingetauscht haben … Wie ihr Gegenüber auf den Märkten, lernen die per Internet miteinander verbundenen Mitarbeiter, mit ihrer eigenen authentischen Stimme zu sprechen. Sie ignorieren die Vorgaben der Unternehmen und erzählen einander – und ihren Kunden – die Wahrheit.« (Levine 2000) Es sind Menschen, denen nicht nur die Entlohnung, sondern auch die Vergegenständlichung und Selbstverwirklichung in einer als sinnvoll empfundenen Arbeit wichtig ist. Sie reagieren positiv auf die technologisch bedingten Veränderungen der Arbeitswelt. Sie möchten freilich, dass sich die neuen Arbeitsbedingungen der digitalen Dienstleistungsgesellschaft sinnstiftend auf das persönliche und das gesellschaftliche Leben, somit auch auf Sinn und Qualität der Arbeit selbst auswirken. Da ist dann Zukunftsfähigkeit eingeschlossen.

Manche Dimensionen der neuen Arbeitswelt werden unaufgeregt zu betrachten sein. Viele *Start-ups* und neue (Klein-)Unternehmen erarbeiten neue Kooperationsformen, die nach freudig begrüßtem innovativem Anlauf schnell in noch intensivere Arbeitsverhältnisse mit schlimmerem informellem Zwangscharakter ausarten können als ein »Normalarbeitsverhältnis« im geregelten Achtstundentag: Auch mit der Digitalisierung werden, wie bei der wissenschaftlichen Analyse von Arbeitsvorgängen (dem Taylorismus der 1920er-Jahre) und der Automatisierung aus den Poren der Arbeit letzte Reserven herausgepresst. Ähnlich ist es schon bei der Einführung des Achtstundentags vor 1914 bei Abbé in Jena und Leitz in Wetzlar: Die Situation der Arbeiter kann wirklich verbessert werden, aber gleichzeitig liefern sie auch mehr und bessere Leistung für mehr Produktivität bei geringeren Arbeitskosten. Nicht ohne Grund kann 2019 Lisa Herzog fordern: »Wir dürfen die Bedingungen der Arbeit nicht den Märkten überlassen.« (Herzog 2019) Aber wie wird das möglich, und wer sorgt dafür? Die Flexibilität, die Selbstausbeutung und die Erfolgschancen der *Start-ups* der digitalen Boheme, die Prekarität der ungesicherten Arbeitsverhältnisse – das alles wird zwar schon im Zusammenhang mit der Tätigkeitsgesellschaft diskutiert, aber da noch nicht auf die bedrohlichen existenziellen Dimensionen bezogen. (Linden/Roth 2009) Manche *Start-up*-Formen suchen nach letzten Marktlücken, ja sie erfinden welche (»Bedürfnisse, von denen wir gar nicht wussten, dass wir sie haben«, s. Kapitel 6.8) und suchen in der Binnenkolonialisierung letzte »weiße Flecken« von Kaufkraftressourcen für die Wachstumsgesellschaft zu erschließen. Ein Beitrag zu Nachhaltigkeit ist das nicht.

Vor kaum mehr als drei Jahrzehnten »entdeckt« Hans Magnus Enzensberger, dass Luxus auch Werte beinhaltet, die man nicht kaufen kann (Enzensberger 1996). Dazu gehören Ruhe, Zeitsouveränität, Kunstgenuss und Ähnliches. Aber für diese Formen des Luxus sind materielle Ressourcen Voraussetzung. Zudem ist die Fähigkeit der Nutzung von kulturellem Reichtum und der Vielfalt der ästhetisch-kulturellen Ausdrucksformen abhängig von den Bildungschancen, die aus Herkunftsmilieus überkommen sind. Allenfalls entsprechende Schulbildung und Anregungen außerhalb der Schule erweitern sie.

Das von Enzensberger skizzierte neue Wohlstandsmodell und die Vorstellungen von Glück setzen ebenso wie die Erlebnisgesellschaft darauf, dass Menschen eine Auswahl aus den vorhandenen Möglichkeiten treffen: Sie sind im Prinzip verbunden mit Selbstbegrenzungsstrategien. Immer mehr vom Gleichen passt nicht dazu. Aber Markt und Globalisierung haben dank und mit den Interpretationsmodellen der Lebensstilgesellschaft und der Gesellschaft der Singularitäten es geschafft, solche Vorstellungen von einem »Genug« auszuhebeln. Weder *Luxese* als Verbindung von Luxus und Askese noch eine *Ästhetik der Subsistenz* haben zu Beginn des 21. Jahrhunderts eine Chance. Das Gleiche gilt auch für das, was der »Verein zur Verzögerung der Zeit« in Klagenfurt angeregt hat. Allenfalls in Nischen der Prosperitätsmilieus sind Menschen bereit, langsamer und weniger hektisch zu leben (so wie auch manche Manager gelegentlich im Kloster eine Auszeit nehmen). Ebenso ist es mit der Initiative zur Qualitätsgastronomie mit dem schönen Namen »Die Schnecke«. Die konsumfreudigen neuen Milieus der Prosperierenden entfalten sich in solchen Experimentierfeldern, aber insgesamt ändert sich nichts.

Diese Beispiele signalisieren keine neuen Pfade. Kleine Gewinne an Lebensqualität vor allem für die Privilegierten gibt es. Aber anders als in der Renaissance gibt es keine Andeutung von einem Gesamtentwurf, der auf die gesamte Gesellschaft ausstrahlt, sondern es sind lauter Sonderwege und Singularitäten (weshalb auch Reckwitz fragen muss, was denn die Gesellschaft noch zusammenhält), mit denen auch Klassen-, Milieu- und Sozialunterschiede bestätigt werden. Die Kritik an der Unersättlichkeit (Skidelsky 2013: S. 13) und die Überwindung der »natürlichen Trägheit« münden in Nischen, in denen Privilegierte die Fähigkeit, »weise, angenehm und gut zu leben«, probieren (ebd.: S. 15). Bei solchen Aktivitäten sind die globalen und ökologischen Folgen in den wenigsten Fällen »eingepreist«. Dem ist nicht mit Kulturkritik zu begegnen – das wäre zu bequem. Aber erinnert werden soll daran, dass die dank der Prosperität gewonnenen Spielräume nur wenig genutzt werden.

Leicht übersieht man, dass es nach 1968 in der sozialliberalen Koalition weiterreichende Überlegungen gibt, wie mit den Chancen des Wachstums umgegangen werden kann. Die Gesellschaftsreformprojekte für eine wohlfahrtsorientierte Infrastruktur mit »Kultur für alle« und die Studien der Kommission für wirtschaftlichen und sozialen Wandel (Kramer 2011: S. 112) hatten andere Ziele als das, was in der Erlebnisgesellschaft sich umsetzte. Ein von keynesianischer Wachstumspolitik finanzierter sich ausdehnender öffentlicher Haushalt ermutigt damals Prozesse der Neugestaltung. In der Kulturpolitik ist ein lebendiges und anregungsreiches kulturelles Milieu für alle in den unterschiedlichsten sozialen und regionalen Milieus das Ziel. Kulturpolitik wird als Gesellschaftspolitik verstanden (Hoffmann 1972, 1981). Im Zeichen der Erneuerung geht es um »mehr Demokratie wagen«, um Mitbestimmung und Mitverantwortung sowie um Reformen, auch in der Politik für Wissenschaft und Forschung. Ein Bildungsplan für die nächsten 15 bis 20 Jahre wird versprochen, ferner ein Bundesraumordnungsprogramm (Görtemaker 2002: S. 221). »Mit dem Begriffsarsenal der modernen Sozialwissenschaften, das zum ersten Mal Eingang in die Regierungserklärung eines Bundeskanzlers fand, wurde somit der Eindruck einer weitgehenden Machbarkeit technokratischer Zukunftsgestaltung vermittelt.« (Ebd.) »Die Bundesregierung hat im Jahre 1971 die Kommission für wirtschaftlichen und sozialen Wandel berufen. Die Kommission ist in ihrer Tätigkeit unabhängig und setzt sich aus Vertretern der Arbeitgeber und Arbeitnehmer sowie der Wissenschaft zusammen. Sie ist beauftragt, die mit dem technischen, wirtschaftlichen und sozialen Wandel zusammenhängenden Auswirkungen und Aufgaben im Hinblick auf eine Weiterentwicklung der Gesellschaftspolitik zu untersuchen und wirtschafts-, sozial- und bildungspolitische Gestaltungsmöglichkeiten aufzuzeigen.« So lautet der Auftrag (zit. Kramer 2011: S. 113).

Themen sind Freizeitaktivitäten, Partizipation, gesellschaftliche Selbststeuerung, Bildung, soziale Sicherung und kommunale Selbstverwaltung (ebd.: S. 112).

Als die Interpretationsmuster der »Erlebnisgesellschaft« und der »Gesellschaft der Singularitäten« der Politik die Möglichkeiten geben, die bestehenden Chancenunterschiede einfach zu bestätigen, schließen sich diese Reformfenster wieder.

7.4 Der Umgang mit Zeit im Überfluss

- »Je weniger Zeit die Gesellschaft bedarf, um Weizen, Vieh etc. zu produzieren, desto mehr Zeit gewinnt sie zu anderer Produktion, materieller oder geistiger. Wie bei einem einzelnen Individuum, hängt die Allseitigkeit ihrer Entwicklung, ihres Genusses und ihrer Tätigkeit von Zeitersparung ab.« (Marx: Grundrisse der Kritik der Kritik der politischen Ökonomie, MEW 42, S. 89) »Die wirkliche Ökonomie – Ersparung – besteht in Ersparung von Arbeitszeit«; »freie Zeit« ist sowohl »Mußezeit als Zeit für höhere Tätigkeit« (Marx a. a. O.: S. 599) als auch »Raum zur menschlichen Entwicklung« (MEW 16: S. 144 f.).

Kultur ist, wie der ganze Mensch lebt und arbeitet und wie wir leben wollen. So lautet einst eine gern gebrauchte Formel. Damit wird an jene Vorstellungen und Bilder erinnert, die Menschen sich von einem *guten und richtigen Leben* und vom geglückten Leben machen. Der in englischer Sprache schreibende chinesische Schriftsteller Lin Yutang (1898–1976) zitiert eine eindrucksvolle Formel der chinesischen Philosophie als positive Antwort auf die Frage, ob einer glücklich sei: »Es fehlt nicht viel.« (Bauer 1971: S. 503)

Von der »Zeitbesessenheit« der Europäer in der Marktgesellschaft distanzieren sich Intellektuelle in unverbindlichen Partygesprächen gern mit Hinweisen auf andere Kulturen, und das wird als angenehme Unterhaltung betrachtet. Aber der Wunsch nach Wachstum als Selbstzweck soll dadurch nicht beeinträchtigt werden. Die lustbetonte Zeitverwendung der reichen Inder im Kamasutra, verfasst um 250 n. Chr., ist eine Form der nicht produktiven Verwendung des Reichtums an Zeit, nicht an Wachstum und Ressourcenvergeudung gebunden. Im Übrigen haben seit der Antike (und wohl auch schon vorher) Philosophen und Religionsgründer immer wieder über Zeit und Muße nachgedacht, und privilegierte Intellektuelle wie der zitierte Hans Magnus Enzensberger greifen solche Gedanken gern wieder auf.

Das Denken der Renaissance oder der deutschen Klassik entwickelt Vorstellungen von Reichtum und Lebensqualität, die keinen materiellen Wachstumszwang kennen. Das bedeutendste Wachstum, das sie kennen, ist das an Tugend, Kenntnissen und Fähigkeiten, vielleicht auch der Körperbeherrschung (ähnlich wie in den fernöstlichen Lebenswelten).

Gern wird auch darauf verwiesen, wie Japan in der Tokugawa-Zeit mehr als zwei Jahrhunderte lang seine Energien in die innere Entwicklung lenkt: Es entfaltet sich eine relativ breit gestreute Reichtumskultur höchster Verfeinerung. Künstlerinnen und Künstler sowie Intellektuelle des Westens finden sie seit der 2. Hälfte des 19. Jahrhunderts höchst attraktiv. Sie distanzieren sich damit indirekt von den materiellen Exzessen ihrer eigenen Gegenwart, denen sie freilich ihren Lebensunterhalt verdanken. Mit der chinesischen Kultur ist etwa zwei Jahrhunderte vorher Ähnliches geschehen.

Die chinesischen oder japanischen Kulturgemeinschaften kommen in ihren Wohlstandsphasen ohne ressourcenverzehrenden Fortschrittszwang aus. Nicht zufällig bezieht sich auch die aktuelle prosperierende Szene, wenn es um angenehme, gesundheitsfördernde und entspannende Verhaltensformen geht, gern auf fernöstliche Körpertechniken wie Yoga, Qigong und wie sie alle heißen: In Zeiten der Prosperität entwickelt, vereinen sie lange erworbene und weitergegebene Körpererfahrung mit Lebensqualitätsansprüchen.

Die japanische Lebensweise, arm an wirtschaftlichem Wachstum um seiner selbst willen, gilt den europäisch-westlichen marktwirtschaftlich orientierten Nationen als fortschrittsfeindliche Stagnation. Deswegen wird Japan 1854 durch eine amerikanische Flotte die Öffnung seiner Grenzen für freien Handel aufgezwungen. Die Rache dafür ist freigesetztes Wachstum, in dessen Folge es zur ersten Niederlage eines europäischen

Staates gegen einen asiatischen kommt: Im Russisch-Japanischen Krieg siegt 1905 bei Tsushima die japanische über die russische Flotte.

Den Überfluss an materiellen und kulturellen Gütern beginnt die Kulturkritik an der Wende zum 20. Jahrhundert als freiheitsraubende Last der objektivierten Kultur zu betrachten (Konersmann 1996: S. 53, 57). Aber auf die Politik wirkt sich das nicht aus. Wachstum bleibt auch (oder erst recht) im 21. Jahrhundert im Zentrum der Politik der Marktgesellschaft.

Nichtarbeiten, Faulheit wird in religiösen und populären Überlieferungen ambivalent gewertet. Arbeit steht in der Bibel als Strafe nach dem Sündenfall, Fleiß bedeutet Wohlgefallen vor Gott, insbesondere wenn es eine weibliche Tugend ist. Im Alltag weiß man auch: Fleiß darf nicht ausarten. In einer alpenländischen populären Erzählung besitzt ein Knecht einen besonderen Wetzstein. Die Sense muss beim Mähen normalerweise zeitaufwendig immer wieder neu geschärft (gedengelt) werden. Dank seines Wetzsteines bleibt seine Sense immer scharf. Aber der Wetzsteinzauber hört auf, wenn er mit seinem Fleiß seine Kameraden bedrängt (Brednich 1977, 1: Sp. 1067). In anderen Überlieferungen wird übermäßiger Fleiß mit dem Teufel in Verbindung gebracht.

In den 1970/80er-Jahren scheint in Deutschland Vollbeschäftigung in der traditionellen Form nicht mehr möglich. Man macht sich Gedanken über das *Ende der Arbeit* und fordert die 35-Stunden-Woche, um mehr Menschen in Arbeit zu bringen (Kramer 1984). Dem *Niedriglohnland* Deutschland ist es dann in der *bleiernen Zeit* unter Bundeskanzlerin Angela Merkel gelungen, dank vergleichsweise geringer Lohnkosten zu einem Exportweltmeister zu werden, und so herrscht nahezu Vollbeschäftigung. Sie trägt mit großer Binnennachfrage und entsprechendem Druck auf Ressourcen nicht gerade zur Nachhaltigkeit und zum Ressourcenschutz bei.

Eine Wohlstandsgesellschaft, in der mehr produziert werden kann, als für die *Notdurft* der Beteiligten gebraucht wird, könnte mit diesem Reichtum eine Lebensform entwickeln, in der nicht alle arbeiten müssen. Für das Goldene Zeitalter und vergleichbare Fälle von Überflussgesellschaften wird vermutet, dass nicht Langeweile herrscht, sondern dass Exzesse mit ästhetisch-kulturellen Ausdrucksformen, Kulten und Wettbewerben als Gelegenheiten des gemeinschaftlichen Lebensgenusses die Zeit gliedern. »Brot und Spiele« heißt in den Klassengesellschaften der Antike das Motto zur Bewältigung der freien Zeit und zur Ruhigstellung der Bevölkerung.

Für andere Zeiten können Beispiele aus fremden Lebenswelten, wie ich sie in diesem Buch gern verwende, der Fantasie aufhelfen. Bäuerliche Subsistenzwirtschaft hat keine Probleme mit der freien Zeit. Kreativität ist ausreichend vorhanden, um Lebensqualität und ästhetisch-kulturelle Ausdrucksformen auch außerhalb des religiösen Bereiches zu entwickeln. Spiele, Wettkämpfe, Volkskunst, Lieder, Erzählungen und Volksschauspiele zeugen davon.

Für die wohlhabende Umgebung von Meran in Südtirol heißt es im 19. Jahrhundert: »Eine kaum irgendwo außerhalb Tirols in ähnlicher Weise vorkommende Eigenthümlichkeit des Burggrafenamtes sind seine vielen Feiertage. Gewöhnlich gilt bei uns die Rechnung, daß ein Bauernknecht innerhalb von dreier Dienstjahren ein complettes Jahr Feiertag gehabt habe.« Das schreibt eine Meraner Zeitung am 5. März 1887. Zusammengerechnet werden dabei die kirchlich »gebotenen Feiertage« und die niederen oder Bauernfeiertage (Stadtpfarrkirche 2003: S. 153). Trotzdem wird aus dem Burggrafenamt nicht von vermehrten Wirtshausschlägereien berichtet, wohl aber gibt es eine reiche Überlieferung von Festen, Trachten, Minnegaben, Bräuchen, Liedern, Erzählungen sowie kunstvoll gearbeiteten Gebrauchsgegenständen, Möbeln und Geschenken. So etwas ist in guten Phasen der Ständegesellschaft möglich.

7.5 Glückliche Arbeitslose

Die Marktgesellschaft verweigert der Faulheit einen Raum, wenn es sein muss, auch rassistisch begründet (Michels 1923: S. 18). Faulheit wird als »organisierte Kapitalvernichtung« betrachtet (Bosse 1979; Gronemeyer 2001). Vorindustrielle Lebensformen werden im Denken der Arbeitsgesellschaft abgewertet, indem ihnen ein hoher Anteil an verdeckter Arbeitslosigkeit oder Unterbeschäftigung vorgeworfen wird – als ob Lebendigsein nur durch Arbeiten gerechtfertigt sei. Wachstumsfixierte Industriegesellschaften machen Produktivität zum einzig relevanten Maßstab für die Lebenstätigkeit des Menschen. Dass es heute so viel Elend und Not, so viel Kinderarmut, so viel Vernachlässigung und Altersarmut gibt, spricht überhaupt nicht für die Qualität des Umgangs mit dem aktuellen Reichtum.

Paul Lafargue (1842–1911, kreolischer Herkunft), der Schwiegersohn von Karl Marx, hat in einem Essay das Recht auf Faulheit aufgegriffen. Sein Text von 1883 ist in erster Linie eine satirische Kritik des industriegesellschaftlichen Zwangs zur Arbeit als Selbstzweck, und damit fragt er nach dem menschlichen Sinn von Fleiß und Wachstum.

▪ In der Prosperität und dem drohenden »Ende der Arbeitsgesellschaft« gibt es abseits vom Pathos der Arbeitsgesellschaft in den 1990er-Jahren glückliche Arbeitslose. »Ich bin gerne arbeitslos«, sagt einer, der früher in der Werbebranche tätig war, und er fährt fort: »Ich will nicht arbeiten. Ich bin 34 Jahre und seit anderthalb Jahren arbeitslos. Ich schlafe, bis ich von selber aufwache. ... Zu den indirekten Nachteilen gehört, daß man ein schlechtes Standing hat, als Versager gilt, sich manche Sachen nicht leisten kann und sich eine rabenschwarze Zukunft produziert: Mit jedem Jahr hat man weniger Chancen, noch einzusteigen. ... Ich bin trotzdem lieber arbeitslos, weil die Nachteile des Arbeitens – das Zeitregime, die Hierarchien, bewertet zu werden, die Konkurrenz – unmittelbarer wirken. Das heißt, ich habe einfach keine Lust hinzugehen.« (Faller 2000) Und er sagt: »Ich finde es schwachsinnig, über die Fortsetzung der Whiskas-Werbung nachzudenken. ... Ich verschwende lieber meine Zeit – unökonomisch wie Indianer ihre kostbarsten Güter beim Potlatsch.« Trotzdem: »Mein Hirn muss einfach beschäftigt und unterhalten sein, und zwar auf richtig gutem Niveau.« Er fühlt sich als Millionär an Zeitkapital und sammelt symbolisches Kapital: »Das ist ja der große Unterschied zu allen anderen Epochen: dass auch die Loser Bildungskapital haben, und das Sensationelle ist, dass man in der Großstadt einen unbegrenzten Medienzugang hat.« So ganz neu ist das ja nicht: In der Renaissance war es auch für viele möglich, unabhängig von Standesschranken Tugend und Wissen zu erwerben. Und wenn der »glückliche Arbeitslose« von heute viel Zeit damit verbringt, Kontakte zu für ihn interessanten Frauen zu finden, so hat das seine Entsprechungen in der Renaissance. In völlig richtiger, aber nicht unbedingt von vielen geteilter und vor allem nicht anerkannter Einschätzung der Situation urteilt dieser Zeitgenosse: »Ich habe mir durchaus die Frage gestellt, ob ich ein Parasit bin und ein schlechtes Gewissen haben müßte, aber es gibt wirklich keinen Quadratmillimeter in meinem Gehirn, der das bejahen würde.« (Ebd.) Die Arbeitenden brauchen nicht mit Neid und Hass auf die Nichtarbeitenden zu blicken, weil das freiwillige Ausscheiden aus dem Arbeitsmarkt den Verzicht auf manche Privilegien der Arbeitenden einschließt, gleichzeitig aber auch eine Art von passivem Dienst an der Gemeinschaft ist.

Nun kann man moralisierend den angeblichen Missbrauch der sozialen Hängematte kritisieren, sollte dies aber dann auf die gleiche Stufe stellen wie die Nutzung von Steueroasen. Ein Arbeitsloser kann, anders als ein Steuerhinterzieher, sein Verhalten als positiven Beitrag für die Gemeinschaft werten: »So wie es bei den Bauern eine Flächenstilllegungsprämie gibt, bekomme ich eine Prämie für meine stillgelegte Produktivität. Ich bin die Arbeitskraftreserve, mit der sie dem arbeitenden Teil drohen können, und deshalb nütze ich dem System sogar noch.« (Faller 2000)

Haltungen und Lebensweisen dieser Art müssen nicht die ganze Lebenszeit prägen. Sie können lebensphasenspezifisch in die Biografie eingefügt sein. Im zitierten Fall des »glücklichen Arbeitslosen« geht eine Ausbildungs- und Arbeitsphase voraus, und mit einiger Wahrscheinlichkeit wird auch wieder eine Phase der Erwerbstätigkeit folgen. Bei allen Diskussionen um zukünftige Lebensformen wird zu berücksichtigen sein, dass für die Individuen in einzelnen Lebensphasen unterschiedliche Akzente gesetzt werden können: Auch die starke Orientierung auf den symbolischen Konsum in jüngeren Jahren kann abgelöst werden durch Phasen, in denen mehr Selbstbegrenzung geübt wird.

Wenn Paul Lafargue das Recht auf Faulheit einfordert, so ist das eine der möglichen Antworten auf die Frage, was sich denn mit Reichtum anfangen lässt – gerade wichtig auch angesichts der Beobachtung, dass der Kapitalist in seinem Bestreben, das Kapital zu vermehren, Schwierigkeiten mit dem Genießen hat, während der früher nie an Arbeit gewohnte Aristokrat leicht unbeschwert prassen kann.

Träume vom »Ende der Arbeit« sind in den 1980er-Jahren verbreitet, aber nie ernst zu nehmen. Sie können nur gehegt werden von Leuten, die noch nie erlebt haben, was für eine Befriedigung es schafft, eine Sache (eine Arbeit) gut bewältigt zu haben und stolz darauf zu sein. Viele denken dabei an ein gut gepflegtes Gartenbeet mit aufkeimenden Bohnen, Gurken, Erbsen oder Kartoffeln, aber für Begriffsarbeit kann es ebenfalls gelten. Oder Menschen freuen sich über den wachsenden Stoß von gesägtem und gespaltenem Holz für den Winter oder über die Erfolge bei der Erziehung der Kinder ... Jeder mag sich an seine eigenen Erfolge erinnern, wie sie aus erledigter Arbeit resultieren.

Die Ermutigung und Anerkennung des freiwilligen und in der Regel temporären Rückzuges aus der Arbeitswelt geschieht in buddhistischen Ländern durch zeitweiligen Rückzug in Klöster, im Islam durch lang dauernde Pilgerfahrten nach Mekka, im Christentum ebenfalls durch Pilgerreisen etwa auf dem modisch gewordenen Jakobsweg. Pilgerfahrten ähneln freilich mittlerweile der touristischen Aufenthaltsveränderung (s. Kapitel 10.3).

Der biblische alte Adam ist mit fröhlicher Arbeitslosigkeit nicht zufrieden. Der zürnende Gott hat ihm bei der Austreibung aus dem Paradies den Fluch mitgegeben: »Du sollst arbeiten im Schweiß deines Angesichts!« Da knüpft Karl Marx in einem Kommentar an: Als Fluch nimmt Adam Smith die Arbeit. »Die ›Ruhe‹ erscheint als der adäquate Zustand, als identisch mit ›Freiheit‹ und ›Glück‹. Daß das Individuum ›in seinem normalen Zustand von Gesundheit, Kraft, Tätigkeit, Geschicklichkeit, Gewandtheit‹ auch das Bedürfnis einer normalen Portion von Arbeit hat und von Aufhebung der Ruhe, scheint A[dam] Smith ganz fernzuliegen. Allerdings erscheint das Maß der Arbeit selbst äußerlich gegeben, durch den zu erreichenden Zweck und die Hindernisse, die zu seiner Erreichung durch die Arbeit zu überwinden. Daß aber diese Überwindung von Hindernissen an sich Betätigung der Freiheit – und daß ferner die äußren Zwecke den Schein bloß äußrer Naturnotwendigkeit abgestreift erhalten und als Zwecke, die das Individuum selbst erst setzt, gesetzt werden –, also als Selbstverwirklichung, Vergegenständlichung des Subjekts, daher reale Freiheit, deren Aktion eben die Arbeit, ahnt A. Smith ebensowenig. […] Wirklich freies Arbeiten, z. B. Komponieren, ist grade zugleich verdammtester Ernst, intensivste Anstrengung.« (Marx: MEW 42, 1961 Grundrisse, S. 512)

Erzwungene Arbeitslosigkeit ist in einer Wohlstandsgesellschaft schwer ertragbar. Der katholische Sozialethiker Oswald von Nell-Breuning (1890–1991) argumentiert: »Gewiß ist die Arbeit für den Menschen mit Last und mit Mühe verbunden. Nichtsdestoweniger ist sie auch sein Glück und Segen, sie erhält ihn körperlich und seelisch gesund. Der Gedanke, als Opfer eines widersinnigen Zustandes der Wirtschaft müßig und erwerbslos dasitzen zu müssen, sozusagen überflüssig in der Welt zu sein, obwohl das gar nicht so sein müßte, wirkt verbitternd.« (Nell-Breuning 1949: S. 142 f.)

Für die Individuen muss freilich Sinnerfüllung ohne Arbeit im herkömmlichen Sinne möglich bleiben. Das wäre Bestandteil einer kulturell erfolgreichen Wohlstandsgesellschaft (und gleichzeitig hilfreich für ihre Zukunftssicherung). Auch heute darf Arbeitslosigkeit nicht zwangsläufig zu subjektiven Identitätskrisen und Sinnkrisen führen. Die Vorstellung, nur als dienendes und durch Arbeit teilhabendes Glied der Gemeinschaft eine Sinnerfüllung zu finden, muss auf der individuellen und der gemeinschaftlichen Ebene ohne schlechtes Gewissen relativiert werden können. Manche werden ihre Schwierigkeiten haben, mit der möglichen Arroganz der Faulheit zurechtzukommen – aber mindestens genauso unangenehm ist die Arroganz des Reichtums.

So herausfordernd das Recht auf Faulheit auch verteidigt wird, so sehr verbirgt sich doch auch dahinter der Anspruch auf eine menschlichere Organisation der Arbeit (Asholt 1991: S. 96 f.). Noch die »artifiziell-künstlerische Gegenwelt« der Dandys und Flaneure setzt sich mit der Arbeit auseinander, indem sie Dichten als besondere Form der Arbeit oder Arbeit in ihrer extremen Form als Terror interpretiert (ebd.: S. 284). Der Doppelcharakter der Arbeit als (entfremdete) Zwangsarbeit und als notwendiger Stoffwechsel mit der Natur ist gleichwohl auch als »travail attractif« notwendiger Bestandteil der Selbstverwirklichung. Für reiche Frauen ist der Müßiggang seit der Aufklärung nicht mehr selbstverständlich, sondern bekommt den »bitteren Beigeschmack von Leere und Nutzlosigkeit« (Ebd.: S. 121).

7.6 Wovon man träumen konnte: Reformfenster

In Zeiten des Wohlstands können neue Lebensentwürfe entwickelt werden. Ein globales Zeitfenster für Reformen entsteht nach dem Ende des Zweiten Weltkrieges, der Gründung der UNO und der Dekolonialisierung. Mit dem Mord an Patrice Lumumba und dem Tod von Dag Hammarskjöld werden die vom Westen unabhängigen Pfade der Entwicklung in Afrika erschwert. Das sind die ersten Rückschläge in diesem Prozess. Mit der »Restrukturierung des Kapitalismus seit den 1980er Jahren« (Brand/Wissen 2017: S. 95 f.) wird dieses Fenster rasch wieder geschlossen.

Es gibt dann verschiedene Phasen des Nachdenkens über Grenzen des Wachstums. Die Stockholmer Umweltkonferenz, der erste Bericht des Club of Rome von 1972, der Bericht Global 2000 an den US-amerikanischen Präsidenten und viele andere Dokumente signalisieren Sensibilität für Zukunfts- und Umweltprobleme, erinnern aber auch an Machbarkeit auf realistischer und nicht spekulativer Ebene.

»Pfadwechsel« hätte man vor vier, fünf Jahrzehnten mit der Suche nach den »ressourcenschonendsten Lebensstilen und Wirtschaftsweisen« einleiten können. Am Beispiel Mobilität wird das 2013 vertieft mit »Projekten, die innerhalb der bestehenden Verhältnisse umdenken« (Welzer/Rammler 2012). Es gibt eine Fülle von Beispielen. 2019 nennt Harald Welzer als Vorbilder den damaligen Pekinger Fahrradverkehr, das kubanische Energiesystem, indische Ernährungsweise und samoanischen Fischfang und Appenzeller Almwirtschaft – einer der seltenen Hinweise auf die Praktiken vor den Zeiten der kapitalistischen Marktwirtschaft in den aktuellen Diskussionen (Welzer 2019a: S. 59). Mit seinem »Plädoyer für die kleinstmögliche Zustandsveränderung – statt der Großen Transformation« erinnert er an Dieter Klein (2013) und die von ihm betonten »molekularen Wandlungen« (s. Kapital 11.3).

Man kann in den 1980er-Jahren von Zukunft träumen. Einer Besprechung des Buches »Leben statt machen« von Horst-Eberhard Richter gibt Hilmar Hoffmann den Titel »Zukunft ist wieder denkbar« (Hoffmann 1988). Es sind nicht die ganz großen Träume vom Schlaraffenland, sondern solche von gangbaren Pfaden. Der Brundtland-Bericht (Hauff 1987) hat ein solches Fenster aufgestoßen. »Dauerhafte Entwicklung erfordert, die Grundbedürfnisse aller zu befriedigen und für alle die Möglichkeit zu schaffen, ihren Wunsch nach einem besseren Leben zu befriedigen.« (Ebd.: S. XIII) Der Bericht listet die gravierenden Probleme auf, fördert aber gleichzeitig mit dem Hinweis auf die »gemeinsame Zukunft« Optimismus, bezogen auf die Lösbarkeit dieser Probleme. Das in diesem Bericht propagierte Motto »Global denken, lokal handeln« wird aufgegriffen von Volker Hauff, dem deutschen Mitglied dieser Kommission und späteren Oberbürgermeister von Frankfurt am Main. Angeregt wurde dadurch das auf Initiative von Frankfurt am Main entstandene »Klimabündnis der Städte mit den Indianern des Regenwaldes« von 1992, dem sich viele Städte anschließen. Sie verpflichten sich, gemeinsam mit den südamerikanischen Indianern nicht nur den Regenwald zu schützen, sondern selbst Maßnahmen zu ergreifen, um dem Klimawandel entgegenzutreten. Noch heute bekennen sich viele Gemeinden und Städte zu diesem Bündnis. In Südtirol gibt es eine ähnliche Initiative.

▪ Schreiben kann man in dieser Zeit: »Wenn Wohlstand und Prosperität in diesem Teil Europas einen überzeugenden Sinn haben sollen, dann den, Akzente zu setzen und Wege zu bahnen für eine Zukunft der Überlebensfähigkeit, für den ökologischen Umbau der Industriegesellschaft und ihrer Lebensweise als Voraussetzung des Wohlbefindens und des ›anständigen Lebens‹ hier und anderswo. … Wer kann ohne Verlust an Lebensqualität, ja mit einem Gewinn an solcher, eine ökologische Wende leben! Und wenn wir das tun, dann wird die übrige Welt mit Interesse darauf schauen – und uns vielleicht auch unseren Reichtum weniger neiden … Wer, wenn nicht die reichen Länder Europas (ebenso wie die USA, Japan), wer, wenn nicht wir, könnte sich Ansätze einer ökologischen Wende leisten? Und müssen wir es nicht auch, da wir doch z. B. zu den Spitzenkonsumenten von fossiler Energie und anderen Ressourcen gehören, also schuldhaft verstrickt sind in das, was geschieht? Wozu hätte es einen Sinn, daß Europa Faktor in der Weltpolitik werden soll, wenn nicht für vernünftige, zukunftsgerechte Standards in Umwelt, Kultur, Lebensqualität, Menschlichkeit? Oder sind jetzt wieder die Armen dieser Erde gebeten, für uns ihre Urwälder zu schützen, damit wir ›Weiter so‹ zu unserem Programm erheben können?« (Kramer 1992: S. 15)

Mit dem Ende der Ost-West-Konfrontation werden nationale Haushalte finanziell entlastet, denn die Rüstungsausgaben können sinken. Mit dem von den Naturwissenschaftlern propagierten »Faktor vier« (Reduzierung des Materialaufwands auf ein Viertel, Verlängerung der Haltbarkeit um das Vierfache, Reduzierung des Energieaufwandes auf ein Viertel) (Weizsäcker 1995) und der »Effizienzrevolution« werden damals Horizonte sichtbar, innerhalb derer viele der aktuellen Zukunftsprobleme lösbar scheinen. Das ist lange her. Danach hat der »Ressourcenextraktivismus«, die Förderung von Kohle und Erdöl, erst recht zugenommen. »Strukturanpassungsprogramme« zwingen vielen Staaten marktwirtschaftliche Strukturen auf, mit denen viele Reste von Gemeinnutzen und gemeinwohlorientierten Aktivitäten zerstört werden (N. Klein 2007).

Optimistisch spekuliert wird später freilich immer noch: »Der Ökonom Jeremy Rifkin macht mit der These Furore, das Internet befördere eine Kultur des Teilens. Diese werde die Kultur des Besitzens und damit letztlich die Marktwirtschaft ablösen.« (Zit. C. C. von Weizsäcker 2014) »Es kann keinen Zweifel geben, dass die meisten Tätigkeiten voll automatisiert werden können.« Rifkin meint, angesichts der neuen digitalen Technologien (etwa des »Internets der Dinge«) würden die Produktionskosten von Waren und Dienstleistungen auf »fast null« sinken. »So wird das auf dem Eigennutz basierende System der Marktwirtschaft weitgehend abgelöst durch ein auf Empathie beruhendes System der Allmende, in der alle Mitglieder auf alle Objekte freien Zugang haben, aber mit diesem Recht verantwortlich und gemeinnützig umgehen.« (Zitiert bei C. C. von Weizsäcker 2014)

Skeptisch macht, dass solche Träume nicht neu sind. Mit den Auswirkungen der Steigerung der Produktivität durch Automatisierung und Rationalisierung gibt es vorgangige Erfahrungen. Schon 1965 hat der französische Soziologe Jean Fourastié in einem damals viel zitierten und ein Jahr später in deutscher Übersetzung veröffentlichten Buch ein optimistisches Szenario mit nur 40.000 Stunden Lebensarbeitszeit und immer mehr Freizeit vorausgesagt: »Die vierzigtausend Stunden bedeuten 33 Jahre Arbeit im Lauf eines Lebens, gemessen an den heute üblichen fünfzig Jahren; ferner zwölf Wochen Urlaub im Jahr anstatt der heutigen vier Wochen und 30 Stunden Arbeit in der Woche anstatt der heutigen 48 Stunden.«

1965 hält Fourastié die Realisierung dieses Traums bereits für das Jahr 1985 für möglich (Fourastié 1966: S. 95; Kramer 2011: S. 30). Er weiß zwar um die gegenläufige Dynamik des Konsums, hält sie aber durch eine Stärkung der Entscheidungsfähigkeit der Menschen für beherrschbar. Und schon John Meynard Keynes geht 1930 in einem Essay »Über die wirtschaftlichen Möglichkeiten unserer Großkinder« davon aus, dass die auch in den armen Ländern materiell weitgehend zufriedengestellten Menschen der kommenden Jahrzehnte ihre »weiteren Energien der Verfolgung nicht materieller Ziele zuwenden« werden (Skidelsky 2013). Später hat man von »postmateriellen Werten« gesprochen.

Es scheint in den 1980er-Jahren möglich, eine nachahmenswerte und qualitativ attraktive Lebensweise und ein nachhaltiges, langfristig tragfähiges Modell zu entwickeln, das auch dann, wenn sie weltweit übertragen würde, die Lebenssphäre nicht zerstören würde.

Es kommt anders. Solchen wachstumsfeindlichen Ideen wird vorgebaut. Die politische Klasse zwingt die Staaten hinein in eine globalisierte Finanzwelt, in der Shareholder-Value und Kapitalvermehrung im Vordergrund stehen, in der betrügerische Finanzprodukte Krisen produzieren ohne Rücksicht auf das Gemeinwohl und die Moral nach dem Motto »Caveat Emptor« (der Käufer möge sich hüten – er ist selbst schuld, wenn er sich faule Finanzprodukte andrehen lässt) (Luyendijk 2015) und in welcher der Rüstungswettlauf die Ressourcen des möglichen Reichtums zerstören.

Pfade in andere Richtungen scheinen keine Chance zu haben. Die Signale weisen vorerst noch in die Richtung: Weiter wie bisher! Klima schützen, Konjunktur stützen! So lautet ein Motto von 2019.

8

Auf Kosten der Lebensqualität wird Wachstum gerettet

In der Vorgeschichte können Gemeinschaften im Überfluss leben, ohne zugrunde zu gehen, weil sie ihren Reichtum in Opferfesten und Exzessen aufbrauchen. In der italienischen Renaissance wird Reichtum in ästhetisch-kulturell geprägte Lebensqualität verwandelt. Die heutigen Wohlstandsregionen sind bislang gescheitert bei der Verwandlung von Wohlstandsgewinnen in Lebensqualität und Zukunftsfähigkeit. In der Dynamik der Konsumwelt werden Reformfenster rasch wieder geschlossen. Marketing sorgt für die Ausweitung eines Ressourcen verschlingenden Konsums mit geringen Auswirkungen auf Lebensqualität. Bedürfnisse werden so definiert, dass sie nur noch in marktgängigen und wachstumsfähigen Strukturen befriedigt werden können. Nur bei personenbezogenen Motiven wie Liebe, Anerkennung, Zuwendung ist dies glücklicherweise nicht hinreichend gelungen. Für die Ausweitung des Konsums ist keineswegs der Kapitalismus allgemein verantwortlich, vielmehr sind es Strukturen, bei denen die Konsumenten selbst aktiv als Handelnde beteiligt sind. Immer sind dabei die Unterschiede zwischen den Generationen wichtig: Jugendliche haben Gründe für ihr eher exzessives Verhalten. Mit Innovationen wird versucht, drohende Abstumpfung *und* abnehmende Genussempfindung *aufzufangen. In der* imperialen Lebensweise *sichern die wohlhabendsten Länder sich durch* Externalisierung *der Folgen und Lasten den Zugriff auf all das, was sie von anderen Regionen nutzen wollen.*

8.1 Die Entgrenzung der Bedürfnisse: Mandeville, Lassalle

Was fangen Menschen mit Überfluss an? Zedlers Megalexikon aus dem 18. Jahrhundert mit über 64 Bänden schreibt unter dem Stichwort »Uiberfluß« (Bd. 48 von 1746: Sp. 596–598): mehr, »als man zu seiner Nothdurft, Bequemlichkeit und Wohlstand« braucht, und bezieht sich damit auf Lebensqualität. Aber, heißt es dann, einigen ist mehr erlaubt, damit sie anderen geben können, aber auch, damit man Wissenschaft treiben kann. Von Vermehrung des Reichtums durch produktive Verwendung des erworbenen Reichtums, von der Verwandlung von Geld in mehr Geld durch Produktion von verkaufbaren Gütern, dem Prinzip der kapitalistischen Marktgesellschaft, ist da nicht die Rede.

Der Diskurs über Grenzen, in allen anderen Gesellschaften geführt, hat im Denken der Marktlehre keinen Platz – er wird als moralisierende Kritik diskreditiert (Skidelsky 2013). Wichtiger ist die Entgrenzung der Bedürfnisse: Reichtum soll verstanden werden als im Prinzip grenzenlose Verfügung über materielle Güter, befreit von allen moralisierenden Hinweisen auf Gemeinwohl und seine sozialkulturellen (moralischen) Begrenzungen durch die Erinnerung daran, dass es ein Genug gibt. Beim Begründer der Marktlehre Adam Smith (1723–1790) gibt es solche Einschränkungen noch, aber spätestens im Neoliberalismus fallen sie weg.

Dass jemand wie Wilhelm von Humboldt (1767–1835) zehn Jahre seines Lebens dem Bemühen widmet, seine Persönlichkeit in einer frei gewählten privaten Bildungsexistenz an dem Lebensmodell des klassischen Griechenland zu schulen und seine Kräfte zu einem Ganzen zu bilden – ähnlich wie Wilhelm Meister bei Goethe –, das hat in der Marktgesellschaft keinen Platz, und es wird auch nicht, wie in dem Zedler-Lexikon von 1746, als Rechtfertigung des Reichtums gewertet. Unter dem Druck der Marktlehre, des Shareholder-Values und des enthemmten Marktes hat ein solches Verhalten keinen Wert. Allenfalls im Ordoliberalismus, dem Ursprung der »Sozialen Marktwirtschaft«, und dem »Rheinischen Kapitalismus« wird noch auf »Gemeinwohl« Bezug genommen, und deswegen sehen sogar Linke in ihm eine Perspektive (Wagenknecht 2012: S. 306).

Max Weber meint, zu Arbeitsamkeit, zur Anhäufung von Kapital, zum allseitig bedürftigen Konsumenten sollen die Menschen erzogen werden (oder sich selbst erziehen) (Simon 1996: S. 164). Das ist nur unzureichend gelungen. Der Mensch ist gar kein habgieriges Mängelwesen, das nie genug kriegt, wie manche behaupten – er kennt ein *Genug*.

▪ Manche möchten es ihm austreiben. In seiner »Frankfurter Rede« hat Ferdinand Lassalle, Aristokrat und Mitbegründer der deutschen Arbeiterbewegung, 1863 gemeint: »Ihr deutsche Arbeiter seid merkwürdige Leute! Vor französischen und englischen Arbeitern, da müßte man plaidieren, wie man ihrer traurigen Lage abhelfen könne, *Euch* aber muß man vorher erst noch beweisen, daß Ihr in einer traurigen Lage *seid*. So lange Ihr nur ein Stück schlechte Wurst habt und ein Glas Bier, merkt Ihr das gar nicht und wißt gar nicht, daß Euch etwas fehlt! Das kommt aber von Eurer verdammten Bedürfnislosigkeit! … Fragen Sie alle National-Ökonomen: welches ist das größte Unglück für ein Volk? Wenn es *keine Bedürfnisse hat*. Denn diese sind *der Stachel seiner Entwicklung und Kultur.*« (Zit. in Stirner 1978: S. 122; s. auch Bogdal 1978)

Man kann sagen, da ist etwas Richtiges dran, und vermutlich konnte Lassalle damals auch auf Beifall rechnen. Aber diese (durchaus nicht neue Forderung) hat zwei Seiten: Entwertet wird Genügsamkeit (Suffizienz) und damit die Qualität der Lebenspraxis der Menschen der Zeit vor der Industrialisierung. Und zweitens wird als Ziel Entwicklung gesetzt, ohne viel nach deren Sinn zu fragen. Zu diesen Zeiten denkt auch kaum jemand an ökologische Grenzen der Lebenswelt (Fetscher 1980).

Die materiellen Bedürfnisse als Triebkräfte des Fortschritts und der Entwicklung der Menschheit zu betrachten ist Teil des spätaufklärerischen und industriegesellschaftlichen Fortschrittsprogramms. Damit wird selbstzweckhaftes materielles Wachstums gerechtfertigt, dessen Folgen heute beunruhigen. Der Renaissance, ja auch noch der Aufklärung ist das eher fremd.

Gern wird für dieses Motiv die »Bienenfabel« des niederländisch-englischen Philosophen Bernard Mandeville (1670–1733) zitiert. Der schreibt in seinem 1714–1729 entstandenen Text, in dem mit dem Bild eines Bienenstocks über das Laster und den Luxus nachgedacht wird (Mandeville 1988: S. 26):

»Ja, will das Volk nach Größe streben,
Muß es im Staat auch Sünde geben,
Wie's Hunger braucht zum Überleben.
Allein von Tugend kann auf Erden
Kein Staat groß, reich und mächtig werden.
Wollt ihr die Goldnen Zeiten wieder?
Da aß man Eicheln und war bieder.«

Immerhin will er das Laster doch auch begrenzt sehen:

»So kann auch Laster nützlich sein,
Schränkt das Gesetz es weise ein.«

Diejenigen, die sich auf diese Bienenfabel als Rechtfertigung der Unterschiede von Arm und Reich beziehen, gehen dabei nicht darauf ein, dass es nur für Staaten gelten soll, die »groß, reich und mächtig« werden wollen: Es ist ein Motto für das Selbstverständnis expansionistischer und imperialistischer, auch faschistischer Staaten. Daran sollte denken, wer die Denkfigur von Mandevilles »Bienenfabel« heute zur Rechtfertigung des Reichtums benutzt. Zudem: Die Opferfeste (Exzesse) im Goldenen Zeitalter erinnern daran, wie wenig diese These von den Befunden der Geschichte bestätigt wird. Die Goldenen Zeiten sind keine des biederen Lebens, sondern eines Lebens in Luxus und Fülle nach den damaligen Standards. Starke Staaten kommen nach dem Ende des Paläolithikums, es gibt sie zuhauf, aber auch ebenso viele sind untergegangen. Das dauert in der Gegenwart an.

Die Bienenfabel rechtfertigt Unterschiede zwischen Arm und Reich, auch den direkten Arbeitszwang oder den indirekten, wie er erzeugt wird durch die Peitsche des Hungers oder durch vorenthaltene reale oder vermeintliche Glückschancen und Privilegien. Und sie rechtfertigt den Zwang zu Fortschritt und Wachstum als Selbstzweck.

8.2 Die Arroganz des Reichtums

Boris Groys gilt als einflussreicher Philosoph. Er argumentiert ähnlich wie Mandeville: »Eine entwickelte Ökonomie kann sich nur weiter steigern, wenn sie die natürlichen Bedürfnisse der Menschen übersteigt, wenn der Konsument seine natürlichen Bedürfnisse konsequent durch künstliche, frei erfundene Wünsche ersetzt – wenn er beginnt, nach dem Überflüssigen, dem Luxuriösen zu streben.« Früher trieben die Aristokraten diesen Prozess voran, heute sind es die Künstler: »Als Flaneur mit dem souveränen Blick ist der Künstler von heute jener unendliche Konsument, dessen innovatives, ›unnatürliches‹, rein künstliches Konsumverhalten das Telos jeder funktionierenden Wirtschaft darstellt.« (Groys 1998)

Eine solche Argumentation könnte ja heute noch nachvollziehbar sein, wenn sie sich bezöge auf vielseitige Ansprüche an Lebensqualität (spüren, wer man ist, oder zu sich kommen und bei sich sein, oder andere Sinnebenen). Aber der Bezug auf »funktionierende Wirtschaft« in einer exzessiven Wachstumsgesellschaft, die Wachstum als Selbstzweck setzt und deswegen den Luxuskonsum herausfordert, ist die zynische Maxime des rücksichtslosen Reichtumsexzesses und des verantwortungslosen parasitären Müßiggängers. Mit der Kombination von Suffizienz und Exzess in der vorindustriellen Gesellschaft ist das nicht in Einklang zu bringen: Die krassen Unterschiede von Reich und Arm sorgen dafür, dass im Gegensatz zu den frühen Festen längst nicht alle einbezogen sind. Die in allen Gemeinschaften vorhandene Selbstbegrenzungsfähigkeit wird nirgendwo aktiviert, die ästhetischen Symbolwelten des Genug, die immer auch ihren Platz in der Kunst haben, sind ausgeklammert.

In einer solchen Gesellschaft wird Mitleid mit den Opfern ersetzt durch Arroganz gegenüber der Unterschicht und Verachtung der »Glücksversager« (Schulze 2005: S. XVII), die selbst Schuld tragen an ihrem Elend. In den 1980er-Jahren werden die Arroganz und der Zynismus des neuen (alten?) Reichtums aufdringlich: Der Spruch »Eure Armut kotzt mich an« ist um 1993 in der Zeit des US-amerikanischen Präsidenten Ronald Reagan das Motto derer, die wieder unbeschwert genießen wollen und dazu die mannigfaltigsten Rechtfertigungen des Reichtums finden, von der »Bienenfabel« bis zur schamlosen Instrumentalisierung der Künste für die Innovationen des umweltzerstörerischen Luxuskonsums. Und 2018 erscheint dieser Spruch immer noch (oder wieder) als Aufkleber auf manchen Luxusfahrzeugen. In der Ständegesellschaft waren einst die Unterschiede erträglicher wegen der den verschiedenen Ständen zugesprochenen und akzeptierten eigenen Würde. Die Erlebnisgesellschaft raubt den Armen, den *Bedauernswerten* die Würde. Von *deplorables* hat Hilary Clinton 2016 gesprochen und dadurch viele Sympathien in ihrem Wahlkampf gegen Donald Trump verloren (Lorenzo 2016).

Für einen Umgang mit Reichtum, der mit einer Perspektive der Nachhaltigkeit vereinbar ist, sind solche wachstumsfreundlichen Überlegungen wenig hilfreich. Die Renaissance hat da ganz andere Vorstellungen. Auch in den prosperierenden Phasen der japanischen, chinesischen oder indischen Geschichte gibt es andere Trends. Sie wirken immer noch anregend. Das Programm des von der UNESCO hervorgehobenen »Welterbes« geht davon aus, dass in früheren Gesellschaften manches geschaffen wurde, das spätere Generation nicht nur beeindruckt, sondern ihnen auch etwas aktuell Bedeutendes über die Menschen und ihre Eigenschaften und Möglichkeiten sagt (s. Kapitel 5.9).

8.3 Fortschritt als Selbstzweck (Hayek)

▪ »›Das Geld und jetzt auf einmal das Geld!‹ rief der Jakob völlig aufbrausend. ›Haben wir Altenmooser jemals nach Geld soviel gefragt? Haben wir ein's, ist's gut, haben wir kein's, leben wir auch so, arbeiten vielleicht lieber und schlafen besser. Was wir brauchen, das wachst auf unserem Grund: das Brot auf dem Feld, Milch und Butter auf den Wiesen, die Leinwand auf dem Flachsacker, die Wolle auf den Schafen und das Leder auf den Rindern. … Wollen wir Fleisch, …, wir haben es in den Schweinen, Eier legen uns die Hühner. Die Handwerker haben wir im Haus. Salz, Tabak und sonstiges Kleinzeug, auch den Steuergulden zahlen wir von dem Erlös der paar Stückeln Vieh, die wir verkaufen, oder vom Hafer. Was brauche ich denn sonst noch?« (Rosegger 1930b: S. 43 f.)

So argumentiert der Waldbauer »Jakob der Letzte« in dem Roman von Peter Rosegger. Er soll seinen Besitz verkaufen, damit ein Banker sich ein geschlossenes Jagdgebiet schaffen kann. Der Pfarrer will den Waldbauern dazu überreden, dies zu tun, auch wenn nicht sicher ist, dass es ihm danach besser geht. Alle anderen machen es auch so. Der Pfarrer argumentiert wie der Wirtschaftsnobelpreisträger E. A. von Hayek (1899–1992). In der Ökonomie zählt die Zerstörung der traditionellen Lebenswelten für einen Neoliberalen wie Hayek zu den notwendigen Kosten eines unvermeidlichen Fortschritts. Wachstumsgesellschaften scheinen ihm naturgesetzlich begründet zu sein. Für ihn wäre es undenkbar, dass niemand aus dem gewohnten Rahmen ausbrechen will, um damit einem Fortschritt den Weg zu bereiten, von dessen Qualität er nicht einmal überzeugt ist: »Viele europäische Bauern, insbesondere die in entlegenen Gebirgstälern, sind ein Beispiel. Sie hängen an ihrer Lebensweise, obwohl sie in eine Sackgasse führt, obwohl sie zu abhängig von der sich ständig ändernden städtischen Zivilisation geworden ist, als daß sie sich erhalten könnten.« Und: »Die Änderungen, in die sich solche Menschen fügen müssen, gehören zu den Kosten des Fortschritts.« (Hayek 1971: S. 61)

Länger als in der »Moderne« auch nur vorstellbar, haben diese Bauern über Jahrhunderte hinweg ihr Überleben sichern können, und in allen Nachkriegs- und sonstigen Krisenzeiten konnten sie sich immer besser erhalten als die Städter. Hayek kann sich anscheinend nicht vorstellen, dass es jenseits des Strebens nach Modernisierung, Fortschritt und (unbegrenzter) Freiheit ein vielfältiges, abwechslungsreiches und nachhaltiges sozialkulturelles Leben gibt. Mit verbalem Pathos preist er die Dynamik des die gewohnten Regeln aufhebenden Fortschritts. Aber als radikaler Vertreter des freien Markts und des Fortschritts als Selbstzweck muss Hayek freilich auch zugeben, dass die Politiker die Welt zerstören können (Hayek 1981: S. 40). Das ist Stoff zum Nachdenken in einer Zeit, in der die Begriffe von Moderne und Fortschritt unter Druck geraten und in der ein aufgeklärter Eurozentrismus sich nicht nur der Herausforderung durch die eigenständigen Entwicklungen der anderen Weltteile, sondern auch durch die Menschheitsgeschichte stellen muss. In anderen Lebenswelten wird und wurde anders gedacht.

8.4 Abstumpfung und abnehmende Genussempfindung

Mit einem Problem muss sich die Wachstumsgesellschaft dabei auseinandersetzen: dem der »abnehmenden Genussempfindung«, in seiner schlimmsten Form als *ennui*, Überdruss, auftretend. Dem Wachstum sind solche Haltungen nicht förderlich. Der französische Philosoph Voltaire beschreibt diesen Zustand in seinem Roman »Candide«: Dort sind die Helden der Geschichte auf der Suche nach einem glücklichen Menschen. Sie finden einen, der alles hat und daher glücklich sein müsste. Aber gerade weil er über alles verfügt, ist er gelangweilt. In der Tat: Die Freizeitforschung hat betont, dass das Streben nach Abwechslung, nicht der Genuss allein für viele Individuen ein Antrieb ist.

Der Wirtschaftswissenschaftler Karl Oldenberg hat dieses Problem thematisiert: »Zur Steigerung des Niveaus der Lebenshaltung wirkt außer den wachsenden sozialen Ansprüchen ein fatales Naturgesetz mit, das zur Würdigung des Konsumtionsfortschritts nicht außer acht bleiben darf. Die *Gewöhnung*. Sie wirkt wie ein Widerhaken, der die Rückkehr zu anspruchsloserer Lebenshaltung aufs äußerste erschwert.« (Oldenberg 1923: S. 205) Letztere Bemerkung ist für die Suche nach dem *Genug* besonders interessant: Wenn eine aufsteigende Linie der wachsenden Möglichkeiten abgebrochen wird, weckt das besonders viele Frustrationen.

▪ Aber für Oldenberg ist etwas anderes wichtig: »Jede Verbesserung der Lebenshaltung, wenn sie über den natürlichen Existenzbedarf hinausgeht, tritt zuerst als Luxus in die Erscheinung; sie wird zum Bestandteil des Existenzbedarfs, wenn sie eine Zeitlang angedauert und im Standeskodex Aufnahme gefunden hat.« So bestätigt er, was Dieter Groh für die vorindustriellen Verhältnisse gezeigt hat: Das Bedürfnisniveau wird im sozialen Umfeld ausgehandelt (s. Kapitel 4.2). »Mit diesem sozialen Zwange geht aber Hand in Hand die physiologische oder psychophysische Steigerung der Bedürftigkeit. Es gibt keinen Wunsch, der nicht durch regelmäßig wiederkehrende Befriedigung zum empfindlichen Bedürfnis wird. … Ebenso wird die zuerst nur aus sozialen Gründen eingeführte Konsumtion allmählich zum wirklichen individuellen

Bedürfnis, das mit steigender Unlust droht, wenn es nicht immer wieder neue Befriedigung erhält. Durch diesen sanften Druck sieht sich der Konsument in immer neue Bedürfnisse verstrickt.« Diesen Prozess muss Marketing mit all seinen Instrumenten bei dem Konsumenten unterstützen. Aber »das Bedauerlichste ist, daß diese Aufwendungen ihm mit abnehmender Genußempfindung lohnen. Denn gerade solche Bedürfnisse, die über das bare Existenzminimum hinausgehen, unterliegen mehr oder weniger einem Gesetz der *Abstumpfung*. Abstumpfung ist nicht zu verwechseln mit Sättigung.« (Ebd.: S. 205) Wenn man das vermeiden will, müssen also Phasen der Suffizienz und des Exzesses aufeinanderfolgen – wie in der Alltagsgeschichte seit dem Goldenen Zeitalter immer wieder (Kapitel 5.4).

»Der Konsument muss immer lavieren und abwechseln, um die progressive individuelle Entwertung der erkauften Genüsse wenigstens abzuschwächen. Sowohl die soziale Rivalität wie das physiologische Naturgesetz fordern immer gesteigerten Aufwand für den Bereich der Genußkonsumtion.« (Ebd.: S. 206) Typisch für den Ökonomen ist, dass er dies als psychologisches Naturgesetz und damit als nicht hinterfragbar interpretiert, auch wenn es historisch entstanden ist. »Man frage den durchschnittlichen Hausvater, ob ihm nicht, in diesem niederträchtigen Wettlauf der oktroyierten sozialen Ansprüche, unabhängig von der Stufe seines Einkommens, immer noch gerade 10 bis 20 Prozent seines Einkommens fehlen, um das soziale Existenzminimum seiner Familie zu decken.« (Ebd.) Aber es gilt auch: Es »besitzt ein reichlich konsumierendes Volk eine latente Reserve für Notfälle in seiner Lebenshaltung selbst« (ebd.: S. 207).

Bei Oldenberg werden die Unterschiede der Lebensalter nicht thematisiert, die in der Renaissance im »Hofmann« von Castiglione angesprochen werden. »Der in weitem Maße konventionelle Charakter unserer Konsumtion, die Vergeudung durch den Rivalitätsaufwand, die Steigerung des Bedürfnisses durch die Konsumtion selbst, die progressive Abstumpfung der Genußfähigkeit bedeuten *Abzüge* vom Genußwert der heutigen hochgesteigerten Konsumtion.« (Ebd.: S. 206) Zitiert wird der Kulturphilosoph Werner Sombart (1863–1941) von 1903: »Aber gerade dieser Reichtum ist es, der uns zum Sklaven unserer Bedürfnisse gemacht hat. Wuchsen die Fähigkeiten, unsern Bedarf an Sachgütern zu befriedigen, so ist dieser Bedarf selber immer um eine Nasenlänge den Mitteln zu seiner Befriedigung vorausgeeilt.« (Ebd.: S. 206, Fußnote 1) Das kann von Kulturkritik leicht aufgegriffen werden.

Wichtig aber ist für Oldenberg, »daß der wirtschaftliche Fortschritt seinen ideellen Wort in sich selbst trägt, unabhängig vom Konsumtionswerte der durch ihn geschaffenen Güter. Die Steigerung der Bedürfnisse, auch wenn sie nicht zu gesteigerter Lust führt, zwingt doch den Menschen zur Anspannung seiner Kräfte und wird durch diese belebende Wirkung zu einer der Grundlagen moderner Kultur.« (Ebd.) Es kommt noch deutlicher: »… die Konsumtion, die uns als Zweck erscheint, ist jetzt in Wirklichkeit vielmehr Mittel für einen höheren Zweck …« Es »löst die lockende Aussicht auf Befriedigung brennender Bedürfnisse überhaupt die Anspannung der Kräfte aus, die dem Leben Wert und Würde gibt, wenn sie sittlich rein bleibt. Und sie züchtet starke Menschen und starke Völker, die über andere herrschen und ihnen ihr Gepräge aufdrücken.« (Ebd.: S. 207) Starke Völker als Ziel? Das ist Imperialismus in Reinform, ähnlich wie bei der Bienenfabel von Mandeville und wie das selbstzweckhafte Wachstum bei Hayek. Die Renaissance hat gezeigt: Menschen können auch anders, und auch in der jüngeren Gegenwart haben viele immer wieder andere Wege versucht.

Dass die Entgrenzung der Bedürfnisse und die Überwindung der »abnehmenden Genussempfindung« immer aggressiver und trickreicher versucht werden, ist unübersehbar. Am wirkungsvollsten sind dabei wirkliche Suchtdrogen. Die aber dulden Markt und Politik nicht, auch wenn sie nicht genügend unternehmen, um sie von den Menschen fernzuhalten. Angeblich werden Katzen durch Zutaten, die auf sie ähnlich wie Drogen wirken, dazu gebracht, nur noch die teureren Sorten von Dosenfutter zu mögen. Ähnlich, wenn auch nicht so direkt, geht die internationale Nahrungsmittelindustrie vor: Wenn die Export- und Plantagenwirtschaft die gewohnte Nahrungsmittelproduktion zerstört, dann werden die dadurch weniger ausgewogenen Nahrungsmittel ersetzt durch künstlich mit Vitaminen und Mineralstoffen angereicherte. Das wird dann als Wohltat angesehen, macht aber abhängig von vorgefertigter Nahrung (Kruchem 2017). Produkte schleppen immer ihre Wertschätzung mit sich. Eine Ethnologin berichtet: Bewohner der fischreichen pazifischen Fidschi-Inseln müssen von ihren Pfarrern gemahnt werden, keine importierten Dosenfische zu kaufen, sondern eigene frische Fische zu essen. In der DDR gelten einst Westmedikamente als wertvoller, auch wenn es in Lizenz hergestellte in der DDR entwickelte Produkte sind.

8.5 Die Zerstörung der Prosperitätsgewinne

Konsum wird von vielen als »Zentralwert der gegenwärtigen Gesellschaft« (Hellman 2015: S. 543, 546) betrachtet. Konsumforschung profitiert von der Verhaltensforschung. Sie fragt nach den sozialkulturellen Motiven der Konsumenten und stellt das Modell des nur auf seinen Vorteil bedachten Nutzenmaximierers (den *homo oeconomicus*) in den Vordergrund. Die »Consumer Culture Theory« (CCT) will wissen, was der Konsum für die Lebensführung und Identitätssuche der Menschen bedeutet (ebd.: S. 547). Beobachtbar ist eine »Ausweitung der Konsumzone«, »die weit über die allseits vertrauten Kauf- und Verbrauchsakte hinausgreift« – bis hin zu den »Angeboten« der Religionen.

Beim Konsum entscheiden die Menschen: Wie wollen wir leben? Welche Entwicklung der im Prinzip nach oben offenen Bedürfnisstruktur ermutigt, favorisiert oder geduldet wird, das ist abhängig von prägenden Einflüssen und von Pfaden, die gezielt oder zufällig begangen werden. Manchmal sind die Handelnden sich der Konsequenzen nicht bewusst, manchmal werden sie billigend in Kauf genommen – wie bei dem Beispiel des Pfarrers bei Rosegger, der dem Waldbauern zum Verkauf seines Waldes anregt, auch wenn es ihm dann nicht besser gehen muss (Kapitel 8.3).

Wachstum wird gefährdet, weil zur Ausstattung der Menschen immer auch das Wissen darum gehört, dass es ein *Genug* gibt. Daher muss gegen die Abstumpfung etwas unternommen werden. »Die neue Ökonomie dringt in die feinsten Poren des Alltagslebens von Milliarden Menschen ein. Die Kapitalisten des 21. Jahrhunderts verstecken ihre Eigentumsrechte in vier Dutzend Finanzoasen, fördern rechtspopulistische Politik, stützen sich auf eine zivile, transatlantische Privatarmee von Beratern und kooperieren in Silicon-Valley-Tradition mit Militär und Geheimdiensten« (Rügemer 2019) – und mit Marketingspezialisten. Das immer wieder dem Untergang geweihte kapitalistische Wachstums- und Effizienzsystem hat sich bisher immer gerettet (Mason 2016).

In den 1930er-Jahren wird vorgeschlagen, Menschen durch Strafen zum Kauf von neuen Produkten zu zwingen (London 1932; ich verdanke den Hinweis Gerald Jatzek, Wien). Gern wird derzeit auf das System der geplanten Obsoleszenz zurückgegriffen: Die Produkte werden so konstruiert, dass sie weniger lang halten. 2019 fordert das Umweltbundesamt Mindestanforderungen für Reparierbarkeit und Langlebigkeit (www.uba.de/publikationen/strategien-gegen-obsoleszenz). Und: »Haushaltsgeräte wie etwa Kühlschränke, Geschirrspüler oder Waschmaschinen sollen in Zukunft länger halten und besser reparierbar sein. Das fordert eine neue Regelung im Rahmen der Ecodesign-Richtlinie der EU.« (Asendorpf 2010)

Mit der Weckung von immer neuen Bedürfnissen und Wünschen rettet sich das System, wie in der digitalen Welt: »E-Mail war die Erfüllung eines Traums, von dem wir gar nicht gewusst hatten, dass wir ihn hegten.« (Stöcker 2011: S. 168 f.; s. Kapitel 6.8) Neue Technologien, Digitalisierung, völlig neue Produkte sind es, von denen die Produktivitätsgewinne aufgezehrt werden, und es kommt durch die als Qualitätssteigerung empfohlenen Neuerungen in den Wohlstandsgesellschaften immer wieder zu neuen Wachstumsschüben. Innovation ist ein Wunsch, der bei den Menschen angeblich in den Genen verankert ist, hat vor einiger Zeit eine Werbekampagne für Autos behauptet. Das kann man freilich auch von dem Wunsch nach Stabilität sagen.

Innovation gilt als Rettungsanker, wenn die Wachstumsgesellschaft in eine Krise gerät. Nutzer werden hineingezogen in Wachstumsstrategien: Die Elektrifizierung des Haushalts ist in den 1920er-Jahren Produkt aufwendiger Werbekampagnen der Stromerzeuger, die aber möglich sind, weil auch die Hausfrauen (und Hausmänner) sich über Waschmaschinen, Herde und sogar Spülmaschinen freuen. Und wer weiß schon, was Lobbyisten (und Beraterfirmen) alles tun, um jene Pfade zu bereiten, die für ihre Auftraggeber vorteilhaft sind.

Der subjektive Nutzen von Gütern und Dienstleistungen lässt sich nicht auf den Gebrauchswert reduzieren. Der symbolische Wert ist integraler Bestandteil der Nutzung dieser Güter. Er wird auch nicht relativiert mit dem Hinweis auf sogenannte falsche Bedürfnisse. Die linken Kapitalismuskritiker argumentierten früher gern so. Aber wer hat im Rahmen der historischen Entfaltung der menschlichen Sinne und der Genussfähigkeit die Kompetenz, die wahren oder richtigen Bedürfnisse zu definieren? Gewiss lassen sich Prestigekonkurrenz oder modische Innovationen als überflüssig kritisieren. Kulturkritik findet eine Menge Gelegenheit, über das Konsumverhalten zu spotten. Die Individuen wird man jedoch oft genug nur schwer von ihren Konsumgewohnheiten abbringen können. Junge Menschen, die in ihrer Altersgruppe um Ansehen, Rangplatz, Partnerinnen und Partner konkurrieren (müssen), haben hier eigene Maßstäbe.

Aber ist nicht *der Kapitalismus* dafür verantwortlich, und man braucht ihn nur abzuschaffen? Ganz so einfach ist es nicht. Alle Akteure sind beteiligt, auch die Konsumenten. Das wird von Theodor W. Adorno in seiner ganzen Widersprüchlichkeit benannt: Die Freizeit- und Kulturindustrie könnte die Menschen nicht dazu nötigen, ihre Produkte zu kaufen, »verlangte nicht etwas in den Menschen danach; aber deren eigenes Bedürfnis nach Freiheit wird funktionalisiert, vom Geschäft erweitert reproduziert; was sie wollen, nochmals ihnen aufgenötigt« (Adorno 1980: S. 648).

Der Markt bedient sich der Werbung – sie ist Teil des Marketings. Seit der jesuitischen nachreformatorischen Propaganda *fidei* (Glaubenspropaganda) ist sie eine hochprofessionelle Tätigkeit. Sie kann den verschiedensten Zwecken dienstbar gemacht werden. Wie Management ist sie für Missionierung, Social Marketing und die Non-Profit-Aktivitäten nützlich.

▪ Kurt H. Biedenkopf, der ehemalige sächsische Ministerpräsident, verteidigt zwar die Werbung, weiß aber, dass sie in die Konsumentensouveränität eingreift (die ohnehin eine Fiktion ist), und sieht sie in ethischer Verantwortung. Er beschreibt die aktive Rolle, die Werbung als »Teil unseres gesellschaftlichen Informationshaushaltes« spielt, bis hin zu der Tendenz, »das Produkt als Ausdruck einer Lebenshaltung, das heißt als Ausdruck eines Lebensgefühls, eines Lebensentwurfs oder eines Lebensideals«, darzustellen, dabei entsprechenden »Verhaltensdruck« einschließend, der als »Zwang zu einem bestimmten kollektiven Verhalten oder als Prägung kollektiven Verhaltens empfunden« werden kann. Der Konsument ist somit alles andere als souverän. Werbung bedeutet für viele einen »Eingriff in ihre eigenen Lebensvorstellungen«. Werbung muss sich der »politischen Auseinandersetzung über die Erwünschtheit solcher Entwürfe stellen«. Daher ist auch Verbraucheraufklärung eine Form »marktwirtschaftlicher Selbstkorrektur« (Biedenkopf 1987).

Werbung trägt »ethische Verantwortung«. Da sie auch der Erzeugung neuer Nachfrage dient, muss die Politik »dem durch Werbung erzeugten Verhaltensdruck entgegenwirken. Sie muß im Grunde einen Teil dessen, was die Werbung als Folge der Erfüllung ihrer Aufgaben an Verhaltensmustern, Verhaltensweisen und Verhaltensdruck erzeugt, korrigieren. Korrigieren in der Weise, daß sie zum Beispiel als Politik das Interesse der Menschen einfordert für den Schutz der Umwelt«, sie muss gegenhalten, wenn es um »gemeinschaftsrelevante« Folgen geht (Biedenkopf 1987).

»Auf der einen Seite die Souveränität der Konsumenten beschwören, auf der anderen ein gigantisches, immer subtiler wirkendes Instrumentarium auffahren, um sie zu brechen – mit diesem Widerspruch lebt die Marktgesellschaft in ihrer Ideologie und ihrem Selbstverständnis.« Das wird in der Enquete-Kommission »Wachstum, Wohlstand, Lebensqualität« thematisiert, und da werden konkrete Eingriffsmöglichkeiten genannt (Schlussbericht 2013; Werbung s. Kramer 2016b: S. 70, 73). 2019 ist die Diskussion um Außenwerbung für Zigaretten wieder aktuell geworden. Eigentlich gibt es bei der Zigarettenwerbung schon lange informelle Grenzen: Die Werbetreibenden haben sich in freiwilliger Selbstverpflichtung darauf geeinigt, nur noch mit über 30 Jahre alten Personen zu werben. Und es gibt eine ganze Reihe von Einschränkungen, die schon gar nicht mehr auffallen, bei frauenfeindlicher Werbung zum Beispiel (Schmerl 1980). Da ist noch viel Luft nach oben.

8.6 Marketing und Influencer

Märkte werden analysiert und erschlossen durch Marketing. Die Geschichte des Marketings kann man so skizzieren: Zuerst gibt es den *Verkäufermarkt*. Da gilt das Motto: »Seien Sie froh, dass Sie überhaupt etwas bekommen.« (Kuhlmann 2004: S. 15) Neue Produkte, Neuerfindungen verkaufen sich so. In Not- und Mangelsituationen bei Kriegen oder Katastrophen ermöglicht der Käufermarkt Traumrenditen. Die bewusste Produktion von Knappheit (Helfrich 201: S. 397) gehört hierher. Für das allerneueste Tablet oder Computerspiel bilden sich lange Schlangen vor den Verkaufsstellen.

Es folgte das *Produktkonzept* mit dem selbstzufriedenen Motto: »Qualität verkauft sich von selbst.« Das Interesse an einem solchen Produkt muss dazu bereits vorhanden sein.

Ein anderes Konzept ist dann später: *»Ein guter Verkäufer kann alles verkaufen.«* (Kuhlmann 2004: S. 15) Die passende Anekdote dazu ist: Ein Verkäufer verkauft einem Bauern eine Melkmaschine und nimmt seine letzte Kuh als Anzahlung mit.

Viertens schließlich wird das Angebot zugeschnitten auf die Bedürfnisse des Abnehmers. Prinzip ist dann: *»Der Kunde ist König.«* Einige weitere Stichworte zum Marketing deuten an, worauf geachtet wird: Nach Umsatzanteilen sortiert der Marketing die Kunden in A-, B- und C-Kunden. Regionen werden von dem Marketing-Informationsunternehmen *ACNielsen* weltweit in über 100 Ländern in Gebiete mit unterschiedlicher Kaufkraft erfasst (Geml 2004: S. 24), damit man Marketingschwerpunkte setzen kann. Ein »Bandwagon-Effekt« bedeutet »imitativer Konsum« (ebd.: S. 47): Ein Produkt zieht andere nach. Benchmarking setzt Ziele für die maximal erreichbare Leistung. Guerillamarketing unterläuft die Werbung von Konkurrenten (ebd.: S. 130), »me-too« sind im Marketing einfach Nachahmungen (ebd.: S. 273).

Ein Flop als Misserfolg ist nie auszuschließen. Die Versuche der Umerziehung der Menschen geraten oft an ihre Grenzen: Ich habe einen Marketingspezialisten erlebt, der es als reizvolle Aufgabe betrachtete, eine Zigarette mit einer zweigeteilten Tabakfüllung zu bewerben: erste Hälfte mit starkem, zweite Hälfte dann mit leichterem Tabak. Der Markterfolg blieb aus.

Aus dem biblischen alten Adam, der so vieles kann, wird durch Marketing das habgierige Mängelwesen herauspräpariert. Veränderungsdruck wird ausgeübt nicht nur, wie früher, durch den Wunsch, den Vorbildern aus der nächsthöheren Sozialschicht nachzueifern, sondern durch Marktmacht und Marketing. Das Denkmodell der kulturellen Öffentlichkeit, in der verantwortungsbewusste Diskurse geführt werden, ist ebenso wie die Konsumentensouveränität eine fromme Legende.

Als fünfte Phase der Geschichte des Marketings werden auf dem *Käufermarkt* die Kenntnisse über den potenziellen Nachfrager zentral (Kuhlmann 2004: S. 17). Da setzt dann Marketing mit seinen vielfältigen Techniken erst richtig an: Kaufkräftigen und anspruchsvollen Nachfragern »konnten Anbieter nur gerecht werden, wenn sie ihre Käufer eingehend kannten und ihren verschiedenen Vorlieben auf der Spur blieben« (ebd.: S. 15/17). Dazu gehören dann auch Leitmilieus wie Yuppies, Dinks, Skippies (School-Kids mit Einkünften) und Bobos (Bourgeois Bohemiens). Solche Leitmilieus herauszufinden und dann damit Szenemarketing zu betreiben gehört zu den Techniken (ebd.: S. 389). Anknüpfend an die Lebensstile und Milieus der Soziologen (Vester 2004, s. Kapitel 7.2), wird so versucht, Bilder vom guten und richtigen Leben wachstumsfreundlich zu entwickeln.

Marketing (Streissler 1966) passt sich immer den Änderungen der Lebensverhältnisse an: Jugend, Familiengründungsphase, Alter haben jeweils andere Bedürfnisstrukturen. Angesprochen werden auch jene Milieus, die den Ausbruch aus Enge und Begrenztheit suchen, denen *Genug* nicht genügt, sondern eher ein Gräuel ist. Dem unkontrollierten Ausbruch tritt freilich im weiteren Lebenslauf meist der Rückzug auf das Eigene zur Seite. Sie ergänzen sich wie Exzess und Suffizienz in den historischen Milieus. Einst waren die »Halbstarken« Protagonisten der »Befreiung von moralisch-pädagogischen Diktaten« (Alheit 1994: S. 4). Mit Familiengründung werden die meisten dann doch biedere Zeitgenossen. Darin bestätigen sich die große Normalität und der Zusammenhang von Lebensqualität und Enkelgerechtigkeit. Dank der Digitalisierung gibt es immer mehr Möglichkeiten, Wünsche der potenziellen Konsumenten herauszufiltern und konkret zu bewerben – jeder Internetnutzer weiß ein Lied davon zu singen. Das alles klingt vertraut. Man darf aber daran erinnern, dass es keine von selbst laufenden Prozesse sind.

»Influencer« beeinflussen über ihre »Follower« Märkte, auch wenn sie keine direkte Werbung betreiben. Das Londoner Unternehmen WGSN (Worth Global Style Network) spürt für Tausende von Firmen Trends auf (Gioia 2019: S. 21): Zwei Jahre im Voraus sucht das Unternehmen, das 250 Menschen beschäftigt, aufzuspüren, was »Kunden morgen kaufen wollen«. Durch Beobachten in der ganzen Welt und durch »Mathe und Magie« wird der Markt analysiert. Mathematik fragt: »Gibt es Kleidungsstücke, die sich im letzten Monat mehr verkauft haben als andere? Selbst ein minimaler Anstieg von wenigen Prozent kann ein Zeichen dafür sein, dass etwas Potenzial hat, die Masse zu erreichen.« Das wird kombiniert mit »Magie«, den Beobachtungen: »Dann kommen die Influencer, also jene Menschen, die viele Fans in den sozialen Netzwerken haben und von denen einige inzwischen mehr Einfluss haben als traditionelle Modemagazine. Influencer können einem Trend in die High-Fashion-Welt verhelfen. Ist er dort angekommen, folgt der Massenmarkt. Darauf die Billigmode. Anschließend gilt ein Trend als tot.« (Ebd.)

Inzwischen gibt es Influencer auch in der Politik. Diana Kinnert ist eine Influencerin für die CDU, über die das *ZEIT Magazin* am 2. August 2018 berichtet. Sie erzeugt vor allem durch ihr ungewöhnliches Auftreten Aufmerksamkeit und übermittelt damit eher liberale Inhalte der CDU. Vor den Europawahlen 2019 hat der Influencer Rezo mit einem CDU-kritischen Auftritt im Netz für Aufsehen gesorgt und die Partei in Verlegenheit gebracht. Den Individuen versprechen Influencer in der »Gesellschaft der Singularitäten« (Reckwitz 2017) die Freiheit, ihre Einzigartigkeit ungehemmt zu entfalten. Sie müssen sich dabei freilich immer auseinandersetzen mit der Mahnung: »Sei du selbst. Alle anderen gibt es schon.« Diese Techniken können aus dem Ruder laufen: »Streit unter Youtubern führt zu Massenschlägerei auf dem Berliner Alexanderplatz« (Berliner Zeitung 23./24. 3. 2019). »Wir sehen in der Rapperszene und zunehmend auch bei anderen Influencern, dass sie teilweise sehr fahrlässig mit ihrem Einfluss umgehen und es scheinbar Mode wird, ganz bewusst Pulverfässer aufzumachen, um mehr Follower, Abonnenten und Klicks zu generieren.« So der Berliner Landeschef Gewerkschaft der Polizei Norbert Cioma (ebd.).

Entfaltung des Beziehungsreichtums der Menschen zu sich selbst, zu anderen, zur Natur und zur Geschichtlichkeit gilt in der alten Pädagogik als anzustrebendes Ziel. Aber die Entgrenzung der Bedürfnisse durch effizientes Marketing für Konsumgüter, durch modische Lebensstile und durch die Kultivierung von Distinktionsbedürfnissen ist die (eine) konkrete Gestalt der Entfaltung dieses Beziehungsreichtums unter den Bedingungen von Prosperität in der Marktgesellschaft. Mit der Kulturkritik ist dem nicht zu begegnen. Die Orientierung an den Lebensstilen des repräsentativen Konsums bedeutet eine ständige Steigerung jenes ressourcenvergeudenden Kampfes um »positionelle Güter« (Hirsch 1980). Sie sind, wie Seegrundstücke oder wertvolle Kunstwerke, nicht beliebig vermehrbar, verschaffen aber Prestige, tragen eher wenig bei zur Entfaltung der Persönlichkeit.

Heute sind Marketing und Lebensstile der Erlebnisgesellschaft zusammen mit dem sozialen Umfeld entscheidend an der Definition von Bedürfnissen beteiligt. Die Politik, würde sie Selbstbegrenzungspotenziale aktivieren wollen, müsste sich (wie einst bei der Kampagne »Den Gürtel enger schnallen« von Ludwig Erhard) vorwerfen lassen, den Ärmeren ihr bisschen Luxus nicht zu gönnen. Deshalb arbeitet sie in aller Regel als Prozessverstärker bei der Anspruchsdynamik mit (Klages 1996: S. 235). Statt zu moralisieren, kann man freilich auch Pfade suchen, mit denen andere Schwerpunkte gesetzt werden: Werbeverbote, Preise (und positiv Auszeichnungen), Vorbilder.

No Shopping heißt der Selbstversuch eines eher wohlhabenden amerikanischen Paares. Beide pendeln zwischen New York und einem Sommerhaus in der Provinz und wollen ein Jahr lang möglichst wenig konsumieren. Die Autorin weiß, dass der »übermäßige Konsum« ein Problem ist, und sie fragt sich: »Ist es überhaupt möglich, sich dem Markt zu entziehen?« Ganz ist es, wie zu erwarten, den beiden nicht gelungen, aber sie haben doch die Erfahrung gemacht: Es geht auch mit weniger. »Ich weiß, daß ich persönlich die Ozonschicht nicht retten kann. Große Probleme erfordern große, gemeinschaftliche und grundsätzliche Lösungen. Die Zerstörung unserer Erde aufzuhalten sollte das Ziel der Politiker, Wirtschaftsexperten und Wissenschaftler sein, während der Rest von uns sich darauf konzentrieren sollte, zu schreien, daß schleunigst etwas getan werden müsse.« (Levine 2009: S. 14)

8.7 Globaler Luxuskonsum

Es genügt nicht mehr, »arme Regionen« zu unterscheiden von »wohlhabenden Regionen«, in denen ressourcenaufwendiger umweltzerstörender Luxuskonsum herrscht. Was in den europäisch-atlantischen Prosperitätsgesellschaften geschieht, beeinflusst globale Verhältnisse, sowohl bei der Produktion wie beim Konsum. Gesprochen wird von »imperialer Lebensweise«. Der Begriff bezieht sich auf (sozial-)kulturelle Prozesse mit ökonomischen Auswirkungen, nicht aber auf die Ökonomie selbst. Diese Lebensweise nutzt bei der Produktion die Ressourcen der übrigen Welt: »Der Kerngedanke des Begriffs ist, dass das alltägliche Leben in den kapitalistischen Zentren wesentlich über die Gestaltung der gesellschaftlichen Verhältnisse und der Naturverhältnisse andernorts ermöglicht wird: über den im Prinzip unbegrenzten Zugriff auf das Arbeitsvermögen, die natürlichen Ressourcen und die Senken – also jene Ökosysteme, die mehr von einem bestimmten Stoff aufnehmen, als sie selbst an ihre Umwelt abgeben (wie Regenwälder und Ozeane im Fall von CO_2 – im globalen Maßstab.« (Brand/Wissen 2017: S. 43)

Es befinden sich »derzeit zwei Drittel der Weltbevölkerung im Übergang von der Agrar- zur Industriegesellschaft« (Brand/Wissen 2017: S. 106; I.L.A. Kollektiv 2017). Es ist dies eine »energieintensive, in weiten Teilen erdölabhängige Lebensweise, wie sie im globalen Norden seit langem Normalität« ist. Sie wird derzeit in Indien, China und anderswo von den Mittel- und Oberklassen der aufsteigenden Schwellenländer übernommen, sodass sich auch dort die »imperiale Lebensweise« mit »Individualverkehr, fleischhaltiger Ernährung und ressourcenaufwendigen Konsumgütern« (Brand/Wissen 2017: S. 108) verbreitet – mit allen Kosten und Risiken dort und hier. Das Beispiel China und der »Neoextraktivismus in

Lateinamerika« (ebd.: S. 115) erinnern an Probleme und aktuelle Grenzen. Neue »ökoimperiale Spannungen« drohen (ebd.: S. 121). Von »imperialer Lebensweise« zu reden geht nicht von »Klassenverhältnissen« aus. Es bezieht sich auf die kulturellen Motive der Akteure und auf Überlegungen zur (Sozial-)Kultur, nicht auf solche der Soziologie: Die Konsumenten lassen sich nicht so ohne Weiteres in Klassen aufteilen, es geht vielmehr um kulturelle Akzentuierungen quer zu Klassenverhältnissen.

- Bis hin zur Mittelklasse der ärmeren Länder verallgemeinern sich bei den imperialen Lebensweisen die Verhaltensweisen und die »Standards des ›guten‹ und ›richtigen‹ Lebens, das ja vielfach aus der imperialen Lebensweise besteht« (ebd.: S. 45). Es gilt auch: »Der andro- und eurozentrische Lebensentwurf einer ›hegemonialen Männlichkeit‹ ist … integraler Bestandteil der imperialen Lebensweise.« (Ebd.: S. 54) So wird lokal und global ein Konsumverhalten entwickelt, mit dem die Wachstumsgesellschaft am Leben erhalten werden kann. Angesichts der unüberschaubaren Folgen für die Lebenswelt scheint die Hoffnung vergeblich, das alles mit technisch-ökonomischen Innovationen in den Griff zu bekommen: Der Wasserstofffusionsreaktor als unerschöpfliche Energiequelle scheint nicht zu gelingen, und er käme nicht ohne Energietransportleitungen und Ressourcen aus. Selbst wenn, wie erhofft, in Europa mit einer grünen industriellen Revolution (wo bleibt die?) Erfolge erzielt werden, wird sie sehr lange brauchen, bis sie globale Auswirkungen zeigt, und auch sie wird viele Ressourcen verbrauchen. (Ist sie nicht mit Digitalisierung verbunden? Verschlingen die Geräte nicht eine riesige Menge Strom für die Kühlung der Aggregate? Und welche Materialien braucht man gerade dafür?)

Der Wunsch nach Lebensqualität und Enkelgerechtigkeit scheint da keine Chance zu haben. Aber doch ist die Fähigkeit der Menschen, Nachhaltigkeit (Zukunftsfähigkeit) zu leben, nicht verloren. Wenn über den Umgang mit Reichtum, Wachstum oder Mangel diskutiert wird, kommen in den meisten Fällen kulturelle Prozesse zu kurz. Gesprochen wird zwar über die dabei wichtigen Werte und Standards, jedoch an die sozialkulturellen Prozesse, mit denen diese Werte sich entwickeln und verändern, wird nicht erinnert. »Zukunft ist ein kulturelles Programm«, argumentiert Hilmar Hoffmann und betont damit, dass technische und ökonomische Strategien allein keine Lösung für die Herausforderungen der Gegenwart liefern (Hoffmann 1997). Entscheidend für die Frage, wie Menschen mit ihren Ressourcen und Möglichkeiten umgehen, sind die angestrebten Standards des »guten und richtigen Lebens« und die sozialregulativen Ideen dafür. Von der »ideellen Lebensgrundlage« sprechen andere. Es geht um eine überzeugende und zukunftsfähige gesellschaftspolitische Perspektive, in welcher der Zusammenhang von Arbeitswelt, Wirtschaft, Ökologie und sozialkulturelle Gestaltung der Lebenswelt erkennbar und programmatisch hergestellt ist.

9

Suchbewegungen, Pfade und molekulare Wandlungen

Für den Übergang in eine Postwachstumsgesellschaft scheint es wenig Chancen zu geben. Aber vielleicht ist alles gar nicht so dramatisch? Warum soll nicht möglich sein, was unter ganz anderen Bedingungen in der früheren Menschheitsgeschichte gelungen ist? Auch mit Überfluss umzugehen haben die Menschen seit dem Goldenen Zeitalter gelernt, und immer wieder gibt es Phasen, in denen Reichtum in Lebensqualität umgewandelt wird, ohne die Zukunft zu verspielen, und sogar breite Schichten konnten zum Beispiel in der Renaissance davon profitieren. Nicht alle technischen Möglichkeiten müssen auch genutzt werden. Bei der Suche nach Lebensqualität gibt es ein Genug. Viele Gemeinnutzen werden zu Beginn des 21. Jahrhunderts wieder entdeckt, Selbstorganisation ermöglicht es, neue zu schaffen oder überkommene Formen zu reaktivieren. In günstigen Fällen leiten sich damit molekulare (modulare) *Wandlungen ein, die Konturen einer solidarischen Lebensweise erfahrbar machen. Wenn von da aus Pfade in die Politik (als der für die gesamte Gesellschaft relevanten Sphäre) eingeschlagen werden, gibt es Chancen für Wege zu einer dauerhaften Postwachstumsgesellschaft. In ihr muss es möglich sein, Wachstum sozialökologisch zu regulieren und aus Wohlstand Lebensqualität zu gewinnen, ohne die Lebenswelt zu zerstören. Das muss freilich global wirken.*

9.1 Der unspektakuläre Alltag: die große Normalität und die große Bereitschaft

Dass es heute trotz großen gesellschaftlichen Reichtums so viel Elend und Not, so viel Kinderarmut, so viel Vernachlässigung und Altersarmut gibt, zeugt von keinem guten Umgang mit dem aktuellen Reichtum. Die Suche nach *neuen Wohlstandsmodellen* und neuen Konsumformen hat eigentlich unter diesen Bedingungen Chancen. Ein Wandel kommt zustande, indem eine Vielzahl von Akteuren in den kleinen und großen Arenen der Gesellschaft andere Prioritäten schaffen und, durch Konflikte hindurch und über Rückschläge hinweg, neue Routinen und Strukturen setzen. Ein solcher Prozess ist weder planbar noch gar prognostizierbar, er kann aber mit einer Mischung aus Realitätssinn hier und da antizipiert werden.

Die Jahre einer halben Generation etwa wurden gebraucht, um die Normalität eines Ökodesigns in Wirtschaft und Alltag mindestens ansatzweise präsent zu machen. Es ist inzwischen an der Zeit, weiterreichende Strategien zu diskutieren und das Vordenken auf neue Konsumszenarien zu lenken, in denen moderne Industriegesellschaften als wirklich nachhaltig wirtschaftende Gesellschaften vorstellbar werden. Große Erfolge und viel Anerkennung könnten jene Kultur und jene Gesellschaft erlangen, die Kulturmuster entwickeln, in denen Menschen unter den Bedingungen der Moderne Individualität, Freiheit, Menschenwürde und zufriedenstellende materielle Standards ohne Wachstumszwang realisieren können. Eine solche Gesellschaft würde den Menschen mehr Kompetenzen und Spielräume bei der selbstständigen Sicherung ihrer Lebensverhältnisse gewähren können, weil sie nicht überall olympiareife Belegschaften braucht, und sie würde den Menschen nicht Jobs andienen, die niemand länger als zehn, fünfzehn Jahre durchhält. Sie könnte die Not der Zweidrittelgesellschaft durch Solidarität lindern und nicht dadurch, dass sie den Armen erlaubt, in minderen Jobs Autos und Hunde der Reichen zu pflegen, wie nach den Ideen von Mandeville oder der klassischen Ökonomie von Hayek (s. Kapitel 8.3). Und sie würde nicht die Steigerung der *materiellen*, sondern der *humanen* Bedürfnisse zum Stachel ihrer Entwicklung und Kultur machen. Diese Gesellschaft braucht auf der Ebene der Attraktivität den Wettstreit der Zivilisationen nicht zu scheuen. Sie braucht ihn aber nicht mit den Mitteln der Machtpolitik des militärisch-industriellen Komplexes zu führen, und sie müsste sich nicht permanent Ressourcen und Völker untertan machen. Ist das eine zu optimistische Perspektive? Ist sie zu sehr von Intellektuellen, Künstlerinnen und Künstlern geprägt? Aber auch die Ideen der Renaissance prägten das Alltagsleben weit über alle Standesgrenzen hinaus.

Die Chancen für einen Ausweg aus der Krise der Wachstumsgesellschaft scheinen in Europa erkennbar zu werden, wenn man für die Gegenwart danach fragt, wie denn eigentlich der Alltag der meisten Menschen aussieht. Man kann dann von einer durchaus unspektakulären »großen Normalität« sprechen. Sie bezieht sich auf *Altersgruppen*: Jugendliche, in der Alterspyramide eine deutlich eingrenzbare Gruppe, entwickeln besondere Lebensformen. Sie sind in der Exzessphase des Lebens. Auch Castiglione (1478–1529) macht sich darüber Gedanken. Und er denkt darüber nach, warum ältere Menschen immer meinen, früher sei alles besser gewesen (s. Kapitel 5.8). »Halbstarke«, die Schimpfbezeichnung für die Heranwachsenden in meiner Jugend, orientieren sich an der Jugendkultur der USA. Sie werden später in den meisten Fällen brave Familienväter. Gern werden heute auffallende neue Lebensentwürfe junger Menschen vorgestellt, auch wenn es um Geschlechterzuordnung, Sexualität und Paarbeziehungen geht. Die große Normalität darf über den Abweichungen nicht aus dem Blickfeld geraten.

Die Stadt, die Großstadt mit der Lebensweise ihrer Bürger, verliert ihre Sonderstellung, wenn man auf die Gesamtsituation blickt. Die meisten Menschen leben in Deutschland immer noch in kleineren Städten und auf dem Land. Und wenn weltweit die Megastädte wachsen, dann wird bei allen fantasievollen neuen Interpretationen gern übersehen, dass Subsistenzlebensformen weit in diese Megastädte hineinwachsen (BASF SE 2019). Stadt-Land-Beziehungen spielen dabei eine große Rolle; irgendwoher müssen die Menschen ihre Überlebensmittel beziehen. Seit den Freedom Gardens in San Francisco im Zweiten Weltkrieg und seit Fidel Castro in Kuba damit die Folgen des EU-Embargos zu vermindern versucht, ist Urban Gardening inzwischen vielerorts übernommen worden. 2019 hat die Bundesregierung Förderung dafür versprochen. Einst produzieren in der DDR Kleingärten bedeutende Teile des Alltagsbedarfs an frischen pflanzlichen Lebensmitteln (s. Kapitel 6.7; Dietrich 2018: S. 1652).

Eine winzige Minderheit nur sind jene »neuen Urbanisten« oder Kosmopoliten etwa unter Künstlern, die behaupten, sie würden permanent in Hotels leben. Selten erwähnen sie dabei, dass sie sich immer wieder bei stationär lebenden Freunden aufhalten oder dass irgendwo eine Mutter lebt, bei der sie ihre Ressourcen von Kleidung, Papieren und so fort deponieren können. »Meine Kinder sollen immer wissen, dass sie in ihrem elterlichen (mütterlichen) Haus noch eine Bleibe, ein Zimmer haben, auf das sie rechnen können«, sagt eine Mutter – das geht natürlich nicht immer, ist aber ein Trend.

Normal und nicht ungewöhnlich ist in der Gesamttendenz der individuelle Konsum: Für die meisten Dinge weiß man, was genug ist, auch wenn man an jeder Ecke aufgefordert wird, es zu vergessen. Selbst der Kleiderschrank ist nicht beliebig vergrößerbar (auch Bücherregale nicht, wie mir schmerzhaft bewusst wird). Der Kontostand erinnert an die Grenze der Begierden, und »Shopping« spielt nicht überall eine zentrale Rolle. Kaufsucht und Überschuldung sind Ausnahmen.

Zugespitzte journalistische Interpretationen mögen beeindrucken und für Probleme sensibilisieren, aber es gibt in der Regel auch die Möglichkeit, eine andere Seite zu betonen. Die Ethnologie hat bei ihren Forschungen immer wieder gemerkt, wie unterschiedlich Befunde interpretiert werden können: Was Margaret Mead in ihren einflussreichen Studien als freizügiges, wenig repressives sexuelles Leben interpretiert, wird in anderen Studien als höchst zwanghaft enthüllt (Freeman 1983). »Re-Studies«, erneute Studien zum gleichen Sachverhalt durch andere oder sogar die gleichen Forscher, kommen manchmal zu erstaunlich unterschiedlichen Ergebnissen. Man kann nachdenklich werden, aber oft hat keine Seite allein recht. »Die Wahrheit sind immer zwei«, sagt ein Sprichwort aus Mosambik.

Unspektakulär ist, abgesehen von Alkohol und Zigaretten, auch der *Drogenkonsum.* Die meisten Konsumenten von Drogen nehmen sie kontrolliert zu sich, trotz der Ausrutscher und des verbreiteten Alkoholismus. Die Kölner Ausstellung »Rausch und Realität« (Völger 1981) hat darauf aufmerksam gemacht, dass in wohl allen Gesellschaften bewusstseinserweiternde Drogen bekannt sind, aber der Konsum wirksam sozial kontrolliert wird. Bei der Kerb (Kirchweih) in unserem Dorf helfe ich beim Bierausschank: »Der kriegt nichts mehr, der hat schon zu viel«, wird mir von einem aus der Jugendfeuerwehr gesagt, als ein anderer noch Bier will.

Zu der *großen Normalität* tritt ergänzend die *große Bereitschaft* hinzu. In ihrem sozialen Umfeld sind viele Menschen bereit zu Rücksicht, Toleranz, Mitarbeit, Hilfe. Das hat sich bei der Migrationswelle von 2015 gezeigt. Fremdenfurcht ist nur eine der den Menschen möglichen Reaktionen, genauso wichtig sind die Neugier auf Fremde(s), aber auch Mitleid und Hilfsbereitschaft. Fremdenfurcht kann politisch instrumentalisiert werden, genauso aber auch die andere Seite. Längst sind inzwischen auch in unserem Dorf Fremde als fleißige Menschen integriert.

Interessen-, Gemeinschafts- und Geselligkeitsorientierung sind die Motive für die Einzelpersonen, wenn es um freiwillige Tätigkeiten im Zusammenleben geht (Schlussbericht 2008: S. 262). Das Ehrenamt, das bürgerschaftliche Engagement (s. Kapitel 6.2, 6.3), aber auch die unaufgeforderte Eigeninitiative sind im sozialkulturellen Umfeld Selbstverständlichkeiten, sonst gäbe es keine Vereine und keine Gemeindeaktivitäten der Kirchen, keine Ortsvereine der Parteien. Das gilt auch für die Großstädte, in denen Aktivitäten im Stadtteil (»Kiez«) immer eine Rolle spielen. Man kann sie fördern, und das Programm »Kultur für alle« zielt auf lebendige und anregungsreiche kulturelle Milieus überall. Die Schülerinnen und Schüler, die nach dem Vorbild der Schwedin Greta Thunberg seit Frühjahr 2019 jeden Freitag für eine bessere Klimapolitik demonstrieren und die Parteien vor sich hertreiben, zeugen von der großen Bereitschaft, sich zu engagieren.

Und es gibt schließlich die »große Suffizienz«, die große Fähigkeit, Grenzen zu setzen. »Genügsamkeit« des Alltags wird von vielen sehr bewusst praktiziert, nicht allein des Geldbeutels, sondern auch der Lebensqualität wegen. Denn man weiß: Wem die Begrenzung nicht gelingt, der scheitert. Mit dem Wissen um ein Genug hängt der Blick in die Zukunft zusammen. Beim Handeln werden die möglichen Folgen für die eigene Zukunft, auch für die Mitmenschen und die Nachkommen berücksichtigt. »Enkelgerechtigkeit« schließt die unmittelbare Fürsorge für die Enkel (beiderlei Geschlechts) ein. Es ist nicht nur eine allgemeine Sorge, sondern auch eine praktische: Reale Transferleistungen von Großeltern zu Enkeln spielen eine große Rolle (Geschenke, Barleistungen, versprochene Erbschaften). Betrüger nutzen diese Bereitschaft gern aus und ergaunern Geld mit dem »Enkeltrick«: Sie behaupten, der (ein) Enkel sei in unmittelbarer Not und brauche dringend finanzielle Hilfe.

Dass viele ältere Menschen darüber nachdenken und Vorkehrungen treffen, wem aus der Familie denn was aus der Erbschaft zufallen soll, ist vielen selbstverständlich. Die großen Erbschaftsstreitigkeiten in den Milieus der Reichen sind nicht Alltag. Vielleicht eher die Ausnahme ist die Frage zur Familie: »Vertragt ihr euch noch, oder habt ihr schon geerbt?«

9.2 Gemeinwohlökonomie als soziale Innovation

In der Hessischen Verfassung von 1946 heißt in Artikel 44: »Das Genossenschaftswesen ist zu fördern.« Auch in Italien hat Selbsthilfe in Form von Genossenschaften 1947 Verfassungsrang bekommen. Die »Wiederentdeckung« der Potenzen der Genossenschaften gehört zu den zivilgesellschaftlichen Innovationen, die entstehen, wenn Individuen auf die Krisenphänomene der Marktgesellschaft mit eigenen Aktivitäten antworten. »Genossenschaften im Bereich der Energieversorgung, Erzeuger-Verbraucher-Vereinigungen, Wohnungs- oder Kreditgenossenschaften zeichnen sich durch ein hohes Maß an Gemeinsinn aus«, betont die Enquete-Kommission »Wachstum, Wohlstand, Lebensqualität« des Deutschen Bundestags (Schlussbericht 2013: S. 670). Hindernisse dafür sollen abgebaut werden. Die »Regionalisierung von Wirtschaftskreisläufen« ebenso wie die »Solidarische Ökonomie« mit ihren »Nutzungsgemeinschaften« (müsste man nicht Nutzerinnen- und Nutzergemeinschaften sagen?) sind »auf lokale Beziehungen angelegt« und sollen gefördert werden. »Es geht aber … immer auch um die vielfältigen Dimensionen der nicht-marktförmigen Reproduktion von Menschen, Gesellschaft und Natur, Freiwilligen- und

Sorgearbeit ist genauso wichtig wie jene ›Dienstleistungen‹ der Natur, die keinen Preis haben.« (Ebd.: S. 670, 647; s. Kapitel 4.1)

In Österreich wird über die Neugestaltung von Genossenschaften nachgedacht (Kramer 2016b: S. 129). Eine andere soziale Innovation hat der Österreicher Christian Felber angeregt. Ausgehend von der »multiplen«, auf viele lokale wie globale Probleme bezogenen Krise der Marktgesellschaft, entwickelt er eine Gemeinwohlökonomie (Felber 2010: S. 7, 24). Er liefert Vorschläge, wie sie organisiert, definiert und gemessen werden kann. Es ist ein Wirtschaftsmodell, bei dem Aspekte wie Menschenwürde, Solidarität, Nachhaltigkeit, soziale Gerechtigkeit, Umwelt, Mitbestimmung und kleine Kreisläufe berücksichtigt sind. Auf praktische Messbarkeit wird besonderer Wert gelegt. Eine Matrix für eine Gemeinwohlbilanz geht daraus hervor (ebd.: S. 32 f.).

Eine solche Bilanz gibt es 2015 bei der *TAZ Die Tageszeitung* (Berlin). Die gesamte Praxis dieser Zeitung wird in allen Bereichen an dieser Matrix gemessen, auch beim Beschaffungs- und Finanzmanagement, ebenso bei der ökologischen Gestaltung der Produkte und Dienstleistungen und so fort (taz gemeinwohl Juli 2015). Für jeden Bereich können Punkte vergeben werden, die dann Auskunft darüber geben, wie weit die Ziele erreicht werden. Für andere Unternehmen gibt es ebenfalls welche. Sogar eine Zahnarztpraxis in Berlin hat sich entsprechend aufgestellt.

Die Südtiroler »Gemeinwohl-Region Vinschgau« in der Bezirksgemeinschaft Vinschgau strebt Ziele der Gemeinwohlwirtschaft an. Vier Pilotgemeinden sind beteiligt: Laas, Latsch, Mals und Schlanders. In ihrer Selbstdarstellung (abgerufen Dienstag, 12. März 2019) heißt es:

■ »Die Gemeinwohlbilanz misst unternehmerischen Erfolg in einer neuen Bedeutung. Die Wirtschaft soll dem Gemeinwohl dienen, und auf der Unternehmensebene kann das durch die Bilanz (zusammen mit dem Gemeinwohlbericht) belegt werden. Der Finanzgewinn ist zu aussageschwach in Bezug auf die eigentlichen Ziele des Wirtschaftens: Schaffung von Nutzwerten, Bedürfnisbefriedigung, Sinnstiftung, Teilhabe aller, Mitbestimmung, Geschlechterdemokratie, ökologische Nachhaltigkeit, Lebensqualität. Der Finanzgewinn sagt nichts über die

Mehrung des Gemeinwohls aus. Er kann steigen, wenn die Lieferantenpreise gedrückt werden, MitarbeiterInnen trotz Gewinn entlassen, Steuern vermieden, Frauen diskriminiert werden oder die Umwelt ausgebeutet wird. Der Finanzgewinn wird nur in Geld gemessen, und Geld kann nur Tauschwerte messen, jedoch keine Nutzwerte – deren Verfügbarmachung und Verteilung doch der eigentliche Zweck des Wirtschaftens ist. Finanzgewinn ist in der Gemeinwohl-Ökonomie nur noch Mittel zum Zweck. Der Zweck: die Gemeinwohlmehrung. Finanzgewinn darf nicht mehr maximiert und nicht mehr um jeden Preis erhöht werden. Er muss dem neuen Zweck als Mittel dienen. Mit der Gemeinwohlbilanz wird endlich das gemessen, was wirklich zählt. Die Gemeinwohlmatrix ›schneidet‹ mehrheitsfähige Grund- und Verfassungswerte – Menschenwürde, Solidarität, ökologische Nachhaltigkeit, soziale Gerechtigkeit und Demokratie – mit den Berührungsgruppen (Stakeholdern) des Unternehmens: Beschäftigte, Zulieferer, KundInnen, GeldgeberInnen, Souveräne, zukünftige Generationen, Natur. Die an den Schnittstellen formulierten 17 Gemeinwohlindikatoren sollen eine Beurteilung von unternehmerischem Verhalten bzw. dessen Beitrag zum Gemeinwohl ermöglichen. Die Gemeinden im Vinschgau fragen sich ähnlich wie die Unternehmen, die eine solche Bilanz erstellen: ›Wer sind unsere Lieferanten in den öffentlichen Einrichtungen, also etwa bei der Schulausspeisung, im Altersheim, bei den Sportstätten. Wer sind die Firmen, mit denen wir zusammenarbeiten, und wie sieht deren Arbeitsweise aus. Sind das Unternehmen, die auf nichts anderes als die Gewinnmaximierung schauen, oder achten sie auch auf ihre Mitarbeiter oder ob die Arbeitsprozesse umweltverträglich ablaufen.« (Handbuch zur Gemeinwohlbilanz für Gemeinden Version 1.0, Stand Dezember 2015 www.ecogood.org)
Die Gemeinden bevorzugen dann jene Unternehmen, »die ebenfalls gewisse soziale und umweltverträgliche Standards einhalten«. Den Befürchtungen, dass dadurch für die Betriebe »die Produkte teurer werden und man somit nicht mehr wettbewerbsfähig« werden könne, werden langfristige Effizienzverbesserungen gegenübergestellt, und damit sollen auch Kosteneinsparungen verbunden sein. »Für die Gemeinden

ist auf jeden Fall zu beachten, dass damit lokale, zumindest regionale Arbeitsplätze und damit auch Kaufkraft gesichert werden. Öffentliche Aufträge sollen gebunden werden an soziale und ökologische Standards und in der Region bleiben. Gemeinden können sich verpflichten, ihre Aufträge nur an Unternehmen zu vergeben, die soziale und ökologische Standards einhalten (oder auch quotieren, bezogen auf Frauen oder schwer vermittelbare Personen).« (Ebd.) Die Autonome Provinz Bozen-Südtirol hat in Artikel 36 des Finanzgesetzes (LG Nr. 15/2011) eine Möglichkeit festgeschrieben, bei der Vergabe öffentlicher Aufträge ab dem EU-Schwellenwert Sozialklauseln vorzusehen, die eine angemessene Zahl von Punkten für soziale Verpflichtungen der Bieter ermöglichen.

So bleibt Kaufkraft in der Region und kann dort wieder eingesetzt werden. Projekte mit Lokalwährungen in Notzeiten verwenden das gleiche Prinzip. Vermutlich gibt es in anderen Regionen und Staaten weitere interessante Innovationen dieser Art. Auch wenn sie auf die Politik der Staaten und der EU noch wenig Einfluss haben, so tragen doch alle dazu bei, überkommene Strukturen zu relativieren und andere Wege denkbar werden zu lassen. Immer mehr Menschen können sich vorstellen, sich mindestens teilweise auszuklinken aus dem Hamsterrad des Konsumzwangs (Paech 2012).

Schon vor dem Ersten Weltkrieg werden in Deutschland in den Kommunen, in denen Sozialdemokraten genügend einflussreich sind, öffentliche Aufträge nur an Firmen vergeben, die tarifgebunden sind. In dieser Zeit spielt der in England entstandene »Munizipalsozialismus« auch in Deutschland eine Rolle. Sein Ziel ist es, kommunale Infrastruktur zum Wohle aller Einwohner unter Kontrolle staatlicher Verwaltungen zu stellen. Eine Infrastruktur »zu einem sozial verträglichen Preis ohne Anstreben von Gewinnmaximierung« (Wikipedia 04.08.2019) soll entstehen. »Einher ging mit der Kommunalisierung der Infrastruktur der Beginn der wissenschaftlichen Stadtplanung, die die Soziale Frage des 19. Jahrhunderts auch mit technischen Lösungen, etwa zur Verbesserung der Hygiene, beantworten wollte.« (Ebd.) In Wien entsteht in dieser Zeit mit dem Bürgermeister Lueger ein vorbildliches Stadtmanagement. Ein Taschenbuch für Kommunalpolitiker, herausgegeben vom Redakteur der Zeitschrift *Kommunale Praxis*, bündelt für die Weimarer Republik die Ansätze sozialdemokratischer Kommunalpolitik (Noack 1922). Heute verpflichten sich viele Gemeinden, Aufträge nur an Betriebe zu vergeben, die selbst und mit ihren Subunternehmern die Mindestlöhne und Sozialstandards einhalten. All dies kann Folgewirkungen haben, kann aber auch bedroht werden durch die Pflicht, neoliberalen marktwirtschaftlichen Standards zu genügen (N. Klein 2007).

9.3 Der aktuelle Boom von Gemeinnutzen und Selbstorganisation

Es gibt nicht nur die »große Normalität«, sondern auch »kleine Selbstverständlichkeiten«. Unsere Evangelische Kirchengemeinde Weisel-Dörscheid in Rheinland-Pfalz schreibt 2019 im Gemeindeblatt die Pacht für die ihr gehörenden landwirtschaftlichen Flächen neu aus und weist darauf hin, dass es ein gesamtkirchliches Muster der Evangelischen Kirche in Hessen und Nassau (EKHN) gibt, dessen Bewertungskriterien ordnungsgemäße, umweltgerechte Bewirtschaftung, regionale Herkunft des Bewerbers, Kirchenzugehörigkeit, Pachtpreis, soziale Aspekte sind. Das ist interessant und ausbaufähig, auch wenn das mit der »Kirchenzugehörigkeit« vielleicht ein problematisches Kriterium ist.

Das Tennessee-Stromtal-Projekt des New Deal der 1930er-Jahre in den USA wird als Beispiel lebendiger Demokratie gepriesen. Ein Buch von 1944 »schildert an Hand von Tatsachen, wie die Bewohner des Tennessee-Tales ... die Aufgabe, den natürlichen Reichtum des Landes – Boden, Wälder, Erze und Wasser – zu entwickeln und zu nutzen, zu ihrer eigenen Aufgabe machen« (Lilienthal 1944, Umschlagtext). Dieses Projekt verbindet das Pathos der Gemeinnutzen mit dem des Fortschrittsdenkens. In der Gegenwart wird mit ähnlicher Begeisterung für Gemeinnutzen geworben (Helfrich 2012). Die Diskussion um die Aufwertung der Regionalität schließt sich da an. In einem Sammelband zu Commons wird 2012 die Biosphäre als Gemeinnutzen interpretiert, ebenso Bildung, Transport,

Energie und Kommunikation. Angesprochen werden das Menschenrecht auf saubere Umwelt, das Gemeinsame Erbe der Menschheit, die Institutionenvielfalt (ebd.: S. 32, 416, 433, 473).

Silke Helfrich nennt die Esskastanien (»Keschtn« heißen sie in Tirol), die an manchen Stellen der Pfalz im Herbst auf die Straßen fallen, als Beispiel für Gemeingüter (Ostrom 2011: S. 7). Sie meint, sie gehören dort niemandem und können von allen genutzt werden. Vielleicht ist das wirklich so, aber gepflanzt werden sie einst als gemeinnützige Initiative. Was für Helfrich aussieht wie ein Gemeingut, ist anderswo Grundlage für das Leben vieler Menschen. In Korsika gilt einst, dass sieben Ziegen und sieben Kastanienbäume ausreichen, um einen Menschen zu ernähren. Im Südtiroler Dorf Völlan gibt es einen Keschtn-Erlebnispfad, an dem gemahnt wird: »Die Ernte gehört dem Bauern. Respektieren Sie dies, und sammeln Sie keine Kastanien.« Gemeinnutzen muss geregelt werden.

Vieles erscheint bei den zeitgenössischen Experimenten ganz einfach, aber im Licht der historischen Erfahrungen werden Probleme erkennbar. Die aktuelle Diskussion kann gewinnen durch die Erinnerung an frühere, gar nicht so alte Verhältnisse. Das ist nötig, denn sonst kann das neue Interesse an Commons schnell sektiererhaft werden. Und diese Gefahr ist durchaus gegeben: »Heute sehe ich überall Commons«, bekennt Helfrich (Helfrich 2012: S. 30). Neue Formen des Gemeinnutzens müssen unter- oder hinterfüttert werden mit robusten Regeln, Kontrollmöglichkeiten, Institutionen und Anerkennungen auch in den Rechtsnormen des Staates (ebd.: S. 22) – mit anderen Worten: Sie müssen prägender Teil von Politik werden, so wie in der Vergangenheit geregelte und organisierte Gemeinnutzen tragender Bestandteil der Gesellschaft sind.

Für die aktuellen politischen Bewegungen gibt es ein Problem. Die Linken stehen Gemeinnutzen und Selbstorganisation oft skeptisch gegenüber, denn sie erwarten die Lösung aller Probleme vom (zukünftigen) Staat. Andere sehen in den Gemeinnutzen Formen, die in Konflikt mit den Prinzipien der Aufklärung geraten können, weil sie nicht ohne soziale Kontrolle funktionieren. Hinweise auf »vormoderne« Strukturen, auch wenn sie in der Gegenwart noch lebendig sind, werden gern in die Nähe konservativen, gar rechten Denkens gebracht. Die »Moderne« ruht auf all diesen historischen Strukturen. Ohne sie ist sie nicht denkbar, und alle humanen und zukunftsfähigen Strukturen dieser Moderne ruhen auf diesen Fundamenten der Alltagswelt, nicht auf denen der stammeshaften, aristokratischen oder feudalen Welt. Die Traditionen passen in die aufklärerischen und humanistischen Gedankenwelten, werden von sozialistischen Denkern aufgegriffen und sind Bestandteil weltoffenen Denkens. Ihre Begrenzungen liegen nie in nationalen Dimensionen. Sie sind ohne die Prinzipien der Demokratie nicht denkbar (Schläppi 2017b).

In vielen Initiativen und Experimenten wird über neue Formen von Gemeinnutzen und Selbstorganisation diskutiert. Einige Beispiele seien genannt. Maria Grewe stellt aktuelle Textilien-(Kleider-)Tauschpartys vor, die als Event aufgezogen werden. Sie sind trotz aller konsumkritischen Untertöne kaum mehr als eine Fortsetzung von Shopping in der Prosperitätsgesellschaft (Grewe 2017: S. 102, 131, 133), freilich mit deutlich geringerem Umsatz. Perfekt organisierte Tauschgemeinschaften können es sehr gut aufnehmen mit Start-ups der Wachstumsgesellschaft.

Ähnlich sind Repair-Cafés eine Form des Umgangs mit Überfluss. Bei ihnen gibt es deutliche Kritik an der gewollten Obsoleszenz, der bereits in der Produktion eingebauten planmäßigen Veralterung, manchmal Selbstzerstörung der Produkte (Grewe 2017: S. 146). Im Jahre 2009 gibt es in Amsterdam das erste Reparaturcafé, aus dem ein Handbuch und eine Stiftung hervorgehen. Die Cafés werden soziale Orte und Teil der Infrastruktur. Sie sind eine Form von Commons und Teil ökologischer Praxis (ebd.: S. 178, 185).

Die verschiedensten neuen Formen werden in sozialen Feldern entwickelt, wenn es um Eigeninitiativen zum Umgang mit Ressourcen und Überfluss, um den sozialkulturellen Umgang mit Erscheinungen der Wohlstandsgesellschaft geht. Bei Fair Trade oder der Vermarktung von Bioprodukten geht es um sozialökologische Produktion; anders ist es beim Thema Lebensmittelretten (Grewe 2017: S. 193). Das Mülltauchen zielt auf die Rettung von ausgesonderten, aber noch genießbaren Waren aus den Abfallcontainern der Supermärkte. Die »Etablierung solcher Alternativen mache ›nur aufmerksam‹ auf die Probleme« (ebd.: S. 225). Seit spätestens 2012 wird bei Produktions- und Verwertungsketten für Nahrungsmitteln auch von geregelter Zwangsentsorgung gesprochen (ebd.: S. 197).

Beim Kleidertausch, beim Mülltauchen, bei der geplanten Obsoleszenz wird in der Regel nicht gefragt: Welche Motive hat die andere Seite? Welcher betriebswirtschaftlichen Rationalität verdankt sich das Verhalten der Produzenten und Händler? Wie planen sie ihr Angebot, mit welchen Raten von Ladenverkauf, Outletverkauf, Sonderverkauf, Ausverkauf, Vernichtung von Überschuss rechnen die Produzenten? Wie wird das auf die Preise aufgeschlagen? Und: Wie disponieren die Einzelhändler? Und wie sieht zum Beispiel die Logistik der Nahrungsmittelindustrie aus, wie die der Groß- und Einzelhändler, wenn sie mit solchen (welchen?) Mengen von Überschuss und von nicht verkaufter Ware umgehen? Welcher Logik folgt die Datumsmarkierung? Und wie kalkulieren die Produzenten, Importeure, Groß- und Einzelhändler der Waren mit mehr oder weniger geplanten Überschüssen, damit so große Gewinne entstehen, wie man sie kennt? Wodurch wird es ihnen durch Steueranreize, Verlustvorträge und so fort erleichtert, diese Mengen von Überschussproduktion in die Welt zu setzen? Und wie kann man dem durch Regelungen vorbeugen? Welche Auflagen könnten da beim Schutz von Ressourcen helfen? Mit solchen Fragen wird es möglich, für die Zukunft konsequentere Pfade zu entwickeln und auf der politischen Ebene zu positionieren.

Eine Veröffentlichung der Böll-Stiftung von 2012 versucht, betriebswirtschaftlich exakte Bewertungskriterien zur Beurteilung der neuen Tauschformen zu verwenden (Heinrich-Böll-Stiftung 2012: S. 47, 53). Dabei besteht freilich die Gefahr, dass die soziomoralischen Zusatznutzen nicht berücksichtigt werden: Geselligkeitsorientierung wie beim bürgerschaftlichen Engagement und das Knüpfen von Netzen finden auch statt.

Es gibt viele andere Experimente. Innovative »Ökodörfer« kommen meinem alten Traum nahe, der sich bezog auf selbst wirtschaftende Landkommunen für Menschen unterschiedlichen Alters. »Sieben Linden« nennt sich eine solche Siedlung. Solche Dörfer sind ein »mutmachender Aufruf zur Mobilisierung der eigenen Kreativität und Kräfte«, mit denen Nachhaltigkeit in einem überschaubaren Raum praktiziert wird (Andreas 2015: S. 274). In Süditalien ist das Dorf Riace eine Zeit lang Beispiel dafür, wie Flüchtlinge dazu beitragen, ein nahezu verlassenes Dorf wiederzubeleben. Korruption und Unregelmäßigkeiten ermöglichen es 2019 der fremdenfeindlichen italienischen Politik, dem vorerst ein Ende zu bereiten (Borri/Giorgi 2019; Meiler 2019).

Die Existenz solcher Dörfer und Projekte ist nur scheinbar von der Außenwelt unberührt. Es ist bei ihnen so wie bei dem letzten »primären« Urwald in Österreich. In ihm wurde wegen der ungünstigen Lage noch nie Holz zur Nutzung geschlagen (der Ort wird nicht gern verraten, damit nicht zu viele Leute hingehen). Aber die Luft trägt unvermeidlich Schadstoffe ein, und das Wild, das sich außerhalb vermehrt und mit dem die Bilanz durcheinandergebracht wird, hält sich nicht an die Grenzen dieses Waldes. Und so sind die Produkte und Informationen der Wachstumsgesellschaft auch in den Ökodörfern immer präsent, so wie Fernsehen, Transistorradios oder Mobiltelefone in den brasilianischen Indianerreservaten. Diese Experimente können die Politik inspirieren, aber Bestandteil einer »Transformation« werden sie erst, wenn sie von politischen Institutionen aufgegriffen und übernommen und zu einem einflussreichen Impulsgeber für alle in der Gesellschaft werden. Dann sind es wirksame und prägende neue »Pfade«.

Von »solidarischer Ökonomie« ist in der zitierten Enquete-Kommission die Rede. »Wir brauchen eine Stärkung der solidarischen Ökonomie. Hemmnisse müssen durch Politik und Verwaltung beseitigt werden. Die solidarische Ökonomie vereint den Gedanken der kooperativen Wertschöpfung und die Orientierung am Gemeinwohl statt am Profit, womit sie ökologische, soziale und finanzielle Tragfähigkeit miteinander in Einklang bringt.« (Schlussbericht 2013: S. 788). Dies ist jedoch kein Automatismus, wie sich auch bei den Genossenschaften zeigt. Wenn Menschen sich aus den scheinbaren Selbstverständlichkeiten der Marktgesellschaft verabschieden, kann das zu »molekularen Wandlungen« oder gar »modularen Revolutionen« führen (Klein 2013, Welzer 2019: S. 185). Sie können Vorstufen auf dem Weg zu einer möglichen großen Transformation werden (s. Kapitel 11.3).

9.4 Design und »Gemeinsam nutzen«

Die Chancen von Prosperität und neuen Techniken versuchen Designer schon seit Jahren zu nutzen. Sie wollen nicht nur angenehme Dinge gestalten. Inspiriert von Lucius Burckhardt und seinen Designrichtlinien, sollen Produkte gekoppelt werden mit Ansprüchen an Lebensqualität. Er stellt 1977 Kriterien für ein neues Design auf und hat, bezogen auf ein beliebiges Produkt, gefragt:

»- besteht es aus Rohstoffen, die ohne Unterdrückung gewonnen werden?
- ist es in sinnvollen, unzerstückelten Arbeitsgängen hergestellt?
- ist es vielfach verwendbar?
- ist es langlebig?
- in welchem Zustand wirft man es fort und was wird dann daraus?
- läßt es den Benützer von zentralen Versorgungen oder Services abhängig werden?
- privilegiert es den Benützer, oder regt es zur Gemeinsamkeit an?
- ist es frei wählbar, oder zwingt es zu weiteren Käufen?«

(Schwarz 1983: S. 261)

Design ist eine Ebene, auf der Diskurse geführt werden, die sich zu gleicher Zeit auf Sinnstrukturen (oder sozialregulative Ideen) *und* auf materielle Komponenten des Naturstoffwechsels bzw. auf Nachhaltigkeit beziehen. Die Moralität des Designs ist einer der Zugänge, mit denen das Nachdenken über Spielräume und über Optionen stattfindet (Lengyel 1994; Eriksson 1988; IFG Ulm Hrsg. 1988). Eugen Gomringer hebt die moralische Verantwortung der Gestalter hervor: »Wer heute gestaltet, tut dies – ob es im Labor des Teams oder im verschwiegenen Atelier vor sich geht – in Verantwortung für alle Welten, in die wir diese Welt aufgeteilt haben.« (IFG Ulm Hrsg. 1989: S. 9; vgl. O. Hoffmann 1989). Auf Vernunftgründe setzt eine andere These der Designer: »Gestaltung ist ein Vorgang, der nicht untertan macht, sondern zweckmäßige Beziehungen herstellt.« (Hochschule Ulm 1987) In dieser Argumentation kann Design nicht nur gekoppelt werden mit Sinnstrukturen, sondern auch mit Ansprüchen an Lebensqualität. Vieles ist möglich – Menschen können manches, wenn sie ermutigt werden. Die Politik hinkt außerordentlich nach. Vielleicht kommt, angeregt durch »Fridays for future« und »Extinction Rebellion«, bald ein Aufbruch.

Das Internationale Forum für Gestaltung (IFG) in Ulm orientiert sich an der Devise »Gemeinsam nutzen«. Walter R. Stahel entwickelt die »Strategie der Nutzungsschlaufen« und das Konzept »Verkauf von Nutzen statt von Produkten«. Es geht ihm um die »Strategie der Dauerhaftigkeit in einer nachhaltigen (Dienstleistungs-)Gesellschaft«, und er betont: »Dauerhaftigkeit heißt NICHT, auf Fortschritt, Komfort oder Modetrends zu verzichten, sondern neue Wege der nachhaltigen Nutzung von Gütern zu öffnen.« (Stahel 1991) Die Designer beschäftigen sich mit Vermietsystemen. Sie beinhalten »eine Rücknahme- und Entsorgungspflicht der Güter durch den Vermieter«, und sie führen zu einer »ökologisch und wirtschaftlich sinnvollen Rohstoff- und Produktstrategie ›von der Wiege zurück zur Wiege‹« (Internationales Forum 1992/1993: S. 11). Im Programm »Von der Wiege zur (neuen) Wiege« *(Cradle to cradle)* werden Produkte so entworfen, dass sie am Ende ihres Lebenszyklus wieder in biologische oder technische Kreisläufe zurückfließen.

Um gemeinsames Nutzen zu optimieren, schlagen andere soziale Innovationen vor. Ein Beispiel ist das Upgrading für den »Gesellschaftlichen Treffpunkt ›Waschsalon‹« (ebd.: S. 142). Petra Mangold und Holger Jahn propagieren mehrfach zu gebrauchende Verpackungen, die der Benutzer an attraktiv gestalteten »Refillstationen« mit Einkaufserlebnis wieder füllt (ebd.: S. 204).

Solche Ideen sind schon viele Jahre alt. Manches hat inzwischen den Weg in den Alltag gefunden – als Nische oder als Prinzip. Es geht also! Aber ein richtiger Aufbruch ist in Deutschland daraus nicht geworden. Im Gegenteil: Inzwischen sind afrikanische Staaten Vorreiter dabei, Plastiktüten aus dem Alltag zu verbannen. Tansania tut dies 2019, und im gleichen Jahr verbietet Ägypten Plastik an den Stränden des Roten Meeres (Plastik Atlas 2019). Warum hinkt Deutschland da so deutlich hinterher (genau wie bei der Reduzierung des Individualverkehrs, dem Ausstieg aus der »fossilistischen Moderne« mit ihrer Fixierung auf fossile Treibstoffen und Kohlekraftwerke)?

Auf privater Alltagsebene werden in Nischen der Ausstieg aus dem Wachstumszwang und der Weg zu Nachhaltigkeit gern probiert, so auch »Collaborative Consumption« (gemeinschaftlicher Konsum), Tauschplattformen »für Wohnungstausch, Kleidertauschparties, Autogemeinschaften, Gemeinschaftsgärten, Tauschringe für Werkzeuge, Drucker, DVDs und vieles andere mehr« (Grewe 2017: S. 7). Sie gründen auf Vertrauen, aber das Internet als Vermittlungsinstanz erleichtert Kontrolle und Wertungen. »Collaborative Consumption« birgt »das Potenzial, den Ressourcenverbrauch eines jeden Einzelnen zu senken und gleichzeitig die Lebensqualität zu halten oder sogar zu erhöhen« (ebd.: S. 8). »Konsumgüter müssen intelligenter genutzt, länger in der Nutzungsphase gehalten, wieder- und weiterverwendet werden. Dienstleistungen, die ein ›Nutzen statt Besitzen‹ fördern, müssen ausgebaut werden.« Bei Fallbeispielen wie »Textilientausch, Werkzeugverleih und Chemikalienleasing« (ebd.: S. 9) zeigt sich freilich, dass mit den Rahmenbedingungen Einsparpotenziale geringer werden können: Transport, Verpackung und so fort müssen einkalkuliert werden; Billigstprodukte können ein Hemmnis für die Inanspruchnahme sein. Zu berücksichtigen sind Lebenszyklen, auf raschen Verschleiß konditionierte Produktion; es bedarf der Anreizsysteme und der Rechtssicherheit, Versicherungsmöglichkeiten eingeschlossen.

9.5 Selbstorganisation und Kreativität im Alltag und in Krisen

Es gibt neue Formen der Selbstorganisation und des »Eigenbaus« beim »Aufstand der Massen gegen die Massenproduktion« (Friebe/Ramge 2008). Beflügelt werden die Ideen des »Prosumenten«, der dank Digitalisierung Produzent und Konsument zugleich ist.

In den *sozialen Medien* und der Unterhaltungselektronik spielt Selbstorganisation eine bedeutende Rolle, etwa in der Musik. »Unabhängig von allen Begleiterscheinungen und Rückschlägen brachte es über wenige Jahre eine ganz Generation zustande, den Warencharakter von Songs zu ignorieren, die Wertschöpfungsketten zu umgehen und sich gegenseitig mit genau den Kunstwerken des jeweiligen Geschmacks zu beglücken. Zu klären wäre auch, was an Kultur als öffentliches Eigentum im Sinne eines Allmendguts verstanden werden kann, wo aber Gefahr durch Rivalität und Übernutzung drohen.« Das schreibt Martin Wimmer aus Frankfurt am Main 2016 in einem Thesenpapier für die »Solidarische Moderne«, einer lockeren Gruppierung, die für eine gemeinsame sozialistische, ökologische und demokratische Politik von SPD, Grünen und Linken eintritt (Wimmer, unveröff. Thesenpapier 2016).

Geistiges Eigentum und Freihandel bilden ein Konfliktfeld. Beim Internet zeugen Stichworte wie »Copyleft«, »Creative Commons« und »Public Domain« im Spannungsfeld der Urheberinteressen und dem Urheberrecht von aktuellen Auseinandersetzungen. Die Fähigkeit zur Selbstorganisation ist in vielen Nischen beobachtbar. In einer Zufallsbegegnung mit einem Sprayer in Berlin, der auf dem Weg zu einem bezahlten Auftrag ist, erfahre ich im Dezember 2018: Es gibt etwa 500 Sprayer in Berlin. In der Regel werden keine Produkte (tags) von anderen übersprüht. Nur wenn man meint, deutlich besser zu sein, wagt man das. Meist sind sie signiert, und man kennt sich. Bei Verletzung dieser ungeschriebenen Regeln muss man damit rechnen, auch einmal verprügelt zu werden.

Individuen, sowohl vereinzelt als auch in Gemeinschaft, entwickeln Kreativität, wenn es um Suchbewegungen angesichts neuer Chancen oder gravierender Probleme geht. Ich nenne zwei ganz unterschiedliche Beispiele.

Dorothea Peter (Wien) beschreibt in einer Diplomarbeit, wie durch informelle Organisation eine »Freizeithüttenkolonie« im Einzugsgebiet der Dornbirner Ache (Vorarlberg/Österreich) auf den Bergmähdern der Alpe Rudach mit 24 Hütten und 56 Familien entsteht. Auf dem Gelände wurde früher die zwei bis drei Wochen dauernde Heuernte »als ein Mittelding zwischen Arbeits- und Freizeit« empfunden. Angeregt durch benachbarte Ferienkolonien und durch die Naturfreunde, entwickeln die Nutzungsberechtigten dann mit Mühen, Tricks und Nachbarschaftshilfe eine Kolonie, die (wie Schrebergärten oder Datschen in der DDR) beiläufig und »kostengünstig« entsteht. »Kommunikation und Geselligkeit, Feste sind eingeschlossen.« Immer gibt es eine Spannung zwischen Wünschen nach Komfort und nach Bewahrung der Idylle. Nur gelegentlich gibt es Initiativpersonen, die zum Beispiel Wegebauarbeiten initiieren. »Aber wer zuviel Initiative ergreift, der handelt sich das Schimpfwort ›Bürgermeister‹ ein.« (Peter 1996: S. 136) Die Müllsammlung wird mit sozialer Kontrolle geregelt. Die Suchbewegungen der Nutzer gestalten die konkreten Nutzungsformen. Die Behörden stören das Projekt nicht; sie halten sich zurück und dulden die freie Selbstorganisation.

Ganz anders ist bei Staatsversagen Kreativität zum Überleben gefragt. Ebenfalls in einer Wiener Diplomarbeit beschreibt Matthias Beitl 2007 die Neuformung einer landwirtschaftlichen Sowchose mit den ihr zugehörigen Dörfern in der Ukraine nach der Auflösung der Sowjetunion. Es ist eine Situation, wo »der Alltag eine Durchmischung von industrieller Selbstverständlichkeit und subsistenzökonomischer Realität« verlangt (M. Beitl 2007: S. 9). Die aktuelle Situation in dieser Landwirtschaft ist »Resultat der Zerstörung gewachsener Strukturen und zugleich deren Ersatz durch ein Wirtschaftssystem …, in welchem der ›Faktor Mensch‹ im Verlauf seiner historischen Entwicklung gewissermaßen nie mitgedacht wurde« (ebd.: S. 81). Die Frage nach dem »Faktor Mensch« ist die nach der kulturellen Verfasstheit der jeweiligen Gemeinschaft, ihrer ideellen Lebensgrundlage und ihrer Werte. Die neue Situation erfordert Kreativität. »Die Zwangskollektivierung hat der bäuerlichen Bevölkerung das genommen, was einmal den Kern ihrer Lebensweise ausgemacht hat.« (Ebd.)

Edit Fél und Tamas Hofer haben in jahrzehntelanger Forschung in dem ungarischen Dorf Átány genau diese traditionelle Lebensweise analysiert, nicht aber (oder nur ganz peripher) den Wandel durch die Kollektivierung (Fél/Hofer 1972). Diesen Wandel thematisiert Matthias Beitl. Mentalitäten und Wertvorstellungen verändern sich bei dieser ukrainischen ländlichen Bevölkerung ohne Bezug zu »ausländischen Entwicklungen«, vermutet er in seiner Studie, trotz der Nutzung von Fernsehen und Video. Die in den westeuropäischen Staaten seit den 1950er-Jahren eingetretene marktgeleitete vollständige Veränderung der ländlichen traditionellen Strukturen ist kaum weniger folgenreich: Die ehemals landwirtschaftlich geprägten Dörfer haben sich nachdrücklich verändert. In der Sowchose in der Ukraine geht dieser Wandel einher mit Elementen der »Refeudalisierung«, konkret: deutlich ungleicher Verteilung von Ressourcen und Privilegien, begünstigt durch bereits vorher angelegte Unterschiede der Machtverteilung (Beitl 2007: S. 97). Angewandt werden alle möglichen Praktiken am Rande der Legalität oder jenseits von ihr: Die Subsistenzökonomie kommt ohne diese nicht aus; alle dulden es, die ordnende Staatsgewalt ist weit weg.

Manches ändert sich. Tierische Zugkraft ist wichtig, seit Benzin und Diesel teure Mangelware sind, und es gibt mehr solche Umwertungen oder Neubewertungen im Alltag. Mehr und mehr werden Menschen hinter den Strukturen erkennbar. Familie, Nachbarschaft, Tagesablauf, Kochen, Hygiene – alles erscheint subsumiert unter dem Label einer Wirtschaft, die mit Elementen der Subsistenz das Überleben sichert. Das geschieht mit den schon zu Zeiten vor der Wende unentbehrlichen, jetzt überlebenswichtig gewordenen Nebenwirtschaften, den kleinen privat bestellten Parzellen. Auf ihnen basiert in der zweiten Hälfte der 1990er-Jahre zunehmend die Überlebenssicherung der Haushalte (ebd.: S. 154 f.). Oft genug werden davon auch noch die Verwandten in der Stadt beliefert – Stadt und Land müssen sich gegenseitig unterstützen.

Beide Beispiele zeigen, wie Menschen sich dauerhaft (damit tendenziell nachhaltig) mit den vorgegebenen prinzipiell nicht wachstumsfähigen Strukturen selbst organisieren und zurechtkommen: Weder die Alpe Rudach kann erweitert werden noch die Fläche der Sowchose. Und sie schaffen sich mit ihren selbstorganisierten Ressourcen Lebensqualität und Zukunftschancen.

9.6 Lebensplätze statt Arbeitsplätze: der informelle Sektor

Die in Familien, Dörfern, Städten, Korporationen und Zünften gemeinschaftlich lebenden Individuen haben in der früheren Ständegesellschaft ihren je spezifischen, durch den Stand vorbestimmten Platz für ein Leben in eigener Würde, Lebensqualität und ihre Chance auf Überlebenssicherung gefunden. Die späteren Verfassungen billigen allen Menschen gleiche Rechte und Pflichten zu. Wenn die alten Formen nicht mehr existieren, müssen die Menschen ihren Platz neu definieren. Die männlichen »Familienernährer«, von denen Frauen und Kinder abhängig sind, finden dann diesen Platz in der selbstständigen oder abhängigen Erwerbsarbeit. Aber auch wenn sie ohne Arbeitsplatz sind, lassen die Menschen sich ihr Recht auf Leben in Würde nicht nehmen. Dafür steht nicht nur das Recht auf Faulheit (Kapitel 7.4), sondern auch der informelle Sektor jenseits der Erwerbsarbeit.

Für die Existenzsicherung sind Subsistenzarbeit, Erwerbsarbeit und gemeinschaftliche Arbeit verantwortlich (s. Kapitel 4.3). An vorderster Stelle steht nicht die Erwerbsarbeit, sondern die Subsistenz. Bei der Subsistenzsicherung spielt der *informelle Sektor* eine Rolle. Für das Lexikon ist »informeller Sektor« die Bezeichnung für »traditionelle und ungeschützte Wirtschaftsbereiche in Entwicklungsländern, die u. a. gekennzeichnet sind durch arbeitsintensive Produktion, einfache Techniken, geringe berufliche Qualifikation, kleine Betriebsgrößen, Verarbeitung einheimischer Rohstoffe, Fehlen von arbeits- und sozialrechtlichem Schutz, vergleichsweise schlechte Bezahlung und Arbeitsbedingungen« (Lex. Brockhaus Enzyklopädie, 19. Aufl., 1989, Art. Informeller Sektor, S. 498 f.). Aber nicht nur in armen Ländern außerhalb von Europa spielt der informelle Sektor eine Rolle. »Schattenwirtschaft« ist die in Mitteleuropa gern verwendete Bezeichnung für diese Sphäre.

Eigenarbeit ohne festes Erwerbsarbeitsverhältnis und für den eigenen Bedarf ist oft viel zeitaufwendiger als vergleichbare Tätigkeiten im Erwerbsbereich. Das gilt für die Garten- und Landwirtschaft ebenso wie für Handwerk oder Dienstleistungen. Aber warum auch nicht? Wenn die volle Ausnutzung der Arbeitskraft bei einem Arbeitslosen oder einem Rentner nicht nachgefragt wird, ist solche Arbeit auch bei niedriger Produktivität für die Individuen vorteilhaft: Wenn ein Rentner mit seiner Hände Arbeit etwas schafft, für das er sonst Geld von seiner geringen Rente aufwenden müsste, ist es ihm nicht so wichtig, wie viel Zeit er dafür braucht – davon hat er ohnehin genug. Seinen *Lebensplatz* kann er damit sichern. Einen solchen zu beanspruchen steht für Lebensqualität und für Enkelgerechtigkeit statt Wachstum und das ist nur möglich, weil es ein *Genug* gibt.

Der informelle Sektor ist in der üblichen Wirtschaftspolitik ebenso wie in den Modellen für Entwicklung nicht vorgesehen. Nur die Internationale Arbeitsorganisation (International Labour Organization ILO, eine Unter- und Vorläuferorganisation der UN) beachtet ihn seit den 1970er-Jahren. In Lateinamerika sind die Analytiker des informellen Sektors und des Informellen Urbanen Sektors (IUS) erstaunt darüber, dass er nicht nur als Warteschleife für den Einstieg in den formellen Sektor betrachtet wird. Wie ein Tabu wird es behandelt, dass manche Menschen freiwillig in diesem Sektor bleiben (Pries 1996). Mit diesem informellen Sektor entwickeln sich Parallelwelten: Neben die formal organisierten Sphären treten die informellen. Alle theoretischen, sozialpolitischen und pragmatischen Bedenken, wie sie gern von Gewerkschaften geäußert werden, ändern nichts daran, dass in der Praxis bei uns und mehr noch anderswo viele Menschen sich so arrangieren. Der informelle Sektor gehört zur großen Normalität. Sein indirekter Beitrag zum Bruttosozialprodukt ist beträchtlich. Aber viel wichtiger ist, dass er für die Individuen mehr zur Lebensqualität beitragen kann als ein schlechter Arbeitsplatz.

In manchen Phasen der Gesellschaftsentwicklung ist der Vollerwerbs-Familienernährer-Arbeitsplatz nicht die Regel. Repräsentieren dann die Menschen neue zukunftsfähige Lebensformen, wenn sie unter für sie einigermaßen befriedigenden Bedingungen im informellen Sektor oder in einem Mix von Lebenserwerbsstrategien (postmodernen Wirtschaftsstilen) leben? Bedeutet das die Wiederentdeckung der Erfahrung, dass Leben nicht im Dienst an einem selbstzweckhaften Wachstum seinen Sinn findet (wie in der neoliberalen Fortschrittsideologie von Hayek, s. Kapitel 8.3)? Sind solche Lebensformen mehr als ein »gewohnheitsmäßiges Nichtverhungern«, wie es die Sozialreformer des 19. Jahrhunderts den schlesischen Webern zubilligen? (Kuczynski 1980 3: S. 103)

Auch der informelle Sektor braucht den Staat. Wenn das staatliche Gewaltmonopol zerbricht, dann hat der informelle Sektor keine Chance. Und aller Jubel über die modische Deregulierung der Arbeitsverhältnisse ändert nichts daran, dass für die Nutzung der menschlichen Arbeitskraft Regeln bestehen und eingehalten werden müssen. Vielleicht zwei Drittel der Weltbevölkerung haben keine festen Arbeitsplätze im gewohnten

Sinne, wohl aber Plätze, an denen sie mehr oder weniger ausreichend und mehr oder weniger in eigener Würde leben können – vielfach eher als bei einem schlecht bezahlten Arbeitsplatz, der auch Armut durch Arbeit bedeuten kann.

Ein solcher Lebensplatz ist gleichzeitig *mehr* und *weniger* als ein Arbeitsplatz. Er ist *mehr*, wenn zu seiner Qualität nicht nur materielle Sicherheit (im Rahmen der jeweiligen kulturspezifischen Standards) gehört, sondern auch ein befriedigendes Maß an Souveränität über die eigenen Lebensverhältnisse und die Anerkennung der Würde der Persönlichkeit wie der Menschenrechte. Er ist *weniger* als ein Arbeitsplatz, weil er den (mehr oder weniger) sicheren Lebensunterhalt für das Individuum und die Familie nicht, wie im klassischen Muster der Industriegesellschaft, aus einem festen gesicherten Arbeitsplatz bezieht.

Das »Normalarbeitsverhältnis«, meint Gerhard Scherhorn, »hat den allgemeinen Wohlstand nicht nur gefördert, es hat ihn in bestimmter Hinsicht auch gefährdet, weil es die Möglichkeiten der Selbstversorgung fast auf null reduziert hat. Die Wirtschaftsgeschichte zeigt, daß der Markt der Gesellschaft besser dient, wenn die Menschen nicht vollständig von ihm abhängig sind.« (Scherhorn 1997: S. 164; vgl. Polanyi 1978) Deshalb soll die Diskriminierung des informellen Sektors beseitigt werden. Sinnvoll ist eine »planvolle Stärkung der informellen Produktion« mit Eigenarbeit und Subsistenz sowie mehr Eigenständigkeit der Regionen. Die »hoffnungsvollen Perspektiven … von der Gemeinschaftsarbeit über die immateriellen Güter bis hin zu der völligen Neubewertung des informellen Sektors«, die Scherhorn nennt, sind für den Manager Hans Günter Danielmeyer »natürliche Fortsetzung« seiner eigenen Überlegungen über die Grenzen des ökonomischen Wachstums. Er sagt: Die Industriegesellschaft hat bei uns »schon im wesentlichen erreicht …, was sie sollte und konnte«. Deshalb ist eine »neue Vorlage« mit »gesellschaftlichen Innovationen vom Kaliber der bisherigen technisch-organisatorischen« nötig (in: Weizsäcker 1997: S. 170). Das wird nicht ohne eine neue mentale Infrastruktur, eine neue Kultur gehen.

Vielleicht verbirgt sich in diesem »informellen Sektor«, den »glücklichen Arbeitslosen« (s. Kapitel 7.6) und anderen Initiativen, eine besondere Leistung, ein spezifischer Beitrag der zeitgenössischen Prosperitätsgesellschaften zu neuen Strukturen, die dem alten Adam und seiner Familie das Überleben jenseits aller Umerziehungsversuche möglich gemacht haben: Sie zeigen: Leben ist ohne selbstzweckhaftes ständiges Wachstum möglich, und es beinhaltet dabei unter Berücksichtigung eines Genug auch Lebensqualität und Zukunftsfähigkeit.

9.7 Molekulare Wandlungen und Reformklima

■ »Das Wehen der Luft, das Rieseln des Wassers, das Wachsen des Getreides, das Wogen des Meeres, das Grünen der Erde, das Glänzen des Himmels, das Schimmern der Gestirne halte ich für groß: das prächtig einherziehende Gewitter, den Blitz, welcher Häuser spaltet, den Sturm, der die Brandung treibt, den feuerspeienden Berg, das Erdbeben, welches Länder verschüttet, halte ich nicht für größer als obige Erscheinungen, ja ich halte sie für kleiner, weil sie nur Wirkungen viel höherer Gesetze sind.« … »Wir wollen das sanfte Gesetz zu erblicken suchen, wodurch das menschliche Geschlecht geleitet wird. Es gibt Kräfte, die nach dem Bestehen des Einzelnen zielen. Sie nehmen alles und verwenden es, was zum Bestehen und zum Entwickeln desselben notwendig ist. Sie sichern den Bestand des Einen und dadurch den aller.« (Adalbert Stifter [1805–1868]: Vorrede zu den Novellen »Bunte Steine« [1852], Stifter 1982; Stifter verteidigt sich damit gegen Grillparzer, der ihm vorwirft, keine »großen Themen« zu behandeln.)

Tim Jackson sucht ein »Regierungsmodell für den Wohlstand« (Jackson 2011: S. 155). Es soll die Grenzen für das Wachstum und neue Definitionen von Wohlstand, Lebensqualität und Entwicklung berücksichtigen und den Übergang in eine Postwachstumsgesellschaft ermöglichen. Das ist ein sozialkulturelles Programm – nur mit Bezug auf Werte und Standards lässt sich Wohlstand definieren. Der Staat spielt eine wichtige Rolle. Er kann für Individuen und Wirtschaft gesellschaftliche »Instrumente zur Selbstverpflichtung« entwickeln (ebd.: S. 158), eingeschlossen verpflichtende Regeln. Jackson betont die Rolle der Politik: »Ohne starke Führung kann es keinen Wandel geben.« (Ebd.: S. 164) Den demokratischen Regierungen werden die Kompetenzen zugeschrieben, »Instrumente zu nutzen und Verpflichtungen einzugehen, die kurzsichtiges Handeln verhindern, sowie – auch das ist sehr wichtig – die gefährlichen Strukturen abzubauen, durch die Ungleichheit zunimmt und das Wohl beeinträchtigt wird« (ebd.: S. 165).

Aber sie müssen das tun, ohne soziale und politische Verwerfungen (Unruhen, Unzufriedenheit) hervorzubringen. Solche Instrumente sind denkbar, auch über Steuergesetze und strukturelle Vorgaben. Aber woher »starke Führung« die Kraft dafür hernimmt, ist zu fragen, sind den demokratischen Institutionen doch gerade durch die neoliberalen Ideologien (»Hayekanismus«) zahlreiche Handlungsmöglichkeiten geraubt worden. Das Schweizer Beispiel zeigt, wie durch die lang wirkende Tradition der Gemeinnutzen die Bereitschaft für Selbstbeschränkungen gefördert wird (Schläppi 2017b).

Es sind die »molekularen Veränderungen«, die erst dann ihre Bedeutung erhalten, wenn sie über das unmittelbare Umfeld hinaus in anderen Handlungskontexten wirken. Im Zusammenhang mit den Konsumwelten geht es um Mikrostrukturen, die intensiv mit Makrostrukturen vermittelt sind. Dieter Klein hat diese »molekularen Wandlungen« im Mikrobereich gewürdigt als Chance, weil aus ihnen eine »kleine Transformation« entstehen kann (D. Klein 2013). Auch bei den Individuen wächst Problembewusstsein, und sie reagieren mit veränderten Haltungen. Sie sind in ihren Lebenswelten in Vergangenheit und Gegenwart immer gewohnt, sich Grenzen zu setzen, und sei es in der Kombination von Suffizienz und Exzess.

Es gibt Ideen und Rezepte für einen Übergang in eine Postwachstumsgesellschaft, die sich bei genauerem Hinsehen als Sackgassen erweisen. Empfohlen wird zum Beispiel im März 2019 von der 38-jährigen Lehrerin Verena Brunschweiger in dem Manifest »Kinderfreiheit«, Frauen sollten wegen der »ökologischen Kosten« lieber keine Kinder mehr in die Welt setzen (Brunschweiger). Vor mehr als 50 Jahren haben mein früherer Nachbar und seine Frau entschieden, keine Kinder haben zu wollen: Sie hatten in einer Welt der deutschen Wiederaufrüstung und der Debatten um Atomwaffen genügend Argumente dafür. Auch heute gibt es ausreichende Rechtfertigungen. Immer wieder gibt es einzelne Männer, die keine Kinder zeugen, und Frauen, die keine bekommen wollen (während in anderen Fällen alles darangesetzt wird, Nachwuchs zu bekommen). Igor Bestushew-Lada (1988: S. 83) hat vor vielen Jahren durchkalkuliert, welche Folgen die Politik einer Ein-Kind-Familie im globalen Maßstab hätte und wie bald die Welt vergreisen würde. Für isolierte Einzelstaaten träten ähnliche Folgen auf, wenn sie nicht Zuwachs von außen bekommen.

Wenn der Rat von Frau Brunschweiger von den Einheimischen befolgt würde, wäre das in der gegenwärtigen Situation verkraftbar: Es gibt in Deutschland genügend kinderreiche Familien von Migranten. Man kann sie integrieren, und wenn man dabei auf die Erfahrungen der »interkulturellen Germanistik« zurückgreift, wie sie im Goethe-Institut gemacht werden, dann stirbt auch die deutsche Nationalkultur nicht aus: So gut wie (immer weniger) Jugendliche deutscher Zunge können integrierte Migranten und manche ihrer bildungshungrigen Kinder (es müssen ja nicht alle sein) unseren, dann ihren Goethe samt Klassik und klassischer Musik sich aneignen und ebenso zu ihrem Besitz machen, wie einst zugewanderte französische, niederländische und salzburgische Glaubensflüchtlinge dies getan haben (klassische Musik ist ohnehin nicht mehr denkbar ohne Akteure aus Fernost). Das würde jene Prozesse fortsetzen, die sich seit Jahrhunderten, ja seit Jahrtausenden auf dem Territorium des heutigen Deutschland abgespielt haben: Zuwanderer sorgen seit Urzeiten für produktive Vielfalt im gesellschaftlichen Leben. Wie aber ohne diese Zuwanderer eine Gesellschaft ohne nachwachsende Generationen aussehen und sich fühlen würde, darüber sollte man wirklich ernsthaft nachdenken.

Den Übergang in eine sozialökologische Zukunft kann man ganz unaufgeregt als eine Jahrhundertaufgabe betrachten und dafür sorgen, dass entsprechenden Pfade eingeschlagen werden. In Deutschland scheint sich ein Reformklima dafür zu entwickeln. Das hat dann eine Chance, wenn und soweit substanzzerstörende Kriege wie der Dreißigjährige oder die beiden Weltkriege des 20. Jahrhunderts vermieden werden: Dann kann Nachhaltigkeit sogar global angesteuert werden, und die Probleme der Migration können in den Einwanderungsländern wie in den Herkunftsländern ebenso unaufgeregt bearbeitet werden.

»Sozialökologischer Wandel ist eine kulturelle Leistung, die Politik ermöglichen muss.« (Schlussbericht 2013: S. 791) Da gibt es eine Menge von Aufgaben zum Nachdenken, da sind Symbol- und Begriffsarbeit notwendig. Der Staat und die Politik sind gefragt: Lebensqualität und nicht Wachstum sollen zum Zentrum der Politik werden. Das gilt aber erst recht für die Fähigkeiten der Menschen, ihre eigenen Lebensverhältnisse den Bedürfnissen von Lebensqualität und den Wünschen nach einer lebensfähigen Zukunft für sich und die Enkel entsprechend zu gestalten. Dass dies global und nicht nur lokal geschehen muss, macht die Sache besonders schwierig.

Auf den Staat soll man sich dabei nicht verlassen. »Hilf dir selbst, dann hilft dir Gott« oder »Bete zu Gott, aber fahre fort, ans Ufer zu rudern«, lauten die einschlägigen Sprichworte.

10

Mobilität: Tourismus, Reisen und Auto

»Empor zu den Sternen gewendet das Antlitz«, bevölkert der aufrecht gehende Mensch die Erde (Ovid, s. Kapitel 2.2). Mit Mobilität und Entdeckungsfreude (Neugier) hat er sich immer neue Nischen der Lebenswelt erschlossen. Wichtiger Teil der Mobilität ist der Tourismus. Er ist beliebter Gegenstand von Kulturkritik und Vorwürfen aus sozialökologischer Perspektive. Aber er ist wie Essen und Trinken Teil des Lebens und damit unverzichtbar, muss aber so gestaltet werden, dass die Lebenswelt dadurch nicht zerstört wird. Schon lange gibt es Überlegungen zu einem sanften Tourismus *mit Sozial- und Umweltverträglichkeit. Parallel dazu ist die Zahl der Touristen stark gestiegen und hat an manchen Stellen einen Aufstand der Bereisten provoziert. Es ist nicht unmöglich, durch regulierende Vorgaben, durch lenkende Preise oder durch andere Formen wie Öko- und Sozialtourismus den Tourismus zusammen mit den selbstbewusst handelnden Bewohnern der Zielregionen so zu zähmen, dass er unter Berücksichtigung der Zukunftsfähigkeit (Enkelgerechtigkeit) nicht als Teil von Lebensqualität verloren geht. Dazu müssen die Kosten und Belastungen eingepreist werden. Es gibt keine einfachen Lösungen, sondern großen Gestaltungsbedarf. Allgemeine Mobilität auch außerhalb des Tourismus steht im Zusammenhang mit Lebensqualität und Zukunft ebenfalls vor großen Herausforderungen. Dabei entstehen mit dem Flugverkehr und dem Auto besondere Probleme.*

10.1 »Sanfter Tourismus«

Wenn Menschen ihr gewohntes Verhalten oder ihre vertrauten Wünsche und Lebensplanungen verändern sollen oder müssen, entstehen Spannungen. Vor »Verwerfungen« hat man gewarnt, wenn mit Nachhaltigkeit ernst gemacht wird. Sich darauf vorzubereiten kann da hilfreich sein. Veränderungen des Alltagsverhaltens beim Umgang mit Abfall und der Vermeidung von manchen Chemikalien sind längst auf breiter Ebene akzeptiert worden: Formaldehyd ist zum Beispiel seit Jahrzehnten aus dem Alltag verbannt. Vieles geht, wenn entsprechende Pfade gebahnt werden.

Das Nahrungsverhalten in Deutschland hat sich ohne großen Einfluss der Politik geändert zugunsten von gesünderen und ökologisch eher verantwortbaren Lebensmitteln, und da sind die Verbraucher in manchen Sektoren oft bereitwilliger als die Politik. Probleme gibt es, wenn autoritäre Eingriffe wie beim Vorschlag eines »Veggie-Tages« in Kantinen befürchtet werden. Beim Übergang zu Formen der Mobilität mit weniger Schadstoffausscheidungen wird es ungeplante (oder von der Autolobby begünstigte) Proteste geben. Bei Bevormundung reagieren viele »freie Bürger« gern aggressiv. Aber freiwillig sind viele andere dann doch zu vielem bereit, und das lässt sich ermutigen.

Beim Tourismus würde es vermutlich ebenfalls Verwerfungen geben, wenn man den gewohnten Ausbruch aus der Alltagswelt einschränken wollte. Man kann den Urlaub vergleichen mit jenen Fest-Exzessen, die im Leben früherer Gesellschaften immer wieder stattfinden (s. Kapitel 5.4): Auf sie freut man sich, sie sind aufwendiger als der Alltag, und sie gliedern den Jahresablauf. Aber immer ist auch früher der Exzess so kontrolliert, dass er nicht zur Zerstörung der Lebenswelt führt. Das wird man auch vom Urlaub verlangen müssen.

Ich kann mich noch gut erinnern, dass in den Wetternachrichten die *Mietentemperatur* genannt wurde: Für die Landwirte, die ihre Vorräte von Rüben und Kartoffeln auf den Feldern in trapezförmigen mit Erde abgedeckten Mieten aufbewahrten, war das wichtig. Sie konnten die Temperatur durch mit Stroh verschlossene Luftlöcher regulieren. Später sind im Wetterbericht nur noch Frost, Sonne und Regen interessant, und dann werden Schneeverhältnisse für den Wintersport oder Sonne für das Baden wichtig: für die »parasitäre Müßiggängerklasse« der Touristen, wie ich damals spotte. Je mehr mir aber als Pfadfinder und Mitglied bei Naturfreunden und Alpenverein deutlich wird, dass Urlaub in der Sonne für hart arbeitende Menschen (auch die im Büro) legitim ist, finde ich mich damit ab, dass Badewetter und Wanderwetter interessanter als Wetter für die Landwirte sind. Und heute wird im Wetterbericht der Trockenheit wegen vor Waldbrandgefahr gewarnt.

Probleme mit dem Tourismus gibt es seit Langem, und zwar nicht nur wegen der großen Mengen von Touristen (Kramer 1984). Auch kleinteilige Formen sind nicht frei davon. Wenn einst die Nerother Wandervögel, eine traditionsreiche Gruppe der Bündischen Jugend, auf dem Weg zu ihrem Osterlager auf der Burg Waldeck sich aus den Milchkannen der Bauern bedienten, die am Weg auf den Molkereiwagen warteten, dann war das den Bauern gegenüber nicht fair, fand aber nur einmal im Jahr statt. Die Ausnutzung der Gastfreundschaft der Griechen durch wandernde Rucksacktouristen ist da schon schwieriger: Sie ist eigentlich »reziprok« gedacht, man erwartet ähnliche Gastfreundschaft im umgekehrten Fall. Die Wanderer müssen dann mehr und mehr auf diese Gastfreundschaft verzichten – und beschweren sich über die Unfreundlichkeit der Einheimischen. Heute gibt es Mengenprobleme sogar bei eher extravaganten Unternehmungen wie der Besteigung des Mount Everest, dem »Fluchtpunkt der menschlichen Eitelkeiten«, wie Reinhold Messner ihn im September 2019 in einem Interview genannt hat: 40 und mehr Menschen stehen im Juli 2019 auf dem Gipfelgrat Schlange, um endlich auf den Gipfel zu kommen. (Wie lange darf man denn dort verweilen?) Da besteht Regelungsbedarf, und da müssen Kostenfaktoren eingeplant werden.

Das sind kleine Probleme. Andere Erfahrungen bieten mehr Anlass zum Nachdenken. Bergsteiger »entdecken« in der zweiten Hälfte des 19. Jahrhunderts die Alpen nicht nur als »Klettergerüst«, sondern kommen intensiv mit der alpinen Lebenswelt in Kontakt. Weil sie in »modernen« Staaten leben, in denen Sozialreform und Verantwortung, ja auch Solidarität und Mitgefühl keine Fremdworte sind, sind sie sensibilisiert für die Lebensalltage und Nöte der Menschen in den touristischen Zielgebieten: Sie lernen die Armut kennen, etwa in dem bitterarmen abgeschiedenen Suldental in Südtirol, »allwo die Bauern mit den Bären aus einer Schüssel essen und die Kinder auf Wölfen daherreiten«, wie Theodor Christomannos (1895: S. 5), der Erschließer dieser Alpengegenden, aus einem Artikel des *Innsbrucker Wochenblatts* vom 4. Jänner 1802 zitiert. Von da aus ist der Anstieg auf den Ortler möglich, den einst nach dem Großglockner zweithöchsten österreichischen Berg, und viel später ist Angela Merkel hier häufig im Urlaub.

■ Die Alpinisten werden in den 1880er-Jahren konfrontiert mit Hochwasserkatastrophen in den Ostalpen und leisten Hilfe. Der von ihnen beförderte Tourismus wird als Chance zur Verbesserung der Lebensverhältnisse betrachtet. Gleichzeitig beginnt auch eine Politisierung des Alpinismus, etwa im Streit um die Benennung von Bergen, Hütten und Wegen: deutsch, ladinisch oder italienisch, slowenisch oder deutsch? Bald werden die Bergsteiger mit unbeabsichtigten Nebenfolgen ihrer Bergleidenschaft konfrontiert, zunächst in einem Spezialfall: Indem sie bis weit über die Alpen hinaus das Interesse am Hochgebirge Alpen wecken, werden in ganz Europa Steingärten mit Alpenpflanzen Mode, und Blumen der Alpen werden als Dekorationsmaterial attraktiv. Es setzt ein schwunghafter Handel mit alpinen Pflanzen ein, mit gepressten und solchen, die mit Wurzeln versendet werden. An manchen Standorten drohen einzelne symbolträchtige Pflanzen wie Edelweiß oder Blauer Enzian ausgerottet zu werden. Das veranlasst die alpinen Verbände im deutschsprachigen Bereich im Jahr 1900 zur Gründung eines »Vereins zum Schutze der Alpenpflanzen und Tiere« (heute »Verein zum Schutze der Bergwelt«). Ihm sind bis in die Gegenwart Impulse zum Natur- und Landschaftsschutz und wichtige Forschungen zur alpinen Flora und Fauna sowie zur empfindlichen alpinen Landschaft zu verdanken.

Mit den alpinen Verbänden entstehen in der Vergangenheit vielfach technisch und bauökologisch optimierte, inzwischen oft denkmalwürdige Hütten im Hochgebirge, und heute sind sie mit umweltgerechten und architektonisch innovativen Bauten im Hochgebirge anregend. Der genossenschaftlich von einer Nutzergemeinschaft der Bergsteiger organisierte Verbandstourismus der alpinen Verbände bietet gute Voraussetzungen, über Umweltverträglichkeit und Sozialverträglichkeit des Tourismus nachzudenken. In der aktuellen Diskussion spielt das wieder eine Rolle. Unter dem Titel »Alpenvereinskultur – eine andere Ökonomie?« wird 2019 von Alpenverein und Bayerischer Akademie der Wissenschaften diskutiert: »Der Alpenverein begründete mit den für alle offenstehenden Schutzhütten und dem von jedem zu begehenden Wegenetz eine besondere, solidarische Organisationsform des Haushaltens. Diese Solidargemeinschaft funktioniert seit 150 Jahren erstaunlich erfolgreich als nichtmarktkonforme Struktur. Ist sie als solche beispielhaft für alternative ökonomische Modelle jenseits des kapitalistischen Mainstreams?« So lautet die Ankündigung für eine Vortragsreihe »Die Alpen. Der gefährdete Traum« 2019 (Alpines.museum@alpenverein.de). Was hier nicht genannt wird, aber in der Gründungsphase dieser Verbände eine Rolle spielt, ist die wahrgenommene Mitverantwortung für Naturlandschaft und Bevölkerung der Alpen.

Die Vereine müssen sich mit der Vielzahl von ihnen angelockter Alpenbesucher in den erschlossenen attraktivsten Teilen der Alpen auseinandersetzen. Sie entwickeln *Suffizienzstrategien* für die Begrenzung des Ausbaus der touristischen Infrastruktur von Hütten und Wegen, und sie beschließen in der Zwischenkriegszeit, keine weiteren Hütten und Wege in ihren Einflussbereichen zu realisieren (Kramer 1984: S. 117). Später werden die Hütten klassifiziert, um einfache Hütten jenseits der Bergbahnen zu schützen. Durch den Erwerb von Ödlandgrundstücken im Hochgebirge verhindern sie Erschließungen von manchen Gletscherskigebieten. Dafür sollte ihnen auch die Ski-Industrie dankbar sein, denn im Zusammenhang mit dem Klimawandel müssen bestehende Gletscherskigebiete inzwischen schon aufgegeben werden.

Die meisten früheren Versuche, durch öffentliche Proteste die lokale exzessive Erschließung der Alpen durch Hotel- und Infrastrukturbauten und Aufstiegshilfen zu begrenzen, haben keinen Erfolg. Oberflächlich gesehen, scheint die Zahl der Lifte und Straßenerschließungen im gleichen Maße zuzunehmen wie die Proteste dagegen. Die »Toblacher Gespräche« von Hans Glauber (2006) haben in den späteren 1980er- und den 1990er-Jahren Impulse für diesen sanften Tourismus gegeben, aber auch für Umwelt- und Verkehrspolitik in den Alpen, etwa bei der Entwicklung des vorbildlichen Südtiroler Fahrradwegenetzes.

Als um 1980 der »sanfte Tourismus« propagiert wird, sollen dadurch sozial- und umweltverträglichere Formen des Tourismus ermutigt werden, wie sie von den nicht kommerziellen Gebirgs- und Wandervereinen wie den Alpenvereinen und Naturfreunden gestaltet werden (Glauber 1988, Kramer 1984). Einzelne Ideen des sanften Tourismus werden Selbstverständlichkeiten. »Vermeiden Sie überflüssige Wäsche«, mahnt heute jede Hotelnasszelle bei den Handtüchern. Aber *Reboundeffekte* treten ein: An manchen Stellen wird eingespart, weil aber insgesamt die Zahl der Reisen zunimmt, werden Einsparungen schnell aufgewogen.

Auch weitere Alternativen sind denkbar: In der Zwischenkriegszeit von 1918 bis 1939 gibt es in einigen Staaten Europas einen ausgeprägten Sozialtourismus, betrieben von Gewerkschaften und Sozialverbänden. In den sozialistischen Staaten lebte er weiter. Noch in den 1950er- und 1960er-Jahren wird die Konkurrenz von kirchlichen, kommunalen, gewerkschaftlichen Anbietern als *Schwarztourismus* (analog zur *Schwarzgastronomie* der Sportvereine) kritisiert. Formen wie Pilgerreisen und andere Nischen wie ökologische Wanderreisen oder Sozialtourismus bleiben im Vergleich zu den großen Anbietern unbedeutend. Sie sind gleichwohl entwicklungsfähig.

Der Tourismus ist, trotz seiner Krisenanfälligkeit, zentraler Erwerbszweig in vielen alpinen Regionen. Gerade in seiner Kleinteiligkeit und geringen Konzentration ist er zusammen mit anderen vielfach ebenfalls sehr spezialisierten Erwerbsformen wie Qualitätsberglandwirtschaft und Obst- und Weinbau leicht in krisenelastische Regionalentwicklung einzubauen. Aber es müssen wirkungsvolle Grenzen gesetzt werden.

10.2 Der Aufstand der Bereisten

1881 schreibt eine Bergsteigerin (schon früh sind Frauen mit dabei): »Es wird geklagt, dass der Zuzug von Gästen bedenklich steigt zum Schaden der eigentlichen Touristen. Man lasse sie doch gewähren! Fremde und Einheimische befinden sich wohl dabei, wenn das Verständniss für die Herrlichkeit der Alpenwelt zunimmt; und seit wann wäre denn Selbstsucht und Missgunst das Merkmal des Touristen?« (Tauscher 1881: S. 14)

Der Tourismus – was ist damit nicht alles verbunden! Weltweites Phänomen, scheinbar neu, aber so neu dann doch wieder nicht: Bewegt haben sich Menschen wohl auch im Goldenen Zeitalter. Sie taten das vielleicht aus purer Neugier oder weil sie an irgendwelchen Kulten oder Wettbewerben an Opferplätzen teilnehmen wollten, oder auf der Suche nach attraktiven Partnerinnen und Partnern: Die Söhne von Adam und Eva gehörten zwar zu den »ersten Menschen«, aber laut Bibel fand Kain seine Frau in anderen Stämmen (s. Kapitel 2.2). Mobilität ist belegt für alle Phasen der Geschichte. Luxus- und Gebrauchswaren werden über weite Distanzen gehandelt. Aus dem Eis der Ötztaler Alpen, in dem er seit etwa 5500 Jahren schlummerte, wird Ötzi, der Mensch vom Similaun-Gletscher, befreit und (für weitere 5000 Jahre???) in die Eiskammer des Bozener Naturkundemuseums gebracht und den Voyeuren der reisenden Prosperitätsgesellschaften ausgesetzt (Dal Ri 1995: S. 21–23). Fremde verschiedenster Art gehören in allen Zeiten zu der Lebenswelt, und auch die Menschen abgelegener Gebiete sind nicht so immobil wie oft gemeint (Kramer 2016a). Und die großen Mengen von Pilgern an und zu den Wallfahrtsstätten der Religionen der Vergangenheit und der außereuropäischen Gegenwart von Mekka bis Benares können es locker aufnehmen mit dem zeitgenössischen *Massentourismus*, was die Mengen anbetrifft.

Seit Jahren wiederholen sich Klagen über den Tourismus und die Touristen. Vom »Aufstand der Bereisten« spricht man. Früher sind es die Eliten und Wohlhabenden, die sich darüber beklagen, dass immer mehr Menschen in die bis dahin nur ihnen vorbehaltenen Zielorte kommen. Im Österreichischen Alpenverein gibt es einen ausgeprägten Antisemitismus, als nach dem Ersten Weltkrieg Juden als Bergsteiger auftauchen, während die akademischen und beamteten traditionellen Bergsteigereliten durch Beamtenabbau und Inflation in Schwierigkeiten kommen.

Es kommt in attraktiven Zielregionen schon sehr früh zu erheblichen Belastungen. Bei den antiken Olympischen Spielen gibt es Staus von Wagen und Pferden auf den Zufahrtswegen nach Olympia. Und in Rom wird zu Zeiten von Dante (1265–1321) die Brücke zum Vatikan in der Heiligen Woche für Fußgänger als Einbahnstraße geregelt.

Inzwischen klagen die Menschen in den Zielorten über die Mengen von Touristen. Ein Beispiel aus der Selbstdarstellung von Hallstadt 2019 (aktualisiert am 28. Februar 2019, 21:00 Uhr):

■ »Hallstatt ächzt unter Touristenstrom. Gemeinderat beschließt Limit. Besonders Asiaten lieben das beschauliche Hallstatt im österreichischen Salzkammergut. Die Gemeinde wird jährlich von einer Million Touristen geradezu überflutet. Nun beschloss der Gemeinderat ein Touristen-Limit. Angesichts von einer Million Touristen pro Jahr zieht die kleine Gemeinde Hallstatt in Österreich die Notbremse. Von 2020 an sollen Busse den besonders bei Asiaten beliebten malerischen Ort am Hallstätter See nur noch anfahren dürfen, wenn sie eines der begrenzt verfügbaren Zufahrtstickets gekauft haben, beschloss der Gemeinderat des 770-Seelen-Orts am Donnerstagabend. Die Entscheidung sei einstimmig gefallen, sagte Bürgermeister Alexander Scheutz. Die Zahl der Busse, die in kurzer Frist von 8000 auf rund 20 000 im Jahr gestiegen war, soll mit dieser Maßnahme um rund ein Drittel verringert werden. Außerdem soll mit dem Verkauf der Slots die Verweildauer der Gäste gesteigert werden. ›Unter 150 Minuten kann man als Bus-Tourist Hallstatt nicht besuchen‹, sagte Scheutz. … Viele Einwohner fühlten sich von den Touristen genervt, die ohne Rücksicht auf die Privatsphäre sogar in Gärten und Häuser eindrangen. Im Ort herrscht seit Jahren ein Drohnenverbot. An manchen Tagen drängen sich fast 10 000 Besucher durch die engen Gassen zwischen Berg und See. … Für viele Touristen besonders anziehend sind aber die Landschaft und der kleine Ort. Er wurde in China sogar detailgetreu nachgebaut.« (Verkehrsamt Hallstatt, Nachrichten)

Solche Beispiele sind vermehrbar. Zur Entschärfung solcher Probleme werden Entzerrung, Bepreisung, Kontingentierung, Kombination von Straßenbenutzung und Unterkunft schon im Vorfeld vorgeschlagen. Sie können wenigstens für Erleichterung sorgen, wenn es schon nicht gelingt, mit öffentlichen Angeboten den Verzicht auf die Nutzung des eigenen Autos überflüssig zu machen.

In einer besonderen Situation ist da Venedig: Ächzend unter Überlastung auch durch Kreuzfahrtschiffe, muss der Tourismus auch in Zukunft dazu beitragen, die aufwendig zu bewahrende einzigartige architektonische und kulturelle Substanz zu sichern, ohne sie durch Überlastung zu gefährden und als Weltkulturerbe ohne soziale Schranken vorzuhalten (Böhme-Kuby 2019). Das ist eine Aufgabe, die nur zu bewältigen ist durch ein Management, das Ökonomie und Nachhaltigkeit in Einklang bringt.

Immer haben touristische Zielorte sich auseinanderzusetzen mit Wandel. Die Stadt Meran in Südtirol zum Beispiel hat sich im 19. Jahrhundert »nach dem abrupten Ende seiner Zeit als Lungen-Kurort innerhalb nur weniger Jahre zu einer Stadt des Gehens gewandelt. Auf dem vom bayerischen Arzt Max Joseph Oertel (1835–1897) entwickelten Konzept der Terrainkur aufsetzend, wurden kilometerlange Promenaden und Parkanlagen mit einem gepflegten mediterranen Baum- und Buschbestand zum ziellosen Flanieren angelegt. Die neue Klientel war sich der Wirkung des Gehens, begleitet von verschiedenen Diäten bewusst und bescherte der nunmehrigen Geh- und Gartenstadt Meran einen neuen Aufschwung.« (Rösch 2018: S. 486) Es wird »Eleganz als Leitfaden« entwickelt. »Meran muss wieder eine Stadt des Gehens werden.« Das ist 2018 die Leitidee des Bürgermeisters Paul Rösch.

Südtirol ist seit dem Aufblühen des Alpentourismus im letzten Drittel des 19. Jahrhunderts ein privilegiertes Urlaubsziel, nur durch Kriege behindert und mit der Eingliederung in das faschistische Italien dazu gebracht, neue Zielgruppen in Italien und im Pferde- und Autosport zu suchen. Es hat sich im letzten Drittel des 20. Jahrhunderts, vor allem seit dem Bau der Brennerautobahn, schnell weiterentwickelt. Immer mehr Touristen sind gekommen, und inzwischen ist das Thema der Grenzen des Wachstums für den Tourismus in Südtirol auf der Tagesordnung. Das spielt eine Rolle in der Diskussion um den kleinen Flughafen Bozen: Würde er für Ferienflieger ausgebaut, müssten die Übernachtungskapazitäten in der Region vergrößert werden, aber dem sind Grenzen gesetzt. Wenn ein neuer Besitzer 2019 verspricht, die technisch vorgegebene Grenze nur für Flieger mit nicht mehr als 100 Passagieren einzuhalten, dann bleiben vielleicht die Folgen kontrollierbar.

»Enkelgerechte« Lebensformen, in denen Lebensqualität (nicht einfach Überleben) und entsprechende Werte gelten, sollen entwickelt werden, und wenn sie in Südtirol wie in Bhutan (s. Kapitel 6.4) vorgelebt werden, bleibt die Region nicht nur für Touristen attraktiv. Dazu trägt es dann auch bei, wenn in Südtirol für den dort wichtigen Apfelanbau die Menge der verwendeten Pestizide deutlich reduziert wird (Schiebel 2017).

Ein Südtirol Politiker der 1970er-Jahre meint später, er habe einen Fehler gemacht, als er den vierspurigen Ausbau der Straße durch das Pustertal und den vierspurigen Ausbau der Straße durch den Vinschgau zum Reschenpass nicht befürwortet habe. Dagegen hält der Verkehrsexperte Knoflacher (schon in den Toblacher Gesprächen als solcher aufgetreten und für umweltverträgliche Verkehrsprojekte werbend) die Förderung des öffentlichen Personenverkehrs für unumgänglich. Wie beim Pistenkreisel oder wie bei den Parkflächen im öffentlichen Raum bringt eine Erweiterung an der einen Stelle einen Engpass an der nächsten Stelle hervor und fördert, ja fordert eine Erweiterung. Die Wiederbelebung der einst schon aufgegebenen Vinschgau-Bahn von Meran nach Mals im oberen Vinschgau ist umgekehrt eine Erfolgsgeschichte. Stillgelegt und möglicherweise dazu ausersehen, in Teilen geopfert zu werden für einen vierspurigen Ausbau der Vinschgaustraße (die dann irgendwann auch vierspurig über den Reschenpass und nach Landeck hätte geführt werden müssen), wird sie reaktiviert und zur wichtigsten Infrastruktur für den Vinschgau-Tourismus. Die begonnene Elektrifizierung bis Mals verspricht Kapazitätserweiterung, und die Weiterführung bis Landeck könnte die die Möglichkeiten noch vergrößern.

Aber kein Tourismus kann auf Dauer ausschließlich wachsen. Da bleiben Probleme. An manchen Tagen, an denen die Autos auf der Straße zum Reschenpass fast schon ab Meran im Stau stehen, wollen so viele Reisende mit der Bahn fahren, dass auf dem Bahnhof in Meran eine Anzahl von Passagieren aussteigen muss, damit die Bahn überhaupt losfahren kann. Früher wird sie auch für Güterverkehr benutzt (wie die Vareina-Bahn im nahe gelegenen Teil des Schweizer Inntals, die sogar die Verbrauchermärkte des Tales beliefert). Inzwischen sind sogar die Fahrräder zu Spitzenzeiten von ihr ausgeschlossen. Für das gut entwickelte Fahrradleihsystem und die vorbildlichen Fahrradwege vom Reschenpass bis Bozen gibt es eigene Fahrradtransporter auf der Straße. So wird versucht, der Mengenprobleme Herr zu werden.

10.3 Der Tourismus als Täter, Opfer und Hoffnungsträger

Der zeitgenössische (heutige) Tourismus hat, was die Anzahl der Reisenden in Relation zur Weltbevölkerung, die Belastungen durch Verkehr und die Inanspruchnahme von Flächen betrifft, so zugenommen, dass überlegt werden muss, wie er im Einklang mit den Zielen Lebensqualität, Enkelgerechtigkeit und Genug gestaltet werden kann.

Reisen ist nötig geworden, weil es möglich geworden ist (das gilt auch für Kongress- und Vortragsreisen). Verkehr und Transport sind – wie Eisenbahnen im 19. Jahrhundert, so heute Flugverkehr – ein rasch gewachsener profitabler Wirtschaftszweig, der Tourismus und Arbeitsmigration gleichzeitig hervorruft und zur Voraussetzung hat. Der Tourismus ist aktiver und passiver Teil der Krisen der Wachstumsgesellschaft.

Eingetreten ist eine deutliche Konzentration auf die marktgeprägten Tourismusformen. »Der Konsumismus hat sich durchgesetzt.« (Burghoff/Kresta 2012) »Beschleunigung und Konsumismus sind im Tourismus eine innige Verbindung eingegangen.« Das ist kein Zwang der »Moderne«, sondern Produkt der Konditionierung durch den freien Wettbewerbsmarkt. Dass Tourismus in der sozialen Welt etwas mit Statuskonkurrenz zu tun hat, ist klar. Und er ist mit der Zurichtung der gesellschaftlichen Individuen für den freien Arbeitsmarkt verbunden, denkt man an die erwartbaren und eingeplanten regelmäßigen Intervalle des Urlaubs: Auch hier gehören Suffizienz und Exzess zusammen. Jedes Reisepaket »ist auch ein Ticket, das uns für die schnelle, dynamische Gesellschaft profiliert« (ebd.).

Es sind Kaufakte wie in jedem anderen Feld des Konsums, und jeder dieser Kaufakte macht die Individuen zu Bestandteilen der wachstums- und wettbewerbsorientierten Marktgesellschaft. Ökonomisch gesehen, ist der Tourismus wie Automobilindustrie, Nahrungsmittelindustrie, Luftverkehrs- und Transportindustrie zu verorten. Wenn es um Kapitalverwertung und Erwerb geht, sind alle untereinander prinzipiell austauschbar (wie sonst könnte ein früherer Stahlkonzern Teil der Tourismusindustrie werden). Nur die Finanzwirtschaft gehört als Metastruktur nicht in diesen Bereich. Aber anlagesuchendes Kapital beeinflusst auch die Entwicklung des Tourismus und seiner Infrastruktur. Das alles wird im Tourismusmarketing schon immer mehr oder weniger abgehandelt. Wenig berücksichtigt sind freilich oft die Interessen der Gastgeber und der Zielregionen.

Tourismus ist nicht einfach nur Flucht aus einem beschwerlichen Alltagsleben, wie Hans Magnus Enzensberger (1962) einst meinte (sonst würden ja Menschen aus einfachsten Lebensverhältnissen am meisten verreisen – das Gegenteil ist der Fall), sondern er ist Bestandteil der genussvollen Nutzung von Reichtum an Kaufkraft und freier Zeit für Lebensqualität. So ist er vielleicht auch zu werten wie der Exzess in früheren Zeiten.

Den Tourismus systematisch als Teil der Konsumgesellschaft zu betrachten bietet Vorteile: Man braucht sich nicht auf die übliche elitäre oder fundamentalistische Kulturkritik zu beziehen. Man nimmt jenen Kulturkritikern den Wind aus den Segeln, die gern die negativen Seiten des Tourismus betonen, selbst aber die aktivsten Reisenden sind und nach dem Motto handeln »Touristen sind immer die anderen«. Diese Kritiker verbringen am liebsten dort ihren Urlaub, »wo (fast) keine Touristen sind«, und zerstören oder gefährden damit, was sie privilegiert nutzen möchten. Solchen Lebenslügen des Tourismus braucht nicht aufzusitzen, wer ihn nüchtern als Teil der prosperierenden marktwirtschaftlichen Konsumgesellschaft betrachtet, wo die Touristen die ihnen je gemäßen Nutzungs- und Erlebnismöglichkeiten suchen und wahrnehmen.

Man kann Tourismus als negativen Teil der Prosperitätsgesellschaft betrachten, aber die Tourismuskritik ändert nichts an seiner Bedeutung.

Unaufgeregt ist an die unterschiedlichen Folgen zu erinnern. Er ist mitverantwortlich nicht nur für Überlastungen und Zerstörungen, sondern in vielen Teilen der Welt auch für das Überleben und den Lebensstandard der Bevölkerung. Natürlich ist er auch im Sommer- und Skitourismus Quelle für die Gewinne der Investoren in Hotels und Infrastruktur, aber immer fällt auch etwas ab für die Bewohner der Zielregionen. Das kann man sogar noch verbessern, und dann trägt Tourismus noch etwas mehr zum Ausgleich des internationalen Wohlstandsgefälles bei, wenn auch immer noch zu wenig.

Tourismus kann zu Naturschutz und Denkmalpflege beitragen. Naturschutzgebiete werden manchmal nur deswegen von den Einheimischen akzeptiert, weil sie Tourismus versprechen (so etwa der Nationalpark Bayerischer Wald). Erstaunlich ist die Karriere des süditalienischen Städtchens Matera vom Elendsloch zum Tourismusmagnet. In seinem Bericht »Christus kam nur bis Eboli« schildert der von Mussolini in die Provinz verbannte Maler und Schriftsteller Carlo Levi, wie er um 1929 mit seiner Schwester, einer Ärztin, die als Bischofsitz bedeutende Stadt Matera besucht (Levi 2002: S. 88 f.). In einem Teil der Stadt, den Höhlenwohnungen in zwei Schluchten (Gravina), sind damals Malaria, Elend und Armut zu Hause. Die von Levi geschilderten Zustände werden als Skandal empfunden, und nach und nach wird die Malaria erfolgreich bekämpft, werden neue Wohnungen außerhalb der Schlucht gebaut und wird die soziale Lage verbessert. Viel später werden die Höhlenwohnungen der Stadt nicht aufgegeben, sondern teilweise in Hotels umgewandelt, und die Schluchten werden als Weltkulturerbe zum Tourismuszentrum. Und 2019 ist Matera Europäische Kulturhauptstadt (Namuth 2019).

Wie so vieles andere in der Konsumgesellschaft bedeutet dies außerordentliche Belastungen für die Umwelt. Die zu kompensieren oder zu vermeiden gehört zu den Aufgaben der sozialökologischen Transformation des Tourismus – eine Jahrhundertaufgabe. Entsprechende Pfade müssen in den Zielregionen wie in der allgemeinen Politik eingeschlagen werden. Dabei wird es Verwerfungen und Widerstände geben, auch wegen der Arbeitsplätze und Umsätze, auf die man sich längst eingestellt hat. Da ist Regionalpolitik gefragt, genau wie bei der Schließung von Braunkohlentagebauen. Wenn Lebensqualität statt Wachstum zum Leitmotiv der Politik wird, wachsen die Spielräume dafür.

Heute werden in vielen Fällen Begrenzungen diskutiert. Der Zugang zu attraktiven Naturparks ist schon lange kontingentiert (die Museen greifen längst zum Mittel der Zuteilung von Zeitfenstern für ihre großen Sonderausstellungen). Menschen können sich auf Begrenzungen einstellen.

▪ Zweirad und Auto sowie der Tourismus stehen im Vordergrund, wenn im späten 19. und im 20. Jahrhundert in Tirol Alpenpässe zu Straßen ausgebaut werden. Sie sind sogar wichtiger als militärische Interessen und der Handel. Der individuelle Mobilitätstourismus ruft mit den Passübergängen in einer Art von mit inszenierter Landschaft »starke Gefühle« hervor und wird zum Erlebnis (Kramer 2018). Die Entwicklung der Verkehrsmittel vom Fahrrad zum Auto und Motorrad sowie die Infrastruktur von Straßen und Beherbergung verändern Lebensweise und Region. In den Südtiroler Dolomiten werden im frühen 21. Jahrhundert mit 6,5 Millionen Gästen und 30 Millionen Übernachtungen die Belastungsgrenzen immer deutlicher. UNESCO-Welterbe und die Stiftung *Dolomiten UNESCO* befördern daher für die Straßen und Pässe Überlegungen zu Mengenbegrenzungen. Eine Studie von Anna Scuttari und Harald Pechlaner aus dem Institut für Regionalentwicklung und Standortmanagement von EURAC-Research in Bozen greift diese Probleme auf. Sie bezieht sich auf die fünf Dolomitenpässe Grödnerjoch, Sellajoch, Pordoi-Joch, Campolongo-Pass. Vier bilden die Sellaronda, die zwar auch die Nachbartäler und -orte im Alltagsverkehr verbindet, aber vor allem »für den Tourismus von fundamentaler Bedeutung« ist (Auf die Pässe 2017: S. 118). Die fünfte Straße über den Karerpass ist für Alltag und Tourismus gleich wichtig.

»Schöne Bergpässe erleben. Mit dem Motorrad in die Dolomiten!« So wirbt das Reisebüro des ACE (Automobil Club Europa 2019) für »eine Motorradtour für Liebhaber der Dolomitenpässe. Die 1200 Kilometer lange Strecke verspricht ein besonderes Fahrvergnügen für Berg- und Kurvenenthusiasten. Ein erfahrener Tourenbegleiter ist permanent dabei.«

(ACE Lenkrad 6/2019: S. 7) Für die anderen Touristen ist freilich der Lärmterrorismus der Motorräder eher ein Grund, diese Landschaft zu meiden. Die Pässe der Sellaronda werden mit über einer Million Fahrzeugen überwiegend von Touristen genutzt; 70 Prozent allein im Sommerhalbjahr, mit oft nur geringer Verweildauer und entsprechend wenig Kaufkraftaustausch auf dem Joch (Kramer 2018: S. 121). Möglichkeiten der Verkehrsbeschränkung durch Maut sind nicht sehr wirksam, man müsste sie kombinieren mit anderen Maßnahmen der Gebietsförderung und alternativer Mobilität. Parkplatzmanagement ist zwar unerlässlich, bringt aber wenig Entlastung (ebd.: S. 122). Alle Begrenzungsmaßnahmen sollen keine Einnahmeverluste für die kleineren und mittleren Betriebe mit sich bringen. Ich weiß nicht, wie weit man mit dem Prinzip »Wasch mir den Pelz, aber mach mich nicht nass« kommt. Aber Verwerfungen und Proteste möchte man auf jeden Fall vermeiden. Die Einschränkungen, die durch Jahreszeiten und Naturereignisse zu verzeichnen sind, müssen ohnehin einkalkuliert werden.

»Tourismus und Mobilität zu koordinieren bedeutet beispielsweise, an den Zugängen zu den Wanderwegen Bushaltestellen einzurichten, die Fahrpläne mehrerer Busunternehmen aufeinander abzustimmen, um Anschlüsse zu gewährleisten, Karten anzubieten, die den öffentlichen Verkehr mit anderen Leistungen kombinieren (z. B. Gastgewerbe, Seilbahnen, Geräteverleih etc.).« (Ebd.: S. 124) Nachhaltiger Tourismus im Weltkulturerbe (Turismo sostenibile im Patrimonio Mondiale) wäre so am ehesten möglich. Das alles kann man tun, aber immer muss direkt oder indirekt für die sozialen und ökologischen Belastungen des Tourismusexzesses bezahlt werden.

Die Diskussionen intensivieren sich 2019. In Zeiten der »Fridays for Future«-Demonstrationen von 2019 macht sich der 14-jährige Schüler Farin Lau Gedanken über »Das Dilemma der zukünftigen Weltentdecker«. »Freitags fürs Klima demonstrieren und samstags in den Kurzurlaub fliegen?« Er nimmt die vom Umweltbundesamt vorgeschlagene Steuer von 180 Euro pro Tonne Kohlendioxid zur Grundlage und rechnet aus, dass ein Flug von Köln nach Berlin um 38 Euro, eine Autofahrt 47 Euro und eine Bahnfahrt 9 Euro teurer werde. »Wer radikal denkt, darf nicht fliegen.

Denn Kompensation heißt nicht, dass das Kohlendioxid weggespendet wird. Manchmal ist aber ein Kompromiss ein Anfang, bis es klimaneutrale Flugzeuge gibt. Kompromisse heißt: So wenig Flüge wie möglich, also Kurzstrecken nur mit der Bahn zurücklegen, Videokonferenzen – und die wenigen Flüge, die man sich aufgrund der Kohlendioxidsteuer dann noch ab und zu leistet, kompensieren.« (Lau 2019) Die gigantischen öffentlichen Subventionen für die Flugzeugindustrie (die Boeing-Krise von 2019 macht wieder einmal darauf aufmerksam) und für die Flughäfen (auch wenn sie benutzt und nicht nur gebaut werden) sind da noch nicht einmal eingerechnet.

Eine Anregung, den Tourismus zu »zähmen«, war in den 1980er-Jahren der Vorschlag der Bundestagsabgeordneten Halo Saibold von den Grünen, die Urlaubsreise, vor allem die mit dem Flugzeug, »seltener, länger, intensiver« zu unternehmen und damit die Erlebnisqualität sogar zu steigern (Die Grünen im Bundestag 1988; Kramer 1990b: S. 160). 2019 ist ein neuer Vorschlag erwartungsgemäß auf heftigen Protest gestoßen: Dieter Janecek, Bundestagsabgeordneter der Grünen, hat vorgeschlagen, aus Klimaschutzgründen die Anzahl der Flugreisen pro Person und Jahr auf drei Hin- und Rückflüge pro Jahr zu begrenzen (Süddeutsche Zeitung 23./24. März 2019: S. 49), und wurde deswegen arg getadelt. Es darf die »sozialökologische Transformation« als »Umbau zur Nachhaltigkeit nicht durch Verlustängste verhindert« werden, lesen wir (Schlussbericht 2013: S. 749). Mit »klimaneutralem« Fliegen dank neuer Treibstoffe versucht die Luftfahrtindustrie sich zu retten – aber so werden alle anderen Belastungen der Lebenswelt durch Tourismus und Fliegen nicht aus der Welt geschafft. Das »klimaneutrale Fliegen« lässt auf sich warten, und genauso wenig werden Elektroautos die Probleme des Individualverkehrs lösen, denn Strom kommt nicht einfach aus der Steckdose, und Straßen, Parkplätze und Flugplätze wachsen nicht automatisch nach.

Die Aufforderung, längere Urlaubsreisen zu machen, zielt auf die Beschränkung der aufwendigen Kurzreisen und Städtetrips: Wenn schon, dann richtig und länger, damit man mehr davon hat. Und damit verbunden ist die Aufforderung, die Reise intensiver zu nutzen. In der Tat: Es gibt viele Möglichkeiten, das Urlaubserlebnis intensiver, nachwirkender zu gestalten. Das »Bergerlebnis« wird in den alpinen Verbänden kultiviert. Das vor 1914 bei den Naturfreunden entwickelte »soziale Wandern« schloss die Begegnung mit der lokalen Bevölkerung und ihren Lebensverhältnissen ein. Die Mitreisenden ermuntern sich gegenseitig dazu, in der Gruppe Kenntnisse und Erfahrungen auszutauschen: Reiseleiter der Wanderungen und Teilnehmer begegnen sich auf Augenhöhe. Alle sind im Prinzip aktiv einbezogen mit dem, was sie bewegt, was sie wissen, und mit den Fragen, die sie haben. Sie teilen ihre Kenntnisse und Empfindungen in der Situation. Ich habe bei den Pfadfindern wandern (»reisen«) gelernt, und dort war die »Fahrt« verbunden mit dem sinnlich-emotionalen Erlebnis in der Natur, Kultur und Lebenswelt einer Landschaft/Stadt. Kunstreisen, Kulturreisen, Städtereisen: Themenreisen der unterschiedlichsten Art sind möglich, immer bereichert durch aufmerkende Wahrnehmung und vor- und nachbereitende Auseinandersetzung mit dem Umgebenden. Erfahrungen und die gesammelten Kenntnisse helfen dabei, die Urlaubswelt zum geistigen und sinnlichen Eigentum werden zu lassen. Die aktive Bewegung im Raum und die Aneignung freier Ressourcen (Fischen, Sammeln von Pilzen und Beeren, direkte Kontakte mit der lokalen Bevölkerung) sind dabei eingeschlossen. Das alles sind Formen des Reisens, wie sie in lebendigen und anregungsreichen sozialen und intellektuellen Milieus entwickelt werden können.

Jede Reise fügt dem Denken, Fühlen und Erleben etwas hinzu – mehr oder weniger eindrucksvoll, vor allem, wenn es nicht nur die Dinge sind, von denen sich Touristen üblicherweise erzählen, nämlich außergewöhnliche Vorfälle wie Unfälle, schlechte oder besonders gute Hotels, Essen und so fort, auch nicht die Liste der abgehakten Sehenswürdigkeiten, die »man gesehen haben muss«, sondern Bereicherungen, Erfahrungen, Erlebnisse, die man nicht vergisst oder missen möchte. Das zu entwickeln bedeutete die Kultur des Reisens zu pflegen – aber wer macht das?

Touristen sind bereit, wie die Menschen in anderen Fällen auch, der Lebensqualität wegen Begrenzungen zu akzeptieren. Sie selbst ärgern sich über die »Tourismusdichte am Urlaubsort«, denn Touristen sind ja immer die anderen. Und viele würden mehr Geld ausgeben, um weniger andere Reisende anzutreffen (Willms 2019). Da sind Chancen, gibt es aber auch

Handlungsbedarf. Auch Touristen denken an Lebensqualität, deswegen kann man über einen *enkelgerechten* Tourismus nachdenken. Souveräne Gastgeber, denen ein *Genug* wichtiger ist als *immer mehr* und die nicht erpressbar sind, weil sie sich von Banken Kredite haben aufschwatzen lassen, gehören ebenso dazu wie anspruchsvolle Touristen, denen Lebensqualität wichtig ist. Wird es die geben?

Wenn es darum geht, mit den großen Mengen von Touristen umzugehen, gibt es keine eindeutigen Lösungen. Manchmal kann man sie behandeln wie »Stapelware«: In Berghütten, die Beherbergungspflicht haben, wenn es keine Straße oder Seilbahn gibt, kann man sie in Massenlagern oder auf dem Fußboden des Gastraums einquartieren. An Badestränden kann man sie geordnet in vielen Reihen hintereinander aufreihen, in Museen und Besichtigungsstätten kann man Zeitfenster zuteilen und mit Mengenkontingenten lenken, in Gärten und Nationalparks ebenso: Es gibt eine Menge von Möglichkeiten, und man wird sie nutzen müssen. Mit den ökologischen Folgen des Flugtourismus, der Abhängigkeit vieler Zielregionen von den touristischen Einnahmen und all den Problemen, die sonst mit dem Tourismus zusammenhängen, muss man kreativ umgehen, ohne sich dem ökonomischen Wachstumszwang der Fremdenverkehrsindustrie zu unterwerfen: Andere Pfade sind möglich, aber eine generelle Tourismuskritik hilft nicht weiter, schon gar keine, die kulturkritisch munitioniert ist. Es ist billig, über Tourismus und Touristen zu lästern und dann privilegiert oder selbstkritisch in den Urlaub zu fahren. Einen sozialökologischen Tourismus zu gestalten ist eine Generationenaufgabe, ähnlich wie der Umgang mit globalen Migrationsströmen. Verwerfungen sind zu erwarten. Aber sich dabei daran zu erinnern, wie viele Möglichkeiten der alte Adam in der Vergangenheit schon wahrnehmen konnte, hilft vielleicht weiter. »Luxustourismus zu gepfefferten Preisen« kann nicht die einzige Lösung sein. Naturfreunde und Alpenvereine haben andere, genossenschaftliche und partnerschaftliche Wege gezeigt.

10.4 Loslösen von der imperialen Automobilität

■ Erstaunlich ist immer wieder, wie oft man Menschen trifft, die sich ihr Leben nicht ohne Auto vorstellen können. Im Schöneberger Rathaus warte ich 2018 wegen einer Auskunft an der Pforte. Vor mir beschwert sich einer, dass draußen Parkplätze verschwunden sind. Aber da ist doch eine U-Bahn-Station, werfe ich ein. »Wir sind Autofahrer«, ist seine recht grobe Erwiderung. Da ist genau wie bei der Verteidigung des Diesels viel Aggressionspotenzial verborgen. Oder: »Meine Gäste wollen mit ihrem Auto gesehen werden«, beschwert sich einst ein Gastronom in Frankfurt am Main, als man ihm die Parkplätze im geschützten Anlagenring wegnehmen will. Einer aus einem Nachbarort kommt 2019 aus Paris zurück und klagt, wie schwierig es dort mit dem Auto sei. Aber nach Paris fährt man doch am besten mit dem Zug! – Nein, im Urlaub will ich ein freier Mensch sein, deshalb fahre ich mit dem Auto! – Um dann in aller Unfreiheit ständig nach einem Platz für das Auto suchen zu müssen und immer an es gebunden zu sein?

Oder im Dezernat für Kultur und Freizeit beim Treffen der Amtsleiter in den frühen 1980er-Jahren. Einer der Anwesenden fragt einen anderen: Sind Sie BMW- oder Mercedes-Fahrer? Ein Drittes ist anscheinend nicht vorstellbar. Oder der Politiker, der für die Zeitung sagt: So oft wie möglich fahre ich mit öffentlichen Verkehrsmitteln! Aber in der Praxis versagt er schon bei dem Versuch, ein Ticket am Automaten zu lösen.

Noch schwieriger als beim Tourismus ist die Bändigung des Individualverkehrs mit dem Auto. Viele Ortsveränderungen hängen mit der freien Zeit zusammen. Aber zur Arbeit und wieder zurück müssen die Menschen ebenfalls kommen können. Bewegungen zum Einkaufen, zu Ärzten, der sozialen Kontakte und des Sports wegen sind den Individuen wichtig. Gewiss, mehr, als man denkt, können solche Wege zu Fuß oder mit dem Fahrrad zurückgelegt werden, die meisten auch in der Kombination mit öffentlichen Verkehrsmitteln. Im ländlichen Raum gibt es Möglichkeiten für gemeinschaftlich organisierte Alternativen. Eine »Mitfahrbank« signalisiert in vielen Dörfern, dass jemand in die nächste Siedlung mitgenommen werden will, aber selbst wenn es die in jedem Dorf gibt, muss es immer noch Leute geben, die jemanden mitnehmen können. Am Zielort im Unter- oder Mittelzentrum soll es dann an der Parkplatzausfahrt oder dem Omnibusbahnhof attraktiv gestaltete Mitfahrsitzbänke geben, am besten mit erkennbarer Markierung des Zielortes. Warum sollen Autofahrer nicht schauen, wer aus der Nachbarschaft zum Plaudern mitgenommen werden könnte?

Wenn man sich einmal auf das Auto eingelassen hat, gibt es einen Rattenschwanz von Folgemaßnahmen. Will man dem Wachstum der Automobilmengen konsequent folgen, braucht man immer mehr Straßen (am besten kreuzungsfreie Autobahnen, wie sie unter Mussolini im faschistischen Italien zuerst von der Fiat-Stadt Turin aus entwickelt wurden), Asphaltstraßen gegen Staubentwicklung, ferner eine Menge von Sicherheitsstandards für Autos, Fahrer und Straßen (für die dann der »freie Fahrt« fordernde Bürger am liebsten nichts bezahlen möchte). Kaum noch bewusst wahrgenommene Regelungen für das Autofahren, von der Ampel und der Straßenverkehrsordnung bis zur Verkehrssicherheit der Fahrzeuge werden meist klaglos hingenommen. Wenn es aber der Gesundheit wegen um Einschränkungen für die Nutzung des Autos geht, dann sind viele populistisch nutzbare »Verwerfungen« zu erwarten. Der Aufstand der Dieselfahrer hat 2019 vielleicht noch gar nicht begonnen.

Zu erinnern ist an zwei »Dimensionen verkehrspolitischer Einflussnahme durch die deutsche Automobilindustrie … Einerseits die ›Schattendiskurse‹, deren Überzeugungskraft sich aus den strukturellen Machtressourcen speisen. Andererseits die ›Schattengesetzgebung‹, die sich informellen Einflusskanälen abseits der formalen politischen Arena verdankt.« (Schwedes 2019: S. 39). Ein solcher Diskurs wird geführt mit der Idee der »autogerechten Stadt«, in der jeder für sein Auto vor der Haustür einen kostenlosen (von der Gemeinschaft finanzierten!) Parkplatz finden soll und in der Autos vor Fußgängern und Radfahrern wie auch vor dem öffentlichen Nahverkehr bevorzugt werden. Gefeiert wird einst die »uneingeschränkte Nutzung des Autos als emanzipatorische Errungenschaft«, mit dem den Menschen Freiheit gegeben wird (ebd.). Das prägt immer noch bei vielen das Alltagsdenken.

Ein zweiter Schattendiskurs behauptet: »Jeder siebte Arbeitsplatz hängt vom Auto ab.« Aber es sind eigentlich nur fünf statt vierzehn Prozent, und ähnlich viele Arbeitsplätze hängen vom öffentlichen Personennahverkehr ab (Schwedes 2019: S. 41). Die Schattengesetzgebung stützt sich auf solche Schattendiskurse und verschafft durch Dienstwagenprivilegien, Gesetzesverzögerung und Grenzwertverschiebungen der Industrie Spielräume. »Das symbiotische Verhältnis aus kultureller Prägekraft, wirtschaftlicher Stärke und politischer Einflussnahme hat sich immer wieder selbst befruchtet und führt bis heute dazu, dass die Automobilindustrie im Gegensatz zu vielen anderen Branchen unter besonderem politischen Schutz steht.« (Ebd.: S. 43) Der Verlust an Glaubwürdigkeit, der eingetreten ist durch die Aufdeckung der vielen Betrügereien im Abgasskandal, ändert daran nicht viel.

Die Attraktivität des Autos, gepflegt durch eine äußerst aufwendige, affekt- und emotionsbetonte Werbung, sorgt dafür. Was für die jungen Bauern von Unterfinning im 18. Jahrhundert das Pferd ist (s. Kapitel 5.4), das bedeutet für die Heranwachsenden der 1950er-Jahre das Fahrrad (auch für mich!) oder wenig später das Motorrad, das Auto spielt heute eine ähnliche Rolle. Diese Fortbewegungsart so zu zähmen, dass ihre emotionalen Qualitäten nicht verloren gehen, aber ihren zerstörerischen Wirkungen Grenzen gesetzt werden, ist die Aufgabe. Beim Heißluftballonfahren und Segelfliegen wird das geregelt nicht allein durch den Preis, sondern auch durch die erforderliche eigene Mitarbeit und Investition von viel (Lebens-)Zeit, somit durch nicht beliebig ausdehnbare Möglichkeiten.

Gefeiert wird einst die »autogerechte Stadt«. Sie soll in den 1950er-Jahren der Beitrag der Prosperitätsgesellschaften zur Zukunft sein. Bayreuth ist ein Beispiel dafür, und da gibt es auf einer Mainbrücke sogar ein Denkmal für die Planung der autogerechten Stadt. Als ich bei der Bauausstellung 1957 zum ersten Mal Westberlin besuche, stelle ich mir vor, dass diese damalige Insel sich weitgehend auf öffentliche Verkehrsmittel ohne das Auto einstellen könnte. Gleichzeitig aber beginnt der Bau von Stadtautobahnen. 2019 stöhnt man in dem aus seiner Insellage lange befreiten

Berlin über den Autoverkehr und möchte am liebsten die Autos aus der Stadt verbannen. Weltweit suchen Großstädte nach Auswegen aus der unbewältigbaren Flut des Individualverkehrs mit dem Auto. In Curitiba/Brasilien sind zu Zeiten der Konferenz für Umwelt und Entwicklung von Rio 1992 bereits besonders leistungsfähige Bussysteme in Betrieb. In chinesischen Millionenstädten fahren 2019 Flotten von Elektrobussen, und es gibt keine anderen mehr. In Berlin wird 2018 gerade eine Linie mit einem neuartigen Elektrobus betrieben, in Frankfurt am Main wird einer erprobt. Anderswo werden Seilbahnen wie im Hochgebirge genutzt, um den Weg zur Arbeit in der Stadt zu erleichtern (für die Wohlhabenderen natürlich). Jede Stadt, die Untergrundbahnen besitzt, kann sich darüber freuen. Neue zu bauen dauert viel zu lange. Warum die Menschen alle in die Großstädte drängen und warum in der Regionalplanung keine Weichen gestellt wurden für die regionale Verteilung der Industrie- und Verwaltungsansiedlungen, wird nicht hinterfragt.

Autofreie Touristendörfer wie Zermatt oder Saas-Fee sind beliebt. Die Weichen dafür werden schon früh gestellt: In der Schweiz, teilweise auch in Österreich gibt es gleichzeitig mit dem Aufkommen des Automobils den Versuch, diesem neuen Verkehrsmittel Grenzen zu setzen. Übrig geblieben sind die wenigen autofreien Tourismusdörfer. In Venedig fällt den Touristen manchmal gar nicht auf, dass diese Stadt unter anderem deswegen so attraktiv ist, weil es da weder Autos (SUVs schon gar nicht) noch Mopeds oder Motorräder, ja nicht einmal Fahrräder oder Elektroroller gibt. Entsprechende Einschränkungen sind hier durch die Geografie vorgegeben, aber sie sind auch anderswo möglich.

Das Sport Utility Vehicle (SUV), raumgreifender als die üblichen Fahrzeuge, gehört im 21. Jahrhundert zum Alltag und steht für Widersprüche: »Warum fahren Menschen einen SUV, obwohl sie wissen, dass sie damit sowohl die natürliche Umwelt als auch andere Menschen gefährden?« (Brand/Wissen 2017: S. 127) Aber es ist »SUV-Fahren, solange dies nicht alle tun, sicherer als das Fahren eines kleineren Pkw. SUV-FahrerInnen schützen sich und ihre MitfahrerInnen bestmöglich vor den Gefahren der Automobilität, ohne selbst darauf verzichten zu müssen, automobil zu sein.« (Ebd.: S. 127) Der SUV ist ein positionelles Gut. Seine Nutzung macht auch kaputte Straßen erträglicher und schützt (z. B. in Lateinamerika) vor kriminellen Übergriffen an der Ampel. Er bedeutet wie einst das Pferd die Verbindung von Mobilität, »gesellschaftlichem Status, Freiheit, Sicherheit und Männlichkeit« (ebd.: S. 128). Externe Effekte und Widersprüche werden stillschweigend akzeptiert. Wie sagt doch der Fahrer eines neuen SUV, der sich einen Vortrag des Wachstumskritikers Niko Paech angehört hatte: Er stimme ihm ja voll zu, und deswegen habe er sich gerade noch einen SUV gekauft, weil er später ein schlechtes Gewissen haben würde. SUVs nehmen mit ihrer Größe mehr Parkplatz und Straßenraum ein. Das müsste mit Steuern und Gebühren entsprechend berücksichtigt werden. Inzwischen aber setzt sich der ADAC dafür ein, »die deutschen Städte so weit umzubauen, dass auch die wesentlich größeren Sport Utility Vehicles (SUV) bequem parken können« (Tartler 2019): Mehr Rücksichtslosigkeit gegenüber dem Gemeinwohl geht nicht.

Das Auto ist nicht ökonomisch, weil das Verhältnis zwischen Transport- und Leergut äußerst ungünstig ist. Es ist klimaschädigend, mörderisch und mit seinem Flächenbedarf stadtzerstörerisch. In Deutschland möchten sich die Automobilkonzerne mit Elektroautos und etwas sparsameren Autos als Klimaschutzvorreiter feiern lassen (und gleichzeitig immer mehr SUVs verkaufen). Das aber ist eigentlich erst ein dritter Schritt. Zuvor ginge es in einem zweiten Schritt darum, über die Optimierung der Verkehrsmittel und Verkehrssysteme nachzudenken.

Vor dem zweiten und dritten Schritt aber ist ein erster Schritt noch wichtiger: Über Personen- wie Güterverkehr ist ähnlich wie über Müll nachzudenken. Zuerst kommt es auf die Vermeidung an, dann auf die Frage, wie mit dem notwendigen oder wertvollen Rest umzugehen ist. Aber darüber denkt kaum jemand nach. Dazu müsste man Stadt- und Regionalplanung, Arbeitsplatzverteilung, Heimarbeitsplätze und dergleichen berücksichtigen. Der Drang in die Städte ist die eine Seite, die andere die Vernachlässigung der Regionalentwicklung. Und die Menschen (wir) könnten darüber nachdenken: Welche Mobilität trägt eigentlich zur Lebensqualität bei? Was braucht man wirklich? Schon vor 30 und mehr Jahren wird über die Aufwertung des Gehens diskutiert (Garbrecht). Wenn 2019 der Bundesverkehrsminister Fußgängern, den neuen Elektrorollern und den Radfahrern mehr Straßenraum und Sicherheit geben will, dann befürchten andere schon, das Auto werde aus der Stadt verdrängt (Tartler 2019). Schön wäre das, meinen andere.

Mit Kulturkritik ist dem Auto nicht beizukommen (Wolf 1986). Die Menschen können für das Auto Grenzen setzen und Lebensqualität dabei gewinnen. Neue Formen der Mobilität, eingeschlossen die Überlegungen, wie viel Mobilität denn überhaupt zur Lebensqualität gehört, brauchen viel Zeit, aber man darf sie nicht der Automobilindustrie überlassen. Übrigens: Der Frankfurter Oberbürgermeister Feldmann wurde als Eröffnungsredner der IAA ausgeladen, weil er in seiner geplanten Rede meinte, diese Stadt brauche nicht noch mehr SUVs.

Elektroautos oder Lufttaxis (wie es sie für Reiche mit Privatflugzeugen oder mit Hubschraubern für Verbandsfunktionäre schon gibt) oder Elektroroller werden als neue Mobilitätskonzepte genannt. Die ökologische Modernisierung der Automobilität durch Elektroautos ändert nicht viel. Es bleibt die Spannung zwischen Auto und öffentlichen Verkehrssystemen (Brand/Wissen 2017: S. 141, 143). Die Herstellungskosten und die Betriebsaufwände bleiben als Umweltbelastungen bestehen, ebenso der Bedarf für Verkehrs- und Parkflächen (Pausch 2019, Wolf 2019). Die Ökobilanz des Elektroautos wird wegen der Batterien höchst unterschiedlich bewertet (wenn ich von meinem Autohändler höre, dass er Elektroautos fürchtet, weil sie weniger Wartung und Reparaturen brauchen, dann ist das eine andere Seite). Auch Elektroautos werden im Stau stehen, wenn sehr viele zur gleichen Zeit ins verlängerte Wochenende oder in die Ferien starten.

Schon hier gilt: Menschen können auch anders. Die Automobilhersteller beklagen, dass in den letzten Jahrzehnten immer mehr meist jüngere Leute auf das eigene repräsentative Auto verzichten. Aber das ist nur ein schwacher Trend, dem mit stark emotional befrachteter Werbung begegnet wird.

Wenn Lkws elektrisch fahren und ohne Fahrer unterwegs sein können, dann bleibt auch da der Flächenbedarf. Der prägt die Autobahnen: Riesige Parkplätze für Lkws ermöglichen es den Firmen und Zulieferern, für die »Just-in-time«-Transporte eigene Vorratslager zu sparen und die Last dafür der öffentlichen Hand und den überstrapazierten Fahrern aufzubürden. Wie kommt man da raus, ohne Transport und Verkehr insgesamt zu reduzieren? Mindestens hohe Parkgebühren müsste man für Lkws verlangen.

Insgesamt gilt: Menschen können auch anders mobil sein. Auch hier steht eine Generationenaufgabe an, und man kann nur hoffen, dass es keine größeren Schwierigkeiten gibt, wenn Ölkrisen rasche Veränderungen erzwingen.

11

Szenarien und Möglichkeiten: der Übergang in die Politik

Weder Deutschland noch Europa oder der Westen können allein eine sozialökologische Transformation realisieren. Probleme und Gefahren betreffen die ganze Erde. Weltweit sind Lebensweisen miteinander verknüpft. Um die Lebenswelt der Erde als gemeinsames Erbe zu bewahren, ist Zusammenarbeit auf allen Ebenen notwendig. Die Chancen dazu schienen in den Jahren nach 1989 besser zu sein als heute. Angesichts von Unwägbarkeiten der Zukunft *muss sozialkulturelle Vielfalt als unverzichtbare Ressource betrachtet werden. Die europäisch-atlantische Moderne ist nicht die einzige Form, in der Welt zu leben. Jede politische Gemeinschaft, jeder Staat kann unter Anerkennung der Rechte der anderen und der Grenzen der materiellen Umwelt eigene Wege gehen. Wenn Lebensqualität und Zukunftsfähigkeit anstelle eines zum Selbstzweck gewordenen (Wirtschafts-)Wachstums im Zentrum der Politik stehen, werden neue Pfade mit Weichenstellungen für eine sozialökologische nachhaltige Entwicklung denkbar. Sie werden auf Widerstände stoßen, aber sie können attraktiv sein. Die Chance für eine solidarische Lebensweise gibt es, weil überall vielen Menschen* Lebensqualität, Enkelgerechtigkeit *und* Suffizienz *(wissen, dass es ein Genug gibt) so wichtig sind, dass sie zu den Grundlagen ihres Handelns gehören.*

11.1 Friedens- und zukunftsfähige globale Beziehungen

Bilder, die sich auf den Planeten als gemeinsames Erbe beziehen, werden gern genutzt. Das 2001 von dem UN-Generalsekretär Kofi Annan herausgegebene und mit einem Geleitwort des Außenministers Joschka Fischer versehene »Manifest für den Dialog der Kulturen« betont diese Gemeinsamkeit (Annan 2001): Mit Blick auf die damaligen Gipfeltreffen und die Demonstrationen dagegen heißt es: »In gewisser Weise gehören jene, die heutzutage in den Augen vieler die weltweite Globalisierung repräsentieren … genauso wie jene, die auf die Straßen gehen, um zu protestieren, wann immer die Erstgenannten sich versammeln, nicht zwei verschiedenen Welten an, noch nicht einmal zwei verschiedenen Sphären; sie sind vielmehr Teil derselben Entwicklung.« (Ebd.: S. 133 f.)

Die UNESCO hat das gemeinsame Erbe der Lebenswelt im letzten Drittel des 20. Jahrhunderts als Weltkulturerbe beziehungsweise Naturerbe besonders hervorgehoben. Im Herbst 2019 ist es ins Blickfeld geraten, weil im brasilianischen Regenwald Feuer gelegt werden, um Anbauflächen zu gewinnen, nicht zuletzt für Soja, mit dem die Rinder in Europa gefüttert werden sollen. Das gemeinsame Erbe soll als *Patrimonium* genutzt, aber nicht als *Dominium* beliebig verbraucht werden (Binswanger 2010, s. Kapitel 4.3).

Das Manifest »Brücken in die Zukunft« empfiehlt für die internationale Politik pragmatische Zugänge. Wie in der Scholastik und in der Renaissance wird in diesem Dokument der Dialog verstanden als »eine Vorgehensweise, die weder auf Überredung noch auf Bekehrung aus ist. Sie zielt vielmehr darauf, Verständnis füreinander zu entwickeln, indem man sich auf gemeinsame Werte einigt und gemeinsam dem Zusammenleben eine neue Bedeutung verschafft.« (Annan 2001: S. 68) Betont wird, dass der »Dialog der Kulturen« auch nach den Twin-Tower-Attentaten des 11. September 2001 unumgänglich ist. Inzwischen sagen viele nicht mehr *Dialog* der Kulturen: Besser ist es, von *interkulturellem Dialog* zu sprechen, denn Kulturen sind keine Subjekte, und in Dialog treten immer nur konkrete Menschen, geprägt von unterschiedlichen kulturellen und religiösen Traditionen und als Individuen zu Kompromissen fähig.

Hegemonie und Homogenisierung werden in dem Manifest zurückgewiesen. Vielleicht ist dieses Manifest so erstaunlich wenig beachtet worden, weil der Hegemonieanspruch von Moderne und Aufklarung darin nicht bestätigt wird. Wenn heute Vertreter der AfD (oder gestern Hitler) meinen, man müsse die Schutthalden der Moderne beseitigen, dann argumentieren sie wie der protofaschistische österreichische Ständestaat, der ebenfalls die Moderne seit der Französischen Revolution rückgängig machen wollte. Für manche scheint diese Moderne (oder die Postmoderne oder eine Zweite Moderne oder eine Modernisierung der Moderne) der Gipfel einer endlich an ihr Ziel gelangten Geschichte zu sein. Niemand möchte hinter die Errungenschaften dieser Moderne zurück, wie sie sich zum Beispiel auf Lebensqualität, Gesundheit, Menschenrechte beziehen. Aber in all dem setzt sie fort, was in den vorangegangenen Epochen, auch in der Ständegesellschaft entwickelt ist (wie Blickle 2012 betont).

In dem pluralistisch angelegten und die Weltsichten der außereuropäischen Kulturen berücksichtigenden zitierten Manifest lesen wir: »Die Starken und die Schwachen tragen beide mehr zur Gestaltung der Zukunft bei als zu jeder anderen Zeit in der Menschheitsgeschichte.« (Annan 2001: S. 31) Das Manifest ist damit ein Einspruch gegen die Arroganz politischer und kultureller Hegemonieansprüche. Gleichstellung *(equal footing)* bedeutet in der Globalisierung eine Stärkung der Rolle der Kleinen und Schwächeren. Aber auch sie müssen mitarbeiten und wie die Großen bereit sein, »sich gemeinsam gesetzten Regeln oder Normen zu unterwerfen«, denn beim Umgang mit globalen Gefahren »ist die Kooperation sämtlicher Mitglieder im Dialog unverzichtbar« (ebd.).

Entwickelt wird nur ein schönes Programm, mag man einwenden. Es steht für ein »Reformfenster« der Jahre um 2000, und dass es immer wieder solche Fenster gibt, zählt zu den Erfahrungen, die der Blick in die Geschichte ermöglicht. Sie sind freilich zugeschlagen worden, seit die NATO entgegen den Versprechungen von 1990 sich nach Osteuropa ausbreitete und die schon im Ersten Weltkrieg in den mitteleuropäischen Kriegszielforderungen im damaligen Deutschen Reiches geforderte Einkreisung und Abkehrung Russlands vom Westen betrieb (Claß 1917) und seit der US-amerikanische Präsident Donald Trump sich verabschiedet hat von dem seit der Antike gepflegten Prinzip »Pacta sunt servanda« – Verträge müssen eingehalten werden – und damit mühsam ausgehandelte Vertragsarchitekturen zum Zusammenbruch bringen will.

Die in die Vereinten Nationen und in die internationale Vertragspolitik gesetzten Hoffnungen haben sich in vielen Bereichen verflüchtigt. Dennoch muss man angesichts der globalen Fragen über mögliche zukunfts- und friedensfähige internationale Politik nachdenken.

Unterschiede zwischen reichen und armen Regionen sind für Migrationen verantwortlich. Pullfaktoren ziehen Menschen in die reichen europäischen und nordamerikanischen Regionen (reich, weil sie vom Rest der Welt leben), Pushfaktoren wie Armut, Kriege, Minenfelder, Dürren, Wassermangel und Hochwassergefahren vertreiben sie aus ihren Heimatgebieten. Flüchtlinge und Migrationen werden von manchen als Bedrohung des Wohlstands empfunden: Sie können ihn freilich nur gefährden, wenn die Prinzipien der Humanität und der Nächstenliebe, verankert in den ideellen Grundwerten der europäischen Verfassungen, nicht mehr beachtet werden und die Gemeinschaft nicht bereit ist, außergewöhnliche Belastungen zeitweise zu ertragen. Aber wenn welche behaupten, das werde zu einer »Umvolkung« oder zu Identitätsverlust führen, dann wird vergessen, dass dies nur die Fortsetzung eines seit Jahrhunderten, ja Jahrtausenden auf dem Territorium Deutschlands stattfindenden Prozesses ist, der kein Ziel und kein Ende hat.

Aus verschiedenen Gründen ist es dennoch sinnvoll, diese Migrationsbewegungen einzuhegen: Eigenständige Entwicklung wird behindert, Regionen werden entvölkert. Die Herkunftsländer verlieren durch Migration, verbunden mit der Abwanderung fleißiger und kreativer Kräfte *(brain drain)*, wichtige menschliche Ressourcen, die den Zielländern Vielfalt und Kreativität bescheren.

Theoretisch gibt es Mittel dagegen. Man will »Fluchtursachen bekämpfen«. Wenn es darum geht, sind unkonventionelle Überlegungen erlaubt. Sie können über das Konzept der immer wieder zur Bevormundung neigenden Entwicklungszusammenarbeit hinausgehen. Internationale Solidarität hat der nicaraguanische Autor Ernesto Cardenal als »Zärtlichkeit der Völker« bezeichnet. Weniger pathetisch kann man an ein aufgeklärtes

Eigeninteresse denken: Nur wenn die Menschen weniger Gründe zu Flucht und Migration haben, kommen weniger Menschen und gibt es auch in den Zielregionen keine so großen Probleme. Dazu könnte ein weltweites System des Staatenfinanzausgleichs beitragen. Immer wieder umstritten ist der deutsche Länderfinanzausgleich. Das Bonner Grundgesetz hat ihn für Deutschland eingeführt. Mit ihm wird versucht, einen angemessenen Ausgleich zwischen wirtschaftlich leistungsstarken und leistungsschwachen Bundesländern zu erreichen. Es gibt Probleme: Die reichen Länder werfen den ärmeren vor, zu wenige Anstrengungen für Wachstum und Innovation zu unternehmen. Aber die Lebenswelt insgesamt wird so von Wachstumszwang entlastet. Mit dem Länderfinanzausgleich will man in Deutschland ansatzweise auch die Binnenwanderung zu steuern versuchen: Durch die Aufwertung der Regionen mit ihren Mittel-und Unterzentren soll vermieden werden, dass alle in die Großstädte wollen.

Warum nicht auch international ein solches System? Es gäbe den Empfängerländern die Möglichkeit, die heimischen Ressourcen zur Sicherung des Lebens der eigenen Bevölkerung zu nutzen und die Lebensmöglichkeiten im eigenen Land zu verbessern, ohne sich auf einen zerstörerischen Wettbewerb um Investoren und Exportindustrien einzulassen. Damit würde das Problem der weltweiten Migrationsströme entschärft: Es entstehen Chancen im eigenen Land. Natürlich muss ein solches System des Finanzausgleichs an Bedingungen (Konditionalitäten) geknüpft sein, bezogen auf Aspekte wie ein universeller Menschenrechtsansatz, Rechtssicherheit, nicht korrupte Verwaltung, Verzicht auf Angriffe gegen Nachbarn und so fort. Nicht alle Staaten werden zugleich einbezogen werden können. Aber auch die Idee der handelbaren Kohlendioxidzertifikate wurde erst als illusionär verlacht, ebenso die Finanztransaktionssteuer, über die immer wieder ernsthaft diskutiert wird.

Empowerment (Selbstbefähigung) und Ermutigung statt immer auf den Staat oder die scheinbar allmächtige Dynamik des globalen Markts zu warten, das soll gefördert werden, ebenso die Besinnung auf eigene Qualitäten, Traditionen eingeschlossen. Je weniger das eurozentrische Programm des »Fortschritts« zum alleinigen Maßstab gemacht wird, desto größer sind die Chancen für weiterführende andere Wege.

11.2 Vielfalt als Ressource

▪ Wir haben die Welt lange genug *verändert*, jetzt kommt es darauf an, sie neu zu *interpretieren*. So lautet eine Umkehrung der letzten Feuerbachthese von Karl Marx (1845): »Die Philosophen haben die Welt nur verschieden *interpretiert*: es kommt aber darauf an, sie zu *verändern*.« (MEW: S. 3, 535; Koch: S. 24).

Der Bericht der Weltkommission für Kultur und Entwicklung meint, »jedes Volk« solle seinen »eigenen Weg zur Modernisierung« gehen. Im englischen Text steht: Es besitzt »each people ... the right to forge different versions of modernization« (Deutsche UNESCO 1995: S. 7).

Der Satz wirkt provozierend. Ist nicht Hunger und Elend zu beseitigen die überall gleiche und vordringlichste Aufgabe? Aber man weiß, dass Armut nicht nur ein wirtschaftliches Problem ist, sondern dass es auch den Zustand der Recht- und Machtlosigkeit bedeutet, also eine hochpolitische Dimension hat. Und *arm* und *reich* werden in historisch-kulturellen Zusammenhängen unterschiedlich definiert. Gewiss, ein solider Grad von Verfügbarkeit über ausreichende Mindest- und Grundbedürfnisse der Existenz sowie eine souveräne Gestaltung des Naturstoffwechsels mit einer gewissen Krisenelastizität (die in der Regel auf Kosten kurzfristig kalkulierter Effizienz geht) sind Voraussetzungen für menschenwürdiges Leben, aber keine Garantien dafür. Wenn die Wohlstandsmodelle der Industriegesellschaften wegen der begrenzten Kapazität der Erde nicht weltweit übertragbar sind, werden andere Ansätze wichtig.

Der genannte Bericht »Our Creative Diversity« (1995) wertet die Vielfalt der Kulturen als eine unverzichtbare Zukunftsressource. »Entwicklung ... konnte nicht länger als ein einziger, überall gleicher und linearer Weg gelten, denn ein solches Modell müßte unvermeidlich die Faktoren kulturelle Vielfalt und kulturelles Experiment ausschalten und so das kreative Potential der Menschheit mit Blick auf das Erbe der Vergangenheit und die Unwägbarkeiten der Zukunft auf gefährliche Weise begrenzen.« (Ebd.)

Damit wird zugestanden: Nord und Süd können verschiedene Wege der »Modernisierung« gehen. Das wertet Vielfalt allgemein auf und legitimiert das Interesse an »anderen Welten«: Es geht auch anders. So wird die Vorherrschaft einer einzigen Moderne infrage gestellt. Andere Weltsichten, lokales Wissen (Antweiler 1997), Traditionen des Gemeinnutzens sind Bestandteile einer »angesichts der Unwägbarkeiten der Zukunft« unverzichtbaren kulturellen Vielfalt. Das relativiert den »westlichen« Weg von Aufklärung und Fortschritt.

Harald Welzer akzentuiert anders. Er meint, man solle *Moderne* für ein entwicklungsfähiges Projekt halten und »ihre zivilisatorischen Errungenschaften als Ausgangspunkt dafür nehmen …, *mehr* soziale Gerechtigkeit, *mehr* persönliche Autonomie, *mehr* verfügbare Zeit, *weniger* Gewalt und Zwang auf der Basis eines nachhaltigen Umgangs mit den natürlichen Voraussetzungen des Überlebens zu realisieren« (Welzer 2019a: S. 56).

Aber all die genannten Qualitäten findet man auch vorher, und im Denken anderer Kulturen tauchen sie ebenfalls ähnlich auf. Deshalb ist es überflüssig, die zukünftige Entwicklung als Fortsetzung der Moderne zu sehen. Die Renaissance zieht ihre Lebenskraft aus der Aneignung der Antike. Sie setzte in vielem fort, was die christliche Scholastik des angeblich so finsteren Mittelalters vererbt hat (Roeck 2018: S. 277). Und erst auf all dem fußt die Aufklärung, die meist untrennbar mit Moderne verbunden wird. Es mag einer sagen, die »persönliche Autonomie« sei wirklich ein Besonderes dieser Moderne. Aber Pico della Mirandola (Kapitel 5.6) kann sich für sein Programm der »Würde des Menschen« auf die Antike beziehen und benennt zudem als Quellen islamische Texte. Die »persönliche Autonomie« ist weder in der Theorie noch in der Praxis eine Errungenschaft der Moderne. Im Gegenteil: Michel Foucault (1926–1984) zeigt, wie die Instrumente zur Zerstörung dieser Autonomie in der Moderne mit Gefängnissen und Definitionen von »Gesundheit« perfektioniert werden.

Jedoch auch mit denen, die andere Schwerpunkte setzen, muss die Verantwortung in der Welt geteilt werden. Schon die UN-Menschenrechtsdeklaration von 1947 muss sich vorwerfen lassen, nur aus den Traditionen der westlichen Moderne entworfen zu sein (Gesellschaft für Ethnographie 1994). Das europäisch-westliche Denken muss anerkennen, dass es auch andere Schwerpunkte für die Wertewelt gibt. Die zaghaften Versuche, die »Geschichte der Welt« (Iriye 2017) aus nicht eurozentrischer Perspektive neu zu interpretieren, helfen dabei – auch wenn sie sich dazu in erster Linie der Interpretationen in den europäisch-westlichen Sprachen bedienen.

▪ Das Manifest »Brücken in die Zukunft« fasst die zwei möglichen Positionen in Worte: »Wer glaubt, dass die Rechte des Individuums in größerem Maß respektiert werden sollten als die Rechte der Gemeinschaft, dem bietet die Teilhabe das Bewusstsein, etwas Größerem als dem Individuum anzugehören, ein Gefühl des Respekts für etwas Größeres als das Individuum und die Einsicht, dass es eine Gemeinschaft gibt, zu der jedes Individuum gehört. Wer die Rechte der Gemeinschaft höher wertet als die des Individuums, dem bietet die Teilhaberschaft das Bewusstsein für den Respekt jeder einzelnen Komponente der Gesellschaft, die Erkenntnis, dass es jenseits der eigenen Gemeinschaft noch andere gibt, und die Einsicht, dass jeder auch nur einem Individuum zugefügte Schaden *de facto* der gesamten Gemeinschaft schaden kann. Folglich kann das Konzept der Teilhabe vielleicht nicht nur zwei Denkrichtungen versöhnen helfen, sondern zwei Mentalitäten und damit zwei Möglichkeiten, unsere gemeinsame Welt zu betrachten.« (Annan: S. 152 f.)

Dieses Manifest betont die Vielfalt der Wege und die Notwendigkeit des Aushandelns: »Die unbeirrbare Überzeugung, dass Modernisierung kulturelle, institutionelle, strukturelle und geistige Unterschiede hinwegfegen und – wenn keine Eingriffe erfolgen – in eine gleichförmige moderne Welt führen werde, ist nicht länger zu halten. Da Globalisierung sowohl Homogenisierung als auch zugleich Lokalisierung erzeugt, bestimmen tatsächlich kulturelle und institutionelle Unterschiede das Profil des Modernisierungsprozesses. Dies bedeutet, dass sich Traditionen auf den Verlauf der Modernisierung auswirken und unterschiedliche kulturelle und institutionelle Formen entstehen.« (Ebd.: S. 22) Und: »Selbst die positivste Definition der Modernisierung – Marktwirtschaft, demokratischer Staat, Zivilgesellschaft mit persönlichen Rechten und Verantwortlichkeiten – lässt Raum für Auseinandersetzungen und Diskussionen über deren Verwirklichungschancen. Der freie Markt wirft Fragen der politischen Steuerung auf; die Demokratie kann in der Praxis unterschiedliche Formen annehmen; die Formen von Zivilgesellschaft wechseln von Kultur zu Kultur; und auf die Frage, ob Würde auf einer bestimmten Auffassung von individuellen Persönlichkeitsrechten beruhen muss, lässt sich nicht so leicht eine Antwort geben.« (Ebd.: S. 58) Eigentlich kann man auf die Sammelbezeichnung »Moderne« verzichten und die ganze Geschichte der Menschheit als Erfahrungsraum akzeptieren, auch die vor der Markt- und Industriegesellschaft.

Einst, nicht allzu lange vor dem Ende des Sozialismus, haben die sozialistischen Kritiker den friedensfähigen Kapitalismus entdeckt. Er ist ein lernendes System (Fücks 2013: S. 304). Auch die Linken haben ihm zu wenig zugetraut (Adler 2011). So kann man dem Markt und dem Kapitalismus prinzipiell auch die Fähigkeit zugestehen, mit »nachhaltiger Entwicklung« zurechtzukommen – dann aber muss dafür gesorgt werden, dass dies konsequent und global geschieht. Wenn Kapitalismus und Markt es wirklich bringen, warum nicht? Es ist egal, welche Farbe die Katze hat, sie muss Mäuse fangen. Bis jetzt sehe ich das nicht. In den »Reformfenstern« der frühen 1990er-Jahre werden schon einschlägige Maßnahmen dringlich eingefordert, aber daraus geworden ist wenig.

An eine von dem sowjetischen Ökonomen Nikolai Kondratieff empfohlene Strategie für die Vorbereitung einer sozialökologischen Wende erinnert Harald Welzer: »Wir müssen nach Organisationen der Solidarität suchen, die eine eigene Produktionsstruktur besitzen. Es gibt sie. In ihnen können Menschen sich nicht nur verteidigen, sondern (ohne ein System direkt anzugreifen) autonome Alternativen dagegensetzen. Nicht Utopie, sondern Heterotopie.« (Kondratieff, zit. in Welzer 2019b: S. 188) Genau solche Organisationen prägen die mitteleuropäische Gesellschaft bis zur Durchsetzung der Marktwirtschaft: Bauern haben ihre Gemeinnutzen als eigene Produktionsstruktur, von der auch die anderen abhängig sind. Sie können über lange Zeiten auf Augenhöhe mit den Grundherren Vereinbarungen aushandeln. Ähnlich können die Zünfte in den Städten bei Auseinandersetzungen mit dem herrschenden Patriziat, den regionalen Fürsten und dem Kaiser auf ihre eigene materielle Basis bauen, wenn sie ihre Interessen verteidigen. Die *Moderne* hat durch die Entbettung des Marktes aus seinen sozialkulturellen Bindungen jene Ressourcen zerstört, auf die Welzer sich mit Kondratieff beziehen will: Nur weil sie ihre eigene materielle Grundlage haben, können Städte und Landgemeinden selbstbewusst auftreten. Für diese Grundlage tragen sie freilich auch immer unmittelbare Verantwortung, und bei falschen Entscheidungen wird sie direkt gefährdet. Das wird bei den aktuellen Diskussionen um Volksabstimmungen und direkte demokratische Mitwirkung nicht genügend berücksichtigt: Da ist die Verantwortung längst nicht so deutlich erkennbar, und die Folgen falscher Entscheidungen werden nicht unmittelbar spürbar. In der Schweiz ist die direkte Demokratie traditionell mit dieser gemeinsamen Verantwortung verbunden.

Einheiten mit eigener Produktionsstruktur existieren in der Marktgesellschaft nur noch als »Wirtschaftssubjekte«, die egoistisch ihre eigenen materiellen Interessen im Markt vertreten. Sie sind in der sozialen Marktwirtschaft nur grundsätzlich durch staatlich verfügte Regeln zur Sicherung der Rechtseinheit gebunden und durch eine schwache, nicht einklagbare Verpflichtung auf das Gemeinwohl moralisch verpflichtet. Konsumenten und Nutzer haben außer ihrer zersplitterten Konsummacht keine eigenen materiellen Strukturen, sondern sind (meist) isolierte Akteure ohne eigene Macht, ebenso die Nutzer aller Infrastruktur, Wohnen eingeschlossen.

Es gibt Zeiten, da versuchen Gewerkschaften als Vertreter relevanter Teile der Bevölkerung sich nicht nur in Tarif- und Umverteilungsfragen, sondern auch als Stichwortgeber für perspektivische und problembewusste Zukunftspolitik zu beteiligen. Bei der IG-Metall-Tagung »Aufgabe Zukunft, Qualität des Lebens« von 1972 werden bereits alle großen Themen angeschnitten, die heute noch beschäftigen (Friedrichs 1972). Aber für ihre eigene Politik hat das damals wenig Konsequenzen. Die Kirchen als mächtigste Organisationen jenseits von Staat und Markt sind ebenfalls wichtige kollektive Akteure, die mit ihren Mahnungen Politik zu beeinflussen versuchen. Eigentlich könnte man das auch von den Wissenschaften sagen, wenn sie durch den Zwang der Drittmittelbeschaffung nicht immer mehr dem Zugriff der ökonomischen Verwertungs- und Wachstumsinteressen ausgesetzt wären. Die Unternehmen versuchen durch »Green Washing« und soziales oder kulturelles Engagement zu verschleiern, dass ihr alleiniger Existenzzweck die Vermehrung von Kapital ist. Nur in günstigen Fällen setzen sie oder von ihnen finanzierte Stiftungen eigene Akzente, die jedoch auch dann meistens im Dunstkreis der Wachstumsgesellschaft bleiben (Soros-Stiftung, Reemtsma-Stiftung).

Die Aktionsformen, in denen die vereinzelten Individuen ihren Willen artikulieren, werden gern mit einem pathetischen »Gemeinsam« angesprochen: Alle sollen *gemeinsam* handeln, haben aber keine materielle Basis dafür (allenfalls ihre isolierte Kaufkraft), oder es ist die Kraft der isolierten Beispiele, von der Veränderung erwartet wird.

Mit »Geschichten des Gelingens« präsentiert das Magazin für Zukunft und Politik *Futur Zwei Alles wird gut! Argumente gegen die Apokalypse* (www.taz.futurzwei.org 8/2019) Beispiele für das »Projekt Moderne«, die meisten davon ohne unmittelbare Verbindung zur Politik. Geredet wird von »sozial- und ökopolitisch besseren Pfaden« (Futur Zwei 2019). Interessant wäre ein neuer Aufbruch mit neuen Pfaden als Ergebnis neuer Politik, nicht nur neuen Denkens.

Ralf Fücks hat schon 2013 ein Szenario der technischen Möglichkeiten ausgebreitet: Überall gibt es neue »vielversprechende Verfahren« (Fücks 2013: S. 219). Auch jetzt setzt man wieder auf technische Innovationen. Auf den Wasserstofffusionsreaktor, der unendliche Energie bringen soll, wartet man schon seit Jahrzehnten. Gehofft wurde in der Landwirtschaft auf die »Grüne Revolution«, mit der Erträge von Nutzpflanzen außerordentlich vermehrt werden sollten. Aber der Bedarf an Kunstdünger, Pestiziden und Wasser war zu groß. Im August 2019 veröffentlicht der Weltklimarat einen Sonderbericht: Er »enthält einen Hoffnungsschimmer: Wenn Land- und Forstwirtschaft radikal umgestellt würden, könnte der globale Kohlendioxyd-Ausstoß halbiert und die Armut bekämpft werden« (*TAZ Die Tageszeitung* v. 09.08.2019). Zur gleichen Zeit wird in Brasilien unter Ministerpräsident Bolsonaro die Vernichtung des Regenwaldes beschleunigt, und US-Präsident Trump macht vereinbarte Maßnahmen zum Klimaschutz rückgängig. Papst Franziskus veranstaltet im Oktober 2019 eine Synode zum lateinamerikanischen Regenwald. Ob das hilft?

Künstliche Fotosynthese, Kohlendioxidrecycling (Fücks 2013: S. 224) sollen helfen. Gepriesen werden die postfossile Stadt und ihr »ökologisch aufgeklärtes Stadtbürgertum« (ebd.: S. 287). Das sind die neuen Mittelstandsmilieus, die ökologisch sensibel ihre erweiterten Bedürfnisse ausleben, aber keinen Gedanken an den Reboundeffekt verschwenden (s. Kapitel 10.1). Von energieautarken Hochhäusern wird gesprochen. Seit den späten 1980er-Jahren schwärmt der Frankfurter Planungsdezernent Martin Wentz davon (Wentz 1991, 1992).

Viele mögliche Innovationen sind 2013, als das Buch von Fücks erscheint, große Versprechungen, aber sie sind es zumeist auch heute noch, oder sie sind wie Carsharing von der Marktwirtschaft übernommen worden. Zu wenig wird nachgedacht über die Gründe des Scheiterns von Projekten. In manchen Fällen gibt es zwar Ergebnisse, aber die unerwünschten Nebenfolgen sind, wie zum Beispiel beim Geoengineering, nicht geklärt; bei manchen ist das Prinzip erkannt, aber offen bleibt, ob es nennenswerte Folgen haben kann oder weltweit übertragbar ist, etwa die urbane Lebensmittelproduktion. Die sozialkulturellen Folgen sind ohnehin nicht überblickbar, und welche Verwerfungen es wegen der unvermeidbaren Modernisierungsverlierer gibt, weiß man auch nicht.

■ Man fühlt sich erinnert an die Hybris von Faust in Goethes Drama: Gewarnt wird im zweiten Teil des Stückes vor der Hoffnung, der Fortschritt sei endlos fortsetzbar und man könne ihm die Lösung der von ihm geschaffenen Probleme überlassen. Was der erblindete Faust am Ende seines Lebens als Spatenstiche für die Fortsetzung seines fortschrittlichen Landgewinnungsprogramms interpretiert, sind die Geräusche beim Ausheben seines Grabes. So ähnlich wie die heutigen grünen Fortschrittseuphoriker hat auch Walter Ulbricht (1893–1973) in der DDR gedacht. Er meinte, Goethe habe einen dritten Teil des »Faust« nicht schreiben können, denn erst »über hundert Jahre später« hätten alle Werktätigen der DDR begonnen, »diesen dritten Teil des ›Faust‹ mit ihrer Arbeit, mit ihrem Kampf für Frieden und Sozialismus zu schreiben« (Dietrich 2018: S. 969). Der Literaturhistoriker Hans Mayer erinnert daran, dass der späte Goethe ein Anhänger der Gedanken des utopischen Sozialisten Claude-Henri Saint-Simon (1760–1825) war, der für eine konsequente und wenig demokratische wissenschaftsgeleitete Planung und Entfaltung der Produktivkräfte des Frühkapitalismus eintrat (ebd.: S. 969). Goethe hat freilich solche Ideen mit der gleichen Distanz aufgegriffen, mit der er auch andere Einflüsse verarbeitet hat.

Mit dem Pathos »Es ist möglich« verbreitet Harald Welzer Zuversicht. Am meisten enttäuscht, dass auch diese Prozesse immer noch schneller ablaufen sollen: »Nicht Entschleunigung, sondern Beschleunigung des technischen und gesellschaftlichen Wandels ist angesagt, wenn der Sprung in eine kohlenstoffneutrale Wirtschaftsweise binnen weniger Jahrzehnte gelingen soll.« (Fücks 2013: S. 152) Das ist die alte Rhetorik der abgewirtschafteten und perspektivlosen Wachstumsgesellschaft. Es heißt: »Wir müssen alle Kräfte anspannen …« (ebd.: S. 156): keine Chance, den Reichtum zu genießen, kein Gedanke daran, dass eine sozialökologische Wende auch anders aussehen kann.

Nicht neue Hoffnungen sind am Ende dieses Jahrzehnts vorherrschend, sondern neues Erschrecken über die Folgen menschlichen Tuns: Artensterben, Insektenschwinden, Bodenverschlechterung, Klimakrisen, Kunststoffe in den Weltmeeren, neue Rüstungsspiralen mit immer wirkungsvolleren Waffen. Die Drohungen werden größer, die Hoffnungen kleiner. Solange Politik und Ökonomie auf Wachstum setzen, scheint es wenig Chancen zu geben.

Auch Fücks gesteht Probleme zu. Man brauche auch einen »Plan B«, wenn das alles nicht gelinge (Fücks 2013: S. 116 f.). Daran zu arbeiten ist vielleicht derzeit das Wichtigste. Es geht um den Übergang in eine »Postwachstumsgesellschaft«, in der menschliche Gemeinschaften mit nicht beliebig erweiterbaren Ressourcen dauerhaft umzugehen wissen. So gesehen, ist die aktuelle Fokussierung auf Klimawandel eine Ablenkungsstrategie: Orientiert wird auf einen Bereich, in dem man möglicherweise mit neuen Technologien punktuell Erfolge erzielen kann, aber insgesamt das Ziel einer Konversion der Wachstumsgesellschaft aus den Augen verliert. Den Streit um den menschlichen Einfluss auf Klimawandel mag man allenfalls auch offenlassen. Es geht nicht nur um das mögliche Aufhalten eines Klimawandels. Man kann zweifeln, ob das überhaupt (noch) möglich ist. Wichtiger ist, Vorkehrungen zu treffen für erkennbare Veränderungen, Extremwetterereignisse wie Dürre oder Hochwasser, steigende Meeresspiegel, Gletscherschmelze. Bei ihren Wanderungen im Suldental in Südtirol muss Kanzlerin Angela Merkel schon vor Jahren hinnehmen, dass es Wege gibt, die wegen des Auftauens des Dauerfrostbereiches geschlossen sind.

Niko Paech hat nichts dagegen, »angesichts des kläglichen Scheiterns aller Technik- und Institutionenklempnerei« als »soziales Regulativ« beim Umgang mit der Wachstumskrise »Flugscham« und ähnliche emotionale Reaktionen zu entwickeln (Paech 2019). Im Rahmen der »demokratischen Streitkultur« kann »Rechtfertigungsdruck« von Personen, die glaubwürdig eine »verantwortbare Lebensführung praktizieren«, ausgeübt werden, meint er. Und er meint: Es »sollte unter aufgeklärten Verhältnissen nötig und möglich sein, menschliche Freiheiten mit der Frage zu konfrontieren, wie sie sich gemäß einer Verhältnismäßigkeit zwischen Notwendigkeit und selbstzerstörerischem Potenzial rechtfertigen lassen«. Solche Neujustierung individueller Freiheit ist weder »Öko-Diktatur noch Öko-Stasi«, baut aber Rechtfertigungsdruck auf, bei dem auf eine »Obergrenze der von einem einzelnen Individuum in Anspruch genommenen materiellen Freiheit« Rücksicht genommen werden soll. »Ein friedlicher und fröhlicher Aufstand der sich Verweigernden – besser noch: ein maßvoller Wohlstands- und Technologieboykott – verbleibt als letzter Ausweg. Die Zeit der Ausreden ist vorbei.« Ob das weiterführt, wo doch die Motive der Individuen von so vielen Faktoren geprägt werden?

Welzer meint, der Epochenwechsel sei nicht definiert von »ominösen Dingen wie ›Globalisierung‹ oder ›Industrie 4.0‹ oder ›Anthropozän‹. Sondern von der Frage, ob er von rückwärtsgewandten, menschenfeindlichen, antimodernen Kräften gestaltet wird oder von jenen, die den Normalbetrieb zwar auch nicht fortführen wollen, aber die Moderne für ein entwicklungsfähiges Projekt halten.« (Welzer 2019a: S. 56) Aber in der Gegenwart kommt es darauf an, mit neuen Pfaden aus den Krisen der Wachstumsgesellschaft herauszufinden. Es ist unerheblich, von welchen

Ideen und Vorbildern sie angeregt sind. Die wenigsten werden vermutlich auf eine Fortsetzung der »Moderne« hinauslaufen. Eher sind es überkommene Formen wie Genossenschaften, Gemeinnutzen und Non-Profit-Strukturen. Es kann in den kommenden Jahren in der Tat wichtig werden, ob die Orientierungen des *Alten Europa*, bezogen auf Gemeinwohl und Gemeinnutzen mit ihren soziomoralischen Ressourcen, als *rückwärtsgewandt* denunziert werden oder anerkannt werden als ein Erbe, an das man anknüpfen kann. Mit dem Panier *Moderne* voranzueilen und sich abzuschneiden von all dem, was in der sogenannten *Vormoderne* galt, raubt viele Möglichkeiten. Elinor Ostrom und die Diskussion über Commons haben darauf aufmerksam gemacht. Und der Hinweis von Harald Welzer auf Kondratieff liegt auf der gleichen Ebene. Kritik an der Moderne darf nicht in die »rechte Ecke« abgeschoben werden, das Gleiche gilt auch für die Erinnerung an Qualitäten der »Vormoderne«. Die Vergangenheit darf nicht den Konservativen, egal, woher sie kommen, überlassen werden (die *Heimat*, interpretiert als lebensfähige Region, auch nicht).

11.3 Neue Pfade sind möglich

■ »Mit Entschlossenheit und mit sichtbarer Freude an der Sache!« So wirkte die 2019 zu früh verstorbene Kieler Soziologin Uta Klein in ihrem Engagement für Gender- und Ökofragen.

Der Übergang in eine sozialökologische Postwachstumsgesellschaft ist nicht leicht. Radikale Lösungen sind nicht in Sicht und auch nicht empfehlenswert. Über Reform und Revolution zu streiten ist müßig. Schon die »Amsterdamer Rede« von Karl Marx vom 15. September 1872 (Marx/Engels 1961f., Bd. 18: S. 159–161) erinnert daran, dass die Herrschaft des Proletariats auch mit Wahlen eingeleitet werden kann (Kramer 1971: S. 156). Unter den aktuellen Bedingungen kann man darüber uneins sein, ob, wie viel und welches Wachstum in einer Transformationsphase in Richtung auf einen sozialökologischen Umbau nötig ist: Zwar wird man wegen der Armutsbekämpfung weltweit in vielen Regionen geeignetes Wachstum brauchen, aber es ist möglich, es so zu gestalten, dass es anschlussfähig an nachhaltige Entwicklung wird. Und wenn es um die Grenzen des Wachstums geht, muss man auch nachdenken »über den Ausbau von Bedingungen menschlichen Wohlbefindens und Glücks jenseits von stofflichem Mehrkonsum« (Klein 2013: S. 94). Denn »linke Akteure« wollen »nicht als jene erscheinen ..., die mit ihrer Wachstumskritik den Menschen Verluste an Lebensqualität zumuten« (ebd.).

Höchst spekulativ wäre es, darüber nachzudenken, ob und wie größere Katastrophen, Kriege eingeschlossen, im Norden oder Süden Anstöße für eine Umkehr sein können. Ich versuche lieber, erkennbare Chancen anzudeuten.

Die Wirtschaftswissenschaftlerin Ulrike Herrmann meint 2019 zu den Chancen einer Wende: »Die Schwierigkeiten sind fundamentaler Art. Der Kapitalismus benötigt Wachstum, um stabil zu bleiben. Zwar gibt es immer wieder Krisen – aber sie werden nur überwunden, solange es Aussicht auf neues Wachstum gibt.« (Herrmann 2019) Meinhard Miegel verschärft: »Große Teile der Welt ... hängen am Wirtschaftswachstum wie Alkoholiker an der Flasche oder Drogensüchtige an der Nadel.« (Miegel 2010: S. 11; s. Kapitel 1.1)

Wie kommt man aus diesem Dilemma heraus? Gern wird behauptet: »Für eine Wirtschaft ohne Wachstum gibt es kein Modell.« (Herrmann 2019) Aber die meisten Theoretiker wollen nicht zur Kenntnis nehmen, dass es vor der kapitalistischen Marktwirtschaft und neben ihr wirtschaftliche Systeme gibt, die zwar auch den Markt kennen, aber ohne Wachstumszwang überleben können. Lesen kann man auch: »Bisher hat niemand systematisch erforscht, wie der Übergang in eine Postwachstumsgesellschaft aussehen könnte, die Krisen vermeidet und ein Einkommen für alle garantiert. Es wäre eine Aufgabe für die Volkswirte, die das Thema jedoch bisher ignorieren.« (Herrmann 2019)

Das stimmt auch nicht ganz – immer wieder gibt es Überlegungen dazu. Jackson nennt Beispiele (Jackson 2011: S. 134). Anstreben kann man eine ökologische Makroökonomie (ebd.: S. 122 f.). Man kann versuchen, einen Wachstumsmotor zu finden, der »auf der Grundlage von nicht umweltbelastenden Energiequellen arbeitet und anstelle umweltbelastender Produkte nichtmaterielle Dienstleistungen verkauft« (Ayres, zit. Jackson

2011: S. 128). Denkbar sind materialarme Produkt-Dienstleistungs-Systeme, die wenig Wachstum und Ressourcen benötigen. Der ganze Freizeitsektor, in den 1960er-Jahren besonders gepflegt, gehört dazu (Kramer 2011). Er ist aber gleichzeitig für bis zu 25 Prozent der Kohlendioxidbilanz verantwortlich (Jackson 2011: S. 129). Eine dienstleistungsorientierte »Aschenbrödel«-Wirtschaft (ebd.: S. 133, 152) ist nicht wachstumsintensiv, eher ist sie unproduktiv. Sie braucht das »ständige Steigen der Arbeitsproduktivität nicht zwingend zu akzeptieren« (ebd.: S. 133). »Sollten wir im großen Stil auf Formen entmaterialisierter Dienstleistungen umsteigen, würden wir die Wirtschaft zwar nicht gleich ganz zum Stillstand bringen, aber doch das Wachstum erheblich verlangsamen. Hier kommen wir dem Irrsinn, der den Kern der wachstumsbesessenen, ressourcenintensiven Konsumwirtschaft bildet, gefährlich nahe. Wir haben einen Bereich, der sinnvolle Arbeit böte, den Menschen die Möglichkeit gäbe zu gedeihen, der positiv zur Gemeinschaft beitragen könnte und der vielleicht auch wirklich mit wenig Material auskommt.« (Ebd.: S. 132) Aber: »Trotz einer wachsenden Sehnsucht nach Veränderung ist es so gut wie unmöglich, einen nachhaltigen Lebensstil einfach zu wählen ... Selbst hochmotivierte Menschen erleben Konflikte, wollen sie dem Konsumismus entkommen. Solange sich an der gesellschaftlichen Struktur nichts ändert, ist es fast aussichtslos, das Verhalten solcher Einzelner zum Muster für die Gesellschaft zu machen.« (Ebd.: S. 151) Das ist die alte Klage. Kulturkritik ist leicht verfügbar, bringt aber nicht einmal Anstöße für Veränderungen. Sie hilft eher, die Schuld anderswo zu suchen und das eigene Handeln zu entmutigen.

Gesucht wird ein »Regierungsmodell für den Wohlstand« (ebd.: S. 155), das die Grenzen für das Wachstum und neue Definitionen von Wohlstand, Lebensqualität und Entwicklung berücksichtigt. Sobald man sich verabschiedet vom Modell des *homo oeconomicus*, der nur seinen Vorteil sucht, erweitert sich der Horizont des Denkens (Fischer 2014: S. 266; s. Kapitel 8.5). Menschen können sich auch anders verhalten.

Hier in diesem Buch wird keine Theorie für einen solchen Übergang entfaltet. Statt Rezepte zu präsentieren, wird ein Blick auf die ungeheuer lange Geschichte der Menschheit gewagt. Hingewiesen wird auf die vielen gemeinschaftlichen Lebensformen der Menschen, die ohne Wachstum auskommen. Warum soll die kapitalistische Wachstumsgesellschaft der »Moderne« der einzige Maßstab sein? Kulturgeschichte und Ethnologie erinnern daran, dass bis zur Durchsetzung dieser Marktwirtschaft mehr oder weniger alle Gesellschaften (Gemeinschaften) ohne Wachstumszwang auskommen. Nur wenn sie kriegerisch expandieren wollen oder sich verteidigen müssen, streben sie die Vermehrung von Einkommen und Bevölkerung an, ansonsten sind sie geübt im Umgang sowohl mit Mangel wie mit Überschuss.

»Erstaunen muß man über die Vielheit der Abänderungen, die auf unserer Erde wirklich sind; noch mehr erstaunen aber über die Einheit, der diese unbegreifliche Mannigfaltigkeit dient. Es ist ein Zeichen der tiefen nordischen Barbarei, in der wir die Unsrigen erziehen, daß wir ihnen nicht von Jugend auf einen tiefen Eindruck dieser Schöne, der Einheit und Mannigfaltigkeit auf unserer Erde geben.« (Johann Gottfried Herder, Koch 1957: S. 192)

Die Haushaltsökonomie der Landwirtschaft und der produzierenden Gewerbe ist in der Vergangenheit in der Lage, mit Gemeinnutzen und Zunftordnungen die Erhaltung der sozialen Einheiten, vor allem der kleinsten, der Familie, auch in Situationen des Mangels zu sichern (s. Kapitel 4.2). Und die Menschen sind auch geübt im Umgang mit Überfluss: Eindrucksvoll sind die Beispiele für die Nutzung von Überfluss in den Urgesellschaften mit exzessiven Festen (Opfermahlen). In der Renaissance gibt es viel elegantere Formen der nicht produktiven Nutzung von Reichtum als den Konsumismus oder die »Aschenbrödel«-Wirtschaft in wachstumsabhängigen kapitalistischen Marktwirtschaften (s. Kapitel 5.6). Die Renaissance ist äußerst erfolgreich in der Steigerung der Lebensqualität durch die nicht produktive Nutzung von Überschuss. Sie verwendet Reichtum (gewonnen durch Handelsgewinne) nicht in erster Linie, um mehr und neuen Reichtum zu erzeugen, denn die Anlagemöglichkeiten sind begrenzt. Sie hat ihn stattdessen in die Konsumtion, das Genussleben, die Künste und das Miteinander investiert. Mit der Vorstellung von der Würde des Menschen entfaltet sie ein auf inneres Wachstum und »Tugend« ausgerichtetes Bild vom Menschen. Mit ihm ist eine offene

Zukunft vorstellbar, die nicht gekennzeichnet ist durch das Streben nach immer mehr, sondern durch die Suche nach Lebensqualität.

»Gelassenheit und Lebensfreude« (Herrsche 2011) ist das davon beeinflusste Leitbild des Barock, das ebenfalls nicht auf Wachstum angewiesen ist. Und im Japan der Tokugawa-Zeit gelingt es über mehr als zwei Jahrhunderte, das Wachstum nach innen zu lenken, statt zu expandieren. China, das im 16. Jahrhundert seine Flotte vernichtet, die stärker ist als alle europäischen Flotten, hat sich lange Zeit ähnlich entwickelt.

In weniger reichen Gesellschaften entwickeln sich immer Lebensformen, die Phasen der Genügsamkeit (Suffizienz) und festliche Exzesse miteinander kombinieren und so im Wechsel von beidem dem Leben qualitätvolle Höhepunkte bereiten. Feste sorgen in der vorindustriellen Vergangenheit in guten Zeiten auch dafür, dass sich die Armen einigermaßen am Leben erhalten können. Der Exzess muss freilich bezahlt werden. Wenn der Jugendliche in der vorindustriellen ungarischen Bauernfamilie seinem Vater einen Sack Getreide stiehlt, um mit seinesgleichen in der Kneipe zu feiern, dann wird er von seinem Vater verprügelt. Als Erwachsener wird er seinen Kindern gegenüber ähnlich handeln, und so wird die Familienexistenz gesichert. Im Übrigen wird jedes Fest vorbereitet durch Sparsamkeit in den übrigen Zeiten.

Die Kombination von Suffizienz und Exzess mag auf den Tourismus der Gegenwart angewandt werden: Die Aussicht auf die lustvolle Unterbrechung erleichtert das Alltagsleben. Aber auch das muss so bezahlt werden, dass die Lebenswelt darunter nicht leidet. Da setzt dann die Auseinandersetzung mit dem Fliegen und dem Auto ein: Es muss Grenzen und Einschränkungen geben. Und mit Geld oder mit Aufwand von eigener Arbeitszeit müssen die Reise und der Aufenthalt am Zielort angemessen bezahlt werden (s. Kapitel 10).

Menschen nutzen gestern wie heute souverän die Ressourcen ihrer Umwelt. Sie genießen diese Schätze direkt für ihren Lebensunterhalt und indirekt für Tourismus und andere Formen von Lebensqualität. Niemand kann etwas dagegen einwenden, wenn Menschen auch mit ihren wirtschaftlichen Aktivitäten und ihren Institutionen Marktchancen wahrnehmen, wissen sie doch, auch Märkte können gemeinnützig sein. Aber wirklich alle Kosten, auch die für die Umwelt, müssen bezahlt werden. Und man kann sich dabei daran erinnern, dass es heute, zum Beispiel wenn es um Bevölkerungswachstum und Geburtenkontrolle geht, viel bessere Möglichkeiten gibt als in der Vergangenheit.

Veränderungen sind denkbar. »Alle großen Wandlungen bauen darauf, dass viele Menschen die Normalität ihres Alltags hinterfragen und ihre Lebensgewohnheiten Stück für Stück verändern. Eine wichtige Transformationsstrategie besteht daher darin, möglichst vielen Menschen Angebote und Erfahrungsräume zu bieten, in denen sie ihren Alltag verändern können« (I.L.A. Kollektiv 2017: S. 91) und sich darüber mit ihresgleichen auszutauschen vermögen.

Heute können »molekulare Wandlungen« eine wichtige Rolle spielen. »Im Vorfeld von ökonomischen oder politischen Brüchen oder auch unabhängig von ihnen ereignen sich molekulare Veränderungen in den gesellschaftlichen Verhältnissen, alltäglicher Ausdruck der Bewegungsformen gesellschaftlicher Veränderungen, die zunächst kaum als solche sichtbar sind.« (Candeias 2011: S. 47) Sie können verbunden sein mit der »Zersetzung des geschichtlichen Blocks« (ebd.: S. 59). Durch solche molekularen Wandlungen können Elemente einer »kleinen Transformation« als Vorstufe einer über den Kapitalismus hinausweisenden Veränderung in Richtung auf eine »große Transformation« entwickelt werden. Sie können helfen bei der »Befreiung aus dogmatischen Denkgehäusen« (Klein 2013: S. 200). Die lokalen und regionalen Initiativen und Innovationen haben nur begrenzte Reichweite. Sie können wichtig werden als Teil der »molekularen Veränderungen«, mit denen die Selbstverständlichkeit der Makroverhältnisse relativiert und ausgehöhlt wird. Kein radikaler Wandel findet unvorbereitet und plötzlich statt. Erst wenn Macht allmählich von innen her zerbröselt, Akzeptanz verloren geht, viele Menschen sich schon anders orientiert haben, wächst die Chance zu weiterreichenden Veränderungen. Beim Niedergang der DDR war das so (Dietrich 2018), bei der Novemberrevolution 1918 ebenfalls, und bei manchen anderen Ereignissen kommt es erst durch diesen Akzeptanzverlust zu Veränderungen. Je deutlicher die marktgeleitete Konsumindustrie für mehr und mehr Menschen an Bedeutung verliert, desto eher werden andere Pfade möglich.

Vielleicht zersetzt sich die Marktgesellschaft von innen, weil die Individuen den Angeboten des Markts immer weniger hinterherlaufen (so wie sie anderswo den Glauben an die Versprechungen des Staates, gleichzeitig die Furcht vor seiner Macht verlieren). Alle, die sich aus dem Hamsterrad des Konsumzwanges (Paech 2012: Klappentext) auch nur teilweise befreien, stehen damit nicht mehr beliebig für Märkte und Marktmanipulationen zur Verfügung. Gewiss, auch in solchen Bereichen werden neue Marktnischen entdeckt, aber der Markt ist ohnehin unverzichtbar und differenziert, er kann so viel Unterschiedliches bewirken.

In den prosperierenden Weltgegenden können Bewegungen wie die von »Fridays for future« nicht zuletzt mit der Aufforderung von Greta Thunberg »Hört auf die Wissenschaft« wichtige Impulse geben. Die Freitagsdemonstrationen der Schülerinnen und Schüler für Klimaschutz 2019 signalisieren, dass viele Jugendliche ihre eigene Authentizität unabhängig von der Konsumwelt suchen, eingedenk der Aufforderung »Sei du selbst! Alle anderen gibt es schon!«.

»Wir sind die Ersten, die die Klimakrise zu spüren bekommen, und die Letzten, die noch etwas ändern können.« (Neubauer/Repennig 2019: Werbeanzeige) Je mehr Menschen mit Lust und Freude, mit Genuss und Engagement neue Formen der Gemeinschaftlichkeit ohne Wachstumszwang und neue Möglichkeiten des Umgangs mit begrenzten Ressourcen wahrnehmen, desto stärker wird der Druck auf die Politiker, und desto mehr werden sie auch wagen und sich über die Einwände der Lobbyisten oder die Bedenken der Wachstumsfetischisten hinwegsetzen. Sie machen ja durchaus nicht immer nur das, was sie oder diejenigen, von denen sie sich abhängig gemacht haben, wollen – sie versuchen es zwar, müssen aber immer wieder revidieren.

Die Politik ist nicht allein verantwortlich. Trotz der Willensfreiheit, die Pico della Mirandola in der Renaissance so hoch gewertet hat, sind es strukturelle Zwänge, denen alle ausgesetzt sind. Die Veränderung des individuellen Konsum- und Einkaufsverhaltens nach dem Motto »Wenn alle das machen …« ist zwar wichtig, denn damit klinken sich Menschen teilweise aus diesen strukturellen Abhängigkeiten aus. Greta Thunberg und »Extinction Rebellion« (Elshorst 2019; Extinction Rebellion 2019) erinnern ebenso wie zahlreiche Experimente daran, dass auch andere Formen des individuellen Handelns dazugehören. Aber erst durch den Druck der demokratischen Zivilgesellschaft und durch Wahlentscheidungen werden die politischen Handlungsträger motiviert, neue (zum Beispiel »ökosoziale«) Pfade einzuschlagen (Paech 2019). Alltag kann politisch werden. Gewicht erhält so die »Mikroebene der Alltagspraktiken und des Alltagsverstands«, die sonst »kaum als eigenständige Größe der Verallgemeinerung bestimmter Konsummuster und der Schaffung der Bedingungen bestimmter Produktionsmuster thematisiert, sondern primär in ihrer Funktionalität beziehungsweise Dysfunktionalität für die Herstellung makroökonomischer Kohärenz wahrgenommen« werden (Brand/Wissen 2011: S. 82). Nur so wird erkennbar, dass die »in den Alltagspraktiken der Menschen tief verankerte Lebensweise« (ebd.) politisch wichtig ist. Einmal eingeschlagene Pfade zwingen zu weiteren Entscheidungen.

Schon in den 1960er-Jahren wird an *systemüberschreitende* Reformen gedacht (Nevermann 1968; Gorz 1968). Es gibt auch schon einmal ein politisches Programm für eine Transformationsgesellschaft, in dem entsprechende Pfade vorgeschlagen werden: Das (nie wirklich umgesetzte) gemeinsame Regierungsprogramm der Sozialisten und Kommunisten in Frankreich 1972 (Goldschmidt 1972) ist entstanden in einer Zeit, in der Reformfenster geöffnet waren. In Italien ist es die Zeit von Aldo Moro, in Deutschland die von Willy Brandt. In jenen Jahren war das Genossenschaftswesen in einer Blüte. Ermutigt wird in Zeiten des Aufbruchs, neue Pfade einzuschlagen.

Solche Pfade sind mehr als isolierte Maßnahmen. Sie haben unmittelbare Auswirkungen, und sie zwingen oder ermutigen zum Weitergehen. Ein Beispiel für die Bedeutung von Pfaden ist die Abwicklung der DDR-Wirtschaft durch die zu diesem Zweck gegründete Treuhandanstalt, die von 1990 bis Dezember 1992 etwa 10.000 Privatisierungen von ehemals volkseigenen Betrieben durchgeführt hat. Sanieren oder Privatisieren (Böick 2018: S. 327 f., 481 f.) ist nie eine echte Alternative, Privatisierungsrichtlinien (ebd.: S. 333) statt Sanierungsbegleitung (ebd.: S. 331) stehen im Vordergrund. Das eigene Personal der Betriebe wird weitgehend ausgeschlossen (ebd.: S. 328).

Lösungen wie in Belegschaftseigentum überführte Betriebe nach dem Vorbild eines viel genannten belegschaftseigenen Betriebs in Matrei im österreichischen Wipptal stehen ebenso wie in den 1970er-Jahren in der BRD viel diskutierte Beispiele von Belegschaftseigentum oder Strukturen wie die der früheren israelischen Kibuzzim stehen zur Diskussion. Besonders unter der nach der Ermordung des Leiters Detlev Rohwedder Ostern 1991 als Leiterin bestimmten ehemaligen niedersächsischen Wirtschaftsministerin Birgit Breuel kommt es zur »Hochgeschwindigkeitssanierung« (ebd.: S. 390). Die Anstalt wird gelobt, weil sie bis Dezember 1992 10.000 Privatisierungen mit einer Million Entlassungen ohne Volksaufstände realisiert hat (ebd.: S. 400). Die Folgen sind noch 2019 bei den Landtagswahlen in den neuen Bundesländern zu spüren. Aus der Nähe betrachtet, werden dann ganz andere Erfahrungen, vernachlässigte und übergangene Möglichkeiten erkennbar. Das Projekt »Rohnstock Biografien« in Berlin erinnert in »Erzählsalons« daran: Aus erzählten Erinnerungen an die Vergangenheit erwachsen Anstöße für neue Initiativen (Lausitz 2016).

Ein aktueller Vorschlag für einen von lokalen Verhältnissen ausgehenden Pfadwechsel zeigt eindrucksvoll, wie so etwas gehen könnte: Wenn es in einer Stadt wie Berlin durch kontrollierte Halteverbote vor Schulen und Kindergärten unmöglich gemacht wird, dass Eltern ihre Kinder mit dem Auto zur Schule bringen, gleichzeitig entsprechende öffentliche Transporte ausgebaut werden, dann gewöhnen sich Kinder und Eltern an öffentliche Verkehrsmittel, und sie werden sie auch später noch nutzen. Die Vorteile werden für die Beteiligten erkennbar, andere Städte werden es nachahmen, und der öffentliche Personennahverkehr wird aufgewertet – am Ende können sogar autofreie Städte oder Stadtquartiere entstehen. Solche »Kippeffekte« sind interessant.

Das ist ein Traum von Harald Welzer (2019b). In ländlichen Regionen freilich fahren Eltern anscheinend manchmal die Kinder zur Schule, um sie vor dem Mobbing im Schulbus zu schützen – da sind Ordnungspolitik und Personal gefragt.

Das Beispiel ist eindrucksvoll, und man sollte versuchen, es in die Tat umzusetzen. So etwas könnte ein kleiner Teil eines Aufbruchs sein, wie man ihn von einer Wende der Politik in Deutschland nach der Krise der großen Parteien erwartet.

Auf der globalen Ebene spielt immer noch Subsistenzwirtschaft, als informeller Sektor nur ansatzweise in den Markt einbezogen, eine wichtige Rolle. Ihn zu stärken ist sinnvoll. Diskutiert wird deshalb darüber, ob die Subsistenzlandwirtschaft kleiner Ackerbauern mehr zur Sicherung der Welternährung beiträgt als moderne Präzisionslandwirtschaft mit viel Technik und Dünger (s. Kapitel 9.6).

Man kann gegen solche Überlegungen leicht einwenden, dass die gewaltige Macht der globalen Finanzmärkte dadurch nicht ausgebremst wird. Wachstumspolitik, Gewinnstreben und die Jagd nach der Wertsteigerung des Aktienbesitzes (Shareholder-Value), »Mega-Marketing« der Konzerne (Weinberg 1987: S. 56 f.) versuchen dem vorzubeugen durch ständig neue Konsumanreize, gegebenenfalls auch durch politischen Druck, Terror und Gewalt. Hoffnung gibt es nur, weil dem biblischen *alten Adam und seiner Frau* nicht alles ausgetrieben wurde, was er zum dauerhaften Überleben braucht.

Es sollen keine falschen Erwartungen geweckt werden. Aber manches ist möglich. Es geht um eine Überwindung der Krise der in eine Sackgasse geratenen wachstumsorientierten Marktwirtschaft. Dabei wirkt die Erinnerung an die historische und zeitgenössische Vielfalt anregend. »Moderne« ist nicht Ziel der Geschichte, sondern Teil eines wechselvollen Prozesses mit offenem Ende. Und man sollte nicht vorhersehbare, aber mögliche Entwicklungen in anderen Lebenswelten nicht vernachlässigen. Immer aber soll es, egal wie, gehen um Lebensweisen, in denen Lebensqualität, Zukunftsfähigkeit und Suffizienz zentral sind.

11.4 Konturen eines anständigen Lebens mit Zukunft und Lebensqualität

▪ »Draußen hinter den Ideen von rechtem und falschem Tun liegt ein Acker. Wir treffen uns dort.« (Der persische Dichter Rumi, zitiert in: Annan 2001: S. 235) Das erinnert an das Ende des Romans »Candide« von Voltaire, wo die Helden der Geschichte, die vergeblich nach Beweisen für die »Beste aller Welten« suchen, ermahnt werden: »Wohl gesprochen«, erwiderte Candide. »Nun aber müssen wir unsern Garten bestellen.«

Nullwachstum, wie es Ende 2019 droht, ist eine Schreckensvorstellung für eine scheinbar auf ein ständiges Wachstum angewiesene kapitalistische Marktwirtschaft.

Aber eigentlich ist es eine Chance. Da kann geprüft werden, wie eine Gesellschaft sich darauf einstellen kann, ohne ständiges Wachstum zu leben. Arbeitszeit könnte mit geringen Einbußen an Lebensstandard neu verteilt werden, die Umweltbelastung könnte vermindert werden. Und jubeln könnte man nicht über immer mehr umweltzerstörendes Wachstum, sondern über neue Wege, vorhandene Chancen in Lebensqualität und Zukunftsfähigkeit zu investieren. Erkennbar würde, dass es besser ist, Lebensqualität ins Zentrum der Politik zu stellen, als Wachstum. Wie wäre es auch, wenn man die Designrichtlinien von Lucius Burkhardt (s. Kapitel 7.4) oder die Matrix der Gemeinwohlwirtschaft (s. Kapitel 9.2) in Gesetze und Verordnungen einfließen ließe?

Hier kann und soll kein Programm des Übergangs in eine Postwachstumsgesellschaft geliefert werden. Aber hingewiesen werden kann auf zwei Komponenten, die besonders wichtig sind: Zunächst ginge es um die systematische Förderung der Non-Profit-Ökonomie. Von »solidarischer Ökonomie« ist oft die Rede. »Wir brauchen eine Stärkung der solidarischen Ökonomie. Hemmnisse müssen durch Politik und Verwaltung beseitigt werden. Die solidarische Ökonomie vereint den Gedanken der kooperativen Wertschöpfung und die Orientierung am Gemeinwohl statt am Profit, womit sie ökologische, soziale und finanzielle Tragfähigkeit miteinander in Einklang bringt.« (Schlussbericht 2013: S. 788) So wird in der Enquete-Kommission »Wachstum, Wohlstand, Lebensqualität« des Deutschen Bundestages 2013 argumentiert.

Dies ist jedoch kein Automatismus, wie sich auch bei den Genossenschaften zeigt. Man muss die Kapazitäten und die Rolle von *Gemeinwirtschaft* und *Gemeinwohlbindung* hervorheben. Weiterführend ist die Förderung von Unternehmensformen, die nicht auf Wachstum ausgerichtet sind, sondern auf Bedarfsdeckung. Wenn die öffentliche Hand so viel Sorgfalt darauf verwendet, wie sie der Förderung des Mittelstandes angedeihen lässt, dann wachsen die Chancen für Genossenschaften, Zweckverbände, Gemeinnutzen in den verschiedensten Formen. Gegen den Widerstand einer Politik, die alle Lösungen von weiterem Wachstum erwartet, wäre darauf Wert zu legen. Das »Genug« ist darin immer enthalten.

Es gibt dazu eine breite Theorieentwicklung und Diskussion zu rekapitulieren. Fritz Naphtali geht in seinem 1928 erschienenen Buch »Wirtschaftsdemokratie« von einer »Fülle von Methoden und politischen Maßnahmen aus, um ein gemeinwirtschaftliches System zu verwirklichen« (Thiemeyer 1973: S. 19). »Das privatwirtschaftliche Unternehmen disponiert im Interesse seiner Träger, und das gemeinwirtschaftliche Unternehmen dient der Erfüllung öffentlicher Aufgaben.« (Ebd.: S. 22) Aber auch das ist kein Automatismus, wie bei der früheren jugoslawischen Selbstverwaltung erkennbar ist. Erst in Kombination mit einer kontrollierten starken Gemeinwohlbindung und angestrebter Lebensqualitätsbindung hat das Chancen – in einem immerwährenden Prozess mit ständigen Korrekturen.

Wenig beachtet ist die Bedeutung eines anderen, oft zu wenig berücksichtigten Bestandteils des sozialökologischen Umbaus: der Zurückverlagerung der Bedürfnisentwicklung in die Kompetenz der gemeinschaftlich lebenden Individuen, damit sie selbst entscheiden können, was für sie Lebensqualität bedeutet. Dazu gehört die Stärkung der soziomoralischen Ressourcen als Teil der souveränen Gestaltung. Man weiß, dass Werbung Eingriffe in die Willensfreiheit der Menschen bedeutet (s. Kapitel 8.6). Den Einfluss des Marketings auf die Bedürfnisentwicklung zu reduzieren (konkret: Werbung deutlich einzuschränken) kann die Kompetenz der Individuen bei ihrer Suche nach Lebensqualität, Enkelgerechtigkeit und Genug stärken.

Hervorgehoben wird mit Hilmar Hoffmann, dass Zukunft ein kulturelles Programm ist (s. Kapitel 8.7). Von welchen Ideen und Werten lassen sich die Menschen in ihrem Konsum- und Alltagsverhalten leiten? In jener Vergangenheit, die von Dieter Groh beschrieben wird, sind es die Familienväter, die nötigenfalls mit strenger Hand den Prinzipien der sozialen Moral Geltung verschaffen und den Konsumwünschen der Jungen und/oder der Frauen Grenzen setzen, um das Familieneinkommen zu sichern (s. Kapital 4.2). Die kann man heute vergessen, sie haben keinen Einfluss mehr. Die Schule, der Konfirmandenunterricht, die Vorbereitung auf die Jugendweihe sind heute auch nicht wirkungsvoll. Die kulturelle Öffentlichkeit wirkt uneinheitlich, denn sie ist auch geprägt von Werbung und Fortschrittsoptimismus. Vorbilder und Beispiele sind vielleicht am interessantesten (manche Blogger, Influencer und ihre Follower) – und da hat auch Greta Thunberg ihren Platz.

Zu erinnern ist daran, dass die Standards des guten und richtigen Lebens in der Gemeinschaft mit anderen definiert werden. Daran kann man anknüpfen. Dann bleiben sie innerhalb dessen, was in der Gemeinschaft möglich ist und was die Tragfähigkeit des jeweiligen Umfeldes nicht übersteigt. Will man das erreichen, muss man den Einfluss jener Akteure und Aktanten eingrenzen, die Bedürfnisse aus eigennützigen kommerziellen Motiven fremdbestimmt entwickeln wollen. Man kann etwa verbrauchsfördernde Werbung mit solchen Abgaben belegen, mit denen ein gleich hohes Budget für nicht kommerzielle, auf den »Dritten Sektor« oder Gemeinwohl bezogene Werbung ermöglicht wird. Konkret: Man muss Pfade finden, die Grenzen für Werbung setzen.

Es gibt zahllose andere Möglichkeiten der Förderung des Übergangs in eine sozialökologische Postwachstumsgesellschaft.

Zum Schluss möchte ich als ein Ergebnis der Überlegungen in diesem Buch festhalten: Menschen können in Formen, die seit Jahrtausenden eingeübt sind, ihr gemeinschaftliches Leben dauerhaft (nachhaltig) organisieren, wenn und weil ihnen *Lebensqualität*, *Enkelgerechtigkeit* und *Suffizienz* (wissen, dass es ein *Genug* gibt) wichtig sind. Alles andere ist Zutat: In welcher Religion, mit welcher Machtverteilung, mit welcher Art von Naturstoffwechsel, mit welchen Formen des Austauschs von Gütern und Leistungen oder mit welchen technischen Mitteln sie das tun, ist sekundär. Wenn man es ernst meint mit dem Abschied vom Wachstum und eine Postwachstumsgesellschaft anstrebt, dann stehen die Chancen dafür in einer Zeit der außerordentlichen Möglichkeiten eigentlich ganz gut, wenn man an den *alten Adam und seine Eva* denkt: Sie lernten im Laufe der Geschichte nicht nur mit Mangel, sondern auch mit Überfluss zurechtzukommen. Das ist eine wichtige Einsicht. Es geht auch anders, der aktuelle Weg muss nicht fortgesetzt werden.

Es ist eine Generationenaufgabe, andere Wege einzuschlagen. Motive dafür sind bei den Individuen die Suche nach Lebensqualität, Enkelgerechtigkeit und die Einsicht, dass es ein Genug gibt. Da kann man all die erwähnten kleinen Schritte einbeziehen, bei denen deutlich wird, dass Menschen sich ausklinken können aus dem zerstörerischen Wachstumszwang. Das alles mag abenteuerlich optimistisch klingen. Vielleicht unterstützen uns andere Welten dabei, aber immerhin: Es ist denkbar.

Es mag sein, dass, wie einst auf dem Weg zur industriellen Revolution, in »Ketten von kontingenten Aktivitäten und Entwicklungen« (Iriye, Bd. 3, 2014: S. 17) bereits irreversible Zustände erreicht sind (wie vielleicht beim Klimawandel). Sie können zwar kaum die Existenz der Menschheit, wohl aber ihre aktuelle Lebensweise unmöglich machen (Miegel 2010: S. 135). Da ich aber immer nach Spielräumen im Korridor der Möglichkeiten suche, möchte ich auch hier ganz undramatisch und wenig apokalyptisch denken und nicht über Unumkehrbarkeit spekulieren.

Meran, 17. 9. 2019
Dörscheid, 7. 10. 2019

Zitierte Literatur

Abendroth, Wolfgang (1967): Antagonistische Gesellschaft und politische Demokratie. Neuwied/Berlin.

Adler, Frank; Bimboes, Detlef; Thie, Hans (2011): Rote Projekte für den grünen Umbau. Berlin: Helle Panke e. V.; Rosa-Luxemburg-Stiftung.

Adorno, Theodor W. (1980): Freizeit. In: Gesammelte Schriften 8 (Soziologische Schriften 1). 2. Aufl., Frankfurt am Main, Werke 10.2, S. 645–655.

Aetas Aurea (1950). In: Klauser, Theodor (Hrsg.): Reallexikon für Antike und Christentum, Bd. 1. Stuttgart: Hiersemann, Sp. 143–150.

Alheit, Peter (1994): Zivile Kultur. Verlust und Wiederaneignung der Moderne. Frankfurt am Main: Campus.

Andreas, Marcus (2015): Vom neuen guten Leben. Ethnographie eines Ökodorfes. Bielefeld: transcript Verlag.

Annan, Kofi (2001): Brücken in die Zukunft. Ein Manifest für den Dialog der Kulturen. Eine Initiative von Kofi Annan. Mit einem Geleitwort von Joschka Fischer. Frankfurt am Main: S. Fischer Verlag.

Antweiler, Christoph (1995): Lokales Wissen. Grundlagen, Probleme, Bibliographie. In: Schröder, Peter; Honerla, Susan (Hrsg.): Lokales Wissen und Entwicklung. Saarbrücken: Verlag für Entwicklungspolitik, Sonderband Entwicklungsethnologie, S. 19–52.

Asendorf, Dirk (2019): Fischen, ohne leer zu fischen. In: Die Zeit v. 18. 07. 2019, S. 29 f.

Asendorpf, Leonie (2010): EU: Lang lebe der Kühlschrank! In: taz. Die Tageszeitung v. 02/03. 10. 2010.

Asholt, Wolfgang; Fähnders Walter (1991): Arbeit und Müßiggang 1789–1914. Dokumente und Analysen. Frankfurt am Main.

Baier, Andrea (2017): Zwischen Schattenexistenz und Utopie. Subsistenz als Inspiration für eine neue soziale Praxis. In: Strategien der Subsistenz. Neue prekäre, subversive und moralische Ökonomien. Berliner Blätter 74/2017, S. 14–30.

BASF SE (Hrsg.) (2019): Welt wird Stadt. Creating Chemistry for a sustainable Future. BASF de, Ausgabe 8/April 2019.

Batkin, Leonid M. (1981): Die italienische Renaissance. Versuch einer Charakterisierung eines Kulturtyps. Frankfurt am Main/Basel: Stroemfeld/Roter Stern.

Bauer, Wolfgang (1971): China und die Hoffnung auf Glück. München: C. Hanser.

Beck, Ulrich (1986): Risikogesellschaft. Auf dem Weg in eine andere Moderne. Frankfurt am Main: edition suhrkamp.

Beitl, Matthias (2007): Vom Plan zum Markt. Die Sowchose Sagajdag. Kulturelle Aspekte in der Transformationsphase Mitte der 1990er Jahre. Diplomarbeit Wien Europäische Ethnologie.

Berger, John (1992): SauErde. München: Deutscher Taschenbuchverlag.

Bethke, Hannah (2017): Wenn das Deo Frieden verspricht. In: FAZ v. 07.10.2017 [Rez. zu Ullrich, Wolfgang: »Wahre Meisterwerke«. Stilkritik einer neuen Bekenntniskultur. Berlin: Wagenbach 2018].

Biedenkopf, Kurt H. (1987): Es liegt an der Politik, das Heile-Welt-Bild der Werbung zu korrigieren [Referat vor dem Zentralausschuss der Werbewirtschaft]. In: Frankfurter Rundschau v. 18.07.1987, Dok.

Binswanger, Hans Christoph (1998): Die Glaubensgemeinschaft der Ökonomen. Essays zur Kultur der Wirtschaft. München: Gerling Akademie Verlag.

Binswanger, Hans Christoph (2010): Geld und Magie. Eine ökonomische Deutung von Goethes Faust. 2., vollständig überarbeitete Ausgabe, 5. Aufl. Hamburg: Murmann Verlag.

Blauensteiner, Charlotte (Hrsg.) (1990): Kulturelle Identität und Design. IfG Tagung 1989. Berlin: Ernst u. Sohn Verlag für Architektur.

Blickle, Peter (1972): Landschaften im Alten Reich. Die staatliche Funktion des gemeinen Mannes in Oberdeutschland. München: Beck.

Blickle, Peter (1981): Deutsche Untertanen. Ein Widerspruch. München. Beck.

Blickle, Peter (2006): Der Bauernkrieg. Die Revolution des Gemeinen Mannes. München: Beck.

Blickle, Peter (2008): Das Alte Europa. Vom Hochmittelalter bis zur Moderne. München: Beck.

Boccaccio, Giovanni (1952): Das Dekameron. München: Winkler.

Bogdal, Klaus-Michael (1978): Schaurige Bilder. Der Arbeiter im Blick des Bürgers. Frankfurt am Main: Syndikat.

Böhm, Stephan (1993): Die Verfassung der Freiheit. In: Die Zeit v. 02.04.1993, S. 27.

Böhme-Kuby, Susanna (2019): Venedig. Tourismus bis zum Kollaps. In: Blätter für deutsche und internationale Politik 9/2019, S. 113–118.

Böick, Markus (2018): Die Treuhand. Ideen – Praxis – Erfahrung 1990–1994. Göttingen: Wallstein.

Borri, Francesca; Giorgi, Pierluigi (2019): Profitabler als Drogen. Riace im süditalienischen Kalabrien galt als Stadt der Zukunft. In: taz. Die Tageszeitung 08.08.2019.

Bosse, Hans (1979): Diebe, Lügner, Faulenzer. Zur Ethno-Hermeneutik von Abhängigkeit und Verweigerung in der Dritten Welt. Frankfurt am Main: Syndikat.

Botzenhart, Erich; Ipsen, Gunther (Hrsg.) (1986): Freiherr vom Stein. Ausgewählte politische Briefe und Denkschriften. Stuttgart: Kohlhammer.

Brand, Ulrich; Wissen, Markus (2011): Sozial-ökologische Krise und imperiale Lebensweise. Zu Krise und Kontinuität kapitalistischer Naturverhältnisse. In: Demirović, Alex; Dück, Julia; Becker, Florian; Bader, Pauline (Hrsg.): Vielfachkrise im finanzmarktdominierten Kapitalismus. In Kooperation mit dem wissenschaftlichen Beirat von Attac. Hamburg: VSA, S. 79–94.

Brand, Ulrich; Wissen, Markus (2017): Imperiale Lebensweise. Zur Ausbeutung von Mensch und Natur im globalen Kapitalismus. München: oekom.

Brandt, Willy (1969): Im Bewußtsein der Verantwortung für die Zukunft unseres Landes. Regierungserklärung. In: Bulletin des Presse- und Informationsamtes der Bundesregierung 1969, Nr. 132, S. 1121–1128.

Brednich, Rolf Wilhelm, u. a. (Hrsg.): Enzyklopädie des Märchens. Berlin: de Gruyter 1977–2015.

Bregman, Rutger (2017): Utopien für Realisten. Die Zeit ist reif für die 15-Stunden-Woche, offene Grenzen und das bedingungslose Grundeinkommen. Reinbek: Rowohlt.

Bregman, Rutger (2019): Interview. Die Zeit v. 14. 03. 2019, S. 24.

Breuer, Stefan (1993): Rez. zu Schulze: Erlebnisgesellschaft. In: FAZ Büchertagebuch 1993, S. 341–343.

Brunschweiger, Verena (2019): Interview taz. Die Tageszeitung. 15. 03. 2019, S. 8.

Bücher, Karl (1924): Arbeit und Rhythmus. Leipzig: B. G. Teubner 1899 (6., verb. u. erw. Aufl., Leipzig: E. Reinicke 1924).

Bücher, Karl (1925): Die Entstehung der Volkswirtschaft. 2. Slg., Tübingen.

BUND; Misereor (Hrsg.) (1996): Zukunftsfähiges Deutschland. Basel u. a.

Bundeszentrale für politische Bildung (Hrsg.) (2016): Der neue Mensch. Themenheft. Aus Politik und Zeitgeschichte, 66. Jg.

Burckhardt, Jacob (o. J.): Briefe. Ausgewählt und herausgegeben von Max Burckhardt. Birsfelden-Basel: Schibli-Doppler.

Burckhardt, Jacob (1925): Die Kultur der Renaissance in Italien. Ein Versuch. 16. Aufl., durchgesehen von Walter Götz. Leipzig: Kröner.

Burghoff, K.; Kresta, E. (2012): Wir Globetrottel. taz. Die Tageszeitung 14./15. 04. 2012, S. 26–27.

Candeias, Mario (2011): Interregnum. Molekulare Verdichtung und organische Krise. In: Demirović, Alex; Dück, Julia; Becker, Florian; Bader, Pauline (Hrsg.): Vielfachkrise im finanzmarktdominierten Kapitalismus. In Kooperation mit dem wissenschaftlichen Beirat von Attac. Hamburg: VSA, S. 45–61.

Castiglione, Baldassare (1996): Der Hofmann. Berlin: Wagenbach.

Christomannos, Theodor (1895): Sulden-Trafoi in Tirol. Schilderungen aus dem Ortlergebiete. Innsbruck: A. Edlinger's Verlag.

Claß, Heinrich (1917): Zum deutschen Kriegsziel. Eine Flugschrift. München: Lehmanns Verlag.

Dal Ri, Lorenzo; Tecchiati, Umberto (1995): Zur Vor- und Frühgeschichte des mittleren und unteren Vinschgaues. Tschars/Bozen.

Deutscher Bundestag (Hrsg.) (2008): Schlussbericht der Enquete-Kommission des Deutschen Bundestages: Kultur in Deutschland. Regensburg: ConBrio.

Deutscher Bundestag (Hrsg.) (2013): Schlussbericht der Enquete-Kommission des deutschen Bundestages: Wachstum, Wohlstand, Lebensqualität – Wege zu nachhaltigem Wirtschaften und gesellschaftlichem Fortschritt in der Sozialen Marktwirtschaft. Drucksache 17/13300. Berlin.

Deutsche UNESCO-Kommission (1997): Our Creative Diversity. Report of the World Commission on Culture and Development (WCCD). UNESCO-Publishing, Paris 1995/1996 (Pérez de Cuéllar-Report). Zitiert nach der deutschen Fassung: Unsere kreative Vielfalt. Bericht der »Weltkommission Kultur und Entwicklung« (Kurzfassung), 2. erw. Aufl.. Bonn.

Die Grünen im Bundestag (1988): Für einen anderen Tourismus. Eine Diskussionsvorlage.

Dietrich, Gerd (2018): Kulturgeschichte der DDR. Göttingen: Vandenhoeck und Ruprecht, Band I–III.

Dilger, Gerhard (2012): Jenseits der Entwicklung. In: taz. Die Tageszeitung 14./15. 04. 2012.

Dobler, Gregor (2004): Bedürfnisse und der Umgang mit Dingen. Eine historische Ethnographie der Ile d'Ouessant, Bretagne, 1800–2000. Berlin: Reimer.

Drigalski, Dierk von (2011): Stationen eines langen Weges. Berlin: epubli GmbH.

Elm, Adolph von (1910): Genossenschaftsbewegung und Sozialdemokratie. Stuttgart: Dietz Verlag (aus: Sozialistische Monatshefte, 15. Heft, 28. 07. 1910, S. 930–940).

Elshorst, Hannah (2019): »Das ist regenerative Kultur«. Gespräch mit Andrew Müller. In: taz. Die Tageszeitung 20./22. 04. 2019.

Elwert, Georg (1996): Nicht ethnische, sondern ökonomische Konflikte stehen hinter Kriegen. In: Wissenschaft, Literatur, Katastrophe. Festschrift zum 60. Geburtstag für Lars Clausen. Hrsg. von Wolf Dombrowski, Westdeutscher Verlag Opladen [auch in: Frankfurter Rundschau Dok., 30. 06. 1996].

Enderwitz, Susanne; Kramer, Dieter (1999): Vom Zelt ins Haus. In: epd Entwicklungspolitik 15–16/1999, S. 25–27.

Enzensberger, Hans Magnus (1958): Eine Theorie des Tourismus. In: Einzelheiten I. Bewusstseins-Industrie. Frankfurt am Main: Suhrkamp 1962, S. 179–205.

Enzensberger, Hans Magnus (1996): Reminiszenzen an den Überfluß. Der Spiegel 51/1996, S. 108–118.

Eriksson, Olof (1988): Energie-Zukunft aus Designer-Perspektive. In: Design Art. Schwedische Alltagsform zwischen Kunst und Industrie. Berlin: Elefanten Press, S. 168–173.

Ernoux, Annie (2017): Die Jahre. Berlin: Suhrkamp.

Etzioni, Amitai (1997): Die Verantwortungsgesellschaft. Individualismus und Moral in der heutigen Demokratie. Aus dem Englischen von Christoph Münz. Campus: Frankfurt am Main/New York.

Extinction Rebellion Hannover (2019): Hope dies – Action begins. Stimmen einer neuen Bewegung. Bielefeld: transcript Verlag.

Faller, Heike (2000): Ich will faul sein. Aufgezeichnet von Heike Faller. In: Die Zeit Leben Nr. 5 v. 27.01.2000.

Fél, Edit; Hofer, Tamás (1972): Bäuerliche Denkweise in Wirtschaft und Haushalt. Göttingen: Schwartz.

Felber, Christian (2010): Gemeinwohl-Ökonomie. Das Wirtschaftsmodell der Zukunft. Wien: Deuticke.

Ferrante, Elena (2013): Neapolitanische Saga. Bd. 1–4. Berlin: Suhrkamp.

Fielhauer, Helmut Paul (1987): Zwei Larven aus der Sammlung Maresch. In: Fielhauer, Helmut Paul: Volkskunde als demokratische Kulturgeschichtsschreibung. Ausgewählte Aufsätze aus zwei Jahrzehnten. Wien, S. 230–245.

Fischer, Andreas; Zurstrassen, Bettina (Hrsg.) (2014): Sozioökomische Bildung. Bonn: Bundeszentrale für politische Bildung.

Fischermann, Thomas (2009): Ran an die Fische. Die Zeit v. 15.10.2009, S. 25.

Flemming, Jens; Puppel, Pauline; Troßbach, Werner; Vanja, Christina; Wörner-Heil, Ortrud (Hrsg.) (2004): Lesarten der Geschichte. Ländliche Ordnungen und Geschlechterverhältnisse. Festschrift für Heide Wunder zum 65. Geburtstag. Kassel: University Press.

Forster, Georg (1983): Forsters Werke in zwei Bänden. 2. Band: Ansichten vom Niederrhein. Berlin/Weimar: Aufbau-Verlag.

Forsthoff, Ernst (1968): Rechtsstaatlichkeit und Sozialstaatlichkeit. Darmstadt: Wissenschaftliche Buchgesellschaft.

Fourastié, Jean (1966): Die 40 000 Stunden. Aufgaben und Chancen der sozialen Evolution. Düsseldorf/Wien: Econ; Frankfurt am Main u. a.: Büchergilde Gutenberg [frz. 1965].

Franz, Günther (Hrsg.) (1974): Quellen zur Geschichte des deutschen Bauernstandes im Mittelalter. Darmstadt: Wissenschaftliche Buchgesellschaft.

Freeman, Derek (1983): Liebe ohne Aggression. Margaret Meads Legende von der Friedfertigkeit der Naturvölker (mit einem Vorwort von Irenäus Eibl-Eibesfeldt). München.

Friebe, Holm; Ramge, Thomas (2008): Marke Eigenbau. Der Aufstand der Massen gegen die Massenproduktion. Frankfurt am Main: Campus.

Friedrichs, Günter (Red.) (1972): Aufgabe Zukunft Qualität des Lebens. Beiträge zur vierten internationalen Arbeitstagung der Industriegewerkschaft Metall für die Bundesrepublik Deutschland 11. bis 14. April 1972 in Oberhausen. Frankfurt am Main: EVA.

Fritzsche, Julia (2019): Buen Vivir im globalen Norden? In: Blätter für deutsche und internationale Politik 4/2019, S. 73–83.

Frödin, John (1940): Zentraleuropas Almwirtschaft. Oslo: H. Aschenhourg & Co.; Leipzig: Otto Harassowitz, u. a., Bd. I 1940, Bd. II 1941.

Fücks, Ralf (2013): Intelligent wachsen. Die grüne Revolution. München: C. Hanser.

Futur Zwei (2019): Alles wird gut! Argumente gegen die Apokalypse präsentiert das Magazin für Zukunft und Politik, 8/2019, Geschichten des Gelingens [www.taz.futurzwei.org].

Garbrecht, Dietrich (1981): Gehen. Weinheim/Basel: Beltz.

Gellenbeck, Konny (2012): Beilage »taz Genossenschaft«, taz. Die Tageszeitung 22./23.09.2012, S. II.

Geml, Richard (2004): Das kleine Lexikon der Marketing-Forschung. Düsseldorf: Verlag Wirtschaft und Finanzen.

Geremek, Bronislaw (1988): Geschichte der Armut. Elend und Barmherzigkeit in Europa. Frankfurt am Main: Büchergilde Gutenberg.

Gesellschaft für Ethnographie (Hrsg.) (1994): Menschenrechtsdiskussion und Ethnologen. Infoblatt Nr. 9, 1994, S. 27–42. Erklärung zu den Menschenrechten der AAA (Amerikanischen Anthropologischen Gesellschaft) vom 24.06.1947, deutsch im Infoblatt der Gesellschaft für Ethnographie Nr. 9, 1994, S. 2–7.

Ginzburg, Carlo (1990): Der Käse und die Würmer. Die Welt eines Müllers um 1600. Berlin: Wagenbach.

Gioia, Jana (2019): Die Vorhersager. In: Die Zeit v. 10.01.2019, S. 27.

Glauber, Hans; Smrekar, Otto (Hrsg.) (2006): Langsamer, weniger, besser, schöner. 15 Jahre Toblacher Gespräche: Bausteine für eine bessere Zukunft. München: oekom.

Glauber, Hans; Zimmer, Peter; Krippendorf, Jost (1966): Für einen anderen Tourismus. Frankfurt am Main: Fischer Taschenbuch Verlag, 1988.

Goldschmidt, Werner (Hrsg.) (1972): Das gemeinsame Regierungsprogramm der Sozialisten und Kommunisten in Frankreich. Köln: Pahl Rugenstein (Hefte zu politischen Gegenwartsfragen 4).

Goldstern, Eugenie (1922): Hochgebirgsvolk in Savoyen und Graubünden. I. Bessans, II. Beiträge zur Volkskunde des bündnerischen Münstertales (Schweiz). Wien: Verein für Volkskunde.

Gorz, André (1968): Der schwierige Sozialismus. Frankfurt am Main: EVA.

Gransow, Volker (1980): »Auch Freund Bebel ist in dieser Beziehung noch etwas Germane«. Recht auf Arbeit, Recht auf Faulheit – radikale Bedürfnisse. In: Freizeit in der Kritik. Alternative Konzepte zur Freizeit- und Kulturpolitik. Köln, S. 110–119.

Grefe, Christiane (2016): Global Gardening. Bioökonomie – Neuer Raubbau oder Wirtschaftsform der Zukunft? München: Antje Kunstmann.

Grewe, Maria (2017): Teilen, Reparieren, Mülltauchen. Kulturelle Strategien im Umgang mit Knappheit und Überfluss. Bielefeld: transcript (Kultur und soziale Praxis).

Grießmair, Hans (2013): Bewahrte Volkskultur. Führer durch das Volkskundemuseum Dietenheim, 2. Aufl. Bruncek.

Groh, Dieter (1992): Anthropologische Dimensionen der Geschichte. Frankfurt am Main: Suhrkamp.

Groh, Dieter (1992): Strategien, Zeit und Ressourcen. Risikominimierung. Die zentralen Kategorien von Subsistenzökonomien. In: Groh, Dieter: Anthropologische Dimensionen der Geschichte. Frankfurt am Main: Suhrkamp, S. 54–113.

Gronemeyer, Reimer; Zakrzewski, Guido (2001): Dauerangriff auf die Bastion des Müßiggangs. Vom merkwürdigen Drang der Weißen, den Afrikanern das Arbeiten beizubringen. In: Schwarzweissheiten. Sonderausstellung Landesmuseum für Natur und Mensch Oldenburg. Oldenburg: Isensee Verlag.

Grosz, Andreas; Delhaes, Daniel (Hrsg.) (1999): Die Kultur AG. München: Hanser Verlag.

Groys, Boris (1998): Der Künstler konsumiert die Welt. In: Rheinischer Merkur v. 20.11.1998.

Grünert, Heinz (Ltr. d. Autorenkoll.) (1989): Geschichte der Urgesellschaft, 2. Aufl. Berlin: VEB Deutscher Verlag der Wissenschaften.

Hardin, Garrett (1968): The Tragedy of the Commons. In: Science 162, S. 1243–1248.

Hauff, Volker (1992): Global denken, lokal handeln. Köln: Droemer Knaur.

Haug, Wolfgang Fritz (Hrsg.) (1999): Freizeit. In: Historisch-Kritisches Wörterbuch des Marxismus. Bd. 4, Berlin: Argument-Verlag, Sp. 967–979.

Hayek, Friedrich August von (1971): Die Verfassung der Freiheit. Tübingen: Mohr/Siebeck.

Hayek, Friedrich August von (1980/81): Hayek, Recht, Gesetzgebung und Freiheit. 2 Bde. München.

Hayek, Friedrich August von (1981): Ungleichheit ist nötig. In: Wirtschaftswoche Nr. 11 v. 08.03.1981, S. 36–40.

Hegel, Georg Wilhelm Friedrich (1979): Werke. Frankfurt am Main.

Heinrich-Böll-Stiftung, Bund für Umwelt und Naturschutz Deutschland (BUND) (2019): Plastikatlas 2019. Daten und Fakten über eine Welt voller Kunststoff. Berlin.

Heinrich-Böll-Stiftung Ökologie/NABU (2012): Nutzen statt Besitzen. Auf dem Weg zu einer ressourcenschonenden Konsumkultur. Heinrich-Böll-Stiftung Schriften zur Ökologie Bd. 27, Berlin.

Helfrich, Silke (Hrsg.) (2012): Commons. Für eine neue Politik jenseits von Markt und Staat. Bielefeld: transcript Verlag.

Hellmann, Kai-Uwe (2015): Alles Konsum oder was? Zum Verhältnis von Freizeit und Konsum. In: Freericks, R.; Brinkmann, D. (Hrsg.): Handbuch Freizeitsoziologie. Wiesbaden: Springer Fachmedien, S. 537–555.

Henrÿ, Hagen (2012): Genossenschaften und das Konzept der Nachhaltigkeit. Pflichten und Möglichkeiten des Gesetzgebers. In: Miribung, Georg: Internationale Tagung: Der Beitrag von Genossenschaften zur nachhaltigen regionalen Entwicklung. Prämissen, Möglichkeiten, Ausblicke. Bozen: Europäische Akademie (Eurac), S. 67–74.

Herrmann, Ulrike (2019): Zwang zum Wachstum. In: taz. Die Tageszeitung 14./15.09.2019 S. 10.

Herrsche, Peter (2011): Gelassenheit und Lebensfreude. Was wir vom Barock lernen können. Freiburg u. a.: Herder.

Hildebrandt, Volker (1998): Von der »Job-Sklaverei« zu »New Work«. In: Frankfurter Rundschau v. 24.07.1998, S. 18.

Hillenbrand, Klaus (2019): Die Seuche des Nationalismus. In: taz. Die Tageszeitung v. 18.01.2019.

Hirsch, Fred (1980): Die sozialen Grenzen des Wachstums. Reinbek: Rowohlt.

Hirschler, Horst (1980): Geschichten aus dem Kloster Loccum. Loccum.

Hochschild, Arlie Russell (2017): Fremd in ihrem Land. Eine Reise ins Herz der amerikanischen Rechten. Aus dem Englischen von Ulrike Bischoff. Frankfurt am Main/New York: Campus Verlag.

Hochschule für Gestaltung Ulm (1987): Die Moral der Gegenstände. Berlin.

Hoffmann, F. L. (1886): Das Frühmesserbuch von Martell. In: Zeitschrift des deutschen und österreichischen Alpenvereins, S. 188–203.

Hoffmann, Hilmar (1981): Kultur für alle. 2. Aufl. Frankfurt am Main: Fischer Taschenbuch Verlag.

Hoffmann, Hilmar (1988): Zukunft ist wieder denkbar. Horst-Eberhard Richters »Leben statt machen«. In: Frankfurter Rundschau. Zeit und Bild, 21.05.1988.

Hoffmann, Hilmar (1997): Zukunft ist ein kulturelles Programm. In: Brockhaus. Die Bibliothek. Kunst und Kultur, Bd. 1. Hrsg. v. d. Brockhaus-Redaktion. Leipzig, Mannheim: Brockhaus, S. 8–11.

Hoffmann, Hilmar; Kramer, Dieter (1994): Jede Kultur prägt ihr eigenes Bild vom Alter. Über die Kompetenz von Senioren in Kunst und Kultur. In: Lehr, Ursula; Repgen, Konrad (Hrsg.): Älterwerden. Chance für Mensch und Gesellschaft. München, S. 91–106.

Hoffmann, Johannes; Scherhorn, Gerhard (2012): Nachhaltigkeit als Herausforderung für die marktwirtschaftliche Ordnung. Ein Plädoyer. In: Aus Politik und Zeitgeschichte 27–28/2012, S. 39–50.

Hoffmann, Ot (Hrsg.) (1989): ex und hopp. Das Prinzip Wegwerf. Eine Bilanz mit Verlusten. Hrsg. i. A. des Deutschen Werkbundes. Gießen: Anabas.

Hoffmann-Krayer, Eduard; Bächtold-Stäubli, Hanns (1932/33): Handwörterbuch des deutschen Aberglaubens. Berlin, Leipzig, Verlag Walter de Gruyter.

Hohnsbein, Hartwig (2017): Der »Heidepastor« Wilhelm Bode (1860–1927). In: Soltauer Schriften 23/2017. Soltau, S. 112–121.

Holenstein, André (1996): Bauern zwischen Bauernkrieg und Dreißigjährigem Krieg. Enzyklopädie deutscher Geschichte, Bd. 38. München: R. Oldenbourg.

Hörning, Karl H.; Gerhard, Anette; Michailow, Matthias (1990): Zeitpioniere. Flexible Arbeitszeiten – neuer Lebensstil. Frankfurt am Main.

I.L.A. Kollektiv (2017): Auf Kosten anderer? Wie imperiale Lebensweise ein gutes Leben für alle verhindert. München: oekom.

Informeller Sektor. In: Brockhaus Enzyklopädie 19. Aufl. 1989, S. 498 f.

Internationales Forum für Gestaltung Ulm (IFG) (Hrsg.) (1989): Gestaltung und neue Wirklichkeit. Tagung 1988. Ulm, S. 9.

Internationales Forum für Gestaltung Ulm (IFG) (Hrsg.) (1991): Im Namen des Nutzers. Tagung 1990. Ulm: Selbstverlag.

Internationales Forum für Gestaltung Ulm (IFG) (Hrsg.) (1992). Privat in der Öffentlichkeit. Tagung 1991. Ulm: Selbstverlag.

Internationales Forum für Gestaltung Ulm (IFG) (Hrsg.) (1992): Gemeinsam nutzen statt einzeln verbrauchen. Eine neue Beziehung zu den Dingen. In: Design und neue Wohlstandsmodelle. Gießen: Anabas Verlag, 1993.

Internationales Forum für Gestaltung Ulm (IFG) (Hrsg.) (1994): Die Gruppe. Identität in der Masse. Gießen, S. 52–61.

Iriye, Akira; Osterhammel, Jürgen; Gehrke, Hans-Joachim (Hrsg.) (2017): Geschichte der Welt. C.H. Beck, Harvard Up. Band 1, Die Welt vor 600. Frühe Zivilisationen. München.

Istrati, Panaït (1968): Die Disteln des Baragan. Frankfurt am Main: Büchergilde Gutenberg Werkausgabe, Bd. 9.

Jackson, Tim (2011): Wohlstand ohne Wachstum. Leben und Wirtschaften in einer endlichen Welt. Hrsg. von der Heinrich-Böll-Stiftung. München: oekom 2011.

Janecek, Dieter; Pechlaner, Harald (2015): Aus dem Institut für Regionalentwicklung und Standortmanagement von EURAC-Research in Bozen, S. 116–125.

Johler, Reinhard (2000): Die Formierung eines Brauches. Der Funken- und Holepfannsonntag. Studien aus Vorarlberg, Liechtenstein, Tirol, Südtirol und dem Trentino. Wien: Selbstverlag des Instituts für Europäische Ethnologie (Veröff. 19).

Just, Renate (1999): In Askese aasen. In: Die Zeit v. 14. 01. 1999.

Kabo, Vladimir R. (1982): Die Urgemeinschaft nach Aussage der paläolithischen Befunde. In: Jahrbuch des Museums für Völkerkunde zu Leipzig, Bd. XXXIV, S. 61–92.

Kamasutra. Die Indische Liebeskunst (o. J.) (Übers.: Hell, Guido). Stuttgart/Essen: Magnus Verlag.

Kammertöns, Hans-Bruno (2019): Hauptsache: Schmeckt. In: Die Zeit v. 10. 01. 2019, S. 18.

Karsten, Arne (2017): Der Staat, die Moral und das Geld. Venedigs frühneuzeitlicher Reichtum im Urteil von Zeitgenossen und Nachwelt. Werkstatt Geschichte, H. 73.

Kaschuba, Wolfgang; Lipp, Carola (1982): Dörfliches Überleben. Zur Geschichte materieller und sozialer Reproduktion ländlicher Gesellschaft im 19. und frühen 20. Jahrhundert. Tübingen (Untersuchungen, 56).

Keller, Gottfried (2009): Der grüne Heinrich. Frankfurt am Main: Fischer Taschenbuch Verlag.

Klages, Helmut (1996): Der »schwierige Bürger«. Bedrohung oder Zukunftspotential? In: Weidenfeld, Werner (Hrsg.): Demokratie am Wendepunkt. Die demokratische Frage als Projekt des 21. Jahrhunderts. Berlin, S. 233–253.

Klaus, Georg; Buhr, Manfred (Hrsg.) (1974): Philosophisches Wörterbuch. Leipzig: VEB Enzyklopädie.

Klein, Dieter (2013): Das Morgen tanzt im Heute. Transformationen im Kapitalismus und über ihn hinaus. Hamburg: VSA (Veröffentlichung der Rosa-Luxemburg Stiftung).

Klein, Naomi (2007): Die Schock-Strategie. Der Aufstieg des Katastrophen-Kapitalismus. Frankfurt am Main: S. Fischer.

Kober, Henning (2019): Schneller, lauter, hitziger. In: taz. Die Tageszeitung 16./17. 03. 2019.

Koch, Hans (1971): Karl Marx, Friedrich Engels, Wladimir Iljitsch Lenin: Über Kultur, Ästhetik, Literatur. Ausgewählte Texte. Leipzig: Reclam jun., S. 53.

Koch, Marin (2019): Jäger, Sammler, Überlebenskünstler. In: Neues Deutschland (Berlin) 23./24. 03. 2019, S. 23.

Koch, Willi A. (Hrsg.) (1957): Johann Gottfried Herder: Mensch und Geschichte. Sein Werk im Grundriss. Stuttgart: A. Kröner.

Konersmann, Ralf (Hrsg.) (1996): Kulturphilosophie. Leipzig: Reclam Verlag.

Koppe, Gottlieb (1818): Unterricht im Ackerbau und in der Viehzucht. Handbuch für Landleute und alle, welche es mit dem Landmann gut meinen, besonders im preußischen Staate. Berlin.

Kramer, Dieter (1971): Reform und Revolution bei Karl Marx und Friedrich Engels Köln: Pahl Rugenstein Verlag.

Kramer, Dieter (1984): Zwischen Wachstumszwang und Wohlbefinden. In: Argumente für die 35-Stunden-Woche. Marburg: Verlag Arbeiterbewegung und Gesellschaftswissenschaft, S. 149–159.

Kramer, Dieter (1984): Der sanfte Tourismus. Wien: Österreichischer Bundesverlag.

Kramer, Dieter (1986): Kultur und die Fähigkeit zum gesellschaftlichen Überleben. Kulturtheoretische Überlegungen zu Krieg und Frieden. In: Informationsdienst Wissenschaft und Frieden. Marburg: BdWi 2/1986, S. 5–8.

Kramer, Dieter (1990a): Die Pferde der Bauern von Unterfinning. In: Zeitschrift für Volkskunde 86/1990, S. 167–176

Kramer, Dieter (1990b): Tourismus-Politik. Aufsätze aus 12 Jahren Tourismus-Diskussion. Münster, S. 160.

Kramer, Dieter (1990c): Wer, wenn nicht wir … Von der Verantwortung der Modell-Europäer. In: Blätter für deutsche und internationale Politik, S. 218–221.

Kramer, Dieter (1991): Von der Freizeitplanung zur Kulturpolitik. Eine Bilanzierung von Gewinnen und Verlusten. Frankfurt am Main u. a.: Peter Lang.

Kramer, Dieter (1996): Lebensplätze statt Arbeitsplätze. In: Kempfenhausener Notizen 7, S. 11–14.

Kramer, Dieter (1997): Kulturelle Selbstbegrenzung. Zur Diskussion um die »Überlebenskrise«. In Forum Wissenschaft (Marburg) 4/1997, S. 44–46.

Kramer, Dieter (2001): Zur Kultur des Reichtums. Ein Essay zu sozialkulturellen Dimensionen von Reichtum. In: Jörg Stadlinger (Hrsg.): Reichtum heute. Diskussion eines kontroversen Sachverhaltes. Münster: Westfälisches Dampfboot, S. 258–273.

Kramer, Dieter (2002): Freizeit, zerrieben zwischen Arbeitswut und Arbeitszwang. In: Gruber, Sabine; Löffler, Klara; Thien, Klaus (Hrsg.): Bewegte Zeiten. Arbeit und Freizeit nach der Moderne. München, Wien: Profil Verlag, S. 153–173.

Kramer, Dieter (2004a): Bedingungen eines zukünftigen Tourismus. Salzburger Tourismusforum Ferntourismus – Wohin? Der globale Tourismus erobert den Horizont. Bedingungen eines zukünftigen Tourismus. In: Ferntourismus wohin? Der globale Tourismus erobert den Horizont. Innsbruck u. a.: Studien-Verlag, S. 17–38.

Kramer, Dieter (2004b): Zur Ästhetik der Subsistenz. In: Göttel, Hans; Hirschmann, Ilse (Hrsg.): Der Geschmack von Nachhaltigkeit in der entwicklungspolitischen Polemik. Ein Lese- und Bilderbuch. Europahaus Burgenland Almanach 2004. Eisenstadt/Burgenland, S. 36–47.

Kramer, Dieter (2011): Von der Freizeitplanung zur Kulturpolitik. Eine Bilanzierung von Gewinnen und Verlusten. Frankfurt am Main: Peter Lang Verlag.

Kramer, Dieter (2013): Europäische Ethnologie und Kulturwissenschaften. Marburg: Jonas Verlag (Grazer Beiträge zur Europäischen Ethnologie 15).

Kramer, Dieter (2016a): Fremde gehören immer dazu. Fremde, Flüchtlinge, Migranten im Alltag von Gestern und Heute. Vorwort: Peter Feldmann. Jonas Verlag Marburg.

Kramer, Dieter (2016b): Konsumwelten und die Krise der Wachstumsgesellschaft. Vorwort: Ulrich Brand. Marburg: Jonas Verlag.

Kramer, Dieter (2017): Strategien der Subsistenz und die Bedeutung kleiner Veränderungen. In: Strategien der Subsistenz. Neue prekäre, subversive und moralische Ökonomien. Berliner Blätter 74/2017, S. 122–135.

Kramer, Dieter (2018): »Starke Gefühle«, Tourismus in der Prosperitätsgesellschaft und globale Krisen. Anlässlich einer Ausstellung im »Touriseum« in Meran/ Südtirol. In: Kulturation (Berlin).

Kramp-Karrenbauer, Annegret (2019): »Wir können so nicht weiterleben«. Die Zeit v. 19.06.2019, S. 5.

Kruchem, Thomas (2017): Am Tropf von Big Food. Wie die Lebensmittelkonzerne den Süden erobern und arme Menschen krank machen. Bielefeld: transcript Verlag.

Kuczynski, Jürgen (1980): Geschichte des Alltags des deutschen Volkes. Studien 1–3. Köln: Pahl-Rugenstein Verlag.

Lafargue, Paul (1998): Das Recht auf Faulheit. Eingeleitet und hrsg. von Iring Fetscher. Frankfurt am Main 1966; Neuauflage: Trotzdem Verlag Grafenau.

Lang, Hartmut (1993): Ethnodemographie. In: Schweizer, Thomas; Schweizer, Margarete; Kokot, Waltraud (Hrsg.): Handbuch der Ethnologie. Berlin: Reimer, S. 117–144.

Lau, Farin (2019): Gedanken über Das Dilemma der zukünftigen Weltentdecker. In: taz. Die Tageszeitung v. 18./19.04.2019.

Lengyel, Stefan (1994): Design – aus vielen Funktionen wächst die Form. In: Spektrum der Wissenschaft, April 1994, S. 88–94.

Lepenies, Wolf (1996): Selbstkritische Moderne. In: Internationale Politik/Europa-Archiv Jg. 51, H. 3, S. 3–14.

Levi, Carlo (2002): Christus kam nur bis Eboli. Hamburg, Wien: Europa Verlag (zuerst 1946).

Levine, Judith (2009): No Shopping!: Ein Selbstversuch. Berlin: Aufbau Taschenbuch Verlag.

Levine, Rick; Locke, Christopher; Searls, Doc; Weinberger, David (2000): Cluetrain-Manifest. 95 Thesen für eine neue Unternehmenskultur im digitalen Zeitalter. München: Econ.

Lilienthal, David E. (1944): Die Tennessee-Stromtal-Verwaltung. Ein Beispiel lebendiger Demokratie. New York: Overseas Editions.

Linden, Marcel van der; Roth, Heinz, Karl (Hrsg.) (2009): Über Marx hinaus. Arbeitsgeschichte und Arbeitsbegriff in der Konfrontation mit den globalen Arbeitsverhältnissen des 21. Jahrhunderts. Hamburg: Assoziation.

Lintzmeyer, Klaus (Hrsg.) (2019): Jahrbuch 2019. Verein zum Schutz der Bergwelt: Insektensterben. München: Selbstverlag.

London, Gerhard (1932): Ending the Depression Through Planned Obsolescence. New York.

Mallwitz, Alfred (1972): Olympia und seine Bauten. Darmstadt: Wissenschaftliche Buchgesellschaft.

Malone, Caroline, u. a. (1994): Totenkult und Ende der archaischen Kultur Maltas. In: Spektrum der Wissenschaft, Februar 1994, S. 82–90.

Mandeville, Bernard (1988): Die Bienenfabel oder Private Laster als gesellschaftliche Vorteile. Leipzig/Weimar.

Mann, Thomas (1975): Fiorenza. In: ders., Erzählungen, Bd. 2, Frankfurt am Main, S. 763.

Marquard, Odo (1991): Philosophische Anthropologie. In: Koslowski, Peter (Hrsg.): Orientierung durch Philosophie. Tübingen: J. C. B. Mohr, S. 21–32.

Marx, Karl (1968): Ökonomisch-Philosophische Manuskripte. Dietz Verlag.

Marx/Engels: Werke (MEW) 1961 f. Marx, Karl: Feuerbach-Thesen, Bd. 3, S. 533–535, Bd. 42 (Amsterdamer Rede), S. 512.

Mason, Paul (2016): Nach dem Kapitalismus?! In: Blätter für deutsche und internationale Politik 5/2016, S. 45–60.

Mattheuer, Walter (1987): Vernunft wird Unsinn, Wohlstand Plage. Die Linke und der Fortschritt. Frankfurt am Main: Institut für marxistische Studien und Forschungen.

Matthies, Volker (2018): Im Schatten der Entdecker. Indigene Begleiter europäischer Forschungsreisender. Berlin: Christoph Links Verlag.

Meier, Christian (1993): Athen. Ein Neubeginn der Weltgeschichte. Berlin: Siedler.

Meier, Mischa (2019): Geschichte der Völkerwanderung. Europa, Asien und Afrika vom 3. bis zum 8. Jahrhundert n. Chr. München: C. H. Beck (Historische Bibliothek der Gerda Henkel Stiftung).

Meiler, Oliver (2019): Schritt für Schritt zurück ins Weltdorf. Riace in Kalabrien war Modell der Integration von Migranten, bis die Politik der Lega alles zerschlug. Nun erwacht es wieder. In: Süddeutsche Zeitung v. 17. 10. 2019, S. 7.

Meyer, L. (1923): Das Turtmanntal. Eine kulturgeschichtliche Studie. In: Jahrbuch des Schweizer Alpenclub SAC, S. 278–322.

Michaels, Axel (2004): Die Kunst des einfachen Lebens. München: Beck.

Michels, Robert (1923): Wirtschaft und Rasse. In: Grundriß der Sozialökonomik, II. Abt., 1. Teil, 2. Aufl. Tübingen, S. 125–187.

Miegel, Meinhard (2010): Exit: Wohlstand ohne Wachstum. Berlin: Ullstein/Propyläen.

Morris, William (1914): Kunde von Nirgendwo. Ein utopischer Roman (hrsg. v. Wilhelm Liebknecht, 2. Aufl., Stuttgart: J. H. W. Dietz Nachf. (zuerst 1890).

Möser, Justus (1986): Patriotische Phantasien. Ausgewählte Schriften. Leipzig: Reclam.

Moser, Sebastian J. (2014): Pfandsammler. Hamburg: Hamburger Edition.

Münkler, Herfried (2003): Bürgergesellschaft und Sozialstaat. In: Zukunft des Bürgerschaftlichen Engagements. Deutscher Bundestag (Hrsg.). Bürgerschaftliches Engagement und Sozialstaat. Opladen: Leske+Budrich [Enquete-Kommission, Schriftenreihe Bd. 3], S. 15–26.

Museum für Völkerkunde (1985): Konzeption. In: Jahrbuch des Museums für Völkerkunde zu Leipzig, Bd. XXXVI, S. 1–10.

Museum für Vor- und Frühgeschichte Berlin (2018): Bewegte Zeiten. Archäologie in Deutschland. Petersberg: Imhof Verlag [Ausstellung 2018/2019, Berlin].

Namuth, Michaela (2019): Uralte Höhlen zu schicken Hotels [Kulturhauptstadt Matera 2019]. In: taz. Die Tageszeitung 30./31. 03. 2019, S. 36 f.

Naphtali, Fritz (1977): Wirtschaftsdemokratie – Ihr Wesen, Weg und Ziel. Frankfurt am Main: Europäische Verlagsanstalt (EVA).

Nell-Breuning, Oswald v.; Sacher, Hermann (Hrsg.) (1949): Zur sozialen Frage. Beiträge zu einem Wörterbuch der Politik. Freiburg, Sp. 139–144.

Neubauer, Luisa; Repennig Alexander (2019): Vom Ende der Klimakrise. Eine Geschichte unserer Zukunft. München: Hugendubel.

Neubauer, Rita (2001): Für manche bedeutet einfacher leben schlicht mehr Konsum. In: Frankfurter Rundschau v. 16. 01. 2001.

Neumann, Siegfried (2004): Art. Riesenspielzeug. In: Enzyklopädie des Märchens 11/2004, Sp. 682–685.

Nevermann, Knut (1968): Zur Strategie systemüberwindender Reformen. In: Blätter für deutsche und internationale Politik 1968, S. 597–607.

Niederer, Arnold (1965): Gemeinwerk im Wallis. Bäuerliche Gemeinschaftsarbeit in Vergangenheit und Gegenwart (1956), 2. Aufl. Basel: Schweizerische Gesellschaft für Volkskunde u. a.

Niederer, Arnold (1974): Interfamiliäre und intrafamiliäre Kooperation. In: In Memoriam António Jorge Dias. Lissabon: Instituto de alta Cultura, S. 359–367.

Niederer, Arnold (1991): Materieller Reichtum – soziale Verarmung. Nachruf auf eine verlorene Lebenswelt. In: Kuckuck (Graz) 1/1991, S. 13–17.

Niederer, Arnold (1993): Alpine Alltagskultur zwischen Beharrung und Wandel. Bern/Stuttgart/Wien.

Nix, Johannes; Nix, Christoph (2019): Die Leidenschaft des Jagens. Süddeutsche Zeitung 26./27. 01. 2019.

Noack, Julia (2003): Commons Dilemma. Objektivationen und Entwicklungstendenzen bei der Nutzung von Gemeinschaftsgütern aufgezeigt im Bereich der Europäischen Ethnologie. Freiburg im Breisgau: Verlag Wissenschaft und Öffentlichkeit.

Noack, Victor (Hrsg.) (1922): Taschenbuch für Kommunalpolitiker. Stuttgart/Berlin: Dietz/Vorwärts.

Oldenberg, Karl (1923): Die Konsumtion. In: Grundriß der Sozialökonomik II. Abt., 1. Teil, 2. Aufl. Tübingen, S. 188–263.

Orywal, Erwin (1996): Krieg als Konfliktaustragungsstrategie. Zur Plausibilität von Kriegsursachentheorien aus kognitionsethnologischer Sicht. In: Zeitschrift für Ethnologie 121 (1996), S. 1–48 (eine Diskussion dazu S. 49–99).

Ostrom, Elinor (1999): Die Verfassung der Allmende. Jenseits von Staat und Markt. Tübingen: Mohr & Siebeck.

Ostrom, Elinor (2011): Was mehr wird, wenn wir teilen. Vom gesellschaftlichen Wert der Gemeingüter. Hrsg., überarbeitet und übersetzt von Silke Helfrich. München: oekom.

Ovid (1862): Metamorphosen. Übersetzt und erläutert von Reinhart Suchier. 1. Band. Stuttgart: Krais & Hoffmann.

Paech, Niko (2012): Befreiung vom Überfluss. Auf dem Weg in die Postwachstumsökonomie, 2. Aufl. München: oekom.

Paech, Niko (2019): Geplatzte Seifenblasen. Der ökologische Ernstfall verlangt eine Neujustierung der persönlichen Freiheiten. In: taz. Tageszeitung v. 27./28. 07. 2019.

Parzinger, Hermann (2019): Ganz früher war alles besser. [Rez. zu Scott, James C.: Die Mühlen der Zivilisation. Eine Tiefengeschichte der frühesten Staaten. Berlin: Suhrkamp, 2019]. In: Die Zeit v. 01. 08. 2019, S. 37.

Pausch, Robert (2019): Der Straßenkrieger. In: Die Zeit v. 07. 03. 2019.

Pearce, Fred (2012): Die letzten guten Hirten. Wie Nomaden das Gemeinschaftsland nutzen und schützen. In: Le Monde diplomatique August 2012, S. 12 f.

Pearce, Fred (2012): Landgrabbing. Der globale Kampf um Grund und Boden. München: Antje Kunstmann.

Pechlaner, Harald; Innerhofer, Elisa (Hrsg.) (2018): Temporäre Konzepte. Coworking und Coliving als Perspektive für die Regionalentwicklung. Stuttgart: Kohlhammer.

Peter, Dorothea Jo. (1996): Freizeitsiedeln im Abseits. Monographische Studie über Wohnen und Freizeit im Rudach bei Dornbirn in Vorarlberg. Diplomarbeit Wien Europäische Ethnologie.

Peyer, Hans Conrad (1987): Von der Gastfreundschaft zum Gasthaus. Studien zur Gastlichkeit im Mittelalter. Hannover.

Pfarrgemeinde St. Nikolaus, Meran (2003) (Hrsg.): Stadtpfarrkirche St. Nikolaus Meran. Ein Gotteshaus im Wandel der Zeit. Zitiert S. 153: Meraner Zeitung v. 05. 03. 1887.

Pico della Mirandola, Giovanni (1940): Über die Würde des Menschen. Nebst einigen Briefen. Ausgewählt und übertragen von H. W. Rüssel. Leipzig: Pantheon.

Plant, Fridolin (1909): Reise-Führer durch Vinschgau, Oberinntal bis Landeck. Meran: F. Plant.

Polanyi, Karl (1978): The Great Transformation. Politische und ökonomische Ursprünge von Gesellschaft und Wirtschaftssystemen. Frankfurt am Main: Suhrkamp Taschenbuch Verlag.

Pörksen, Bernhard (2018): Genug der Apokalypse. In: Die Zeit 42 v. 11. 10. 2018.

Pries, Ludger (1996): Kurze Geschichte eines angekündigten – und nie eingetretenen – Todes: Der Informelle Urbane Sektor in Lateinamerika. In: Peripherie 62, S. 7–28. Vgl. Peripherie. Zeitschrift für Politik und Ökonomie in der Dritten Welt (Münster) Nr. 62 (1996), Editorial.

Quattrociocchi, Walter (2017): Internet: »Fake News« in sozialen Netzwerken. In: Spektrum der Wissenschaft 11/2017, S. 58–67.

Raabe, Eva Ch. (Hrsg.) (1992): Mythos Maske. Ideen, Menschen, Weltbilder. Frankfurt am Main, Museum für Völkerkunde, Roter Faden zur Ausstellung, S. 19.

Rachewiltz, Siegfried de (2014): Von der Findigkeit beim Flicken und Wiederverwerten. In: Rachewiltz, Siegfried de; Rauchegger, Andreas; Ganner, Christiane (Hrsg.): Die Kunst des Flickens und Wiederverwertens im historischen Tirol. Meran: Schriften des Landwirtschaftsmuseums Brunnenburg Nr. 15, S. 12–34.

Raiffeisenkasse Naturns (1993): Naturns Plaus und ihre Raiffeisenkasse. Naturns: Eigenverlag.

Rampold, Josef (1980): Vinschgau, 4. Aufl. Bozen: Athesia.

Rauchegger, Andreas (2014): Wasserträger, Wasserverkäufer, Wasserschenker. Der Homo aquamportans. Ein Beitrag zur historischen Trink- und Nutzwasserversorgung im europäischen Kulturraum. Innsbruck: Studia Universitätsverlag.

Reckwitz, Andreas (2012): Das hybride Subjekt. Eine Theorie der Subjektkulturen von der bürgerlichen Moderne zur Postmoderne. Unveränderter Nachdruck der Erstausgabe 2006, Studienausgabe 2010. Weilerswist: Velbrück GmbH Bücher & Medien Verlage.

Reckwitz, Andreas (2017): Die Gesellschaft der Singularitäten. Zum Strukturwandel der Moderne. Berlin: Suhrkamp.

Reichholf, Josef H. (2007): Eine kurze Naturgeschichte des letzten Jahrtausends. Frankfurt am Main: S. Fischer/Büchergilde Gutenberg.

Reymont, Wladyslaw Stanislaw (1954): Die Bauern, Bd. I, II. Rudolstadt: Greifenverlag.

Rhoden, Tilman von (2012): Großes aus Kleinem. Mikrokredite helfen nicht nur Menschen in den Entwicklungsländern. Sie sind auch in Deutschland angekommen. In: taz. Die Tageszeitung v. 10./11.11.2012, S. 33.

Ribbe, Wolfgang (1980): Die Wirtschaftstätigkeit der Zisterzienser im Mittelalter: Agrarwirtschaft. In: Die Zisterzienser. Ordensleben zwischen Ideal und Wirklichkeit. Eine Ausstellung des Landschaftsverbandes Rheinland. Aachen 1980 (Schriften des Rheinischen Museumsamtes Nr. 10), Bonn: Rheinland Verlag/ R. Habelt, S. 203.

Riehl, Wilhelm Heinrich (1858): Die Naturgeschichte des Volkes als Grundlage einer deutschen Social-Politik. Zweiter Band. Die bürgerliche Gesellschaft. 5., unveränd. Abdruck. Stuttgart/Augsburg: J. G. Cotta.

Rifkin, Jeremy (1995): Das Ende der Arbeit und ihre Zukunft. Frankfurt am Main/ New York: Campus.

Ringler, Alfred (2009): Almen und Alpen. Höhenkulturlandschaft der Alpen. Ökologie, Nutzung, Perspektiven. München: Verein zum Schutz der Bergwelt, Selbstverlag.

Rodde, Isabel; Maron, Thomas (2000): Was braucht der Mensch? Frankfurter Rundschau v. 14.08.2000.

Roeck, Bernd (2018): Der Morgen der Welt. Geschichte der Renaissance. Historische Bibliothek der Gerda Henkel Stiftung. München: C.H. Beck, 3. Aufl.

Rohnstock Biografien (Hrsg.) (2016): Lausitz. Lebensgeschichten einer Heimat [www.lausitz-an-einen-Tisch]. Berlin.

Rösch, Paul (2018): Meran und der Tourismus. Chancen und Gefahren einer Massenbewegung. In: Oppl, Ferdinand; Scheutz, Martin (Hrsg.): Fernweh und Stadt. Tourismus als städtisches Phänomen. Innsbruck u. a.: StudienVerlag, S. 467–492.

Rosegger, Peter (1906): Mein Weltleben. Leipzig: Staackmann.

Rosegger, Peter (1930a): Erdsegen. Vertrauliche Sonntagsbriefe eines Bauernknechtes. Leipzig: Staackmann.

Rosegger, Peter (1930b) Jakob der Letzte. Eine Waldbauerngeschichte aus unseren Tagen. Leipzig: Staackmann.

Rösener, Werner (1985): Bauern im Mittelalter. München: Beck.

Ruetimeyer, Leopold (1916): Über einige archaistische Gerätschaften und Gebräuche im Kanton Wallis und ihre prähistorischen und ethnographischen Parallelen. In: Schweizerisches Archiv für Volkskunde 1916, S. 283–372.

Rufin, Jean-Christophe (1993): Das Reich und die neuen Barbaren. Berlin: Volk und Welt.

Rügemer, Werner (2019): Die Kapitalisten des 21. Jahrhunderts, Köln: PapyRossa.

Sachs, Wolfgang (Hrsg.) (1993): Wie im Westen, so auf Erden. Ein polemisches Handbuch zur Entwicklungspolitik. Reinbek: Rowohlt Taschenbuch.

Schenkel, Andrea Maria (2006): Tannöd. Krimi. Hamburg: Nautilus.

Scherhorn, Gerhard (2011): Marktwirtschaftlicher Wettbewerb und Gemeingüterschutz. In: Aus Politik und Zeitgeschichte 28–30/2011, S. 21–27 [auch in Helfrich 2012: S. 466 f.].

Scherhorn, Gerhard (1997): Wird der fordistische Gesellschaftsvertrag aufgekündigt? In: Weizsäcker, Ernst Ulrich von: Grenzen-los? Jedes System braucht Grenzen – aber wie durchlässig müssen diese sein? Berlin u. a.: Birkhäuser Verlag, S. 160–169.

Schiebel, Alexander (2017): Das Wunder von Mals. Wie ein Dorf der Agrarindustrie die Stirn bietet. München: oekom.

Schläppi, Daniel (2017a): Logiken der Subsistenz in historischer Perspektive. Der wirtschaftlich tragfähige Haushalt als gesellschaftliche und politische Leitgröße der Vormoderne. In: Strategien der Subsistenz. Neue prekäre, subversive und moralische Ökonomien. Berliner Blätter 74/2017, S. 122–135.

Schläppi, Daniel (2017b): Die Eid-Genossenschaft. In: NZZ Geschichte 9 (2017), S. 92–102.

Schläppi, Daniel (2018): Einleitung zu: Schläppi, Daniel; Gruber, Malte-Christian: Von der Allmende zur Share Economy. Gemeinbesitz und kollektive Ressourcen in historischer und rechtlicher Perspektive. Berlin: BWV Berliner Wissenschaftsverlag (Beiträge zur Rechts-, Gesellschafts- und Kulturkritik 15), S. 9–72.

Schlussbericht 2008 s. Deutscher Bundestag (Hrsg.): (2008).

Schlussbericht 2013 s. Deutscher Bundestag (Hrsg.): (2013).

Schmerl, Christiane (1980): Frauenfeindliche Werbung. Sexismus als heimlicher Lehrplan. Berlin (West): Elefanten Press (EP 39).

Schmitz, Winfried (2004): Nachbarschaft und Dorfgemeinschaft im archaischen und klassischen Griechenland. Berlin.

Schulze, Gerhard (2000): Was wird aus der Erlebnisgesellschaft? In: Aus Politik und Zeitgeschichte 50, Nr. 12 v. 17. 03. 2000, S. 3-6.

Schulze, Gerhard (2005): Die Erlebnisgesellschaft. Kultursoziologie der Gegenwart. Frankfurt am Main u. a.: Campus 1982, 2. Aufl. 2005.

Schwarz, Andreas (1983): Design, Grafik-Design, Werbung. In: Benz, Wolfgang (Hrsg.): Die Bundesrepublik Deutschland. Bd. 3: Kultur. Frankfurt am Main, S. 222–274 [zu Lucius Burckhardt 1977 in Zeitschrift form 80 (1977), S. 9].

Schwarz, Klaus (2004): Der Gemeinschaftswald – eine originäre Form des Bauernwaldes. In: Forst und Natur LW 34/2004, S. 26–28, S Teil II 36/2004, S. 28–31.

Schwedes, Oliver; Sternkopf, Benjamin (2019): Lobbying im Verkehr. In: Politikum 3/2019, S. 38–44.

Seibt, Gustav: Der Glaube, die Sünde, die Liebe. In: Die Zeit v. 30. 08. 2001.

Sen, Amartya (2000): Der Lebensstandard. Hamburg: Rotbuchverlag.

Senghaas, Dieter (1998): Zivilisierung wider Willen. Der Konflikt der Kulturen mit sich selbst. Frankfurt am Main: Suhrkamp.

Shostag, Majorie (1982): Nisa erzählt. Das Leben einer Nomadenfrau in Afrika. Reinbek: Rowohlts Taschenbuch Verlag.

Siebel, Walter (1990): Stadtkultur. In: Das neue Interesse an der Kultur. Hagen (Kulturpolitische Gesellschaft Dok. 34), S. 133–146.

Simon, Gabriela (1996): Mehr Genuß! Mehr Faulheit! Mehr Schlendrian! In: Welche Dinge braucht der Mensch? Katalogbuch zur gleichnamigen Ausstellung. Hrsg. i. A. des Deutschen Werkbundes Hessen von Dagmar Steffen, 2. Aufl. Frankfurt am Main, S. 162–168.

Simrock, Karl (1840): Das malerische und romantische Rheinland [Rückentitel: Wanderungen durch das Rheinland]. Hildesheim: Olms 1975; Leipzig: um 1840.

Skidelsky, Robert; Skidelsky, Edward (2013): Wieviel ist genug? Vom Wachstumswahn zu einer Ökonomie des guten Lebens. Aus dem Englischen von Thomas Pfeiffer und Ursel Schäfer. München: Antje Kunstmann (im englischen Original 2012).

Sölle, Dorothee (1983): Wege zu einem Leben in seiner Fülle. In: Die Zeit Nr. 34 v. 10. 08 1983, S. 14.

Spohn, Thomas (2019): Rezension. Zeitschrift für Volkskunde, S. 333–336.

Stahel, Walter (1991): Strategie der Nutzungsschlaufen. In: Privat in der Öffentlichkeit. Internationales Forum für Gestaltung Ulm. Tagung 1991, Selbstverlag Ulm.

Stefan, Walter (Hrsg.) (2010): Der Brandopferplatz auf der Piller Höhe in Fließ. Eigenverlag Archäologiemuseum Fließ. Schriften Museum Fliess 3.

Steffen, Dagmar (Hrsg.) (1996): Welche Dinge braucht der Mensch? Katalogbuch zur gleichnamigen Ausstellung. Hrsg. im Auftrag des Deutschen Werkbundes Hessen, 2. Aufl. Frankfurt am Main, S. 150–156.

Stenbock-Fermor, Alexander Graf (1980): Deutschland von unten. Stuttgart 1931, Neuausgabe mit einem Vorwort von Friedhelm Farthmann Luzern, Frankfurt am Main.

Stifter, Adalbert (1982): Werke und Briefe. Historisch-kritische Gesamtausgabe Bd. 2.2, hrsg. v. H. Bergener. Stuttgart u. a.: Kohlhammer, S. 12.

Stöcker, Christian (2011): Nerd-Attack! Eine Geschichte der digitalen Welt vom C64 bis zu Twitter und Facebook. München: DVO.

Strachwitz, Rupert Graf (2010): Die Stiftung – ein Paradox? Zur Legitimität von Stiftungen in einer politischen Ordnung (= Maecenata-Schriften 5). Lucius & Lucius, Stuttgart.

Strachwitz, Rupert Graf (2014): Achtung vor dem Bürger. Ein Plädoyer für die Stärkung der Zivilgesellschaft. Herder, Freiburg im Breisgau u. a.

Streissler, Erich; Streissler, Monika (Hrsg.) (1966): Konsum und Nachfrage. Neue wissenschaftliche Bibliothek 13. Köln u. a.: Kiepenheuer & Witsch.

Stumpf, Otto (1978): Der Garbenteicher Markwald, seine Geschichte, seine Eigentumsverhältnisse und seine wirtschaftliche Lage in den einzelnen Zeitabschnitten. O. O., [1978] Manuskriptdruck.

Sywottek, Arnold (1984): Konsumverhalten der Arbeiter und »sozialistische« Konsumgenossenschaften. Zur Geschichte der Arbeiterbewegung in der Weimarer Republik. In: Studien zur Arbeiterkultur. Hrsg. von Albrecht Lehmann. Münster: Coppenrath, S. 59–102.

Tanzer, Gerhard (1992): Spectacle müssen seyn. Die Freizeit der Wiener im 18. Jahrhundert. Kulturstudien Bd. 21. Wien u. a.: Böhlau.

Tartler, Jens (2019): Wem die Straße gehört. In: Der Tagesspiegel 19.08.2019.

Tatje, Claas (2019): Er warnte früh vor dem Dieselbetrug. In: Die Zeit v. 04.04.2019.

Tauscher, Hermine (1881): Neue Wanderskizzen. Österreichische Alpen-Zeitung III. Jg. Wien, S. 3–14.

Thiemeyer, Theo (1973): Grundsätze einer Theorie der Gemeinwirtschaft. Frankfurt am Main: Europäische Verlagsanstalt.

Thomson, George (1956): Aischylos und Athen. Eine Untersuchung der gesellschaftlichen Ursprünge des Dramas. Berlin/DDR: Henschelverlag; Das europäische Buch Westberlin.

Thun, Matteo (1988): Design heute: Maßstäbe. Formgebung zwischen Industrie und Kunst-Stück. Deutsches Architekturmuseum, Frankfurt am Main. München: Prestel.

Topik, Steven C.; Wells, Allen (2012): Warenketten in einer globalen Wirtschaft. In: Iriye, Akira; Osterhammel, Jürgen (Hrsg.): Geschichte der Welt, Bd. 5, S. 589–812.

Troßbach, Werner (1987): Soziale Bewegung und politische Erfahrung. Bäuerlicher Protest in hessischen Territorien 1648–1806. Sozialgeschichtliche Bibliothek, hrsg. v. Dieter und Ruth Groh. Weingarten: Drumlin Verlag.

Tschajanow, Alexander W. (2000): Die Lehre von der bäuerlichen Wirtschaft. Versuch einer Theorie der Familienwirtschaft im Landbau (Berlin 1923). Düsseldorf: Verlag Wirtschaft und Finanzen.

Vester, Michael (2004): Soziale Ungleichheit, Klassen und Kultur. In: Handbuch der Kulturwissenschaften, Bd. 3, hrsg. v. Friedrich Jaeger und Jörn Rüsen. Stuttgart/Weimar: J. B. Metzler, S. 318–340.

Vogel, Wolf-Dieter (2012): Wiederaneignung unserer Ressourcen und Identität. In: taz. Die Tageszeitung v. 10./11.11.2012, S. 21.

Völger, Gisela (Hrsg.) (1981): Rausch und Realität. Drogen im Kulturvergleich. Köln: Rautenstrauch-Joest-Museum, Bd. 1–2.

Voltaire (1969/1971): Candide. In: Voltaire. Sämtliche Romane und Erzählungen. München: Winkler Verlag, S. 176–287.

Wagenknecht, Sahra (2012): Freiheit statt Kapitalismus. Über vergessene Ideale, die Eurokrise und unsere Zukunft. Frankfurt am Main/New York: Campus 2011, erw. Neuausgabe.

Wander, Karl Friedrich Wilhelm (1970): Sprichwörter – Lexikon [1867–1880], 5 Bde. Nachdruck Darmstadt: Wissenschaftliche Buchgesellschaft.

Weber, Beda (1838): Das Land Tirol. Mit einem Anhange: Vorarlberg. Ein Handbuch für Reisende. Dritter Band. Nebenthäler. Vorarlberg. Innsbruck: Wagner'sche Buchhandlung.

Wehler, Hans-Ulrich (1981): Der Bauernbandit als neuer Heros. Ohne Einbettung in ein umfassenderes Geschichtsbild droht eine Sackgasse. In: Die Zeit Nr. 39 v. 18.09.1981, S. 44.

Wehler, Hans-Ulrich (1987): Deutsche Gesellschaftsgeschichte. Erster Band. Vom Feudalismus des Alten Reiches bis zur defensiven Modernisierung der Reformära: 1700–1815. München: Beck.

Weinberg, Harald (1987): Megamarketing. In: Frontal 2/1987, S. 56 f.

Weißengruber, Silvia (2015): Arbeit und Kritik. Versuche alternativer Lebenspraktiken im Neoliberalismus. Grazer Beiträge zur Europäischen Ethnologie, Band 19. Marburg: Jonas.

Weißmann, Karlheinz (2015): Deutsche Geschichte für junge Leser. In: Junge Freiheit 02.10.2015, S. 4 f.

Weizsäcker, Ernst Ulrich von, mit Amory und Hunter Lovins (1995): Faktor vier. Doppelter Wohlstand – halbierter Naturverbrauch. München: Droemer Knaur.

Weizsäcker, Ernst Ulrich von (1997): Grenzen-los? Jedes System braucht Grenzen – aber wie durchlässig müssen diese sein? Berlin u. a.: Birkhäuser Verlag.

Welzer, Harald (2019a): Mehr Zukunft wagen! Blätter für deutsche und internationale Politik 4/2019, S. 53–64.

Welzer, Harald (2019b): Alles könnte anders sein. Eine Gesellschaftsutopie für freie Menschen. Frankfurt am Main: S. Fischer.

Welzer, Harald; Rammler, Stephan (Hrsg.) (2012): Der FUTURZWEI Zukunftsalmanach 2013. Geschichten vom guten Umgang mit der Welt. Schwerpunkt Mobilität. Frankfurt am Main: Fischer Taschenbuch Verlag.

Wentz, Martin (Hrsg.) (1991): Stadtplanung in Frankfurt. Wohnen, Arbeiten, Verkehr. Die Zukunft des Städtischen. Frankfurter Beiträge. Hrsg. v. Dezernat Planung der Stadt Frankfurt am Main, Bd. 1. Frankfurt am Main/New York: Campus.

Wentz, Martin (Hrsg.) (1992): Planungskulturen. Die Zukunft des Städtischen. Frankfurter Beiträge. Hrsg. v. Dezernat Planung der Stadt Frankfurt am Main. Frankfurt am Main/New York: Campus, S. 36–42.

Wiegelmann, Günter (1995): Theoretische Konzepte der europäischen Ethnologie. Diskussionen um Regeln und Modelle. Münster 1990; 2., erw. Aufl. Münster: Lit.

Willman, Urs (2019): Die Geheimnisse des Hügels. In: Die Zeit v. 07.03.2019.

Willms, Beate (2019): Zu viel Urlaub auf der ITB. taz. Die Tageszeitung v. 07.03.2019.

Yunus, Muhammad (2010): Social Business. Von der Vision zur Tat. München: Carl Hanser.

Zedler, Johann Heinrich: Großes vollständiges Universal-Lexikon (1731–1754).

Zeitlin, Leon (1906): Dr. Gottlieb Schnapper-Arndt [1846–1904] Vorträge und Aufsätze. Tübingen: Laupp. Darin: »Näherikele«, ein sozialstatistisches Kleingemälde aus dem schwäbischen Volksleben. Aus den Süddeutschen Monatsheften 1. Jg. H. 5 (1904), S. 190–257.

Zimmermann, Harm-Peer (1992): Sitte und Konvention. Ferdinand Tönnies Version einer Dichotomie von Überlebenslogik und Herrschaftslogik. In: Zeitschrift für Volkskunde 1992, S. 67–99 T. 1, S. 229–247 T. II.

Zingerle, Ignaz Vinzenz (1859): Sagen, Märchen und Gebräuche aus Tirol. Innsbruck: Wagner'sche Buchhandlung.